Kohlhammer

ReligionsKulturen

Herausgegeben von

Christian Strecker
Regina Ammicht-Quinn
Gregor Maria Hoff
Andreas Nehring
Wolfgang Stegemann
Joachim Valentin

Band 12

Die Neuorientierung der Geisteswissenschaften als Kulturwissenschaften *(cultural turn)* setzt ein hohes Potenzial innovativer Forschungsorientierungen frei *(cultural studies, gender studies, postcolonial theory, ritual studies* u.Ä.). Kultur erscheint dabei als komplexes Konstruktions-, Erinnerungs- bzw. Aneignungsgeschehen und als Handlungsfeld im Rahmen globaler Kämpfe um Bedeutungen und Werte. Vor diesem Hintergrund ergeben sich vielfältige neue Perspektiven für die Wahrnehmung und Deutung religiöser Phänomene und Entwicklungen.

Im Bereich der deutschsprachigen Theologie und Religionswissenschaft ist die wissenschaftliche Auseinandersetzung mit diesen Auf- und Umbrüchen ein dringendes Desiderat. Die Reihe „ReligionsKulturen" will dafür Forum sein.

Die Reihe umfasst

- systematisch und methodologisch orientierte Monographien
- Aufsatzbände, die die Zusammenhänge wie auch Wechselwirkungen von veränderten religiösen und kulturellen Diskursen und Wissensformen reflektieren
- Übersetzungen wegweisender Werke aus dem angloamerikanischen und romanischen Sprachraum

Judith Gruber

Theologie nach dem Cultural Turn

Interkulturalität als theologische Ressource

Verlag W. Kohlhammer

Satz: A und O Textservice, Dr. Katrin Ott
Umschlag: Gestaltungskonzept Peter Horlacher
Gesamtherstellung:
W. Kohlhammer Druckerei GmbH + Co. KG, Stuttgart
Printed in Germany

ISBN 978-3-17-022963-1

Inhaltsverzeichnis

Vorwort

Die vorliegende Arbeit wurde 2012 von der Katholisch-Theologischen Fakultät der Universität Salzburg unter dem Titel „Theologie Interkulturell. Eine fundamentaltheologische Studie nach dem Cultural Turn“ als Dissertationsschrift angenommen und für die Drucklegung geringfügig überarbeitet.

Grenzüberschreitungen in sich immer neu auftuende fremde Welten: Das ist *eine* Erfahrung, die Dissertationsprozesse – zumal theologische, und ganz besonders theologisch-interkulturelle – eröffnen. Für Begleitung und Unterstützung auf diesen Wegen habe ich vielen zu danken:

An erster Stelle Prof. Dr. Gregor Maria Hoff für seine profunde Betreuung, die mir immer wieder neue Wege eröffnet hat.

Den KollegInnen am FB Systematische Theologie der Universität Salzburg, insbesondere am *Zentrum Theologie Interkulturell und Studium der Religionen*, für die freundschaftliche Zusammenarbeit und für viele Stunden intensiver Diskussionen (*theological and otherwise*), die diese Arbeit begleitet und geformt haben; ein besonderer Dank an Prof. Dr. Hans-Joachim Sander für die Mühe des Zweitgutachtens und viele spannende, weiterführende Gedanken.

Den HerausgeberInnen der ReligionsKulturen für die Aufnahme in die Reihe und dem Kohlhammer-Verlag, insbesondere Florian Specker, für die freundliche und kompetente Betreuung.

Und ganz besonders meinen Eltern, meinen Schwestern, meinem Partner für ihre vielfältige und vor allem treue Unterstützung.

Judith Gruber

Einleitung

May God us keep

From Single vision

William Blake

Wer die traditionellen Deutungspfade der Christentumsgeschichte verlässt, gerät sehr schnell in ein unwegsames, unüberschaubares und zum Teil auch unkartografiertes Gelände prekärer und instabiler Identitätskonstellationen. In diesem weiten Feld sind wackelige und schlupflöchrige Grenzzäune zwischen Eigenem und Fremdem aufgestellt, aber auch dicke Mauern gegenseitiger Abschottung und Abgrenzung. Tiefe Gräben durchziehen den eigenen Grundbesitz und brechen seine homogene Geschlossenheit auf. Dieses Gelände abseits vertrauter kirchengeschichtlicher Interpretationen ist gezeichnet von Schlachtfeldern machtvoller und gewaltbesetzter Kämpfe um identitätsstiftende Repräsentationen, aber weist auch Zonen freien Handels und Austausches zwischen fluktuierenden und nomadisierenden Gruppen auf. Wer sich einmal in diese Gegenden christlicher Identitätskonstruktion gewagt hat, kann keine breite, gerade, gut gepflasterte Straße mehr ausmachen, die von einem sicheren, fest verankerten Ursprung ausgeht, zuverlässig zwischen häretischen Abgründen und schismatischen Schluchten hindurchführt und auf ein zwar in der Ferne verschwindendes, aber doch deutlich angebbares Ziel hinsteuert und die als einzige Schikanen konfessionelle Wegscheiden aufweist. Vielmehr sieht man sich in ein verwirrendes, weit verzweigtes Wegesystem gestellt, ein undurchdringliches, bodenloses Netz prekärer Routen von Identifizierungen im Raum der Anderen, voller Sackgassen sprachlos gewordener Aussageformen, als heterodox beschilderter Straßensperren und zugewachsener Trampelpfade vergessener Traditionen.

Traditionelle hermeneutische Modelle der Christentumsgeschichte, die hier im Bild einer breiten Straße zur Sprache kommen, rekurrieren auf essentialistische Vorstellungen christlicher Identität und auf teleologische Konstrukte ihrer historischen Entwicklung im Raum der Kirche: ihr Wesen ist „ihrer Natur nach unveränderlich", sie muss „genauso bleiben…, wie er [Christus] sie von Anfang an eingesetzt hat."[1] Die Entwicklung ihrer spezifischen Strukturen

[1] Matthias Höhler: *Das dogmatische Kriterium der Kirchengeschichte. Ein Beitrag zur Philosophie der Geschichte des Reiches Gottes auf Erden.*, Mainz 1983, S. 43, zit. nach Hubert Wolf:

und Glaubensformulierungen, die sich in dynamischer Beziehung zu Judentum und Hellenismus herauskristallisierten, wird interpretiert als „the unfolding of what was implicit or embryonic from the start“[2] – in den klassischen organischen Metaphern der Dogmenentwicklung wird das depositum fidei als reifendes, wachsendes organisches Ganzes gesehen, das in der Geschichte immer mehr zum Blühen kommt. Diese essentialistisch vorgegebene und somit statische Identität liegt in klarer Abgrenzung zu anderen Identitäten vor, das Christentum erscheint als selbstständiges und abgeschlossenes Phänomen, „to be analysed as if fundamentally isolable and explicable in its own terms.“[3]

In diese breite Straße traditioneller kirchengeschichtlicher Deutung, die auf das Fundament eines modernen – statischen, essentialistischen, isolierenden – Identitätsbegriffs gelegt ist, reißen die poststrukturalistischen und postkolonialen Dekonstruktionen des Cultural Turn tiefe Schlaglöcher, die die bodenlose Instabilität von Identität freilegen: Identität kann nicht auf ihr unveränderliches Wesen zurückverfolgt werden, sondern wird in diskursiven Prozessen konstituiert. Um noch einmal auf die Wegmetapher zurückzugreifen: statt je auf die „roots“ von Identität zu treffen, kann man nur die komplexen „routes“ ihrer Identifizierungen durch Ein/Ausschließungen nachverfolgen.[4]

Dieser prekäre Identitätsbegriff verlangt nach einem ‚anderen‘ Blick auf die Geschichte des Christentums. Er macht jedoch die theologische Frage nach der Identität des Christentums nicht redundant und er eröffnet keine Beliebigkeit ihrer Formulierung. Gerade in ihrer Problematisierung durch postkoloniale Dekonstruktionen bleibt die Frage nach christlicher Identität, ihrer Grundlage und ihrer Vermittlung zentrales Thema der Theologie – die Hoffnung, die uns erfüllt (1Petr 3, 15), muss auch dann bestimmbar, aussagbar, bezeugbar, verkündbar bleiben, wenn die diskursive Narrativität ihrer Weitergabe durch die Tradition hindurch offengelegt wird. Ein diskurskritischer Blick auf die Christentumsgeschichte, der die unhintergehbare Pluralität und Hybridität christlicher Identität freilegt, suspendiert nicht von der theologischen Verantwortung

---

„Was heißt und zu welchem Ende studiert man Kirchengeschichte?“, in: Kurt Nowak/Wolfram Kinzig/Volker Leppin et al. (Hg.), *Historiographie und Theologie. Kirchen- und Theologiegeschichte im Spannungsfeld von geschichtswissenschaftlicher Methode und theologischem Anspruch*, Leipzig: Evang. Verl.-Anst 2004, S. 53–65, hier S. 55. Diese als ‚dogmatisch-theologisch‘ bezeichnete Konzeption ist bis Ende des 20. Jahrhunderts prägend geblieben, es führen „... direkte Linien zu bedeutenden Kirchenhistorikern der letzten Jahrzehnte wie August Franzen (1912–1972), Hubert Jedin (1900–1980) oder Erwin Iserloh (1915–1996).“ Ebd. S. 56.

2 Judith Lieu: *Christian identity in the Jewish and Graeco-Roman world*, Oxford: Oxford Univ. Press 2004, S. 2.

3 Ebd.

4 James Clifford: *Routes. Travel and translation in the late twentieth century*, Cambridge, Mass.: Harvard Univ. Press 1997.

des universalen Anspruchs, der im Glauben für das Evangelium Jesu Christi erhoben wird.

Dieser postkolonial/poststruktureller Blick legt dabei die Brüchigkeit und Kontingenz jeder menschlichen Bezeugung der christlichen Hoffnung frei; christliche Identität liegt nicht einfach vorgegeben, statisch vor, sondern muss je neu diskursiv verhandelt werden. Die Idee einer essentialistischen Identität, eines Wesens des Christentums, das sich im Lauf der Tradition an verschiedenen Orten und Zeiten expliziert, wird unterminiert.[5] Das ‚Kern-Schale'-Modell wird unhaltbar. Die diskursive Verhandlung von Identität im unhintergehbaren Rückgriff auf unterschiedliche Zeichensysteme verstellt die Rede von einem unveränderlichen Wesenskern des Christlichen, an dem akzidentielle Äußerlichkeiten an die jeweilige Kultur adaptiert werden könnten, in die die ‚Substanz' des Christentums implantiert wird. Stattdessen wird die bodenlose Verstrickung christlicher Identitätskonstellationen in plurale, instabile Bezeichnungssysteme aufgedeckt; sie formieren sich in den Zwischenräumen zu anderen Identitätsdiskursen:

> „Das Christentum ist nicht nur im Kontakt mit, sondern aus den Lebensressourcen und Symbolwelten anderer ... Traditionen entstanden – und es ist nur als ein offenes System mit z.T. fließenden Übergängen zu begreifen, das sich mit alternativen ... Traditionen extern und intern berührte."[6]

Über weite Strecken der Theologiegeschichte wird diese unhintergehbare Interkulturalität ausgeblendet, indem eine – für die katholische Kirche konkret die der römischen Tradition – kulturelle Form essenzialisiert wird und auch in missionarischen Ausbreitungsprozessen als im Kern unveränderbar gilt.

---

5 „Die ausdrückliche Frage nach dem Wesen des Christentums ist eine spezifisch neuzeitliche Angelegenheit. Als ‚epochale Leitfrage' begegnet sie uns in der Mystik und im Humanismus, bei den deutschen Reformatoren und im Pietismus, in der Aufklärung, in der Romantik und im Spätidealismus (oft freilich unter Begriffen wie ‚Geist', ‚Idee' oder ‚Prinzip' des Christentums, im Liberalismus und Historismus, in der Religionskritik, und in der akademischen Theologie (bei Rationalisten und Suprarationalisten, Liberalen und Positiven, Kultur- und Kirchentheologen). In der Zeit, die von Schleiermacher bis zum Zweiten Weltkrieg reicht, gewinnt sie in der deutschsprachigen Theologie ‚geradezu den Rang eines klassischen Lehrstücks'. Michael Schmaus' *Vom Wesen des Christentums* (1947) und Emanuel Hirschs *Das Wesen des reformatorischen Christentums* (1963) sind als Schwanengesänge einer Theologieepoche zu verstehen, die von der Wesensfrage besonders geprägt war." Mariano Delgado: „Das Christentum der (deutschsprachigen) Theologen im 20. Jahrhundert: Wesen des Christentums, Auslegung des apostolischen Glaubensbekenntnisses, Kurzformeln des Glaubens", in: Mariano Delgado (Hg.), *Das Christentum der Theologen im 20. Jahrhundert. Vom „Wesen des Christentums" zu den „Kurzformeln des Glaubens"*, Stuttgart: Kohlhammer 2000, S. 9–14, hier S. 9.

6 Gregor M. Hoff: „Fremdheit. Eine theologische Konstitutionsgröße", in: Gregor M. Hoff/Hans Waldenfels (Hg.), Die ethnologische Konstruktion des Christentums. Fremdperspektiven auf eine bekannte Religion, Stuttgart: Kohlhammer 2008, S. 212–220, hier S. 215.

Das Projekt Theologie interkulturell ist der Versuch, entgegen dieser Ausblendungen der *immer schon bestehenden Interkulturalität des Christentums theologisch nachzudenken*. Einer theologischen Reflexion, die den Erschütterungen des modernen Identitätsbegriffs nicht im Modus der Ausblendung begegnet, sondern sie produktiv in eine Verantwortung des Glaubens aufnehmen möchte, stellen sich große Herausforderungen. Ihr wird das Christentum und seine Identität als selbstverständliche Größe entzogen. De- und Rekonstruktionen zeigen die diskursiven Grenzziehungen auf, entlang derer christliche Identität in unterschiedlichen Kontexten je neu verhandelt wird und wurde. In ihrer Ambivalenz widersetzen sich diese Grenzen einer Logik der Absolutheit, der Losgelöstheit; vielmehr verweisen sie immer wieder auf andere, fremde Identitäten, die dem Christentum gerade in seinen Abgrenzungsprozessen unwiderruflich eingeschrieben bleiben. Dieser Interkulturalität des Christentums kann in Genealogien historisch-deskriptiv auf die Spur gekommen werden. Doch damit beginnt die theologische Aufgabe erst. Vom Bekenntnis zu Gott, der sich in Jesus Christus offenbart, rational verantwortet zu sprechen, fordert nach den epistemologischen Umstellungen des Cultural Turn dazu heraus, den universalen Anspruch seiner Botschaft in eine prekäre Spannung zu ihren partikularen Formulierungen zu setzten, die im Glauben bekannte Einheit in ihren pluralen Zeugnissen zu problematisieren und die Normativität christlicher Identitätsformulierungen in Relation zu den Rekonstruktionen ihrer Kontingenz zu stellen. Eine Theologie nach dem Cultural Turn ist dazu herausgefordert, ein Modell zur Denkbarkeit von Universalität auf der Basis epistemologischer Partikularität zu entwerfen – wie kann der für die christliche Botschaft im Glauben beanspruchte Universalitätsanspruch offengehalten werden, ohne die disparaten Partikularitäten christlicher Identität auszublenden? Was bedeutet ChristIn-sein in pluralen Kulturen? Wie kann christliche Identität umrissen und umschrieben werden angesichts fluider Grenzen? Wie werden klare Trennlinien zu anderen religiösen Ansprüchen gezogen, wenn der Einbruch des Anderen eine konstitutive Rolle in der Identitätsformulierung spielt und das Eigene immer schon von Fremdem durchzogen ist? Wie kann das kulturübergreifende ‚Wesen' des Christentums identifiziert werden, ohne in essentialistisch-substantialistisches Denken zurückzufallen?

Die vorliegende Arbeit nähert sich dieser fundamental theologischen Aufgabe in zwei Schritten. Im Versuch einer historischen Verortung des Projekts Theologie interkulturell wird seine Entwicklung aus Missionswissenschaften und über Kontextuelle Theologien entlang der theologischen Problemüberhänge in den jeweiligen Paradigmen nachgezeichnet. Jene theologische Disziplin, die sich originär mit den Spannungsverhältnissen von Einheit und Pluralität christlicher Identität, von Universalität des Evangeliums vom Christusereignis und der Partikularität seiner Vermittlung in den Kulturen, und mit den interkulturellen Transformationsprozessen, zu denen diese Spannungen herausfordern, beschäftigt, ist die Missionswissenschaft. Sie wird aus dem Problemdruck heraus institutionalisiert, der durch die Auseinandersetzung mit außereuropäischen Kulturen im Zuge der verstärkten missionarischen Unternehmungen im 19. Jahrhundert erwächst. Unter der Leitmetapher Akkommodation wird das prekäre Verhältnis von Universalität und Partikularität christlicher Gottesrede zunächst als eher praktisches denn theologisches Problem verhandelt. Es sind die unterschiedlichen Kontextuellen Theologien, die die in diesen Transformationsprozessen produzierten Differenzen theologisch fruchtbar machen. Sie legen die Partikularität jedes Theologietreibens offen und greifen ihre unhintergehbare Kontextualität reflektiert und produktiv für ihre Gottesrede auf. Die Universalität christlicher Gottesrede als Integral ihrer partikularen Formulierungen zu denken, bleibt Kontextuellen Theologien als ihr Problemüberhang eingeschrieben, an dem sich das Projekt Theologie interkulturell abarbeitet: Wie kann die Universalität des Jesus-Christus-Ereignisses angesichts der unhintergehbaren Partikularität seiner Bezeugungen im Interpretationsraum der Kirche beschrieben und theologisch verantwortet werden?

In den historischen Skizzen brechen schon die zentralen systematischen Fragestellungen theologischer Interkulturalität auf: es geht um das theologische Verhältnis von Kultur/en und Evangelium, von Partikularität und Universalität der Gottesrede, von Einheit und Differenz christlicher Identität. Im Nachzeichnen der Entwicklungslinien des Projekts Theologie interkulturell werden diese Problemfelder in ihrem theologiegeschichtlichen Entdeckungszusammenhang dargestellt, um im zweiten Teil der Arbeit auf ihren systematischen Gehalt hin analysiert und für einen fundamentaltheologischen Interpretationsvorschlag im Rahmen einer Theologie nach dem Cultural Turn fruchtbar gemacht zu werden.

Dieser Interpretationsvorschlag nähert sich christlicher Identität in zwei Narrativen:

Nach dem Cultural Turn kommen Identitäten als fluide und gebrochene Positionierungen in den Blick, die in den Zwischenräumen der Interkulturalität – als einem Raum der Differenz und der Absenz – immer neu verhandelt werden. Der Rückgriff auf postkoloniale Theorien und die Paradigmenwechsel der Kulturanthropologie macht die unhintergehbare und unabschließbare Interkulturalität des Christentums be/schreibbar – christliche Identität ist plural, fragmentiert, von Fremdem durchzogen.

Das theologische Narrativ be/schreibt christliche Identität – geschichts- und näherhin inkarnationstheologisch fundiert – als Zeugnis von einem partikularen Ereignis: die Offenbarung der Universalität Gottes ereignet sich im Modus der Partikularität. Sie stellt Gott damit nicht ungebrochen für christliche Gottesrede zur Verfügung, sondern verortet sie in Interpretationszusammenhängen an partikularen Orten. Während Paul Ricoeur hier noch einen Moment des Absoluten in der Kontingenz postuliert, der die Interpretationen des Zeugnisses in Gang setzt, verweist Michel Foucault auf die unabbrechbare Interpretativität von „Ereignishaftmachungen“ – um der Radikalität dieser Partikularität theologisch gerecht zu werden, sind Erkenntnistheologie und Offenbarungstheologie im Rahmen einer Post-Hermeneutik zu entwerfen: Ereignishaftmachungen der Gottes-Rede vollziehen sich in einem (post)hermeneutischen Zirkel von theologischer Erkenntnis und Offenbarung. Mit Michel de Certeau wird versucht, von Gott im Modus der Partikularität zu sprechen und Theologie posthermeneutisch zu zeichnen: Angesichts des Mangels eines universalen, eigenen Ortes und einer universalen, selbst-verständlichen Sprache formuliert christliche Identität sich in der „Entstellung“ fremder Orte – sie ist immer nur „andern(w)orts“ zu finden.

Hier konvergieren die beiden Narrative christlicher Identität: sowohl im Narrativ *nach dem Cultural Turn* als auch im *theologischen* Narrativ wird sie je neu im Raum der Interkulturalität verhandelt und ist damit ein prekäres Phänomen. Um dieser prekären Interkulturalität nicht im Modus der Ausblendung zu begegnen und damit ihre theologische Normativität zu unterlaufen, wird der postkolonial gezeichnete Problemaufriss zum theologischen Lösungs-ansatz, die Interkulturalität des Christentums wird zu einer erkenntnistheologischen Res-source: die nach dem Cultural Turn sichtbar werdenden Brüche und Differenzen christlicher Identität erhalten theologische Qualität; mit ihnen kann die immer in pluralen Partikularitäten entzogene Universalität Gottes im Sprechen von Gott sichtbar gemacht werden.

Am Kanon der Heiligen Schrift wird dieser Entwurf von Theologie interkulturell nach dem Cultural Turn exemplarisch durchgespielt. Die Differenzen, Brüche, Widersprüche und pluralen Perspektiven, die im Kanon als dem normativen Dokument christlicher Identität aufbrechen, schreiben christliche Gottesrede als performative Praxis interkulturell betriebener Theologie fest.

Teil I: Theologie Interkulturell – Versuch einer historischen Verortung

Während die Identitätstheorien des Cultural Turn die immer schon gegebene Interkulturalität des Christentums deskriptiv re/konstruieren, ist ihre theologische Bearbeitung noch sehr stark ‚under construction' und ‚work in progress'. Die zahlreichen Publikationen der letzten Jahre zum Thema dokumentieren Suchbewegungen[7] – für die Entdeckung der Pluralität an Christentümern und ihrer ‚entangled histories' steht keine vorgefertigte theologische Sprache zur Verfügung. In den theologiegeschichtlichen Skizzen des ersten Teils der vorliegenden Arbeit sollen diese Suchbewegungen kartografiert und die Entwicklungslinien von Theologie interkulturell (3.) nachgezogen werden. Entlang von Problemüberhängen in seiner Entstehungsgeschichte schlagen sie eine Bresche durch schier unüberblickbare Literatur und be/schreiben die Formierung von Theologie Interkulturell als kritische Fortschreibung und/oder Ablösung der Missionswissenschaft[8] (1.) durch die Herausforderung einer Pluralität an

---

7 Diese Versuche, Theologie interkulturell theologiegeschichtlich einzuordnen und theologisch zu systematisieren, liegen bis jetzt vornehmlich in Artikeln und Zeitschriftenbeiträgen vor. Vgl. etwa das Schwerpunktheft Linda Hogan/Norbert Hintersteiner (Hg.): *Von der Weltmission zum interreligiösen Zeugnis* (= Band 47) 2011. Volker Küster (Hg.): *Mission revisited. Between mission history and intercultural theology; In Honor of Pieter N. Holtrop* (= ContactZone, Band 10), Berlin, Münster: Lit 2010. Richard Friedli (Hg.): *Intercultural perceptions and prospects of world Christianity* (= Band 150), Frankfurt, M: Lang 2010. Arnd Bünker/Eva Mundanjohl/Ludger Weckel et al. (Hg.): *Gerechtigkeit und Pfingsten. Viele Christentümer und die Aufgabe einer Missionswissenschaft*, Ostfildern: Matthias-Grünewald 2010. Mark J. Cartledge/David Cheetham (Hg.): *Intercultural theology. Approaches and themes*, London: SCM Press 2011. — Im deutschen Sprachraum sind jüngst zwei Monografien erschienen, die das Projekt Interkulturelle Theologie im Genre einer „Einführung" unter unterschiedlichen Schwerpunktsetzungen entwerfen: Volker Küster: *Einführung in die interkulturelle Theologie*, Göttingen: Vandenhoeck & Ruprecht 2011. Klaus Hock: *Einführung in die Interkulturelle Theologie* (= Einführung), Darmstadt: WBG 2011. Hier finden sich auch Bibliografien einer schon jetzt schwer zu überblickende Literatur.

8 Exemplarisch sichtbar macht diesen Prozess ein Papier der Fachgruppe „Religionswissenschaft und Missionswissenschaft" in der Wissenschaftlichen Gesellschaft für Theologie (2005), das aufgrund der negativen Konnotationen, die der Terminus Mission trage, eine Umbenennung des Fachs in „Interkulturelle Theologie" proklamiert (ohne dabei jedoch konzeptionelle, inhaltliche oder methodische Umstellungen vorzunehmen). Veröffentlicht wurde dieses Papier gemeinsam mit Reaktionen von außereuropäischen TheologInnen, in: „Mission Studies as Intercultural Theology and its Relationship to Religious Studies. Declaration of 21 September 2005", in: Mission studies 25 (2008), S. 103–108. In der Rezeption wird diese Umbenennung

Kontextuellen Theologien (2.).[9] Dabei werden jeweils die historischen Entstehungszusammenhänge (.1), die Fragestellungen und der Problemzugriff (.2), die Leitmetapher (.3) und der theologische Problemüberhang (.4) herausgearbeitet. Dieses theologiegeschichtliche Narrativ steht damit unter einer fundamentaltheologischen Leitfrage: Unter welchem Problemdruck wurde die (Inter)kulturalität des Christentums zu einem theologischen Problem?

---

dann auch eher als „Etikettenschwindel" denn als Paradigmenwechsel beurteilt. Ähnliches gilt für die Umbenennungen ehemaliger missionswissenschaftlicher Lehrstühle oder Curricula (v.a. in den Niederlanden). Vgl. dazu die Kritik von Werner Ustorf: „The Cultural Origins of „Intercultural Theology"", in: Mission studies 25 (2008), S. 229–251; V. Küster: *Einführung in die interkulturelle Theologie.*

9 Ein anderes theologiegeschichtliches Narrativ, das Interkulturalität theologisch auf Basis der deutschen liberalen Theologien verarbeitet, entwirft G. M. Newlands: *The transformative imagination. Rethinking intercultural theory*, Aldershot: Ashgate 2004.

1. Missionswissenschaft

1.1 Historische Entstehungszusammenhänge

Über die unterschiedlichen Christentümer hinweg kann Mission als ein Grunddatum christlicher Identität ausgemacht werden.[10] Von Anfang an deuteten und bekannten Christen und Christinnen das Christusereignis als ein universal bedeutsames Geschehen, in dem Heil für alle Menschen wirklich wird und von dem auf der gesamten Oikumene Zeugnis abzulegen ist. Diese Deutung drängte zu religiös-kulturellen Grenzüberschreitungen und öffnete interkulturelle Räume, in denen die universale Bedeutung des Zeugnisses in partikularen Kontexten je neu auszuverhandeln ist. Umgekehrt zeigt sich an den vollzogenen Übersetzungsprozessen im Zuge der missionarischen Bemühungen die ‚Universalitätsfähigkeit' der christlichen Botschaft – sie ist nicht nur in einem, ihrem Entstehungkontext formulierbar, sondern lässt sich über diesen spezifischen Ort hinweg zur Sprache bringen; in seiner Mission und ihren Übersetzungsprozessen vollzieht sich performativ die Universalität, die für das Evangelium bezeugt wird. Dass dabei umstrittene Transformationen auftreten, dass sich die Bedeutungsverhandlungen spannungsgeladen und prekär gestalten, zeigt sich paradigmatisch am Jerusalemer Apostelkonzil, das in den neutestamentlichen Belegen als Gründungsmoment eines transkulturell verfassten Christentums (das seine theologische Begründung im Pfingstereignis erfährt) dargestellt und stilisiert wird. Wie sehr Mission von hier aus als ein integrales Moment des sich entwickelnden Selbstverständnis divergenter christlicher Gruppierungen bestimmt werden kann, wird in den Schriften des Neuen Testament bezeugt, die unter verschiedenen Schwerpunktsetzungen selbst missionarische Texte sind und unterschiedliche Missionstheologien implizieren.[11] Auch über

[10] Dies gilt insbesondere und mit großer Virulenz in einer sich glokalisierenden Welt für eine Vielzahl an Migrationskirchen in Europa. Während in und von westlichen Theologien vielfach ein ‚Moratorium' für Mission(swissenschaft) eingefordert wird, wird in den oft charismatisch-pfingstlich aufgestellten Migrationsgemeinden ‚reverse mission' betrieben. Vgl. dazu Claudia Währisch-Oblau: *The Missionary Self-Perception of Pentecostal/Charismatic Church Leaders from the Global South in Europe: Bringing Back the Gospel*: Brill 2008.

[11] Vgl. zu Mission im Neuen Testament: Ferdinand Hahn: *Das Verständnis der Mission im Neuen Testament* (= WMANT, Band 13), Neukirchen-Vluyn: Neukirchener Verl. des Erziehungsvereins 1963; Jostein Ådna/Hans Kvalbein (Hg.): *The mission of the early church to Jews and Gentiles; Mission of the Early Church to Jews and Gentiles* (= Wissenschaftliche Untersuchungen zum Neuen Testament, Band 127), Tübingen: Mohr Siebeck 2000.

diese Anfänge hinaus ist Mission immer wesentlicher Bestandteil christlicher Identitätsformierungen gewesen, so dass Kirchengeschichte auch als Missionsgeschichte gelesen werden kann.[12] Die theologische Begründung und konzeptionelle Gestaltung missionarischer Praxis stehen dabei unter verschiedenen (historisch und konfessionell geprägten) Paradigmen.[13] Reflexion über Mission war so immer integraler Bestandteil der Theologie[14], als akademische Disziplin wurde Missionswissenschaft jedoch erst Ende des 19. Jahrhunderts institutionalisiert[15], im deutschen Sprachraum zunächst mit der Errichtung eines evangelischen Lehrstuhls für Missionswissenschaft in Halle, der 1896 von Gustav Warneck besetzt wurde; die institutionelle Gründung der katholischen Missionswissenschaft erfolgte 1914 in Münster mit Josef Schmidlin als ihrem ersten Ordinarius. Die Institutionalisierung der Missionswissenschaft um 1900 ist in den Kontext eines starken missionarischen Aufschwungs einzuordnen. In Europa wurden zahlreiche missionarische Institute gegründet, Gebiete außerhalb Europas wurden durch die Gründung von ‚Missionskirchen' erschlossen.[16] In der neuen Disziplin der Missionswissenschaft und der Missionsgeschichtsschreibung wird damit versucht, den theologischen Problemdruck, der sich mit der ‚Verfremdung' europäischer Gottesrede aufdrängte, zu verarbeiten:

> „It is indeed remarkable that old-fashioned mission history as a literary genre began at a specific point in time, namely when western culture broke out of the territorial shell of Christendom encountering ‚the other', and when, internally a conflict of interpretations began to tear its spiritual topography apart."[17]

---

[12] Heinzgünter Frohnes (Hg.): *Kirchengeschichte als Missionsgeschichte*, München: Kaiser 1974; Heinzgünter Frohnes (Hg.): *Kirchengeschichte als Missionsgeschichte*, München: Kaiser 1978. Eine Missionsgeschichte des Christentums, die nicht, kolonial vorgezeichneten Pfaden folgt, und nach christlicher Identität in wechselnden Kontexten fragt, versucht Stephen B. Bevans/Roger Schroeder: *Constants in context. A theology of mission for today* (= American Society of Missiology series, Band 30), Maryknoll, N.Y: Orbis Books 2004.

[13] Vgl. David J. Bosch: *Transforming mission. Paradigm shifts in theology of mission* (= American society of missiology, Band 16), Maryknoll, NY: Orbis Books 2005.

[14] Für einen systematischen Überblick über die verschiedenen historischen Missionskonzeptionen vgl. Michael Sievernich: *Die christliche Mission. Geschichte und Gegenwart*, Darmstadt: Wiss. Buchges 2009.

[15] Werner Ustorf gibt einen Überblick über theologische Vorläuferdiskurse, die zum Teil schon in akademischen Institutionen verortet waren. Ustorf, Werner. Missionswissenschaft. In: Werner Ustorf: „Missionswissenschaft", in: *TRE Bd. XXIII.*, Berlin 1994, S. 88–98.

[16] Vgl. zu historischen Fallstudien die Beiträge in Klaus J. Bade (Hg.): *Imperialismus und Kolonialmission. Kaiserliches Deutschland und koloniales Imperium* (= Band 22), Wiesbaden: Steiner 1982.

[17] Werner Ustorf: „What's wrong with Mission History?", in: Volker Küster (Hg.), *Mission revisited. Between mission history and intercultural theology; In Honor of Pieter N. Holtrop*, Berlin, Münster: Lit 2010, S. 3–14, hier S. 9.

1.1.1 Mission(swissenschaft) und Kolonialismus

Dieser Aufbruch im Verlauf des 19. Jahrhunderts setzt die europäischen Missionsaktivitäten und ihre Reflexion in der neu entstehenden Missionswissenschaft in eine zeitliche Parallele und damit ambivalente Beziehung zum westlichen Imperialismus, der um die Wende zum 20. Jahrhundert seinen Höhepunkt fand.

Imperialismus bezeichnet alle Aktivitäten, die dem Aufbau transkontinentaler Imperien dienen. Dabei geht er durch seine Betonung als Weltpolitik über Kolonialpolitik hinaus[18]. Vor diesem Hintergrund werden die europäische Kolonialpolitik und die dazugehörende Ideologie zwischen 1870 und dem Beginn des Ersten Weltkriegs oft als Neuer Imperialismus bezeichnet. In dieser Zeit wurden die europäischen Kolonien um mehr als 23 Millionen km^2 erweitert. Diese Periode ist geprägt von der Aufteilung der Welt unter den verschiedenen Großmächten[19], einem aggressiven Konkurrenzkampf bei der Bildung neuer Kolonien und dem Aufkommen der Ideologie der rassischen Überlegenheit Europas. Sie manifestiert sich als eine Ideologie des Sendungsbewusstseins, „nach dem die weiße Rasse ... zur Führung und Europäisierung der Welt berufen sei.“[20] Exemplarisch für die rassistische Ideologie, die die wirtschaftlich-politischen Expansionsbestrebungen der europäischen Staaten untermauerte, sei auf Cecil Rhodes verwiesen, der der sozialdarwinistisch und religiös motivierten Überzeugung von der Überlegenheit der eigenen Rasse Ausdruck verlieh und zugleich das Credo britischer Imperialisten verkündete:

> „Da [Gott] sich die Englisch sprechende Rasse offensichtlich zu seinem auserwählten Werkzeug geformt hat, durch welches er einen auf Gerechtigkeit, Freiheit und Frieden gegründeten Zustand der Gesellschaft hervorbringen will, muss es auch seinem Wunsch entsprechen, dass ich alles in meiner Macht Stehende tue, um jener Rasse soviel Spielraum und Macht wie möglich zu verschaffen.“[21]

Das Verhältnis der christlichen Mission(swissenschaft) zum Kolonialismus des 19. Jahrhunderts und ihre Rolle in der europäischen Expansion wird aus heutiger Sicht ambivalent beurteilt.[22] Während die Missionsgeschichtsschreibung

---

18 Vgl. Jürgen Osterhammel: *Kolonialismus. Geschichte - Formen - Folgen* (= C. H. Beck Wissen, Band 2002), München: Beck 2009, S. 27.

19 Seinen Höhepunkt erreichte dieser europäische Wettkampf um die Gebiete der Welt im „Scramble for Africa“. Vgl.Thomas Pakenham: *The scramble for Africa. 1876 - 1912*, London: Weidenfeld and Nicolson 1991.

20 Hermann Kinder/Werner Hilgemann: *dtv-Atlas Weltgeschichte. Von den Anfängen bis zur Gegenwart* (= Band 3000), München: Dt. Taschenbuch-Verl. 2001, S. 377.

21 Zitiert nach Horst Gründer: *Eine Geschichte der europäischen Expansion. Von Entdeckern und Eroberern zum Kolonialismus*, Stuttgart: Theiss 2003, S. 156.

22 Vgl. die historischen Analysen im Kontext des deutschen Imperialismus von Horst Gründer: *Christliche Mission und deutscher Imperialismus. Eine politische Geschichte ihrer Beziehun-*

der 1970–90er Jahre im Kontext der Unabhängigkeitsbewegungen auf ihre Kollaboration und Komplizenschaft abhob und zu „diffusen Pauschalvorwürfen und Schuldbekenntnissen“[23] tendierte[24], wird das Verhältnis von Mission und Kolonialismus heute differenzierter beurteilt. Gerade der Diskursrahmen und das Begriffsinstrumentarium der Postcolonial Studies zeigen die Komplexität und Vielschichtigkeit des missionarischen Prozesses auf.[25] Er verläuft nicht als Einbahnstraße vom Missionssubjekt zum Objekt, sondern ist in der kolonialen „contact zone“[26] auch von nicht-westlicher agency geprägt, die in Akten von Widerstand und Kollaboration Rollenzuschreibungen und Identitätsformationen subversiv transformiert. Die koloniale Gesellschaft als Raum der Mission ist nicht statisch binär strukturiert, sondern durch Binnendifferenzen fragmentiert und von internen Machtasymmetrien durchzogen. Eine Historiographie, die der Komplexität des Kolonialismus Rechnung trägt, deckt die ambivalente Rolle der Mission auf[27]. Aufgezeigt wird zum einen ihre Mitwirkung an der „Kolonisierung des Bewusstseins“[28] (James Baldwin) und ihre Instrumentali-

---

gen während der deutschen Kolonialzeit (1884 - 1914) unter besonderer Berücksichtigung Afrikas und Chinas. Univ., Habil.-Schr.-1981–Münster (Westfalen), 1980, Paderborn, München: Schöningh; BSB 1982.

23 Frieder Ludwig: „Mission und Kolonialismus“, in: Christoph Dahling-Sander/Konrad Raiser (Hg.), *Leitfaden ökumenische Missionstheologie. [Konrad Raiser zum 65. Geburtstag gewidmet]*, Gütersloh: Kaiser/Gütersloher Verl.-Haus 2003, S. 79–96, hier S. 81.

24 Vgl. exemplarisch Gert v. Paczensky: *Teurer Segen. Christliche Mission und Kolonialismus*, München: Knaus 1992.

25 Vgl. Dana L. Robert (Hg.): *Converting colonialism. Visions and realities in mission history, 1706–1914* (= Studies in the history of Christian missions), Grand Rapids, Mich: Eerdman 2008.

26 Contact zone ist „[t]he space of colonial encounters, the space in which peoples geographically and historically separated come into contact with each other and establish ongoing relations, usually involving conditions of coercion, radical inequality and intractable conflict. ... By using the term ‚contact‘ I aim to foreground the interactive, improvisional dimensions of colonial encounters so easily ignored or suppressed by diffusionist accounts of conquest and domination.“ Mary L. Pratt: *Imperial eyes. Travel writing and transculturation*, London: Routledge 2003, S. 4–6.

27 Zu neuen Methoden der Missionshistoriographie, u.a. in Rezeption postkolonialer Theorien, vgl. Andrea Schultze: „Neuere, interdisziplinäre Ansätze in der Missionsgeschichtsschreibung“, in: Christoph Dahling-Sander/Konrad Raiser (Hg.), *Leitfaden ökumenische Missionstheologie. [Konrad Raiser zum 65. Geburtstag gewidmet]*, Gütersloh: Kaiser/Gütersloher Verl.-Haus 2003, S. 97–112; Andreas Nehring: „Das ‚Ende der Missionsgeschichte‘ – Mission als kulturelles Paradigma zwischen klassischer Missionstheologie und postkolonialer Theoriebildung“, in: Berliner Theologische Zeitschrift 27 (2010); Bert Hoedemaker: „Blind Alley or Through Traffic? On the Predicament of Mission History“, in: Volker Küster (Hg.), *Mission revisited. Between mission history and intercultural theology; In Honor of Pieter N. Holtrop*, Berlin, Münster: Lit 2010, S. 15–26.

28 Evangelisierung und Zivilisierung schienen zumeist untrennbar verbunden zu sein, die missionarische Haltung war vielfach an kulturelles Sendungsbewusstsein geknüpft: „So weit der menschliche Verstand in der Lage ist, die Ereignisse zu beurteilen, so scheint es evident, dass Gott Europa mit der Aufgabe betraut hat, die Wohltaten der christlichen Zivilisation

sierung durch die Kolonialmächte zur Legitimierung ihrer Expansionsbestrebungen[29]. Zum anderen trägt eine differenzierte Einschätzung auch dem kritischen Potential der Evangelisierungsbemühungen[30] und dem emanzipatorischen Beitrag der Missionen Rechnung[31]. Wie auch immer sich die Beziehung von Kolonialismus und Mission konkret konstellierte, ihr komplexes und vielschichtiges Verhältnis und die räumliche und zeitliche Nähe der Mission zur imperialistischen Expansion Europas im 19. Jahrhundert machen es ihr unmöglich, sich dem kolonialen Diskurs zu entziehen und prägen in ihrer Ambivalenz auch die neu entstehende Missionswissenschaft.[32]

---

in der Welt zu verbreiten." Leo XIII, Praeclara gratulationis (20.6.1894), zit. nach Jacques Gadille/Jean-Francois Zorn: „Missionstheologien - Anfänge des Ökumenismus", in: Jacques Gadille/Jean-Marie Mayer/Martin Greschat (Hg.), *Liberalismus, Industrialisierung, Expansion Europas. (1830–1914)*, Freiburg im Breisgau: Herder 1997, S. 412–424, hier S. 417.

29 So etwa schreibt die ‚Kongo-Akte' – die Generalakte der Berliner Kongokonferenz von 1885, auf der die europäischen Kolonialmächte Afrika unter sich aufteilten – den Missionen den Status eines „privilegierten Helfers der Kolonisierung" in deren „zivilisatorischer" Funktion zu. Leo XXIII reagierte auf diese Zuschreibung zurückhaltend. Vgl. ebd., S. 413. — Schon in einer viel früheren Phase des Kolonialismus unternahm die katholische Kirche mit der Gründung der *Congregatio de Propaganda Fide* (1622) Anstrengungen zur „Entpolitisierung der Mission, d.h. eine Distanzierung vom Patronat der iberischen Kolonialmächte. Damit war die Aufforderung an die Missionare verbunden, sich jeglicher Einmischung in politische Angelegenheiten und jeder Verwicklung in kommerzielle Unternehmungen zu enthalten. Zu diesem abgrenzenden Programm einer Entflechtung von Staat und Kirche trat die Betonung des religiösen Charakters der Mission … .Dazu kam die Forderung nach einer guten sprachlichen und wissenschaftlichen Ausbildung der europäischen Missionare, verbunden mit dem Postulat, auch einen einheimischen Klerus und autochthone Missionare auszubilden, da diese sich am besten in ihrer Kultur bewegen könnten. Programmatisch kommt die neue Politik in der berühmten Instruktion von 1659 zum Ausdruck, welche die Identifizierung von Missionierung und Europäisierung als absurd bezeichnet und eine weitgehende Anpassung an die jeweilige Kultur zur Pflicht macht. Zwar liefen Patronatsmission und Propagandamission dann bis zum Ende der Kolonialzeit parallel nebeneinander her, …, doch trug die römische Initiative erheblich zur Abkoppelung der Mission von politischen und wirtschaftlichen Interessen bei." M. Sievernich: *Die christliche Mission*, S. 73.

30 Hier lassen sich auch Konfliktlinien zwischen Kolonialmacht und den Missionen aufzeigen, die gegen die gewaltvolle Ausbeutung der Kolonien protestierten und in Gegenzug scharf kritisiert wurden: „Von kolonialchauvinistischen Kreisen wurden die Missionare als ‚feindlich' betrachtet; die Koloniale Zeitschrift schrieb, dass die Mission die Unverfrorenheit besitze, ‚für das farbige Gesindel einzutreten, damit ihm ja nicht ein Härchen gekrümmt werde…, während ein heiliger Zorn [mit dem Ungeziefer] doch einmal so aufräumen sollte, dass ihm auf alle Zeit die Lust zu Brand, Mord und Raub ausgetrieben werde. … die Mission ist schwarz geworden und steht dem Weißen in den Schutzgebieten feindlich gegenüber.'" F. Ludwig: *Mission und Kolonialismus*, S. 94.

31 Vgl. exemplarisch Ezra Chitando: „The Role of Churches in the Struggle for Liberation in Southern Africa. A thematic survey", in: Afeosemime U. Adogame/Roswith I. H. Gerloff/Klaus Hock (Hg.), *Christianity in Africa and the African diaspora. The appropriation of a scattered heritage*, London: Continuum 2008, S. 50–62.

32 So beschreibt Schmidlin die Missionswissenschaft „gewissermaßen als Kolonialausgabe der gesamten Theologie: Apologetik, Dogmatik, Ethik, Exegese, Kirchenrecht und Pastoral, von der und für die Mission, auf das Missionsfeld projiziert, in der Eigenart, wie sie der Missionar

1.2 Fragestellungen und Problemzugriff

In den frühen Missionswissenschaften wird Missionswissenschaft vornehmlich als Anwendungswissenschaft entworfen. Auf den theologischen Problemdruck der Verfremdung europäischer Theologie reagiert sie mit einer Theorie der Missionspraxis. Ihr Problemzugriff fokussiert auf ein territoriales Missionsverständnis mit dem Ziel der Implantation der (sichtbaren) Kirche, in dem tendenziell die Missionierung der ‚Missionsobjekte' mit ihrer Zivilisierung gleichgesetzt wird. Einen ersten Entwurf katholischer Missionslehre legt Josef Schmidlin vor (1876–1944; er wurde im Widerstand gegen das Naziregime im Sicherungslager Vorbruck-Schirmeck ermordet); 1914 in Münster auf den neu gegründeten Lehrstuhl für Missionswissenschaften berufen, gilt er mit seiner Katholischen Missionslehre im Grundriss als Begründer und Pionier katholischer Missionswissenschaften. Schmidlin versteht – in starker Anlehnung an Gustav Warneck[33] – Mission als „die auf Verbreitung des Gottesglaubens und Gottesreiches, der christlichen Religion und katholischen Kirche unter den nichtchristlichen Individuen und Völkern gerichtete kirchliche Tätigkeit."[34] Mit diesem Fokus auf ‚Bekehrungstätigkeit unter Nichtchristen' grenzt er sich von weiter gefassten Missionsbegriffen, etwa Mission als ‚Propaganda unter andersgläubigen Christen'[35] ab. Missionswissenschaft als

> „die kritische und systematische, auf Gründen basierte Kenntnis, Erforschung und Darstellung der christlichen Glaubensverbreitung oder Heidenbekehrung, sowohl ihres tatsächlichen Verlaufs in der Gegenwart und Vergangenheit als auch ihrer Grundlagen und Gesetze"[36]

ist Reflexion missionarischer Praxis. Als „Wissenschaft von Missionaren für Missionare" entwickelt sie in zirkulärer Hermeneutik eine „Theorie der Mission".[37] Das Ziel der Mission fasst Schmidlin als Christianisierung, wobei er

den Heiden oder Bekehrten gegenüber zur Anwendung bringen muss." Joseph Schmidlin: *Einführung in die Missionswissenschaft*, Münster: Aschendorffsche Verlagsbuchhandlung 1919, S. 10. Die zweite Auflage des Werkes (1923) verzichtete auf diese Formulierung.

33 Trotz stark kontroverstheologischer Rhetorik lassen sich enge inhaltliche und formale Verbindungslinien und Abhängigkeiten zwischen den sich entwickelnden Entwürfen katholischer respektive evangelischer Missionswissenschaft aufzeigen. Eine differenzierte Darstellung dieser Verflechtungen, und spezifisch des Einflusses von Gustav Warneck auf den theologischen Kreis um Josef Schmidlin bietet Rzepkowski, Horst. Gustav Warneck und die katholische Missionswissenschaft. In: Becker, Dieter / Feldtkeller, Andreas (Hg.). Es begann in Halle… Missionswissenschaft von Gustav Warneck bis heute. Erlangen 1997. 55–86.

34 Joseph Schmidlin: *Einführung in die Missionswissenschaft*, Münster: Aschendorffsche Verlagsbuchhandlung 1923, S. 15.

35 Vgl. ebd., S. 12.

36 Ebd., S. 2f.

37 Vgl. Klaus Hock: „Grenzziehung und Grenzüberschreitung. The Making of ‚Mission' als Thema der Missionswissenschaft", in: Arnd Bünker/Ludger Weckel (Hg.), "… *ihr werdet meine*

zwischen Einzelbekehrung und Volkschristianisierung unterscheidet, die aber beide in „harmonischer Verbindung miteinander“[38] stehen sollen. Die eingeführte Unterscheidung dient der „sukzessiven Entfaltung“[39] des Missionsziels – die individuelle Bekehrung findet ihren „Schlussstein“[40] in der Eingliederung in die Kirche durch die Taufe:

> „Nach der innerlich religiösen Seite hin ist ... Mission Ausbreitung des Christentums, nach der äußerlich sozialen Ausbreitung der Kirche, beide organisch und untrennbar verknüpft zu einem Ganzen, der Christianisierung in ihrem weitesten Umfang.“[41]

Im Hintergrund steht hier die Debatte um das Ziel der Mission, das in den Anfängen der Missionswissenschaft vielfach als Implantatio Ecclesiae gefasst wird.[42] Diese Zielbestimmung wird problematisch, wenn sie auf einen Begriff von Kirche als hierarchische, sichtbare Institution enggeführt wird, in dem ekklesiozentrisch eine Deckung von Kirche und Reich Gottes postuliert wird und der die Verkündigung in den Dienst der Kirchengründung stellt[43]. Schmidlin fasst das Missionsziel als Verkündigung des Evangeliums, setzt diese jedoch tendenziell mit der Einpflanzung der sichtbaren Kirche gleich.[44] Dieser Fo-

Zeugen sein ... ". Rückfragen aus einer störrischen theologischen Disziplin, Freiburg im Breisgau, Basel, Wien: Herder 2005, S. 249–259, hier S. 255.

38 Joseph Schmidlin: *Katholische Missionslehre im Grundriss*, Münster: Aschendorffsche Verlagsbuchhandlung 1923, S. 243.

39 Ebd., S. 244.

40 Ebd.

41 Ebd., S. 44.

42 „Seit einigen Jahrzehnten ist die Kirche in einer nicht gewohnten Weise als Ziel der Mission hingestellt worden.“ Ebd., S. 292. — Die ‚Plantationsthese‘ wurde insbesondere in der missionswissenschaftlichen Schule von Löwen vertreten und dort von Pierre Charles SJ geprägt. „Auf die Frage: Warum die Kirche? gibt es ebensowenig eine Antwort wie auf die andere: Warum das Reich Gottes? Die Kirche ist letztes Ziel: Sie ist nichts anderem untergeordnet. Auch hier endet und beginnt alles mit einem Absoluten, und es gibt nichts Absoluteres als die Ordnung, welche die Wahrheit, die Gott selbst ist, errichtet hat. Die Grenzen der sichtbaren Kirche immer weiter voranzurücken, diese Arbeit des Wachstums bis zum endgültigen Abschluss zu bringen, die ganze Welt mit Gebet und Anbetung zu erfüllen – ager es mundus –, dem Erlösersein ganzes Eigentum zu übergeben: das ist das Werk der Mission.“ P. Charles, Etudes missiologiques. Zit. nach Ludwig Rütti: *Zur Theologie der Mission. Kritische Analysen und neue Orientierungen* (= Gesellschaft und Theologie Systematische Beiträge, Band 9), München: Kaiser [u.a.] 1972, S. 29f.

43 So hält der reformierte Missionstheologe Hendrik Krämer die Aussage, „Not so much the message must be proclaimed, but the Church as a keeper of infallible truth and as a hierarchical institution must be planted“ wesentlich „true and exact“. Zit. nach Thomas Ohm: *Machet zu Jüngern alle Völker. Theorie der Mission*, Freiburg im Breisgau: Erich Wewel Verlag 1962, S. 297.

44 „Stets hält sich die katholische Mission vor Augen, dass sie durch die hierin allein maßgebende göttliche ‚Missionsinstruktion‘ vorab zur Verbreitung des Evangeliums des heidnischen Aberglaubens berufen ist. ... Es ist klar, dass auch bei uns das nächste Ziel der Missionstätigkeit

kus auf die ‚implantatio ecclesiae' impliziert ein territoriales Missionsverständnis[45]. Die Kirche als „objektive Heilsanstalt"[46] ist sichtbare Realisation des Reichs Gottes[47], Kirche und Reich Gottes werden gleichgesetzt „in einer Art Identität von sacramentum und res"[48]. Mission hat so „immer und überall mit der Heilsgemeinschaft auch die Kirchengemeinschaft im Auge, ... weil beide sich für sie eben decken, nach dem Satze ‚Extra ecclesiam nulla salus'."[49] Diese ekklesiozentrische Engführung der Plantationstheorie wird in der Folge stark kritisiert[50], von Kirchenbegriffen, die die juridisch-institutionelle Engführung der sichtbaren societas perfecta unterlaufen, aufgebrochen[51] und durch eine biblische Reorientierung auf die Reich-Gottes-Botschaft Jesu neu ausgerichtet.[52] Vor diesen Umstellungen erscheint die Plantatio Ecclesiae als Mittel zum Erreichen des Missionsziels. Die lokale Verortung der Kirche wird damit als integrales Moment der Glaubensvermittlung erkannt[53]und lässt im Rah-

die individuelle Bekehrung des Ungläubigen ist. ... Aber die Mission hat noch einen andern Zweck, der freilich mit dem eben geschilderten zusammenfällt: nach katholischer Lehre gibt es kein abstraktes Christentum, sondern verkörpert und realisiert findet es sich im Gottesreich auf Erden, ... in der sichtbar organisierten und hierarchisch gegliederten römisch-katholischen Kirche." J. Schmidlin: *Einführung in die Missionswissenschaft*, S. 21f.

45 Darauf weist auch der Plural ‚Missionen' hin. Er bezeichnet „spezielle Unternehmungen, wodurch die von der Kirche gesandten Boten des Evangeliums in die ganze Welt ziehen und die Aufgabe wahrnehmen, bei den Völkern oder Gruppen, die noch nicht an Christus glauben, das Evangelium zu predigen und die Kirche selbst einzupflanzen" (AG 6) und steht in Spannung zum Singular ‚Mission', der Mission als Wesensfunktion der Kirche, die als Ganzes missionarisch ist, fasst (vgl. AG 2). Vgl. Giancarlo Collet: *"... bis an die Grenzen der Erde". Grundfragen heutiger Missionswissenschaft*, Freiburg im Breisgau: Herder 2002, S. 228. — Keith Bridston spricht von „the geographical myth" des Missionsverständnisses dieser Zeit. Zit. nach D. J. Bosch: *Transforming mission*, S. 10.

46 J. Schmidlin: *Katholische Missionslehre im Grundriss*, S. 281–290.

47 J. Schmidlin: *Einführung in die Missionswissenschaft*, S. 22: „Nach katholischer Auffassung gibt es kein abstraktes Christentum, sondern verkörpert und realisiert findet es sich im Gottesreich auf Erden, und zwar nicht nur in einem bloß unsichtbaren, ... sondern in der sichtbar organisierten und hierarchisch gegliederten römisch-katholischen Kirche."

48 Siegfried Wiedenhofer: *Das katholische Kirchenverständnis. Ein Lehrbuch der Ekklesiologie*, Graz, Wien, Köln: Verl. Styria 1992, S. 153.

49 J. Schmidlin: *Einführung in die Missionswissenschaft*, S. 22.

50 Vgl. L. Rütti: *Zur Theologie der Mission*, S. 25–36.

51 Das Zweite Vatikanum, das Mission als Integrativ der Kirche beschreibt, sieht sie als Grundpflicht des gesamten Volkes Gottes (AG 2).

52 „Planter L'Eglise, ce n'est pas d'abord batir des édifices, ni créer un clergé local, ni meme instaurer le culte catholique; c'est proclamer ; ‚le Royame de Dieu est proche, le Royame de Dieu est au milieu de vous.' " Ch. Couturier, Mission de l'Eglise. Zit. nach T. Ohm: *Machet zu Jüngern alle Völker*, S. 299.

53 „Der Ausbau der einheimischen Kirche ist, heute mehr denn je, eine Notwendigkeit, wenn der Glaube im Missionsvolk gefestigt und verwurzelt werden soll." Karl Müller: „Das Missionsziel des hl. Paulus", in: ZMR (1957), S. 99–100, hier S. 100.

men dieser Stärkung der Ortkirchen[54], die ein ausschließlich zentralistisches Kirchenbild unterläuft, die Forderung nach einem einheimischen Klerus laut werden.[55] Auch wenn hier Theorie und Wirklichkeit lange auseinanderklaffen – erst sehr langsam etabliert sich in den verschiedenen Missionsgebieten eine lokale Hierarchie, lange wirken paternalistisch geprägte Vorurteile[56] – kommt in dieser Forderung dennoch ein Bewusstsein für die Unausweichlichkeit kultureller Varianz von christlicher Identität zum Ausdruck.

Das Thema der Kultur wird auch den protestantischen Missionen zum Problem. Ein pietistisch fundiertes Missionsverständnis legt den Fokus der Missionsbestrebungen stärker als in der katholischen Konzeptionierung auf die individuelle Bekehrung von NichtchristInnen. Die individualistische Ausrichtung der Mission der Erweckungsbewegungen lässt die kulturelle Alterität der Missionsvölker stärker und unter positiver Perspektive ins Bild rücken[57], so dass dieser ‚Einbruch des Fremden' zur Unterscheidung von universalem Christentum und kulturellen Ausdrucksformen motiviert:

> „Dieses Evangelium hat es nämlich Kraft seines übernatürlichen und innerlichen Charakters an sich, dass es anschmiegsam ist an alle nationalen wie sozialen menschlichen Naturverbände. Weil das Christentum nicht Form und Gesetz, sondern Geist und Leben ist, so vermag es das ganze menschliche Person- wie Gemeinschaftsleben zu durchdringen, welche volklichen, staatlichen, gesellschaftlichen, kulturellen Formen dasselbe auch angenommen haben mag. In dieser Beziehung besitzt das Christentum eine universale Anpassungsfähigkeit … Mit aller Energie protestiert die christliche Mission gegen die bewusste oder unbewusste Vereinerleiung von Christianisierung und Europäisierung … oder selbst Christianisierung und Zivilisierung. Die Aufnahme in das Himmelreich setzt innere

54 Schmidlin weist auf die kuriale Reorganisation von 1908 hin, die die Kompetenz der Propaganda Fidei räumlich wie sachlich bedeutend einschränkt. J. Schmidlin: *Einführung in die Missionswissenschaft*, S. 144.

55 Auch das apostolische Schreiben von Benedict XV *Maximum Illud* (1919) fordert die Förderung und Etablierung eines einheimischen Klerus.

56 „Was die Notwendigkeit eines einheimischen Klerus betrifft, so wird sie, abstrakt gesehen, allgemein angenommen. Wenn es sich aber darum handelt, sie in die Tat umzusetzen, kann man sich nie dazu entschließen. Der Grund, den man dafür angibt, lautet fast immer: Die Männer dieses Landes sind von so schwachem Verstand und so schwankendem Charakter, dass sie nicht imstande sind, die Größe und Würde des Priestertums zu erfassen und seine Pflichten zu erfüllen." Schreiben von Pater Gabet aus China nach Rom, 1847, zit. Nach Andrzej Miotk: *Das Missionsverständnis im historischen Wandel am Beispiel der Enzyklika „Maximum illud"*. Philos.-Theol. Hochsch., Diss–St. Augustin, 1999. (= Veröffentlichungen des Missionspriesterseminars St. Augustin bei Bonn, Nr. 51), Nettetal: Steyler Verl. 1999, S. 112.

57 Als Beispiel erwähnt David Bosch die Herrenhuter: „They identified with the indigenous peoples and lived and dressed the way they did, mostly to the utter disgust of the European colonizers." Bosch, David. Transforming Mission. Paradigm Shifts in Theology of Mission. New York 1991. Die Herrenhutter bleiben jedoch eine der wenigen Ausnahmen; in den meisten Fällen schlug das Wahrnehmen von kultureller Differenz um in „benevolent paternalism". Vgl. Bosch, David. Transforming Mission. Paradigm Shifts in Theology of Mission. New York 1991. S. 291–298.

> Qualitäten, aber nicht die äußeren Formen des Europäertums in Sprache, Sitte u. dgl. voraus."[58]

Auch Schmidlin rekurriert auf die der Argumentation Warnecks zugrunde liegende Differenz von Religion und Kultur und sieht das Ziel der Mission primär als ein „religiöses". Als „Sekundärziel" beschreibt Schmidlin

> „gleichzeitig die Pflanzung und Förderung der Kultur ..., sowohl der materiellen und wirtschaftlichen als auch der intellektuellen und ethischen"[59], sodass die nichtchristlichen Rassen und Nationen ... von tausendjährigem Schlafe erwachen und gierig die Einflüsse moderner Zivilisation einsaugen."[60]

Kulturellen Differenzen wird hier mit einer Angleichungs- und Unterwerfungshermeneutik[61] begegnet:

> „Nur dann sind wir innerlich berechtigt, die Eingeborenen unserer Herrschaft zu unterwerfen, wenn wir ihnen ein höheres Gut für den Verlust ihrer Freiheit bringen, wenn wir ihnen als Gegengabe ... unsere höhere Kultur, unsere sittlichen Begriffe und unsere bessere Arbeitsmethode vermitteln. Im Namen der Zivilisation, um die Schwarzen aus dem Zustand der Wildheit zu einem menschenwürdigen Dasein emporzuheben, haben die Europäer Afrika unter sich verteilt, und dieser Begründung sollten sie stets auch eingedenk bleiben. Aus ihr resultiert, falls die Unterwerfung kein Unrecht sein soll, ein Recht der Eingeborenen auf Schutz, Erziehung und Christianisierung, ein dreifaches Recht, dem unsererseits eine dreifache Pflicht entspricht."[62]

58 Gustav Warneck: *Evangelische Missionslehre. Ein missionstheoretischer Versuch. 1. Abteilung. Die Gründung der Sendung*, Gotha 1892, S. 292. Auch eine vielzitierte Instruktion der Propaganda Fide aus dem Jahr 1659 kritisiert die Gleichsetzung von Christianisierung und Europäisierung: „Mache in keiner Weise irgendeinen Versuch, jene Menschen zu überreden, ihre Riten, Gebräuche und Weisen zu ändern, sofern sie nicht sehr offensichtlich gegen die Religion und Sitte verstoßen. Denn was ist absurder, als Frankreich, Spanien oder Italien oder irgendeinen anderen Teil Europas in China einzuführen? Nicht das, sondern den Glauben musst du dorthin bringen!" zit. nach Joseph Pathrapankal: „Religiöse Erziehung im Kontext interkultureller Bildung", in: Thomas Schreijäck (Hg.), *Religion im Dialog der Kulturen. Kontextuelle religiöse Bildung und interkulturelle Kompetenz*, Münster: Lit 2000, S. 65–75, hier S. 69. Die Kriterienfrage bleibt unthematisiert.

59 J. Schmidlin: *Einführung in die Missionswissenschaft*, S. 21.

60 Ebd., S. 43.

61 Johann B. Metz: „So viele Antlitze, so viele Fragen. Lateinamerika mit den Augen eines europäischen Theologen", in: Johann B. Metz/Hans-Eckehard Bahr (Hg.), *Augen für die Anderen. Lateinamerika - eine theologische Erfahrung*, München: Kindler 1991, S. 11–61, hier S. 60f. „Dieses Erkennen der Anderen in ihrem Anderssein diente aber ... gerade nicht ihrer Anerkennung, es war ein Erkennen der Anderen in Interesse ihrer Kalkulierbarkeit und ihrer Überlistung. Es war Ausdruck einer Beherrschungshermeneutik, nicht aber einer Anerkennungshermeneutik, der alle Gewalttätigkeit, jeglicher ‚Wille zur Macht' beim Erkennen der Anderen in ihrem Anderssein fremd ist."

62 Joseph Schmidlin: „Deutsche Kolonialpolitik und katholische Heidenmission", in: Zeitschrift für Missions-wissenschaft (1912), S. 25–49, hier S. 35. Diese kulturimperialistische Sendungs-

Schon der Nachfolger Schmidlings am Münsteraner Lehrstuhl, Thomas Ohm, distanziert sich von der Eurozentrik dieser interkulturellen Hermeneutik der frühen Missionswissenschaft[63]. Ihr Überlegenheitsgestus resultiert in einem Subjekt-Objekt-Schema: „Wir müssen also, um uns über den Begriff Mission noch klarer zu werden, Subjekt und Objekt der Mission getrennt betrachten."[64] In der missionswissenschaftlichen Theorie handeln die europäischen Missionare an den NichtchristInnen, sie verwalten die entstehenden Missionskirchen und belegen Priester- und Bischofsamt, während von den nichtchristlichen Völkern als Objekt der Mission die Anpassung an die europäische Kultur gefordert wird; ihre Bekehrung wird mit einer Annahme europäischer Werte gleichgesetzt; lange wird ihnen keine Selbstständigkeit zugesprochen[65]. Diese binäre Codierung des Missionsprozesses in aktive Geber und passive Empfänger, in christliche Zivilisation und heidnische Wildheit, die die vielschichtige und wechselseitige Komplexität des Missionsprozesses ausblendet, lässt keinen Raum für eine Reflexion der gegenseitigen interkulturellen Austausch- und Transformationsvorgänge, in denen sich die Kommunikation des Evangeliums zwischen Kulturen vollzieht.

1.3 Leitmetapher: Akkommodation

Die Missionswissenschaft im beginnenden 20. Jahrhundert – so zeigt sich im Aufriss von Schmidlins Entwurf – versteht sich als eine Theorie der Praxis, als Reflexion vergangener Missionsunternehmen und Anwendungswissenschaft gegenwärtiger Missionspraxis. Vor dem Hintergrund einer nachtridentinischen Ekklesiologie entwickelt sie ein territoriales Missionsverständnis, das das Ziel der Mission als Implantatio Ecclesiae fasst und damit die geographische Expandierung der sichtbaren, institutionell verfassten Kirche im Blick hat. Ihr am-

ideologie, die die „Pflicht" zur „Zivilisierung" nicht-europäischer Völker als „Last des weißen Mannes" beschreibt, bringt prominent Rudyard Kipling in seinem berühmten und kontroversiellen Gedicht „The white man's burden" auf den Punkt. Rudyard Kipling: „The White Man's Burden", in: McClure's Magazine 12 (Feb. 1899) vom Feb. 1899.

63 „Immer noch sind wir nicht völlig frei von unserer Sehweise und unseren Einseitigkeiten. Immer noch ist unser Selbstbewusstsein zu groß und die Einschätzung der Asiaten zu gering. Immer noch meinen einzelne, unsere Kultur verbreiten zu sollen. Immer noch unterscheiden wir nicht hinreichend zwischen dem Wesen des Christentums und seinen europäischen Gewändern. ... Und immer noch sind wir in europäischer Weise geschäftig." Thomas Ohm: *Ex contemplatione loqui. Gesammelte Aufsätze*, Münster: Aschendorffsche Verlagsbuchhandlung 1961, S. 145f.

64 J. Schmidlin: *Einführung in die Missionswissenschaft*, S. 15.

65 „They were ... remaining under the tutelage of Western mission agencies, at least until the latter should decide to grant them a ‚certificate of maturity', that is, until the younger churches had proved that they were fully self-supporting, self-governing, and self-propagating." D. J. Bosch: *Transforming mission*, S. 5.

bivalentes Verhältnis zum europäischen Kolonialismus ihrer Institutionalisierungszeit lässt sie auf dessen kulturimperialistische Ideologie[66] zurückgreifen und Missionierung auch als Zivilisierung explizieren. Doch auch wenn die diesem Missionskonzept zugrunde liegende interkulturelle Hermeneutik tendenziell paternalistisch ist und zur Legitimierung einer oppressiven Praxis führen kann, wird ihr die unhintergehbare Fremdheit anderer Kulturen unausweichlich zum Thema. Der europäische Export des Christentums stößt in seiner Mission auf kulturelle Pluralität und Diversität und problematisiert das Verständnis der Universalität des Evangeliums. Missionarische Grenzerfahrungen, in denen kulturelle Alterität sicht- und greifbar wird[67], zeigen deutlich die Kulturalität des europäischen Christentums auf[68], das angesichts der Konfrontation mit kultureller Pluralität nicht mehr unproblematisiert als universal postuliert und univok in andere kulturelle Kontexte übertragen werden kann. Das Verhältnis von universalem Evangelium und partikularen Kulturen und die Problematik interkultureller Vermittlungsprozesse kristallisieren sich so von Beginn an als genuines und unausweichliches Problem der Missionswissenschaft heraus.

Die frühe Missionswissenschaft behandelt die Beziehung Kultur – Evangelium unter der Leitmetapher Akkommodation. Unter dem Eindruck der Fremdheit anderer Kulturen wird die Notwendigkeit deutlich, das – neuscholastisch als feststehende, unveränderliche Größe postulierte – Christentum an diese Kulturen zu akkommodieren, anzupassen, zu adaptieren. Diese Prozessen werden in der Missionswissenschaft zunächst als Methodenproblem diskutiert[69]; „praktische Lösungsversuche standen im Vordergrund, nicht grundsätzliche Überlegungen"[70] und verstellen den Blick auf die weitreichenden theologischen Implikationen des Verhältnisses von Kultur und Evangelium[71]. Akkommodation wird dabei zunächst als ein einseitiger Vorgang aufgefasst, die Päd-

---

66 Andrew Porter fordert einen differenzierten Blick auf den Begriff des Kulturimperialismus ein, der nicht die Instabilität und Fragmentiertheit der „imperialistischen" Kultur ausblendet und auch die agency der Kolonialisierten in Betracht zieht. Andrew Porter: „Missions and Cultural Imperialism", in: Aasulv Lande (Hg.), *Mission in a pluralist world*, Frankfurt am Main: Lang 1996, S. 65–80.

67 „... das Fremdartige, das Andere, das nie ein Neutrum ist, sondern von Menschen verkörpert wird". Josef Müller: *Missionarische Anpassung als theologisches Prinzip*, Münster 1973, S. 1.

68 So prägt A. Huonder schon 1921 den Begriff „Europäismus" für Methode und Inhalt des Missionssystems des 19. Jahrhunderts. Anton Huonder: *Europäismus im Missionsbetrieb*, Aachen: Xaverius 1921.

69 Recht unverblümt wird das von Josef Schmidlin formuliert: „Die Akkommodation kommt namentlich im Annäherungsverfahren zur Geltung, das die Mission üben soll, um überhaupt an das Heidenvolk heranzukommen." J. Schmidlin: *Katholische Missionslehre im Grundriss*, S. 357.

70 J. Müller: *Missionarische Anpassung als theologisches Prinzip*, S. 2.

71 Dies gilt v.a. für die deutschsprachige Missionswissenschaft. Ein von Anfang an theologischer Zugang wurde in spanischen, französischen und belgischen Ansätzen entwickelt. Vgl. den Überblick bei ebd., S. 2–62.

agogik des Missionssubjekts steht im Vordergrund, die Missionare sind die Akteure und passen sich an das Missionsobjekt an. Schon Thomas Ohm bricht in einer Rezeption von Thomas von Aquin[72] die Einseitigkeit dieser Vorstellung auf, indem er zwischen Akkommodation, Assimilation und Transformation unterscheidet und somit auch Rezeptionsprozesse und deren Rückwirkungen auf das Christentum in den Blick bekommt.[73]

Den Akkommodationstheorien, sowohl in ihrer einseitigen, als auch in ihrer wechselseitigen Konzeption, liegt eine essenzialistisch-normative Vorstellung vom ,Wesen des Christentums' zugrunde, die zwischen wesentlichen und nicht-wesentlichen Eigenschaften unterscheidet. Angepasst an andere Kulturen können periphere Akzidenzien werden, etwa im Bereich der Liturgie, des religiösen Brauchtums oder der kirchlichen Architektur. Das Wesen hingegen kann aufgrund seiner Übernatürlichkeit, Überzeitlichkeit und Unveränderlichkeit nicht akkommodiert werden. Akkommodation wird so als praktisch-methodisches Problem betrachtet, ohne dass die theologisch-hermeneutischen Implikationen reflektiert werden[74]:

> „Das traditionelle Akkommodationsmodell krankte daran, dass mit einem äußerst einfachen und zunächst auch ziemlich äußerlich verstandenen Schema hochkomplizierte Vorgänge auf verschiedenen Gebieten des

---

72 In der Frage nach der Möglichkeit von Assimilation „blitzt das Problem ,Natur und Gnade' auf. Wer annimmt, dass Gott alles und der Mensch nichts ist, wer überzeugt ist, dass Natur und Gott durch eine unüberbrückbare Kluft getrennt sind, kann nicht an die Möglichkeit und Erlaubtheit der Akkommodation und Assimilation glauben. Wir aber nehmen ein Zusammenwirken von Glauben und Wissen, Gnade und Natur, Gott und Mensch an." Ohm, zit. nach Cosmas Hoffmann: *Wege zum Heil. Die Stellung der Nichtchristen und der nichtchristlichen Religionen im Werk Thomas Ohms* (= Ottilianer Reihe, Bd. 1), St. Ottilien: EOS-Verl. 2001, S. 329.

73 Nach Ohm ist Akkommodation „die Anpassung des Missionssubjekts mit all dem, was es den Heiden zu vermitteln hat, an die Eigenart der Heiden." Assimilation ist „die Aufnahme der den Heiden eigenen Erkenntnisse und Werte in den christlich Wahrheits- und Wertebesitz". In einem weiteren Schritt, den der Transformation, wird das Übernommene umgeformt, veredelt, gleichsam getauft. Thomas Ohm: „Akkommodation und Assimilation in der Heidenmission nach dem heiligen Thomas von Aquin. ZM 17 (1927). 94–113.", in: Zeitschrift für Mission (1927), S. 94–113, hier S. 94.

74 Das Problem der Akkommodation produziert im Rahmen des neuscholastischen Aufrisses von Theologie eine Spannung, die sich beim Schmidlin-Schüler Thauren belegen lässt: Johannes Thauren: *Die Akkommodation im Katholischen Heidenapostolat*, Münster: Aschendorffsche Verlagsbuchhandlung 1927. Thauren belegt die Legitimität von Akkommodation mit Zitaten aus dem Neuen Testament und der Kirchenväter und begründet ihre Notwendigkeit mit der „Rechtslage des Missionsobjekts" (21). Vor diesem Hintergrund unterscheidet er zwischen der äußeren und inneren Einheit der Kirche als „Hort des gesamten Glaubensgutes" (29): während die innere Einheit, die in der „unitas symbolica" und der „unitas liturgica" (29) besteht, unveränderlich ist, ist die äußere Einheit der „Einheitlichkeit der Liturgie und der formellen Gestaltung des Dogmas ... akzidentiell" (29). Da aber diese äußere Einheit „die imponierendste Kundgebung der inneren Einheit" ist, bleibt auch im Bereich des Akzidentiellen wenig Raum für Akkommodation. Thauren hält aus einem pastoralen Impetus dennoch an ihrer Möglichkeit und Notwendigkeit fest (30) und fasst sie so als praktisch-theologisches Problem.

> kirchlichen Lebens gelöst werden sollten – mit dem Schema der Unterscheidung von (wandelbarer) Form und (unwandelbarem) Inhalt."[75]

Dieses Schema beruht sowohl kulturwissenschaftlich aus auch theologisch auf fragwürdig gewordenen Modellen. Aus kulturwissenschaftlicher Sicht ist die im Akkommodationsmodell implizierte Trennung von Kultur und Religion unhaltbar geworden[76]. Die Unterscheidung von Essenz und Akzidenzien unterläuft die Komplexität kultureller Zeichensysteme, die Bedeutung in der Differenz und Interdependenz ihrer Symbole entwickeln[77]. Die Vorstellung, Akkommodation als ein vom Missionar gesteuertes methodisches Anpassungsverfahren des in seinem Wesen statischen Christentums durchführen zu können, wird nach dem Cultural Turn von Identitätstheorien unterminiert, die auf die instabile Hybridität jeder Identitätsformierung hinweisen und für die damit gerade die Grenzräume, das Aufeinandertreffen zweier Bezeichnungssysteme zu hochproduktiven Orten der Identifizierung werden, die in ihren Bedeutungsverhandlungen und Vermittlungsprozessen nie ganz kontrollierbar sind. Anstatt aber mit dem Akkommodationsmodell die Produktivität interkultureller Übersetzungsprozesse in den Blick zu bekommen, wird es als eine – restriktiv gehandhabte – Methode der Anpassung des feststehenden Inhalts des Christentums an separate Aspekte fremder Kulturen entworfen. Diese Fokussierung auf Akkommodation als ein Problem der Praxis lässt die Frage nach den Kriterien der Anpassung unterbelichtet und bleibt so implizit einem normativen Kulturbegriff verhaftet, der ethnozentrisch unterfüttert ist und so auch in den Akkommodationsprozessen die Vorzeichen des Europäismus nicht hinter sich lassen kann.

Die theologischen Rahmenbedingungen des Akkommodationsmodells werden von der neuscholastischen Theologie des 19. Jahrhunderts abgesteckt. Die Trennung in Wesen und Akzidenzien findet ihre theologische Begründung in einem instruktionstheoretischen Offenbarungsverständnis, das ein klar umrissenes, unveränderliches System von Sätzen als den Inhalt des Christentums postuliert. Diese ahistorische und akulturelle Konzeption christlicher Identität ist an eine hierarchisch-juridisch verfasste Ekklesiologie gekoppelt, die auf die

---

[75] Fritz Kollbrunner: „Die klassische Theorie. Akkommodation", in: Giancarlo Collet (Hg.), *Theologien der Dritten Welt. EATWOT als Herausforderung westlicher Theologie und Kirche*, Immensee: Neue Zeitschrift für Missionswissenschaft 1990, S. 133–141, hier S. 141.

[76] Das Verhältnis von Religion und Kultur ist sowohl theologisch als auch kulturwissenschaftlich ungeklärt und heftig umstritten. Vgl. zu einem erste Überblick über die Diskussion und weiterführende Literatur Andreas Nehring: „Religion und Kultur. Zur Beschreibung einer Differenz", in: Andreas Nehring/Joachim Valentin (Hg.), *Religious turns – turning religions. Veränderte kulturelle Diskurse - neue religiöse Wissensformen*, Stuttgart: Kohlhammer 2008, S. 11–31.

[77] „Das komplexe Ganze einer Kultur wird dabei in brauchbare und unbrauchbare Elemente aufgelöst, als ob die Kulturen nach dem Baukastenprinzip zusammengesetzt wären!" J. Müller: *Missionarische Anpassung als theologisches Prinzip*, S. 57.

Sichtbarkeit der Kirche als Hüterin des unveränderlichen depositum fidei abhebt. Tendenziell unterbelichtet bleibt dabei der hermeneutische Bruch, unter dem christliche Gottesrede im Raum der Kirche steht.[78] Diese Tendenz zur Identifizierung des Christentums mit dem römisch-katholischen Kirchenmodell lässt nur sehr begrenzt Raum für genuin andere Formulierungen christlicher Identität.

Sowohl seine kulturwissenschaftlichen als auch seine theologischen Voraussetzungen führen das Akkommodationsmodell in Aporien und erweisen sich als ungenügend, um die sich am Ort der Mission aufdrängende Problematik von Evangelium und Kultur/en theologisch aufzugreifen. Obwohl sich in seiner Entwicklung ein beginnendes Bewusstsein für die kulturelle Pluralität christlicher Identität und die Kulturalität europäischen Christentums abzeichnet, fehlt der frühen Missionswissenschaft als neuscholastischem Entwurf das epistemologische und hermeneutische Reflexionsniveau, um die damit verbundenen interkulturellen Transformationsprozesse systematisch zu bearbeiten und theologisch zu reflektieren:

> „Leider konnte die katholische Missionswissenschaft nicht mit jenem Problembewusstsein an die Akkommodationsfrage herangehen, das aus den Einsichten der neuzeitlichen Philosophie, besonders der Hermeneutik, der neueren Exegese und der Dogmengeschichte zu gewinnen gewesen wäre. Das nach der Modernismuskrise verbleibende neuscholastische Begriffsinstrumentarium war unge-eignet, um die Problematik einer sich anbahnenden pluralistischen Weltkirche aufzuarbeiten."[79]

1.4 Frühe Missionswissenschaft: Problemüberhang

Mit dem Akkommodationsmodell lässt sich auch der Problemüberhang der frühen Missionswissenschaften aufzeigen. Trotz ihres Selbstverständnisses, wissenschaftliche Untersuchung christlicher Mission, und damit eine Reflexion kultureller und religiöser Grenzüberschreitungen zu sein und so die unhintergehbare Interkulturalität des Christentums zu ihrem zentralen Thema hat, wird in den Anfängen der Missionswissenschaft nur eine unterkomplexe Theorie des Verhältnisses von Kultur und Evangelium und der Kulturen untereinander entwickelt. Diese Theorieschwäche resultiert aus einem unreflektiert erho-

[78] So die Kritik Hoekendijks: „Immer mehr scheint es, als ob der Zielpunkt des missionarischen Weges auf die Schon-Kirche reduziert ist. ... Das Reich droht man entweder kirchlich einzusperren oder es wird zu einem eschatologischen Wetterleuchten am fernen Rande. Das Ende der Erde und das Ende der Zeit, die beiden eschata, auf die die Mission ausgerichtet ist, und zwar gleichzeitig, in einer einzelnen Bewegung ausgerichtet ist, werden einander merkwürdig ähnlich; wenn man das Haupt erhebt, um den Enden entgegenzusehen, sieht man beide Male am Ziel: Kirche." zit. nach L. Rütti: *Zur Theologie der Mission*, S. 32.

[79] F. Kollbrunner: *Die klassische Theorie. Akkommodation*, S. 137.

benen Universalanspruch europäischen Christentums und westlicher Theologie, der äußerst konkrete Auswirkungen auf kirchliche Politik und Praxis hat: Missionskirchen gelten als abhängige, dependente Ableger[80] ihrer Mutterkirchen, das Akkommodationsmodell erschwert neue christliche Identifizierungsprozesse in anderen kulturellen Zeichensystemen, universale Weltkirche wird als monolithische Größe in minimaler kultureller Variation konzipiert.[81] Dieser theologische Problemüberhang, der in reziproker Weise mit seinen praktischen Konsequenzen verzahnt ist, resultiert aus einer ähnlich interdependenten Verbindung historischer und theologischer Hintergrunddiskurse. Historisch ist die Institutionalisierung der Missionswissenschaft in der Zeit des Kolonialismus und europäischen (Kultur-)Imperialismus zu verorten, ihren theologischen Hintergrund findet sie im ahistorisch-deduktiven System der Neuscholastik, deren Ekklesiologie und Offenbarungsverständnis missionswissenschaftlich zu einer territorialen Missionskonzeption und einem ahistorischen und akulturellen, statisch-essentialistischen Begriff christlicher Identität umgelegt werden. In den Missionswissenschaften finden die historischen und theologischen Motive oft ihre gegenseitige Begründung und Legitimierung[82]: der westliche Hegemonieanspruch kann durch eine staatliche Instrumentalisierung christlicher Evangelisierungsbemühungen religiös untermauert werden, die Missionsbestrebungen der Kirchen im 19. Jahrhundert können aufgrund ihrer zeitlichen Nähe und ihres ambivalenten Verhältnisses zu den Kolonialunternehmungen nicht losgelöst vom kolonialen Diskurs gesehen werden.

Angesichts ihres anfänglich ambivalenten Verhältnisses zum Kolonialismus ihrer Gründerzeit und der davon geprägten Hermeneutik fremder Kulturen und außereuropäischer Kirchen steht die Missionswissenschaft seit ihrer Institutionalisierung sowohl innertheologisch als auch im weiteren akademischen Feld unter starkem Legitimationsdruck. Die rund hundert Jahre ihres Bestehens sind von starken Turbulenzen geprägt. Zum einen bleibt ihre Rolle im Kanon der Theologie ungeklärt. Während sich der Ruf nach einer expliziten Missionswissenschaft mit eigenständigem Status in beiden Konfessionen um die letzte Jahrhundertwende durchgesetzt hat, bleiben Stimmen laut, die dagegen eine implizite missionarische Grundausrichtung in allen theologischen

---

80 Müller verweist auf Eduard Loffeld, der "von autochthonen, heimatgebundenen Kirchen wie von Ablegern der Mutterkirche – mit ausdrücklichem Verweis auf die Ableger der Erdbeereß-pricht. J. Müller: *Missionarische Anpassung als theologisches Prinzip*, S. 31.

81 „Diese äußere Einheit bzw. Einförmigkeit ... gehört nicht zum Wesen der Kirche ...; aber sowohl vom organisatorischen und rechtlichen wie vom dogmatischen Standpunkt aus ist sie von größter Bedeutung: sie stellt die imponierendste Kundgebung der inneren Einheit dar." J. Thauren: *Die Akkommodation im Katholischen Heidenapostolat*, S. 29.

82 „Der Staat vermag die Schutzgebiete sich wohl äußerlich an- und einzugliedern; das tiefere Ziel der Kolonialpolitik, die innere Kolonisation, muss ihm die Mission vollbringen helfen. Durch Strafen und Gesetze kann der Staat den physischen Gehorsam erzwingen, die seelische Unterwürfigkeit und Anhänglichkeit der Eingeborenen bringt die Mission zustande." J. Schmidlin: *Deutsche Kolonialpolitik und katholische Heidenmission*, S. 39.

Fächern fordern[83]: „Die Theologie des Westens hat auch heute einen gar nicht abschätzbaren Nachholbedarf. Sie müsste … missionarisch sein".[84] Nach 1945 steigt mit der beginnenden Dekolonialisierung und den Unabhängigkeitsbestrebungen außereuropäischer Völker und Kirchen der Rechtfertigungsdruck auf die Missionswissenschaft. Die Zeit ist geprägt von Diskussionen um ihre Abschaffung und der Suche nach Neuorientierungen, die sich im Spannungsfeld der Enteuropäisierung der Theologie und einer positiven Hermeneutik religiöser und kultureller Fremdheit verorten. So etwa versucht Adolf Exelers Entwurf einer „Vergleichenden Theologie", die Differenzen verschiedener kulturell geprägter Theologien produktiv und kreativ in Dialog zu bringen und „für die große katholische Einheit theologischen Denkens fruchtbar"[85] zu machen. Theo Sundermeier rekonzipiert Missionswissenschaft als Xenologie, „als die Wissenschaft von der Begegnung der Kirche mit den ihr Fremden"[86], die nicht als Kommunikations-, sondern als hermeneutische Wissenschaft ausgerichtet ist. Als Gravitationspunkt der Rekonfigurierungsversuche kristallisiert sich immer stärker die unhintergehbare Interkulturalität des Christentums heraus. Anstatt eine Theorie der Praxis der Mission zu entwerfen, sieht sich die Missionswissenschaft als „Grenzwissenschaft"[87] und „repräsentiert eine Art Grundlagenforschung, die im dynamischen Spannungsfeld von Religion und Gesellschaft auf die Analyse der Transformation christlicher Diskurse in Prozessen der Grenzüberschreitung fokussiert ist".[88]

---

83 Vgl. exemplarisch Stephanie Uphues: „Warum jede Theologie Missionstheologie ist", in: Arnd Bünker/Ludger Weckel (Hg.), „… *ihr werdet meine Zeugen sein* …". *Rückfragen aus einer störrischen theologischen Disziplin*, Freiburg im Breisgau, Basel, Wien: Herder 2005, S. 60–69.

84 Karl Rahner: „Die bleibende Bedeutung des II. Vatikanischen Konzils", in: Karl Rahner (Hg.), *Schriften zur Theologie XIV. Band XIV*, Zürich / Einsiedeln / Köln 1980, S. 303–318, hier S. 310.

85 Adolf Exeler: „Vergleichende Theologie statt Missionswissenschaft", in: Hans Waldenfels (Hg.), „… *denn ich bin bei Euch". (Mt 28, 20); Perspektiven im christlichen Missionsbewußtsein heute; Festgabe für Josef Glazik und Bernward Willeke zum 65. Geburtstag*, Zürich: Benziger 1978, S. 199–211.

86 Theo Sundermeier: „Begegnung mit dem Fremden. Plädoyer für eine verstehende Missionswissenschaft", in: Evangelische Theologie 50 (1990), S. 390–400, hier S. 397; Theo Sundermeier: *Den Fremden verstehen. Eine praktische Hermeneutik*, Göttingen: Vandenhoeck und Ruprecht 1996; Theo Sundermeier/Werner Ustorf: *Die Begegnung mit dem Anderen. Plädoyers für eine interkulturelle Hermeneutik* (= Studien zum Verstehen fremder Religionen, Band 2), Gütersloh: Gütersloher Verl.-Haus Mohn 1991.

87 Dieter Becker: „Junger Wein und neue Schläuche. Theologische Wissenschaft heute und der Fachbereich: Religionen, Mission, Ökumene", in: Dieter Becker (Hg.), *Es begann in Halle … Missionswissenschaft von Gustav Warneck bis heute*, Erlangen: Verl. der Ev.-Luth. Mission 1997, S. 190–208, hier S. 196.

88 K. Hock: *Grenzziehung und Grenzüberschreitung. The Making of „Mission" als Thema der Missionswissenschaft*, S. 254.

2. Kontextuelle Theologien

Auch wenn Kontextuelle Theologien in ihrer Vielfalt nicht als missionstheologische Neuentwürfe zu bewerten sind, lässt sich ihre Entwicklung dennoch zentral in der Krise der Missionswissenschaft verorten. In ihrer reflexiven Bezugnahme auf plural verfasste Kontexte und ihrer kritischen Rückfrage an den diagnostizierten Hegemonieanspruch europäischer Theologie führen sie ins Zentrum von ursprünglich missionswissenschaftlichem Terrain: in all ihrer Diversität erweist sich das Spannungsverhältnis von Evangelium und Kultur/en als der gemeinsame Motor ihrer theologischen Reflexion.

2.1 Historische Entstehungszusammenhänge

In der zweiten Hälfte des 20. Jahrhunderts erfahren sowohl die eurozentristisch verbrämte Politik der westlichen Kolonialmächte als auch der neuscholastische Aufriss von Kirche und Theologie, die in einem problematischen Konnex nicht zuletzt die Anfänge der katholischen Missionswissenschaft prägten, Erschütterungen an mehreren Fronten.

Geopolitisch ist die Zeit geprägt vom Zusammenbruch des Kolonialismus. Der Prozess der Dekolonisierung geht einher mit dem Ringen, die durch das Trauma der Kolonisierung erschütterten kulturellen Identitäten im (un)kritischen Rückgriff auf präkoloniale Diskurse und unter scharfer Abgrenzung von westlichen Identitätszuschreibungen[89] neu zu konstruieren. Diese disparaten postkolonialen Projekte kultureller Identifizierungen im diskursiven ‚re-reading' und ‚re-writing' der Kolonialgeschichte und ihre subversiven Interpretationen laufen parallel zu heftigem Widerstand gegen neokolonialistische Tendenzen, die ehemalige Kolonien auch nach formaler politischer Unabhängigkeit unter starke wirtschaftliche und kulturelle Dependenz stellen.

Kirchlich verändern demographische Entwicklungen die empirischen Vorzeichen ekklesiologischer Konzeptionen. Sie können unter dem von H.J. Margull geprägten Begriff „Tertiaterranität"[90] gefasst werden, der eine globale Ver-

[89] Vgl. Malcom X.: „Das größte Verbrechen, das der weiße Mann begangen hat, war, dass er uns lehrte, uns selbst zu hassen." Zit. nach: James Cone: „Schwarze Theologie und Schwarze Befreiung", in: Basil Moore/Ulrich Hühne (Hg.), *Schwarze Theologie in Afrika. Dokumente einer Bewegung*, Göttingen: Vandenhoeck & Ruprecht 1973, S. 64–73, hier S. 65.

[90] H. J. Margull: „Überseeische Christenheit II. Vermutungen zu einer Tertiaterranität des Christentums", in: VF 19 (1974), S. 56–103.

schiebung der Hauptanteile christlicher Präsenz in die Länder der Dritten Welt diagnostiziert. Diese Entwicklung bedeutet konkret, dass christliche Identitätsformulierungen mehrheitlich im Kontext von Armut und in Bedeutungssystemen nicht-westlicher Kulturen und Religionen verhandelt werden. Während so auf anderen Kontinenten die Zahl der Christen und Christinnen steigt, bricht gleichzeitig in Europa vor dem Hintergrund von Säkularisierungsprozessen[91] die Konstruktion des „christlichen Abendlandes" zusammen. Migrationsströme einerseits und die Erosion einer selbstverständlichen Zughörigkeit zur Volkskirche andererseits unterminieren die Illusion eines christlich geeinten Europas[92] und stellen ChristInnen in eine Minoritätsposition in einer plural geprägten Gesellschaft.

In der katholischen Kirche werden diese demographischen Entwicklungen hin zu einer Weltkirche[93] durch die ekklesiologischen Reflexionen des Zweiten Vatikanum theologisch eingeholt[94]. Das Modell der Neuscholastik, das Kirche als zentralistisch organisierte, sichtbare societas perfecta fasst, wird durch die Communio-Ekklesiologie aufgebrochen. Die eine kath-olische Kirche realisiert sich in und aus der Gemeinschaft von Ortskirchen, die nicht quantitativ als Teile der Gesamtkirche gefasst sind, sondern die jede für sich schon die Qualität der Katholizität trägt. In Einheit und Gemeinschaft mit der Gesamtkirche ist jede Ortskirche Kirche in vollem Sinn (LG 26). Im Rahmen des Communio-Modells, das die Kirche unhintergehbar in die Spannung von Universalität und Partikularität stellt, erscheinen sogenannte Missionskirchen nicht mehr als dependente Tochterkirchen unter paternalististischer Betreuung ihrer europäischen Mutterkirchen, sondern sind je autonome Lokalkirchen in voller Teilhabe an der Katholizität der Kirche. Der neuscholastische Ekklesio-

91 Mit dem Anbruch des ‚postsäkularen Zeitalters', das gerade Jürgen Habermas als ein prominenter Vertreter der Säkularisierungsthese ankündigt, stellt sich die Frage, ob sich die religiösen Koordinaten in Europa tatsächlich erneut verschoben haben oder die These grundsätzlich falsch war. Zur Diskussion und für weiterführende Literaturangaben vgl. Detlef Pollack: *Säkularisierung - ein moderner Mythos? Studien zum religiösen Wandel in Deutschland*, Tübingen: Mohr Siebeck 2003; H. Lehmann: *Säkularisierung: der europäische Sonderweg in Sachen Religion*: Wallstein 2004.

92 Zu den religiösen Differenzen als Fundament europäischer Identität und zur pluralen Religionsgeschichte Europas vgl. Michael Borgolte: *Christen, Juden, Muselmanen. Die Erben der Antike und der Aufstieg des Abendlandes 300 bis 1400 n. Chr.* (= Siedler Geschichte Europas), München: Siedler 2006.

93 Karl Rahner: „Theologische Grundinterpretationen des II. Vatikanischen Konzils", in: Karl Rahner (Hg.), *Schriften zur Theologie XIV. Band XIV*, Zürich / Einsiedeln / Köln 1980, S. 287–302, hier S. 288: „Das II. Vatikanische Konzil ist in einem ersten Ansatz, der sich erst tastend selber zu finden sucht, der erste amtliche Selbstvollzug der Kirche als Weltkirche."

94 Vorbereitet wurde die konziliare Überwindung des uniformen, monokulturellen, westliche geprägten Kirchenmodells durch die Missionsenzyklika *Maximum Illud* (1919), in der Benedikt XV das Recht auf Eigen-ständigkeit der Missionskirchen forderte; dieses Programm wurde von Pius XI in seinem Rundschreiben *Rerum Ecclesiae* (1926) aufgegriffen und weitergeführt.

zentrismus, der die Differenz zwischen der sichtbaren, hierarchisch verfassten Kirche und dem Reich Gottes nicht benennt und vor dessen Hintergrund Mission als geographisch fassbare Ausdehnung und Einpflanzung der Kirche betrieben wird, wird am Zweiten Vatikanum konterkariert von der Rede der Sakramentalität der Kirche (LG 48). Der Begriff Sakrament verweist auf die weltliche Aufgabe und auf den eschatologischen Vorbehalt der Kirche und ist „ein begriffliches Mittel neben anderen, um den ekklesiologischen Triumphalismus, Klerikalismus und Juridismus zu überwinden und das in der sichtbaren Gestalt verborgene und nur im Glauben fassbare Geheimnis der Kirche herauszustellen.“[95]

Theologisch werden – neben den ekklesiologischen Aufbrüchen – zwei weitere Rekonfigurationen richtungsweisend für eine theologische Verhältnisbestimmung von Kirche und Welt, von Evangelium und Kultur. Zum einen erfährt die geographisch-territoriale Verengung des neuscholastischen Missionsbegriffs eine theologische Erweiterung und wird als Missio Dei trinitarisch verankert[96]: Gott ist das Subjekt der Mission, er wendet sich den Menschen immer wieder und besonders in der Sendung seines Sohnes und des Geistes zu; die Kirche ist als Zeichen und Werkzeug eingebunden in diesen umfassenden Heilsplan Gottes, die Trennung von Heilsgeschichte und Weltgeschichte[97], von Subjekt und Objekt der Mission ist damit revidiert. Zum anderen wird das instruktionstheoretische Offenbarungsverständnis durch das kommunikationstheoretische Modell abgelöst. Offenbarung erschöpft sich nicht in einer definitiven Menge von wahren Sätzen, sondern ereignet sich als Beziehungsgeschehen, in dem sich Gott im Menschenwort mitteilt und das sich angesichts der Kontingenz und partikularen Gebundenheit menschlicher Rede immer wieder neu vollziehen muss.

Diese politischen, demographischen und theologischen Aufbrüche ziehen einen doppelten Pluralisierungsprozess nach sich, der auf zweifache Weise die Rede von christlicher Universalität problematisiert. Massiv erschüttert wird der

95 Walter Kasper: „Die Kirche als universales Sakrament des Heils“, in: Walter Kasper (Hg.), *Theologie und Kirche. Band 1*, Mainz: Matthias-Grünewald-Verlag 1987, S. 237–255, hier S. 244.

96 Diese theologische Rückbindung der Mission ging von Karl Barth aus: Karl Barth: „Die Theologie und die Mission in der Gegenwart. Vortrag gehalten an der Brandenburgischen Missionskonferenz in Berlin am 11. April 1932“, in: Karl Barth (Hg.), *Theologische Fragen und Antworten. Gesammelte Vorträge 3*, Zürich: Zollikon 1957, S. 100–126. Maßgeblich weiterentwickelt wurde das Konzept in der evangelischen Theologie von Georg Vicedom: *Missio dei. Einführung in eine Theologie der Mission*, München 1958.

97 Vgl. Volker Küster: *Theologie im Kontext. Zugleich ein Versuch über die Minjung-Theologie*. Univ., Diss.–Heidelberg, 1994. (= Studia Instituti Missiologici Societatis Verbi Divini, Band 62), Nettetal: Steyler Verl. 1995, S. 34.: „Das Heilshandeln des trinitarischen Gottes … ist wesentlich ein innergeschichtliches. Die Suche nach Spuren dieses göttlichen Handelns in der Geschichte gibt der Evangelium-und-Kultur-Debatte ihre geschichtliche Dimension“.

kulturell-religiöse Universalanspruch, den das römische Kirchenmodell und die westliche Theologie für sich beanspruchen und dabei als diskursive Konstruktionen in machtvoller Repräsentationshoheit die auch in Europa pluralen, differenten Deutungen christlicher Identität zentralisieren und in Missionen exportieren. Die geopolitischen Verschiebungen der Machtverhältnisse durch die Dekolonisierung und die postkoloniale (Re-)konstruktion kultureller Identitäten bewirken zum einen eine Pluralisierung nach innen. Sie konfrontiert die westliche Konzeption des Christentums mit pluralen, differenten Bezeugungen und Formulierungen christlicher Identität, die in fremden, partikularen Kontexten nun deutlich artikuliert werden. Angesichts der sich entwickelnden Polyzentrik der Kirche[98] kann christliche Universalität nicht mehr monolithisch-uniform gedacht werden – sie erscheint gebrochen durch und gebunden an fragmentierte Kontexte. Nach außen wird der christliche Universalitätsanspruch durch Säkularisierungsprozesse und Migrationsströme, die die Konstruktion eines religiös homogenen Westens unterlaufen, mit anderen Universalitätsansprüchen bzw. die säkulare Kritik an jedem religiösen Universalan-spruch konfrontiert. Die eine Universalität des Christentums erscheint gebrochen durch eine Pluralität von Universalitäten.

Diese Pluralisierungen und die Problematisierungen von Universalität, die sie nach sich ziehen, werden ideologiekritisch begleitet von einer massiven Eurozentrismuskritik, die die normative Perspektive Europas auf alle nichtwestlichen kulturellen Systeme als unreflektiert-kontextuelles und universalisierendes Referenzsystem dekonstruiert, das in seiner Verbindung von Wissen und Macht mit äußerst konkreten, politisch-oppressiven Auswirkungen verbunden ist. Das wirkmächtige Paradigma, das Europa ins Zentrum des ‚master narrative' von Moderne und Fortschritt stellt und dessen Herrschaftsdiskurs die fundamentale Differenz zwischen Europa als Subjekt und der nichteuropäischen kolonialisierten Welt als Objekt gewaltsam durchsetzt, wird aufgebrochen durch eine Suche nach Alternativen zur Epistemologie des Westens. Entgegen einer abstrahierend-universalisierenden Perspektive betont die postkoloniale Eurozentrismuskritik[99] die Kontextualität jedes Denkens und arbeitet an einer Dezentrierung oder „Provinzialisierung"[100] Europas.

Auch die in Missionsgebiete exportierte westlich geprägte Theologie wird unter dieser Per-spektive kritisch gegengelesen und ihr universaler Anspruch als universalisierend und verabsolutierend diagnostiziert – auch „theology

98 Johann B. Metz: „Im Aufbruch zu einer kulturell polyzentrischen Weltkirche", in: Franz-Xaver Kaufmann/Johann B. Metz (Hg.), *Zukunftsfähigkeit. Suchbewegungen im Christentum*, Freiburg: Herder 1987, S. 93–122.

99 Samir Amin/Russell Moore: *Eurocentrism*, New York: Monthly Review Press 1989.

100 Dipesh Chakrabarty: *Provincializing Europe. Postcolonial thought and historical difference* (= Princeton studies in culture/power/history), Princeton, NJ: Princeton Univ. Press 2000.

needs decolonising“[101]. Die postkoloniale Kritik unterminiert den hegemonialen Status und Anspruch dieser ‚theologia perennis‘ und fordert ein Theologietreiben ein, in dessen Zentrum die bewusste Reflexion seines Kontextes steht. Dieser hermeneutische Fokus will die doppelte Kontext-Blindheit westlicher Theologien korrigieren: zum einen geht es um die Dekonstruktion ihrer eurozentrischen Epistemologie hin zu einem Plural an theologischen Denkmöglichkeiten; zum anderen, in kritischer Absetzung von einer akademisch verorteten Theologie, um eine vor und in der Praxis verantwortete theologische Reflexion[102]. Während die postkoloniale Ideologiekritik so die Kontextgebundenheit jedes Theologietreibens aufzeigt – jede theologische Reflexion ist kontextuell, d.h. als Praxis der Reflexion auf die Praxis des Glaubens doppelt auf ihren kulturellen Kontext verwiesen, in dem diese Praxis ihre Bedeutung entfaltet –, entwickeln sich in diesem Klima der Unabhängigkeitsbestrebungen von Europa Theologien, die sich explizit als Kontextuelle Theologien verstehen und ihren jeweiligen Kontext bewusst und ausdrücklich in ihre Reflexion einbeziehen[103]:

> „Kontextualisierung der Theologie bedeutet also, den historischen, sozio-ökonomischen, politischen, kulturellen, ethnischen und religiösen Kontext zu berücksichtigen und die Erfahrung der Menschen in diesem mehrfach bestimmten Kontext zum Ausgangspunkt des theologischen Prozesses zu machen“[104],

indem sie in ein kritisches Verhältnis zur christlichen Botschaft, dem ‚Text‘, gesetzt werden. Diese Inbezug-Setzung von Text und Kontext beschreibt Shoki Coe, als Direktor des Theological Education Fund[105] einer der VordenkerInnen

[101] Samuel Rayan: „Decolonizing Theology“, in: Virginia Fabella/R. S. Sugirtharajah (Hg.), *Dictionary of Third World theologies*, Maryknoll, NY: Orbis Books 2000, S. 65f.

[102] „Es geht hier nicht in erster Linie um das Studium und die Diskussion einer akademischen Tätigkeit oder um ein akademisches Unternehmen an sich, vielmehr geht es um das Bemühen, die Evangelisation, das christliche Leben und seine Praxis von innen her authentischer zu machen, getreu dem Evangelium und seinem geschicht-lichen und über die Geschichte hinausgehenden Auftrag. Und es geht auch darum, dass wir uns selbst noch mehr damit identifizieren können.“ Catalino G. Arévalo: „Was ist kontextuelle Theologie?“, in: Catalino G. Arevalo (Hg.), *Den Glauben neu verstehen. Beiträge zu einer asiatischen Theologie*, Freiburg im Breisgau: Herder 1987, S. 20–34, hier S. 20.

[103] Robert Schreiter unterscheidet vor diesem Hintergrund zwischen local theologies und contextual theologies. Vgl. Robert J. Schreiter: *Constructing local theologies*, Maryknoll N.Y.: Orbis Books 1985, S. 6.

[104] Virginia Fabella: *Der Weg der Frauen. Theologinnen der Dritten Welt melden sich zu Wort* (= Theologie der Dritten Welt, Band 22), Freiburg im Breisgau: Herder 1996, S. 16.

[105] Der Begriff ‚Kontextualisierung‘ wurde in den Arbeiten und Diskussionsprozessen des Theological Education Fund (TEF) geprägt, der der Förderung der theologischen Ausbildung in der Dritten Welt diente. Wurde das Ziel in der ersten Mandatsphase noch als Hebung des akademischen Standards nach westlichen Maßstäben formuliert, so stand das dritte Mandatsprogramm

Kontextueller Theologien, als „double wrestle“, als ein Kampf an zwei Fronten: zu einen mit dem Text, um ihm im jeweiligen Kontext gerecht zu werden, zum anderen mit dem Kontext, in dem der Text relevant zu werden hat.[106]

2.1.1 Von der einen Theologie der Dritten Welt zur Pluralität der Kontextuellen Theologien

Ihre Verortung in postkolonialer Ideologiekritik lässt Kontextuelle Theologien zunächst vornehmlich als Theologien der Dritten Welt[107] erscheinen. Ihr Nachdenken über Kontextualität und Pluriformität von Theologie gestaltet sich als komplexer und konfliktiver Suchprozess, der in der 1976 gegründeten Ecumenical Association of Third World Theologies (EATWOT) eine Plattform erhält und sich seit 1976 in inter- und intrakontinentalen Konferenzen vollzieht.[108] In einer ersten trikontinentalen Konferenz in Dar-es Salaam wird eine Bestandsaufnahme Kontextueller Theologien vorgenommen, die als ihre gemeinsame Basis das Theologietreiben aus der Erfahrung der Unterdrückung und Armut identifiziert[109] und einen

> „epistemologischen Bruch [fordert], der das Engagement zum ersten Akt der Theologie macht und sich auf eine kritische Reflexion oder die Realitätspraxis der Dritten Welt einlässt.“[110]

ausdrücklich unter dem Motto „ministry in context“. Vgl. TEF staff: *Ministry in Context. The Third Mandate Programme of the Theological Education Fund (1970–77)*, Bromley 1972. — Zu Vorläufern der Begriffsverwendung vgl. Fritz Frei: „Kontextuelle Theologie“, in: Giancarlo Collet (Hg.), *Theologien der Dritten Welt. EATWOT als Herausforderung westlicher Theologie und Kirche*, Immensee: Neue Zeitschrift für Missionswissenschaft 1990, S. 142–161, hier S. 144.

106 Shoki Coe: „In Search of Renewal in Theological Education“, in: Theological Education (1973), S. 231–243, hier S. 238.

107 Der Begriff ‚Dritte Welt‘ wurde auf der Bandung-Konferenz (18. April 1955) in einer Selbstbeschreibung der blockfreien Staaten Afrikas und Asiens geprägt. Er wurde bewusst rezipiert und auch nach dem Wegbrechen der ‚2. Welt‘ beibehalten.

108 Diese Konferenzen und damit der theologiegeschichtliche Verlauf des EATWOT-Prozesses sind mehrfach dokumentiert worden, zuletzt in V. Küster: *Einführung in die interkulturelle Theologie*, S. 154–185. Sie werden daher hier nicht von neuem aufgerollt.

109 Vgl. das mission statement auf der EATWOT-Homepage: „As Third World theologians, EATWOT members take the third world context seriously, doing theology from the vantage point of the poor seeking liberation, integrity of creation, gender co-responsibility, racial and ethnic equality and interfaith dialogue. Thus Third World theologies are those which offer an alternative voice to the marginalized and exploited people of the planet.“ Online verfügbar unter http://www.eatwot.org/index.php?option=com_content&task=view&id=12&Itemid=26, zuletzt geprüft am 13. 8. 2012.

110 Schlußerklärung der Konferenz von Daressalam. In: *Herausgefordert durch die Armen. Dokumente der Ökumenischen Vereinigung von Dritte-Welt-Theologen 1976 - 1986* (= Band 13), Freiburg im Breisgau: Herder 1990, S. 44.

Vor diesem Hintergrund wird die Reflexion der EATWOT als ein Entwicklungs- und Reflexionsprozess projektiert, der zunächst durchaus noch unter der Zielperspektive einer einheitlichen Dritte-Welt-Theologie steht, deren Unhaltbarkeit jedoch schon bald durch die inter/intra-kontinentalen Spannungen und Perspektivenunterschiede aufgezeigt wird.[111] Als einschneidendste Differenz gestaltet sich jene zwischen „Befreiungs"- und „Inkulturations"-Ansätzen, eine Differenz, die aus geografischer Perspektive zwischen Lateinamerika und Asien verläuft. Wird in Lateinamerika unter stark befreiungstheologischem Einfluss Kontextuelle Theologie vornehmlich als sozioökonomische Gesellschaftsanalyse unter der hermeneutischen Perspektive der Befreiungsbotschaft des Evangeliums konzeptioniert, so wird im asiatischen Raum der Schwerpunkt auf eine Inkulturation in die spezifisch asiatischen kulturell-religiösen Kontexte gelegt, die durch eine Pluralität an Religionen und eine tiefe Spiritualität charakterisiert sind. In der Diskussion um den programmatischen Aufriss Kontextueller Theologien wird den Vertretern des lateinamerikanischen Ansatzes eine universalisierende Tendenz vorgeworfen, die in dominierender Haltung ihre spezifische Perspektive auf alle Dritt-Welt-Kontexte übertragen will.[112] Ein weiteres Machtgefälle in der Repräsentationshoheit und Definitionsgewalt über Kontextuelle Theologien tut sich zwischen Männern und Frauen auf. Auf den Konferenzen zunächst in einer verschwindenden Minorität, beginnen sich Dritte-Welt-Theologinnen in einem Emanzipationsprozess stärker zu vernetzen, den spezifisch weiblichen Kontext zu reflektieren und ihre Perspektiven mit starker Stimme in die EATWOT-Zusammentreffen einzubringen[113].

Kennzeichnend für den EATWOT-Prozess ist es, diese Spannungen und Differenzen offenzulegen und intensiv zu diskutieren. In einem konfliktiven Suchprozess kann die plurale Konzeptionierung Kontextueller Theologien unter dem Stichwort einer umfassenden Befreiung[114] produktiv aufgenommen werden. Die Emanzipationsbewegung im Rahmen der Kontextuellen Theologien gestaltet sich so als komplizierter Bruch[115], der für Theologie als partikular

111 „Die ursprünglich Vision, *eine* Theologie der Dritten Welt zu formulieren, wurde durch die Entdeckung der Pluralität im Diskurs des ersten Decennium von EATWOT durchkreuzt. Die Frage nach Gemeinsamkeiten, Unterschieden und interkulturellen Lernchancen war eine adäquate Reaktion darauf." V. Küster: *Einführung in die interkulturelle Theologie*, S. 183.

112 Vgl. die Einleitung zur EATWOT-Konferenz 1979 in Wennappuwa. In: *Herausgefordert durch die Armen*, S. 63–67.

113 V. Fabella: *Der Weg der Frauen.*

114 „Befreiung aller Männer und Frauen von allem, was sie fesselt, innerlich wie äußerlich." Virginia Fabella/Mercy A. Oduyoye (Hg.): *With passion and compassion. Third World women doing theology. Reflections from the Women's Commission of the Ecumenical Association of Third World Theologians*, Maryknoll N.Y.: Orbis Books 1988, S. xi.

115 Arnulf Camps: „Die Ökumenische Vereinigung von Dritte-Welt-Theologen 1976–1988. Ein komplizierter Bruch", in: Giancarlo Collet (Hg.), *Theologien der Dritten Welt. EATWOT als*

verwurzelte und universal ausgerichtete Reflexion eine doppelte Pluralisierung – in der vielschichtigen Mehrdimensionalität ihrer pluralen Kontexte – bedeutet.[116]

2.2 Fragestellungen und Problemzugriff

Ausgehend von der postkolonialen Eurozentrismuskritik und ihrer Unterminierung eines universalisierenden, kontextblinden Aufrisses von Theologie erscheint im Rahmen der Kontextuellen Theologie Kontextualität als neues theologisches Paradigma[117] – nicht nur explizite Kontextuelle Theologien, sondern jede theologische Reflexion ist unausweichlich auf ihren Kontext verwiesen. Der notwendige Rückgriff auf kulturelle Bedeutungssysteme und ihr semiotisches Repertoire in der ständig sich neu stellenden Herausforderung, christliche Identität zu formulieren und ihre Bedeutung zu verhandeln, fordert Theologie als Reflexion dieser Identifizierungsprozesse zu einer Kultur- und Kontextanalyse heraus. Für diese theologische Analyse ihres Kontextes haben die Kontextuellen Theologien ein differenziertes methodisches Inventar ausgearbeitet, um ihre jeweilige Kontextualität mit dem christlichen Text in Beziehung zu setzen: als die Brennpunkte einer Ellipse[118] bilden Text und Kontext zwei gleichberechtigte Grundlagen theologischer Reflexion, die sich in einer hermeneutischen Zirkelbewegung gegenseitig auslegen.

In *Constructing Local Theologies* hat Robert Schreiter eine Methodologie Kontextueller Theologien vorgelegt und damit einen grundlegenden Beitrag zur Theoriebildung geleistet. Im Gegenüber zu explizit Kontextuellen Theologien bringt die Terminologie Schreiters die Kontextualität jeder Theologie auf den Begriff der „local theologies“.[119] Er beschreibt die wechselseitige Interak-

---

Herausforderung westlicher Theologie und Kirche, Immensee: Neue Zeitschr. für Missionswiss. 1990, S. 183–200.

116 Es gibt mehrere Versuche, die Pluralität Kontextueller Theologien in Modellen zu systematisieren. Vgl. Stephen B. Bevans: *Models of contextual theology* (= Faith and cultures series), Maryknoll N.Y.: Orbis Books 1992.

117 Hans Waldenfels: „Theologie zwischen Universalismus und Partikularismus. Die Kontextualität als neues theologisches Paradigma“, in: Mariano Delgado/Andreas Lob-Hüdepohl (Hg.), *Markierungen. Theologie in den Zeichen der Zeit*, Berlin: Morus 1995, S. 13–35.

118 Zu diesem Bild der Ellipse vgl. Hans Waldenfels: *Kontextuelle Fundamentaltheologie*, Paderborn: Schöningh 2005.

119 Schreiters Ansatz lässt sich damit im ekklesiologischen Entwurf des Zweiten Vatikanum verorten: „[T]he approach is consciously ecumenical. ‚Church‘ here refers to the entirety of the Christian church. ... At the same time any work such as this concerned with theology in its concrete context is bound to come down more heavily within one church than other, and the author’s Roman Catholic background and commitment will be evident throughout.“ R. J. Schreiter: *Constructing local theologies*, S. xii.

tion und Interpretation von Text und Kontext als „dialectic cycle“[120] zwischen Evangelium, Kirche und Kultur, in dem sich lokale Theologien konstruieren[121]. In einer Analyse der Kultur, die Schreiter semiotisch als ein „Hören“ auf ihre Bedeutungsstrukturen beschreibt[122], werden drängende Themen und Fragen einer christlichen Gemeinschaft identifiziert, die mit „similar experience[s] of other communities in similar contexts at other times“[123] in Beziehung gesetzt werden. Diese „parallels“[124] aus der christlichen Tradition dienen als Fundus, als ein Reservoir an Symbolen und Bedeutungen, um in einem konkreten Kontext eine neue lokale Theologie zu formulieren. Die Differenzen, die unhintergehbaren Ungleichzeitigkeiten, zwischen den Kontexten drängen dabei zu immer neuen Identifizierungen des Christlichen. In diesem dialektischen Prozess zwischen Tradition und Kontext erscheint Tradition nicht als abgeschlossener Monolith, sondern als eine „series of local theologies“[125]. In der Interaktion und wechselseitigen Interpretation der verschiedenen Kontexte kann sie semiotisch als ein „web of meaning“[126] bezeichnet werden, das in seinen pluralen, auch disparaten, Formulierungen christlicher Identität die Universalität, Einheit und Katholizität der Kirche neu denken lässt.[127]

Der hermeneutische Zirkel zwischen Kultur und Tradition, zwischen Text und Kontext, bleibt dabei grundsätzlich unabgeschlossen; er ist ein prinzipiell offener Prozess. Kulturtheoretisch macht die Instabilität und Fragilität kultureller Bedeutungssysteme immer neue Identifizierungen des Christlichen notwendig[128]; seine Bedeutung muss in sich wandelnden Zeichensystemen stets von neuem verhandelt werden. Dieser Imperativ stellt sich auch aus theologischer Perspektive.[129] Ihre unausweichliche Kontextualität und Partikularität macht aus jeder christlichen Identität und ihrer theologischen Reflexion eine

---

120 Ebd., S. 36.

121 Ebd., S. 20f.

122 Ebd., S. 28.

123 Ebd., S. 33. Explizit greift Schreiter damit auf den kultursemiotisch-hermeneutischen Entwurf Clifford Geertz’ zurück.

124 Ebd.

125 Ebd., S. 32.

126 Vgl. Clifford Geertz: „Thick description“, in: Clifford Geertz (Hg.), *The interpretation of cultures. Selected essays*, New York: Basic Books 2006, S. 3–30, hier S. 5.

127 Robert J. Schreiter: *Die neue Katholizität. Globalisierung und die Theologie* (= Theologie interkulturell, Band 9), Frankfurt am Main: IKO – Verl. für Interkulturelle Kommunikation 1997.

128 Dieser Verweis auf die Instabilität kultureller Identifizierung ist ein Vorgriff auf die kulturtheoretische Grundlegung und Be/schreibung in II.1.1.3 „Interkulturalität postkolonial“: Es wird davon ausgegangen, dass Identitäten keine essenzialistisch grundgelegten, stabilen, klar abgegrenzten Entitäten sind, sondern in diskursiven Abgrenzungsprozessen durch Ein- und Ausschließungen immer wieder konstruiert und verhandelt werden.

129 „Contextualization … is a theological imperative.“ S. B. Bevans: *Models of contextual theology*, S. 10.

unhintergehbar begrenzte, kulturell perspektivierte Formulierung, die den uneinholbaren Bedeutungsüberschuss der christlichen Botschaft in immer neuen Anläufen zur Sprachen bringen muss; der mit ihr verbundene universale Anspruch stellt Theologien als kontextuelle unter eschatologischen Vorbehalt. Im hermeneutischen Zirkel müssen so auf Basis einer interdisziplinären Analyse der Kontextualität christlicher Identität die Möglichkeiten neuer Kontextualisierungen immer wieder von neuem ausgelotet werden.

Im Rahmen der Kontextuellen Theologien steht diese Kontextualisierung unter einem zweifachen Interesse. Zum einen ist sie charakterisiert von einem Primat der Praxis. Kontextuelle Theologien verstehen sich als Reflexion der Glaubenspraxis in einer konkreten Situation mit dem Ziel, Hilfestellung für diese Praxis zu geben[130]. Unter dieser Perspektive vollzieht sich der hermeneutische Zirkel zwischen Text und Kontext als methodologischer Drei-Schritt von sehen – urteilen – handeln. Entwickelt von Kardinal Joseph Cardijn (1882–1967) in seiner Arbeit mit der JOC (Jeunesse Ouvrière Chrétienne), wird dieser Drei-Schritt am Zweiten Vatikanum als Methode und hermeneutische Struktur für die Pastoralkonstitution Gaudium et spes aufgegriffen.[131] Die Befreiungstheologie führt ihn als kritische Gesellschaftsanalyse mit marxistischem Instrumentarium unter dem Primat der Praxis[132] in die Kontextuellen Theologien als ihre primäre Methode ein. Dieser Drei-Schritt, der an einer Kontextualisierung der christlichen Botschaft auf Basis einer Analyse ihrer Kontextualität im Licht

---

130 Im hermeneutischen Zirkel von Praxis und Theorie ist Theologie eine „Funktion der Praxis", die aus der Praxis kommt und in sie hineinwirkt. Vgl. Clodovis Boff: *Theologie und Praxis. Die erkenntnistheoretischen Grundlagen der Theologie der Befreiung* (= Gesellschaft und TheologieFundamentaltheologische Studien, Band 7), München: Kaiser 1986.

131 Vgl. Hans-Joachim Sander: „Theologischer Kommentar zur Pastoralkonstitution über die Kirche in der Welt von heute Gaudium et spes.", in: Peter Hünermann/Guido Bausenhart (Hg.), *Herders Theologischer Kommentar zum Zweiten Vatikanischen Konzil*, Freiburg: Herder 2009, S. 581–886.

132 „Als artikulierte Weiterentwicklung u. a. des reflektierten Engagements und der engagierten Reflexion der verschiedenen Bewegungen der ... Katholischen Aktion übernimmt die Th[eologie] d[er] B[efreiung] als Methode ... von diesen den Dreischritt Sehen – Urteilen – Handeln. Die Methode, seit der Enzyklika ‚Mater et Magistra' Johannes' XXIII. (1961; 236. 237) ausdrücklich zur Anwendung empfohlen ..., wird in L[atein]A[merika] auch als dreifache, d.h. sozioanalytische ..., hermeneutische ... und praktisch-pastorale ... Vermittlung bezeichnet. ... In der Phase des Sehens (Analyse) geht es darum, die vorgefundene soziale Realität kritisch zu beschreiben; diese wird mit Hilfe der Dependenztheorie als Abhängigkeit, Verrandung und Ausbeutung diagnostiziert. Wie aber ist dann die so erklärte Lage mit den Kriterien des Evangeliums von der Menschenfreundlichkeit Gottes (Tit 3,4) zu beurteilen (Hermeneutik?). Die Lateinamerikaner zweifeln nicht daran, dass man sich in einer Situation ‚struktureller' ... Sünde befindet. Und schließlich ist der entscheidende Punkt das Handeln (Praxis). Die Wahrheit des christlichen Lebens erweist sich darin, dass es dazu beiträgt, dass die Menschen zur Ehre Gottes als dessen Töchter und Söhne und untereinander als Geschwister leben können." Horst Goldstein: *Kleines Lexikon zur Theologie der Befreiung*, Düsseldorf: Patmos Verl. 1991, S. 155f.

des Evangeliums arbeitet, bringt eine starke Handlungsperspektive in den hermeneutischen Zirkel von Text und Kontext ein, die von TheologInnen

> „einen Lebensstil der Solidarität mit den Armen und Unterdrückten" und „aktives Engagement zur Förderung von Gerechtigkeit und die Verhütung von Ausbeutung, Anhäufung von Reichtum in den Händen weniger, Rassismus, Sexismus und aller anderen Arten von Unterdrückung, Diskriminierung und Entmenschlichung"[133]

einfordert.

Zum zweiten wird die Kontextualisierungsarbeit unter ideologiekritischer Perspektive geleistet. Sowohl Text als auch Kontext sind im hermeneutischen Zirkel unter eine Hermeneutik des Verdachts gestellt[134], die für Macht- und Unterdrückungsprozesse in kulturell-religiösen Identifizierungsprozessen sensibel ist. Eine Kontextualisierung christlicher Identität setzt eine kritische Rezeption ihrer unhintergehbaren Kontextualität voraus, die das befreiende Moment der christlichen Botschaft in ihren ambivalenten Bedeutungsstrukturen zum Ausdruck kommen lässt.[135] Gegenüber theologischen und kirchlichen Traditionen, die als „series of local theologies" den Text der christlichen Botschaft immer neu identifizieren, nehmen Kontextuelle Theologien eine emanzipatorische Haltung ein. Exklusiv westliche Konzeptionen von Theologie und der ihnen zugrunde liegende Wissenschaftsbegriff werden aufgebrochen und durch narrative, praktische und weisheitliche Ansätze[136] erweitert. Ihre Subjekte sind nicht ausschließlich akademisch verortete ‚ExpertInnen', sondern die Gemeinschaft von Gläubigen, die immer neu an einer Identifizierung des Christlichen in ihren Lebenskontexten arbeiten. Volksreligiösität wird so zu einem bedeutenden locus theologicus. Zur Aufgabe einer emanzipatorischen Theologie gehört auch eine Kritik am historiografischen Diskurs, in dem mit kolonialer Macht Missionsgeschichte ausschließlich aus westlicher Perspektive geschrieben wurde. Eine ideologiekritische Kontextualisierung bedeutet so auch das ‚re-writing' vergangener Identifizierungsprozesse „von der Rücksei-

133 EATWOT (Hg.): *Herausgefordert durch die Armen. Dokumente der Ökumenischen Vereinigung von Dritte-Welt-Theologen 1976 - 1986* (= Theologie der Dritten Welt, Band 13), Freiburg: Herder 1990, S. 44.

134 Vgl. Juan L. Segundo: *Liberation of theology*, Maryknoll, N.Y: Orbis Books 1976, S. 9.

135 Kontextualisierung kann also sowohl eine positive wie auch eine negative Rezeption des Kontextes bedeuten. Shoki Coe weist auf die kritische Funktion von Kreuz und Auferstehung als theologische Begründung der Dynamik des Kontextualisierungsprozesses: „So, for us, authentic contextualization must be open constantly to the painful process of de-contextualization, for the sake of re-contextualization." Shoki Coe: „Contextualizing Theology", in: Gerald Anderson/Thomas F. Stransky (Hg.), *Mission trends 3. Third World Theologies*, New York: Paulist Press 1975, S. 19–24, hier S. 24.

136 Vgl. die Typologie in R. J. Schreiter: *Constructing local theologies*, S. 80–93.

te der Geschichte“[137], die der ‚agency‘ und Sprachfähigkeit ihrer subalternen Subjekte in nicht-westlichen Kontexten Rechnung trägt.

Die prinzipielle Offenheit des Kontextualisierungsprozesses, in dem im Rückgriff auf die ambivalenten Bedeutungsstrukturen kultureller Zeichensysteme der christliche Text immer neu zur Sprache gebracht wird, verlangt nach Kriterien für die bleibende Identität des Christlichen in seinen disparaten Kontexten. In ihrer Kritik an universalisierenden Ansätzen weisen Kontextuelle Theologien vehement auf die Partikularität und Kontextualität jeder Identitätsformulierung hin. Als theologische Reflexion haben sie aber auch den mit der christlichen Botschaft verbundenen Anspruch auf Universalität und Einheit kritisch zu verantworten. Eine reflexive und explizite Verortung christlicher Identität und ihrer theologischen Reflexion in konkreten Kontexten und damit ihre unausweichliche Pluralisierung bedeuten nicht eine Beliebigkeit ihrer Formulierungen, sondern fordern dazu heraus, Kriterien für ihre Einheit in pluralen Kontexten anzugeben und in ihren partikularen Identitätsformationen eine universale Perspektive offenzuhalten. Das Verhältnis von Partikularität und Universalität, von Text und Kontext, von Kultur und Evangelium ist damit jene Grundspannung, in der Kontextuelle Theologien zu verorten sind. Sie verhandeln die Bedeutung des christlichen Texts in pluralen Kontexten, dessen politische, historische, sozio-ökonomische, kulturelle, ethnische und religiöse Koordinaten sie in einer theologischen Kulturanalyse vermessen, um in ihren diskursiven Bedeutungsstrukturen christliche Identität immer neu zu formulieren und zu kontextualisieren. Der ‚Text‘ der christlichen Botschaft kann dabei nicht als essenzialistische Größe unabhängig von jedem Kontext gefasst werden, sondern ist eine spezifische Konfiguration von Zeichen in kulturellen Symbolsystemen, die ihre charakteristische Bedeutung zum Ausdruck bringt:

> „Hier zeigt sich eine terminologische Schwierigkeit, die ihre Wurzel in der Nähe des theologischen Kontext-Begriffs zur linguistischen Hermeneutik gesprochener bzw. geschriebener Texte hat. In jenem ursprünglichen Verwendungszusammenhang korreliert dem Kontext jeweils ein bestimmter, feststehender Text, und das hermeneutische Bemühen richtet sich auf die Aufdeckung der Beziehungen zwischen beiden. Im theologischen Zusammenhang dagegen führt die Frage nach dem universal verbindlichen Text, dessen Kontext betrachtet werden soll, so lange in die Irre, wie nach einer sinnlich fassbaren Gestalt dieses Textes gesucht wird.“[138]

---

137 EATWOT (Hg.): *Herausgefordert durch die Armen*, S. 120.

138 Michael Bongardt: „Glaubenseinheit statt Einheitsglaube. Zu Anliegen und Problematik kontextueller Theologien“, in: Klaus Müller/Gerhard Larcher (Hg.), *Fundamentaltheologie. Fluchtlinien und gegenwärtige Herausforderungen*, Regensburg: Pustet 1998, S. 243–260, hier S. 251. Vgl. auch A. R. Crollius: „What is so new about Inculturation?“, in: A. R. Crollius/Théoneste Nkéramihigo (Hg.), *What is so new about Inculturation?*, Rom: Centre „Cultures

Der normative ‚Text' christlicher Identität, der für ihre universale Einheit in pluralen Kontextualisierungen steht, wird vielmehr in komplexen Übersetzungs- und Transformationsprozessen zwischen disparaten Kontexten geschrieben – ihre Einheit ist nur plural gegeben, ihre Universalität ist unhintergehbar partikular verwurzelt.
Kontextuelle Theologien verorten sich reflexiv in dieser Spannung:

> „Bei aller Kritik an theologischen Systemen, die mit ihrem Einheitsstreben stets auch zur Legitimierung kirchlicher wie theologischer Herrschaftsansprüche beitragen, weisen kontextuelle Theologien die Aufgabe keineswegs ab, die Spannung von Partikularität und Universalität des Glaubens, von Anerkennung und Kritik der jeweiligen Kultur offenzuhalten."[139]

So schlägt Robert Schreiter fünf Kriterien vor, die in der Entwicklung von Theologien ihre christliche Identität ausweisen sollen: Kohärenz mit christlicher Performanz in der Tradition, ihre Bewährung in Liturgie sowie in der Praxis, das Urteil anderer Theologien und ihr Beitrag zur weiteren Traditionsentwicklung[140]. Während an diese formale Kriterien die Frage zu stellen ist, inwiefern sie Machtprozesse in der Formation von Tradition im Blick haben, erweisen sich inhaltliche Kriterien entweder als zu weit oder zu eng gefasst, um die kulturelle Pluriformität christlicher Identität adäquat beurteilen zu können.[141] Eine Kriteriologie der unhintergehbaren Kontextualisierungsprozesse christlicher Identität bleibt so dringliches Desiderat einer theoretischen Entfaltung kontextueller Theologien.[142]

---

and Religions" - Pontifical Gregorian University 1984, S. 1–18, hier FN7.: „Unless referring to the writing and interpretation of texts, the expressions ‚contextualism', ‚contextuality' and ‚contextualisation' are metaphors which do not necessarily add to the clarity and precision of the discourse."

139 M. Bongardt: *Glaubenseinheit statt Einheitsglaube*, S. 251.

140 R. J. Schreiter: *Constructing local theologies*, S. 113–121.

141 Konzepte wie ‚justice' oder ‚stimulation of people in their strive for perfection', wie sie Lamin Sanneh vorschlägt, sind so allgemein, dass sie in verschiedenen Kontexten zu sehr unterschiedlichen oder sogar konfliktierenden Interpretationen führen. Die inhaltlichen Kriterien, die Bongardt vorschlägt – lineare Geschichtsvorstellung, Monotheismus, individualistische Anthropologie – schließen dagegen eine Kontextualisierung der christlichen Botschaft in sehr vielen nicht-westlichen Kontexten aus. — M. Bongardt: *Glaubenseinheit statt Einheitsglaube*, S. 256.

142 „We are still far from having adequate intercultural criteria for intercontextual exchange in theology." Werner Ustorf/Martha Frederiks: „Mission and missionary historiography in intercultural perspective: Ten preliminary statements.", in: Exchange 31, S. 211–218, hier S. 217.

2.3 Leitmetapher: Inkulturation

Die postkoloniale Verschiebung der geopolitischen und kirchlichen Machtverhältnisse und die damit verbundene Ideologiekritik am Eurozentrismus westlicher Theologie ziehen Pluralisierungen christlicher Identifizierungen nach sich, die in ihrer Diskrepanz auf die unhintergehbare Kontextualität jeder Identitätsformulierung hinweisen. Die sich vor diesem Hintergrund formierenden Kontextuellen Theologien reflektieren einerseits explizit ihre jeweilige Kontextualität und stellen sich andererseits als Theologien dem normativen Universalitäts- und Einheitsanspruch der christlichen Botschaft. Damit versuchen sie eine theologische Bearbeitung der Spannung von Universalität und Partikularität, von Einheit und Pluralität, die sich am Ort der Kultur/en stellt. Dieses Problem ist nicht neu, vielmehr lässt es sich – sowohl theologisch als auch kulturtheoretisch – als das grundlegende Strukturproblem christlicher Gottesrede begreifen. Jedoch ist angesichts der konfliktiven Pluralisierungen des Christentums im Kontext der Dekolonisierungen der „status questionis“[143] ein anderer – das Verhältnis von Evangelium und Kulturen wird nicht als eine rein methodische Frage unter der Leitmetapher der Akkommodation bearbeitet[144], sondern drängt sich als theologisches Problem auf. Der Begriff der Kontextualität bietet für diese Fragestellung eine hermeneutische Kategorie, während als Handlungskategorie der Begriff „Inkulturation“ entwickelt wird[145].

Die Formierung des Begriffs ‚Inkulturation‘ ist in einer Reflexion der Pluriformität des Christentums zu verorten – die Begriffsprägung wird dem belgischen Missionswissenschaftler J. Masson SJ zugeschrieben, der im Umfeld der Konzilsdiskussion um eine Öffnung der Kirche zu den Kulturen von „un catholicisme inculturé d'une façon polymorphe“[146] spricht und damit eine Einwurzelung oder Einpflanzung der christlichen Botschaft in die nichtchristlichen Kulturen im Blick hat. Seinen Durchbruch erfährt der Begriff durch die in Rom tagende 32. Generalkongregation der Gesellschaft Jesu (1974/75), die eine „Inkulturation, verstanden als ‚Inkarnation des Evangeliums‘ in den kul-

---

143 A. R. Crollius: *What is so new about Inculturation?*, S. 1.

144 Klaus Müller arbeitet in seiner kurz nach dem Zweiten Vatikanum fertiggestellten und dessen theologische Umstellungen aufgreifenden Dissertation in einer Analyse unterschiedlicher Akkommodationsmodelle und in Absetzung von ihrem Zugriff zu Akkommodation als Methode schon deren theologische Dimension heraus. J. Müller: *Missionarische Anpassung als theologisches Prinzip.*

145 Hans Waldenfels: „Gottes Wort in der Fremde – Inkulturation oder Kontextualität?“, in: Monika Pankoke-Schenk/Georg Evers/Ludwig Bertsch (Hg.), *Inkulturation und Kontextualität. Theologien im weltweiten Austausch; Festgabe für Ludwig Bertsch zum 65. Geburtstag*, Frankfurt am Main: Knecht 1994, S. 114–123, hier S. 114.

146 Joseph Masson: „L'Eglise ouverte sur le monde“, in: Nouvelle Revue Theologique 84 (1962), S. 1032–1043, hier S. 1038.

turellen Werten der einzelnen Völker"[147] fordert. Im Anschluss greift der Generalobere der Jesuiten, Pedro Arrupe SJ, das Thema der Inkulturation auf und bestimmt es vor dem Hintergrund ignatianischer Spiritualität und des jesuanischen Anpassungsprinzips als das fundamentale Prinzip in der Begegnung von Evangelium und Kulturen:

> „Inkulturation ist die Gestaltwerdung des christlichen Lebens und der christlichen Botschaft in einem gegebenen kulturellen Milieu, in solcher Weise, dass diese Erfahrung nicht nur in Elementen zum Ausdruck kommt, die der betreffenden Kultur eignen (das allein wäre nur eine oberflächliche Anpassung), sondern dass sie ein Prinzip wird, das die Kultur beseelt, leitet und zur Einheit bringt, indem sie diese umwandelt und erneuert, so dass eine ‚neue Schöpfung' daraus wird."[148]

Mit Arrupes Definition lässt sich der Bruch zwischen dem Akkommodations- und dem Inkulturationsparadigma dokumentieren. Das In-Verhältnis-Setzen von Kultur und Evangelium wird nicht mehr als eine rein äußerliche Anpassung peripherer Akzidenzien verstanden, sondern als eine tiefe gegenseitige Durchdringung: den Kulturen wird theologische Relevanz zugesprochen, da die christliche Botschaft nur in den Bedeutungsstrukturen kultureller Zeichensysteme ihre spezifische Bedeutung entwickeln kann, die in ihrer Widerständigkeit die Kulturen wiederum zur Metanoia herausfordert.

Im Rahmen dieses Paradigmenwechsels wird der Neologismus ‚Inkulturation' in gleichzeitiger Anlehnung und Abgrenzung zu den kulturwissenschaftlichen Konzepten ‚Akkulturation' und ‚Enkulturation' entwickelt. Akkulturation bezieht sich auf Phänomene des Kulturkontakts und den damit einhergehenden Kulturwandel[149], Enkulturation beschreibt das ‚Hineinwachsen' eines Individuums in eine Kultur und somit das Erlernen von kultureller Kompetenz[150]. In Abhebung von diesen analytischen Begriffen

[147] Michael Sievernich: „Von der Akkomodation zur Inkulturation. Missionarische Leitideen der Gesellschaft Jesu", in: ZMR 86 (2002), S. 260–276, hier S. 267f. — Zeitgleich verabschiedet die Federation of Asian Bishops' Conferences das Schlussdokument ihrer Vollversammlung (Taipeh, 27. 4. 1974), in dem von der Notwendigkeit einer inkulturierten Kirche gesprochen wird: „The local church is a church incarnate in a people, a church indigenous and inculturated." Gaudencio B. Rosales/Catalino G. S. Arevalo (Hg.): *For all the peoples of Asia. Federation of Asian Bishops' Conferences. Documents form 1970–1991*, New York: Maryknoll 1992, S. Art. 9.

[148] Brief des Ordensgenerals Pedro Arrupe SJ, 14. Mai 1978. zit. nach: M. Sievernich: *Von der Akkomodation zur Inkulturation.*, S. 268.

[149] „Acculturation comprehends those phenomena which result when groups of individuals having different cultures come into continuous first-hand contact, with subsequent changes in the original cultural patterns of either or both groups." American Social Research Council (1935), zit. nach A. R. Crollius: *What is so new about Inculturation?*, S. 4.

[150] „The aspects of the learning experience which mark off man from other creatures, and by means of which, initially, and in later life, he achieves competence in his culture, may be called enculturation." Herkovits, J., Man and His Works, New York 1952. zit. nach ebd., S. 5.

der Kulturwissenschaft entwickelt der normative Begriff der Inkulturation[151] seinen theologischen Bedeutungsumfang[152]: Angesichts des nie extra- aber immer transkulturellen Charakters der christlichen Botschaft hat die Begegnung zwischen Evangelium und Kultur/en akkulturative und enkulturative Momente:

> „Because it is the same Church, universal by vocation and mission, which puts down her roots in a variety of cultural, social and human terrains, the process of inculturation has the characteristics of an acculturative encounter between cultures. And because the establishment of a local Church is also a new beginning, the process of inculturation can be compared with the enculturative experience of the individual."[153]

Mit dem Inkulturationsparadigma werden somit komplexe – auch kulturtheoretisch beschreibbare – (inter)kulturelle Kommunikationsprozesse theologisch reflektiert. Dabei wird auf unterschiedliche theologische Begründungsmodelle rekurriert, die in ihren verschiedenen Akzentsetzungen eine Pluralität von Inkulturationskonzeptionen nach sich ziehen. Eine Mehrheit der Ansätze (so auch die lehramtlichen Texte, die den Begriff rezipieren[154]) fassen Inkulturation als Analogon zur Inkarnation:

> „Die Bedeutung der Inkulturation und die Bedeutung der Inkarnation sind nicht identisch, doch zwischen beiden Begriffen gibt es eine Beziehung der Analogie."[155]

Kritiken, die mit dieser Analogisierung eine Trennung zwischen einem kulturlosen Evangelium, das sich in unterschiedlichen Kulturen inkulturiert vorgenommen sehen,[156] unterlaufen die Komplexität der chalzedonensischen Grammatik von ‚ungetrennt/unvermischt'; ein konsequent geschichtstheologisches

---

[151] Vgl. zur Normativität des Inkulturationsbegriffs Konrad Hilpert: „Inkulturation. Anspruch und Legitimation einer theologischen Kategorie", in: Konrad Hilpert (Hg.), *Der eine Gott in vielen Kulturen. Inkulturation und christliche Gottesvorstellung*, Zürich: Benziger 1993, S. 13–32, hier S. 17.

[152] Hans Hödl: „Inkulturation: Ein Begriff im Spannungsfeld von Theologie, Religions- und Kulturwissenschaft", in: Rupert Klieber/Martin Stowasser (Hg.), *Inkulturation. Historische Beispiele und theologische Reflexionen zur Flexibilität und Widerständigkeit des Christlichen*, Wien: Lit 2006, S. 15–38, hier S. 27.

[153] A. R. Crollius: *What is so new about Inculturation?*, S. 13.

[154] Catechesi Tradendae 53 (1979); Redemptoris Missio 52 (1995); Evangelii nuntiandi (1975).

[155] Paulo Suess: „Inkulturation", in: Ignacio Ellacuría/Jon Sobrino (Hg.), *Mysterium liberationis. Grundbegriffe der Theologie der Befreiung; Band 1–2*, Luzern: Edition Exodus 1995/96, S. 1011–1059, hier S. 1047.

[156] „Ein zu Kultur und Geschichte präexistentes Christentum, ein kulturell entblößtes, ein kulturell nacktes Christentum gibt es nicht. Deshalb auch ist die immer wieder insinuierte Parallele zwischen Inkulturation und Inkarnation nur bedingt richtig." J. B. Metz: *Im Aufbruch zu einer kulturell polyzentrischen Weltkirche*, S. 338. Vgl. Aylward Shorter: *Toward a theology of inculturation*, London: Chapman 1988, S. 79–83. Statt theologisch auf die Inkarnation zu re-

Denken stellt sich gerade gegen diese Dualisierung und die Auflösung der inkarnatorischen Spannung von göttlich und menschlich. Dennoch ist es im Rahmen dieser Analogisierung schwierig, die Wechselseitigkeit des Inkulturationsprozesses in den Blick zu bekommen: analog zu Christus als dem Agens der Inkarnation (Phil 2,7f) erscheinen in den unterschiedlichen Ansätzen das Evangelium oder die Kirche als Betreiber der Inkulturation, während die Kulturen ihre passiven Empfänger sind. Ihren Beitrag zur Traditionsbildung durch die Neuformulierung christlicher Identität in den Transformationen ihrer kulturellen Zeichensysteme kann die Analogisierung zur Inkarnation nicht produktiv in die Konzeptionierung von Inkulturation einbringen. Ein paralleles Problem ergibt sich für Ansätze, die Inkulturation ekklesiologisch in der Spannung von Katholizität und Lokalität verorten. Auch hier erscheint die Kirche als Subjekt der Inkulturation, die auf fremde kulturelle Zeichensysteme zugreift[157]. Während inkarnations-analoge Modelle so den Fokus auf eine feststehende christliche Identität in den Inkulturationsprozessen legen, haben pneumatologische und schöpfungstheologische Begründungsmodelle stärker die jeweilige kulturelle Identität im Blick.[158] Ausgehend von der Vorstellung, dass die göttliche Heilsoffenbarung zumindest keimhaft schon in allen Kulturen präsent ist, wird Inkulturation nicht so sehr als das Einpflanzen einer von außen kommenden Botschaft in die lokale Kultur verstanden, sondern als ein Entdecken der in ihr verborgenen Präsenz Gottes.[159] Die christliche Botschaft hat für diesen Suchprozess eine wichtige heuristische Funktion. Dieses Modell hebt so stärker auf die Transformationsprozesse ab, die das Evangelium in einem fremden kulturellen Zeichensystem neu zur Sprache bringen, während die Widerständigkeit seiner Botschaft, die zu einer Transformation, einer Metanoia, der Kulturen herausfordert, tendenziell ausgeblendet wird. Ein Inkulturationskonzept, das die gegenseitige Herausforderung von kultureller und christlicher Identität und die wechselseitigen Transformationsprozesse, denen beide in ihrem Kontakt

kurrieren, schlägt Shorter eine Analogie zwischen Inkulturation und dem „Paschal Mystery" vor. Vgl. ebd. 83-88. Giancarlo Collet: „Theologische Begründungsmodelle von Inkulturation", in: Fritz Frei (Hg.), *Inkulturation zwischen Tradition und Modernität. Kontexte – Begriffe – Modelle; [Projekt der Forschungsgruppe im „RomeroHaus"*], Freiburg, Schweiz: Univ.-Verl. 2000, S. 337–356, hier S. 342.

157 A. R. Crollius: *What is so new about Inculturation?*, S. 8.: „The particular Churches, ‚in and from which comes into being the one and only Catholic Church' (LG23), are called upon to undertake the work of inculturation, not only in view of the communion they seek to establish with the peoples among which they live, but also, in virtue of their catholicity, which means both universality and unity, in view of the enrichment of the entire Catholic Church."

158 Anton Peter: „Modelle und Kriterien von Inkulturation", in: Fritz Frei (Hg.), *Inkulturation zwischen Tradition und Modernität. Kontexte – Begriffe – Modelle; [Projekt der Forschungsgruppe im „RomeroHaus"*], Freiburg, Schweiz: Univ.-Verl. 2000, S. 311–335, hier S. 317.

159 Leonardo Boff: *Gott kommt früher als der Missionar. Neuevangelisierung für eine Kultur des Lebens und der Freiheit*, Düsseldorf: Patmos 1991.

unterworfen sind, in den Blick bekommt, wird also auf einer Integration verschiedener, einander korrigierender Begründungsmodelle für seine theologische Grundlegung aufbauen.

Als die theologische Bearbeitung der christlichen Grundspannung von Partikularität und Universalität eröffnet das Inkulturationsparadigma im Gegenüber zum Akkommodationsmodell mehrere theologisch neue Perspektiven. Zum einen impliziert seine Reflexion der unhintergehbaren Kontextualität des Evangeliums eine *theologische* Würdigung der Kulturen: Seine notwendige Einbindung in kulturelle Zeichensysteme macht Kulturen zu unausweichlichen Orten christlicher Gottesrede. Sie stellen Zeichen zur Verfügung, mit denen das Evangelium erst zur Sprache gebracht werden kann – Kulturen in ihrem Plural sind ein locus theologicus. Der postkoloniale Einbruch des kulturell-religiös Fremden durch die Verschiebung kolonialer Macht-Asymmetrien und die dadurch aufbrechende Spannung von pluralen Kulturen fordert zu einer produktiven Aufnahme kultureller Alterität heraus – das Inkulturationsparadigma schafft so Raum für eine Reflexion der Relativität der je eigenen Gottesrede.

Trotz dieser von ihr ausgehenden theologischen Impulse bleibt die Metapher der Inkulturation auf mehreren Ebenen problematisch. Erstens erweist sich gerade ihre Produktivität als eine Einschränkung ihrer theologischen Begriffsschärfe. Die breite Rezeption des Begriffs hat zu einem schillernden und schwer zu fassenden Spektrum semantischer und syntaktischer Verwendungen geführt, die seinen Inhalt diffus bleiben lassen. Symptomatisch für diese Diffusität ist die Vielzahl an Subjekten und Objekten, mit denen der Begriff kombiniert wird[160]: Wer inkulturiert (sich) – die Kirche, das Evangelium, die Kultur? Was wird inkulturiert – das Evangelium, die christliche Botschaft, die Kirche?[161] An dieser Ungeklärtheit zeigt sich noch einmal die Schwierigkeit, Kriterien für christliche Identität im Plural der Kulturen anzugeben. Die morphologische Struktur des Wortes suggeriert eine Eindimensionalität und Statik im Verhältnis von Kultur und Evangelium (das Evangelium wird in die Kultur gebracht; -ation statt des prozessualen -ierung). Vor diesem Hintergrund lässt sich fragen, ob der Begriff in der Lage ist, die am Ort der Kulturen aufbrechende Frage nach Katholizität und Apostolizität christlicher Identität (und so nach ihrer synchronen und diachronen universalen Einheit) theologisch adäquat – nämlich in der unauflösbaren Spannung von Universalität und Partikularität – zu fassen. Aus kulturtheoretischer Perspektive kann die statische Eindimen-

160 Stefan Silber: „Typologie der Inkulturationsbegriffe: vier Aporien. Eine Streitschrift für einen neuen Begriff in einer notwendigen Debatte", in: Jahrbuch für Kontextuelle Theologien 5 (1997), S. 117–136, hier S. 117.

161 Vgl. Crollius, der als Objekt der Inkulturation gleichzeitig „the Church" (6), „Christian life and message" (8) und „Christian experience" (16) beschreibt. A. R. Crollius: *What is so new about Inculturation?*

sionalität der Inkulturationsmetapher die Komplexität kulturwissenschaftlicher Identitätstheorien nach dem Cultural Turn nicht einholen. Das Bild der ‚Einpflanzung' des Evangeliums / der Kirche in die Kulturen bekommt die unabschließbare Produktivität kultureller Zwischenräume, in denen in diskursiven Ein/Ausschließungen Identität immer neu verhandelt wird und Bedeutungen verschoben werden, nicht in den Blick.[162]

2.4 Kontextuelle Theologien: Problemüberhang

Als Reaktion auf die machtvoll universalisierende Theologie des Westens zeigen Kontextuelle Theologien die unhintergehbare Kontextualität jeder theologischen Reflexion und damit ihre notwendige Pluralität auf. In ideologiekritischer Absetzung von westlichen Ansätzen versuchen sie, christliche Identität in anderen kulturellen Kontexten neu zu buchstabieren und reißen damit ein fundamental theologisches Problem auf: in ihren unausweichlich kontextuellen Formulierungen ist christliche Identität an einen transkulturellen Anspruch gebunden, die christliche Botschaft wird als eine universale bezeugt. In ihrer unhintergehbaren Kontextualität hat damit jede Theologie einen universalen Anspruch zu verantworten – jede Theologie ist ein „Diskurs über eine universale Botschaft"[163]. Im Rahmen der Kontextuellen Theologien wird so die christliche Grundspannung von Universalität und Partikularität virulent – Wie kann Theologie als unhintergehbar kontextuelle den immer nur partikular formulier- und verwirklichbaren universalen Anspruch der christlichen Botschaft einholen? Die Ideologiekritik der Kontextuellen Theologien verunmöglicht die unkritische Universalisierung einer einzigen Theologie, die in machtvoller Repräsentationshoheit in den diskursiven Verhandlungen christlicher Identität ihre eigene partikulare Kontextgebundenheit ausblendet. Auch die Konzeption einer extrakulturell universalen Theologie verbietet sich angesichts der pluralen Kulturalität theologischer Reflexion – der universale Anspruch der christlichen Botschaft bleibt unhintergehbar an kulturelle Zeichensysteme gebunden und kann nicht in abstrakter und absoluter Weise reflektiert werden. Entgegen universalisierender und abstrahierender Ansätze ist es die disparate Pluralität von kontextuellen Theologien, die in ihren Differenzen den nie in einem einzigen Kontext einholbaren Bedeutungsüberschuss der christlichen Botschaft offenhalten. In der Spannung von Universalität und Partikularität wird kulturelle Alterität zu einer zentralen Kategorie theologischer Reflexion. Der Einbruch des

162 Vgl. zu dieser Produktivität der Zwischenräume – des Raums der Interkulturalität, in dem kulturelle Identitäten verhandelt und konstituiert werden – aus kulturwissenschaftlicher Sicht II.1.1.3; für den Versuch einer theologischen Interpretation II.3.2.2.

163 Gustavo Gutiérrez: *Theologie der Befreiung* (= Welt der Theologie), Mainz: Matthias-Grünewald-Verl. 1992, S. 44.

Fremden, der die eigene Theologie mit anderen, irritierenden Formulierungen christlicher Identität konfrontiert, zeigt die unaufhebbare kulturelle Codierung jeder Theologie auf und unterläuft in seiner Provokation gleichzeitig einen solipsistischen Kulturalismus, der die je eigene Identifizierung absolut setzt. In der Spannung von Partikularität und Universalität ist damit in der reflektierten Kontextualität von Theologie eine interkulturelle Perspektive schon angelegt – „eine interkulturelle Theologie ist das unabdingbare Korrelat der kontextuellen Theologien."[164]

164 V. Küster: *Theologie im Kontext*, S. 86.

3. Theologie Interkulturell

3.1 Historische Entstehungszusammenhänge

Zwei Entwicklungen lassen die interkulturelle Verortung des Christentums und die Transformationsprozesse seiner Gottesreden in den letzten Jahrzehnten theologisch zum Thema werden und führen zu einer explizit interkulturellen Perspektive in der Theologie.

Zum einen wird in einer Kontextanalyse, wie sie von den Kontextuellen Theologien eingefordert wird, Globalisierung als eine unausweichliche Koordinate gegenwärtigen Theologietreibens in allen Kontexten diagnostiziert[165]: Theologische Reflexion wird in jenem theoretischen Paradigma verortet, das in den weltweiten ökonomischen, politischen und sozialen Verflechtungen[166] das bestimmende Charakteristikum unserer Zeit sieht. Der Beginn dieser Verflechtungsprozesse wird sehr unterschiedlich bestimmt – während einige Ansätze in den entstehenden Handelsbeziehungen in der späten Bronzezeit als erste Globalisierungstendenzen erkennen und sie damit als ein sehr frühes historisches Ereignis ansetzen[167], verorten andere ihren Anfang zu Beginn der Neuzeit in den europäischen Expandierungen[168]. Im engeren Sinn beschreibt Globalisierung ein Phänomen, das in den letzten Jahrzehnten des 20. Jahrhunderts beginnt[169]. Der Begriff wird in den 1960er Jahren in sozialwissen-

---

165 Diese Diagnose wurde von einer Reihe von TheologInnen gestellt, die an einer Weltumfrage zur Lage der Theologie am Beginn des 3. Jahrtausends teilnahmen. Vgl. Raúl Fornet-Betancourt (Hg.): *Theologie im III. Millennium – quo vadis? Antworten der Theologen; Dokumentation einer Weltumfrage* (= Denktraditionen im Dialog, Band 7), Frankfurt/Main: IKO – Verl. für Interkulturelle Kommunikation 2000.

166 Dies sind die Hauptdimensionen der Globalisierung, wie sie die KOF (Konjunkturforschungsstelle der Eidgenössischen Technischen Hochschule Zürich) untersucht und entlang derer sie jährlich einen Index für globale Globalisierungsprozesse herausgibt. Vgl. Pim Martens/Axel Dreher/Noel Gaston (Hg.): *Measuring Globalisation. Gauging Its Consequences* (= Springer-11643 /Dig. Serial]), New York, NY: Springer-Verlag New York 2008.

167 Jonathan Friedman: *Cultural identity and global process* (= Theory, culture & society), London: Sage 1994.

168 Immanuel Wallerstein: *Capitalist agriculture and the origins of the European world-economy in the sixteenth century* (= Studies in social discontinuity / Immanuel Wallerstein; 1), New York, NY: Academic Press 1974.

169 Peter Beyer: *Religion and globalization* (= Theory, culture & society), London: Sage Publ. 1994.

schaftlichen und wirtschaftspolitischen Diskursen[170] geprägt und hat seither eine schillernde Bedeutungsvielfalt angenommen, die sein „polemisches Potential“ nicht entschärfen[171]. Ausgehend von einer massiven Weiterentwicklung der Kommunikations- und Transporttechniken und der politischen Entscheidung zur Liberalisierung des Welthandels nach dem Zweiten Weltkrieg führt Globalisierung in „an enormous varitey of micro-processes“[172] zu einer deterriorialisierenden Entgrenzung „of state-enforced restrictions on exchanges across borders“[173]. Die daraus resultierenden globalen Vernetzungen in Handel, Politik, Finanz- und Rechtwesen sind ambivalent: basierend auf einer Asymmetrie von Machtstrukturen verschärfen sie das globale ökonomische Ungleichgewicht; die globale Dissemination einer neoliberalen Wirtschaftsordnung schließt systematisch einen Großteil der Erdbevölkerung von wirtschaftlicher Weiterentwicklung aus[174]. Die immer dichter werdenden ökonomischen und politischen Wechselbeziehungen werden von der Ausbreitung einer „Hyperkultur“[175] unterfüttert, deren globaler Export von Versatzstücken westlicher Kultur auf griffige Schlagwörter wie „McDonaldization“[176] der Gesellschaft oder „Cocacolonization“ gebracht wird. Die darin implizierte Annahme der Ausbreitung einer homogenen Globalkultur, einer globalen Homogenisierung, wird jedoch der Komplexität des Globalisierungsphänomens nicht gerecht. Unter neo/kolonialen Bedingungen werden die über Konsumartikel exportierten westlichen Zeichen nicht einfach global verbreitet, sondern subversiv rezipiert und kreativ in fremde semiotische Systeme integriert. Ihre Bedeutung wird dabei transformiert und in Hybridisierungen neu generiert. Durch die widerständige Rezeption westlicher Zeichen in fremden Kontexten führt die immer stärkere Vernetzung der Welt so gerade nicht zu einer Homogenisierung, sondern zu einer Pluralisierung von Bedeutungen. Diese Spannung bringt Roland Robertson auf den Begriff der Glokalisierung: das Globale und

170 Theodore Levitt: „The globalization of markets. In: Jg. 61, H. 3“, in: Harvard Business Review 61 (1983), S. 92–102, hier S. 92.

171 Jürgen Osterhammel/Niels P. Petersson: *Geschichte der Globalisierung. Dimensionen, Prozesse, Epochen* (= Beck'sche Reihe C.-H.-Beck-Wissen, Band 2320), München: Beck 2007, S. 113.

172 Saskia Sassen: *Territory, authority, rights. From medieval to global assemblages*, Princeton,NJ: Princeton Univ. Press 2006, S. 1.

173 Tom G. Palmer: „Globalization Is Grrrreat!“, in: Cascade Update 10 (2003), S. 1–6, hier S. 1.

174 Orlando O. Espín: „Toward the Construction of an Intercultural Theology of Tradition“, in: Journal of Hispanic/Latino Theology 9 (2002), S. 22–59, hier S. 36.: „Globalization is a new way of producing wealth, but it is also (and concomitantly) a new way of producing poverty.“

175 Byung-Chul Han: *Hyperkulturalität. Kultur und Globalisierung* (= Internationaler Merve-Diskurs, Band 278), Berlin: Merve-Verl. 2005.

176 George Ritzer: *The McDonaldization of society. An investigation into the changing character of contemporary social life*, Thousand Oaks: Pine Forge Press 1993.

das Lokale sind nicht polare Gegensätze, sondern bedingen und produzieren einander:

> „Das Globale ist an und für sich nicht dem Lokalen entgegengesetzt. Das, was man häufig als das Lokale bezeichnet, ist vielmehr ein konstitutiver Bestandteil des Globalen."[177]

Die Verknüpfungen von Lokalitäten in den Verdichtungsprozessen der Globalisierung[178] führt zur Re/produktion von Differenzen und damit zur je neuen „Erfindung" und „Imagination"[179] von in sich inhomogenen Lokalitäten:

> „Abgesehen davon, dass es in letzter Zeit in bestimmten Kreisen so üblich geworden ist, gibt es keinen guten Grund, Globalisierung im Sinne von Homogenisierung zu definieren.... Vielfalt wird in unserer heutigen Welt nicht nur unaufhörlich produziert und reproduziert, sie ist darüber hinaus weitgehend eine Folge der Entwicklungen, die eine nicht unbeträchtliche Anzahl von Kommentatoren als Homogenisierung beschreiben."[180]

Mit dem Begriff der Glokalisierung können die Kontexte heutigen Theologietreibens so als die immer stärkere Kollidierung fragmentierter Identitäten beschrieben werden, in der Differenzen ständig neu aufgezeigt und produziert werden und in der Identitäten in den dazwischen aufbrechenden Zwischenräumen je neu verhandelt und formiert werden. Migration wird hier zu einem Zeichen der Zeit. Die (oft illegalisierten) Grenzüberschreitungen von Millionen von Menschen[181] machen die massiven Differenzen zwischen Lokalitäten sicht-, greif- und erlebbar. Vor dem Hintergrund globaler Vernetzungen wird Migration dabei aus ökonomischen Gründen notwendig und aus gesellschaftlichen Gründen begehrt. Die Globalisierung des neoliberalen Wirtschaftssystems produziert eine Gleichzeitigkeit von struktureller ökonomischer Benachteiligung in Dritt-Welt-Ländern und einen steigenden Bedarf an billigen Arbeitskräften in den reichen Wirtschaftsräumen, die in globalen „Mi-

---

177 Roland Robertson: „Glokalisierung: Homogenität und Heterogenität in Raum und Zeit", in: Ulrich Beck (Hg.), *Perspektiven der Weltgesellschaft*, Frankfurt Main: Suhrkamp 1998, S. 193–217, hier S. 208.

178 Ebd.

179 Robertson bezieht sich auf Eric J. Hobsbawm/Terence Ranger (Hg.): *The invention of tradition* (= Past and present publications), Cambridge: Cambridge University Press 1989. und Benedict R. Anderson (Hg.): *Imagined communities. Reflections on the origin and spread of nationalism*, London: Verso 2003.

180 R. Robertson: *Glokalisierung: Homogenität und Heterogenität in Raum und Zeit*, S. 212f.

181 Migration ist bei weitem kein neues Phänomen; vielmehr kann sie als prägender Faktor in historischen Prozessen identifiziert werden. Jedoch steigt im Zuge der Glokalisierungsprozesse die Zahl der Menschen, die ihre Heimat verlassen, permanent an – in den letzten 25 Jahren hat sie sich verdoppelt. Vgl. Department o. E. a. S. A. United Nations: *International Migration Report 2009. A Global Assessment* 2009, http://esa.un.org/migprofiles/ vom 15.08.2011.

grationsregimen“[182] vermittelt wird. Seine diskursive Repräsentation als ‚Paradies‘ macht den Westen dabei zu einem Ort des Begehrens. So werden globale Migrationsströme in Bewegung gesetzt, die zu einer Verdichtung von „Welt-Räumen“[183] führen:

182 „Was den Regimebegriff so bedeutsam macht, ist, dass er es erlaubt, Regulationen als Effekte, als Verdichtungen von sozialen Handlungen zu verstehen. ... In einem Migrationsregime treffen AkteurInnen aufeinander, die in sozialwissenschaftlichen Begriffen gesprochen, ein asymmetrisches Macht-Verhältnis eingehen. ... Das Produkt dieser Überlegenheit ist aber keineswegs die proklamierte Immobilität ... . Die Produktivität eines Grenzregimes besteht in der Regulation der grenzüberschreitenden Arbeitsmobilität. ... Diese Perspektive stellt gerade weniger die Abschottung und mehr das Moment der Entrechtung als zentrale Funktionsweise des Grenzregimes in den Mittelpunkt. In der aktuellen Diskussion über die Analyse von Grenzregimen liegt der Schwerpunkt entweder in der akribischen Deskription der Grenzkontrollpolitiken angesichts wachsender irregulärer Migration oder in der Rekonstruktion der gegenwärtig zu etablierenden inter-, trans- und parastaatlichen Erfassungsinstanzen. Nicht nur stellt sich die Frage, ob man mit einer solchen Perspektive nicht den migrationspolitischen Mythos der Kontrollierbarkeit von Migrationsprozessen reifiziert. Darüber hinaus besteht die Gefahr, die Analyse kontrollpolitischer Praktiken von dem Aspekt ihrer Produktivität für die Migrationsregime, in denen sie eingebettet sind, abzukoppeln. Der Regime-Begriff verweist vor allem darauf, dass Grenzen nichts Statisches sind, sondern sozialen Dynamiken und Kräfteverhältnissen unterliegen – wobei die Migration selbst eine maßgebliche Kraft über das Grenzgeschehen darstellt. ... Die institutionalisierte Durchlässigkeit der Grenze ist ... Ausdruck von Lücken, die durch Kräfteverhältnisse entstehen. ... Die Mechanismen zur Kontrolle der Migration bzw. der grenzüberschreitenden Mobilität erzeugen ihre Klandestinisierung und damit die Bedingungen der Ausbeutung der MigrantInnen. Es ist kein Zufall, wenn illegalisierte MigrantInnen vor allem in solchen Sektoren arbeiten, die auf ultra-flexible Arbeitskräfte angewiesen sind, auf die sie entlang saisonaler und konjunktureller Bedarfstrukturen zurückgreifen können, gerade weil die MigrantInnen durch Formen transnationaler Mobilität auf verschiedene Reproduktionssysteme Zugriff haben. Die Illegalisierung der Migration ist demnach nicht der Ausdruck eines finsteren Plans zur Überausbeutung eines zu schaffenden Dienstleistungsproletariats. ... Die Asymmetrie äußert sich vielmehr darin, dass die Mechanismen zur Kontrolle von der Praxis der MigrantInnen umcodiert und unter der Hand zu solchen werden, innerhalb derer Mobilität (und Arbeit) immer noch möglich ist, jedoch unter transnationalisierten ausbeuterischen Bedingungen. In diesen Kräfteverhältnissen, die wir als Praktiken des Migrations- bzw. Grenzregimes bezeichnen, spielen die Handlungen der MigrantInnen und ihrer Schlepper ebenso eine Rolle, wie die relative Autonomie der NGOs gegenüber ihrer staatlichen und intergouvernamentalen Auftraggeber, aber auch die temporäre Festsetzung der Migration in den Lagern sowie die unmittelbaren ökonomischen Interessen der Deregulierung. Ein Migrationsregime ist also eine Einrichtung, die die permanente Transformation von Mobilität in Politik erzeugt.“ Vassilis Tsianos: „Zur Genealogie und Praxis des Migrationsregimes“, in: Bildpunkt (2010).

183 Etienne Balibar bezeichnet „Welt-Räume“ als Räume, in denen die Welt-als-ganze potentiell eingelassen ist: „This is not merely a space in which strategies are formed, and capital, technologies and messages circulate, but a space in which entire populations subject to the law of the market come into contact physically and symbolically.“ Etienne Balibar/Immanuel M. Wallerstein: *Race, nation, class. Ambiguous identities*, London: Verso 2005, S. 43.

> „Was die Menschen scheidet – religiöse, kulturelle und politische Unterschiede –, ist an einem Ort, in einer Stadt, immer öfter sogar in einer Familie, in einer Biographie präsent.“[184]

Migration repräsentiert und produziert massive Differenzen und wird so zu einem prekären Ort neuer, unumgänglich hybrider Identitätskonfigurationen[185].

Auch die zweite Entwicklung, die zu explizit interkulturellen Ansätzen in der Theologie führt, beruht auf einem Ineinander von Globalität und Lokalität und auf der disparaten Pluralität einer Globalisierung – auf der des Christentums. Seit den 1970er Jahren lassen die statistischen Mitgliedszahlen christlicher Kirchen ihre Schwerpunktverlagerung von den nordatlantischen Ländern in die Länder der Dritten Welt erkennen. Diese Tendenzen zu einer wirklichen Globalisierung des Christentums werden in den Missionswissenschaften schon früh erkannt und unter Stichworten wie „Tertiaterranität“[186] oder dem „Kommen der Dritten Kirche“[187] thematisiert, in der Religionswissenschaft und großen Teilen der akademischen Theologie jedoch nur marginal zur Kenntnis genommen. Zu Beginn des dritten Jahrtausends dokumentiert der US-amerikanische Historiker Philipp Jenkins diese Entwicklungen in *The next Christendom. The Coming of Global Christianity*, der damit – obwohl seine Belege „little new“[188] enthalten – starke Reaktionen auslöst und die Frage nach einem globalen Christentum ins Zentrum akademischen und auch politischen Interesses rückt. Basierend auf statistischen Zahlen der World Christian Encyclopedia[189], die die zahlenmäßige Verlagerung des Christentums in den ‚globalen Süden‘ belegt, entwirft Jenkins eine starke Dichotomie zwischen dem ‚Norden‘ und dem ‚Süden‘ des Christentums. Den christlichen ‚Süden‘ – und damit, gemäß seiner Prognose, die Zukunft des Christentums – charakterisiert

184 Ulrich Beck: „Vorwort“, in: Ulrich Beck (Hg.), *Perspektiven der Weltgesellschaft*, Frankfurt Main: Suhrkamp 1998, S. 7–10, hier S. 7.

185 „... Migranten – und nicht zufällig erleben Migrationskirchen besondere Konjunkturen ... existieren an den gesellschaftlichen und kirchlichen Rändern. Damit defininieren sie einen markanten Ort der globalisierten Welt: den ausgeschlossenen Raum. Zygmunt Baumann verortet hier ‚verworfenes Leben‘ und nimmt die ‚Ausge-grenzten der Moderne‘ in den Blick.“ Gregor M. Hoff: „Offenbarung als theologische Wissensform“, in: Andreas Nehring/Joachim Valentin (Hg.), *Religious turns - turning religions. Veränderte kulturelle Diskurse - neue religiöse Wissensformen*, Stuttgart: Kohlhammer 2008, S. 135–149, hier S. 147.

186 H. J. Margull: „Überseeische Christenheit. Markierungen eines Forschungsbereiches anhand der letztjährigen Literatur“, in: VF 16 (1971), S. 2–54.

187 Walbert Bühlmann: *The coming of the third church. An analysis of the presence and future of the church*, Maryknoll N.Y.: Orbis Books 1976.

188 Philip Jenkins: „After the Next Christendom“, in: International Bulletin of Missionary Reseauch 28 (2004), S. 20–22, hier S. 20.

189 David B. Barrett/George T. Kurian/Todd M. Johnson (Hg.): *World Christian encyclopedia. A comparative survey of churches and religions in the modern world*, Oxford: Oxford Univ. Press 2001.

er spirituell als „simplistically charismatic, visionary and apocalyptic“[190] und in moralischer Hinsicht als „conservative“, „reactionary“ und „patriachal“[191] und verortet ihn damit in den Koordinaten von literalistischer Bibellektüre, supernaturalistischem Aberglauben und charismatischem Synkretismus. Ausgehend von der These, dass aufgrund seiner zahlenmäßigen Stärke[192] dieses Christentum eine dominante Machtgröße in globalen Auseinandersetzungen wird und sich in politischen Allianzen zum nächsten „christendom“[193] entwickelt, stellt Jenkins zwei Zukunftsprognosen an, die in alarmierenden Ausrufezeichen formuliert werden. Zum einen prophezeit er weitere Schismen „that broadly follow the North-South division“[194]; zum anderen schließt er Hunting-ton'sche "nightmare"-Szenarien eines globalen Kriegs zwischen religiös fundamentalisierten Kulturen nicht aus:

> „[A] worst-case scenario would include a wave of religious conflicts reminiscent of the Middle Ages, a new age of Christian crusades and Muslim jihads. Imagine the world of the thirteenth century armed with nuclear warheads and anthrax.“[195]

Die Diskussion im Anschluss an Jenkins Thesen entwirft ein differenzierteres Bild der Komplexität des globalen Christentums. Sie legt die statischen Binaritäten frei, die Jenkins' Narrativ strukturieren: In seiner Be/schreibung konstruiert Jenkins entlang unterschiedlicher Identitätsmarker klare Grenzziehungen zwischen ‚global South‘ vs. ‚North‘, zwischen ‚Christentum‘ vs. ‚Islam‘. Sein Narrativ beruht damit auf einer „highly modern conception“[196] von Identität als statische, essenzialistisch vorgegebene, intern homogene Größe mit fixen Grenzen nach außen. Die machtpolitischen Konstellationen in diesen Identitäts-konstruktionen bekommt Jenkins nicht mehr kritisch in den Blick; vielmehr schreibt er sie selbst in einem spezifischen politischen Interesse fort: „[T]his influential study is not simply the academic exercise of a disinterested

---

190 Philip Jenkins: *The next Christendom. The coming of global Christianity*, Oxford: Oxford Univ. Press 2002, S. 8.

191 Ebd., S. 199.

192 Auch in Bezug auf statistische Zahlen und Zuwachsraten entwirft eine genauerer Analyse ein differenzierteres Bild. So etwa zeigt ein „conversion career approach“ nicht nur Ein- sondern auch Austritte auf. Vgl. exemplarisch Henri Gooren: „Pentecostal Conversion Careers in Latin America“, in: Frans Wijsen (Hg.), *Global Christianity. Contested Claims*, Amsterdam: Rodopi 2007, S. 157–175.

193 Die Unterscheidung zwischen „Christianity“ und „Christendom“ arbeitet Peter Phan heraus in: Peter C. Phan: „A new Christianity - But what kind?“, in: Mission studies 22 (2005), S. 59–83, hier S. 59–66.

194 Philip Jenkins: „Christiantiy moves South“, in: Frans Wijsen (Hg.), *Global Christianity. Contested Claims*, Amsterdam: Rodopi 2007, S. 15–33, hier S. 31.

195 P. Jenkins: *The next Christendom*, S. 13.

196 Werner Ustorf: „Global Christianity, New Empire, and Old Europe“, in: Frans Wijsen (Hg.), *Global Christianity. Contested Claims*, Amsterdam: Rodopi 2007, S. 35–49, hier S. 36.

historian, it is meant to have an impact on the discourse on policy and strategy of [...] the leading world power."[197] Diese Dichotomisierung von christlichem Norden und Süden blendet die dynamische Binnendifferenzierung des Christentums jenseits der Sollbruchstelle[198] Nord-Süd aus. Sie wird durch eine kritische Be/schreibung unter der Perspektive postkolonialer Identitätstheorien freigelegt, die die Binarität dieser Identitäten als diskursive Ein/Ausschließungen von Identifikationsprozessen dekonstruiert.[199] Unter diesem kritischen Blick erscheint die Globalität des Christentums als komplexe und extrem diversifizierte Realität, die eine eindimensionale und binäre Charakterisierung sowohl des ‚Nordens' als auch des ‚Südens' unterläuft und sich in einer disparaten Pluralität an Kontextuellen Theologien äußert. Werner Ustorf dokumentiert die Vielschichtigkeit lokal geprägter Christentümer mit einer Studie, die der ÖRK in den 1960er Jahren durchführte:

> „The purpose of the study was to take account of the variety of church contexts and of the diversity of Christian responses to different cultural and social situations. The great surprise, however, was that the emerging variety and diversity were far greater than had been anticipated. [...] It is quite ironic to note that one of the proposals of the WCC conference of Uppsala in 1968 had been to examine the worldwide church through field studies and decide ‚whether any general principles emerge from them' [...], and here was such a field study which found no such principles, unless ‚diversity' as such is seen as a general principle."[200]

Diese Pluralisierung und ihre Dekonstruktion der statischen Binaritäten in Jenkins' Ansatz macht auch die konstitutive Rolle synkretistischer Prozesse für die Formierung globaler Christentümer sichtbar. Synkretismus ist nicht exotisches Charakteristikum des südlichen Christentums, das auf die „pagan rituals" fremder Religion zugreift und sie damit als „praeparatio evangelii" klassifiziert[201], sondern ein unhintergehbarer kreativer Prozess christlicher Identitätsformulierungen.[202] Ihre Pluralität entsteht in den hybriden Zwischenräumen instabiler Kulturen, die die Statik von ‚Nord' und ‚Süd' nicht in den Blick bekommt. In einem unabschließbaren Prozess bringt die widerständige Rezeption der christ-

197 Ebd., S. 41. Vgl. auch Ben Knighton: „Christian Enculturation in the Two-Thirds World", in: Frans Wijsen (Hg.), *Global Christianity. Contested Claims*, Amsterdam: Rodopi 2007, S. 51–68, hier S. 51.

198 Vgl. Theodor Ahrens: *Zur Zukunft des Christentums. Abbrüche und Neuanfänge* (= Interkulturelle TheologieBeiheft, Band 11), Frankfurt am Main: Lembeck 2009, S. 34.

199 Vgl. zum epistemologischen und methodischen Ansatz der postkolonialen Theorie II.1.1.

200 W. Ustorf: *Global Christianity, New Empire, and Old Europe*, S. 38. Zum Versuch einer fundamentaltheologischen Interpretation dieser „diversity" als erkenntnistheologisches Prinzip vgl. II.2.2.3.

201 P. Jenkins: *The next Christendom*, S. 122.

202 Vgl. zum Synkretismusbegriff II.1.2.1

lichen Botschaft in fremden kulturellen Zeichensystemen immer neue, disparate Formationen christlicher Identität hervor[203] und macht ihre Globalität zu einer fragmentierten Realität.

Diese Diversität stellt das globale Christentum unter eine Perspektive des Konflikts. Die kulturell verorteten Christentümer sind plurale Formulierungen, die je einen universalen Anspruch zur Sprache bringen. In ihrer Pluralität ziehen die disparaten christlichen Identifikationen ein Ringen um Repräsentationshoheit nach sich, das an einen Konnex von Macht und Wissen gebunden ist; die diskursive Beurteilung ihrer Geltung beruht nicht auf einem Vergleich auf neutraler Ebene, sondern geschieht vor dem Hintergrund eines episte-mologischen Ungleichgewichts. Die Frage nach Wahrheit – und, für die Ebene theologischer Reflexion, die Frage nach Wissenschaftlichkeit – werden vornehmlich nach westlichen Kategorien verhandelt; seine „ökumenische Amnesie"[204] wird wiederum subversiv von anderen Stimmen von der ‚Rückseite der Geschichte' aufgebrochen – auch hier gestaltet sich Globalisierung als die Kollidierung von fragmentierten Lokalitäten mit großem Konfliktpotential. Die Suche nach normativen Kriterien für christliche Identität in der Pluralität ihrer Formulierungen, wie sie eine theologische Annäherung an das Phänomen des globalen Christentums erfordert, ist vor diesem Hintergrund besonders unter eine Hermeneutik des Verdachts gestellt, die die Machtförmigkeit jeder Produktion von Wissen und Identität freilegt und mit dieser Diskursivität auch die kontingenten Konstruktionsbedingungen von normativen Kriteriologien in den Blick bekommt.

Die Glokalisierungsprozesse des 21. Jahrhunderts – auch des Christentums – drängen zu unausweichlichen Erfahrungen der unhintergehbaren Interkulturalität christlicher Identitätsformationen. Sie führen zu ‚Einbrüchen des Fremden' (Levinas) und machen in der Kollision fragmentierter Lokalitäten neue Identitätsformierungen unausweichlich. Die durch die Verflechtungen der neoliberalen Wirtschaftsordnung losgetretenen Migrationsströme bringen eine Vielfalt von inhomogenen Migrationskirchen in die nordatlantischen Länder und lassen so die disparate Pluralität des Christentums sicht- und erlebbar werden. Diese Konfrontationen legen die ‚entangled histories' der verschiedenen Christentümer offen, die sich in den (oft gewaltbesetzten) Zwischenräumen kultureller und religiöser Systeme formieren und

203 Ein paradigmatischer Ort der unhintergehbaren Prozesshaftigkeit von Identifizierungen in den Zwischenräumen hybrider Kulturen ist die Karibik. Vgl. Joop Vernooij: „Religion in the Caribbean. Creation by Creolisation", in: Frans Wijsen (Hg.), *Global Christianity. Contested Claims*, Amsterdam: Rodopi 2007, S. 147–156.

204 Klaus Hock: „Passions-Feier. Kreuzungen der Christentümer als Kreuzwege der Christenheit", in: Arnd Bünker/Eva Mundanjohl/Ludger Weckel et al. (Hg.), *Gerechtigkeit und Pfingsten. Viele Christentümer und die Aufgabe einer Missionswissenschaft*, Ostfildern: Matthias-Grünewald 2010, S. 17–46, hier S. 28.

> „führen uns vor Augen, dass die nichteuropäischen Theologien in das Innerste unsere europäischen Theologien hineinreichen, dass das Entfernteste in den Bereich unsere Theologiediskurse hinein verwoben ist.“[205]

In der Verdichtung von Welt-Räumen produziert Globalisierung „tiempos mixtos“[206] – sie schafft Orte, an denen prämoderne, moderne und postmoderne Lebensweisen gleichzeitig existieren. Diese Gleichzeitigkeit von Ungleichzeitigkeiten macht die immer schon gegebene und unhintergehbare Interkulturalität des Christentums sichtbar; Transformationsprozesse, die ein Grundmodus seiner Identität sind, werden auf prekäre Weise wahrnehmbar. Die glokalisierten Kontexte des 21. Jahrhunderts repräsentieren und produzieren massive Differenzen zwischen Christentümern und werfen die normative Frage nach Kriterien christlicher Identität auf.

Diese „changing contexts“[207], die heute die immer schon gegebene Interkulturalität des Christentums offenlegen, fordern Theologie zu einer neuen Formatierung heraus. Sie kann einer Reflexion interkultureller Transformationsprozesse, die theologisch in der Grundspannung von Partikularität und Universalität zu verorten sind, nicht mehr ausweichen. Mit diesem Materialobjekt der Interkulturalität hat sich aber auch das Formalobjekt des Theologie-Treibens zu ändern: in ihrem Nach-Denken christlicher Globalisierungs- und Transformationsprozesse ist auch Theologie im interkulturellen Raum zu verorten; sie nimmt die durch die Kollision fragmentierter Lokalitäten geschaffenen Differenzen produktiv in ihre Konzeption auf: diese Differenzen pluralisieren Theologie; sie grenzen konkrete Kontexte voneinander ab und ermöglichen so eine spezifische Relevanz von je lokalen Theologien; gleichzeitig zeigen sie in jeder Theologie Leerstellen ihrer unhintergehbaren Vorläufigkeit und Unabschließbarkeit auf. Mit dieser Pluralisierung wird für *Theologie interkulturell* als explizit theologischer Reflexion das Kritierienproblem umso virulenter; ein theologisch produktiver Zugriff auf die Differenzen zwischen unterschiedlichen Christentümern kann disparate Formulierungen christlicher Identität nicht entlang einer statischen Binarität von orthodox/heterodox diskursivieren, sondern hat diese Pluralität für eine theologische Kriteriologie fruchbar zu machen.[208]

---

205 Ulrich Winkler: „Zentrum Theologie Interkulturell und Studium der Religionen an der Universität Salzburg - theologische Konzeption“, in: SaThZ 11 (2007), S. 58–73, hier S. 65.

206 Fernando Calderón: *Imágenes desconocidas*, Buenos Aires: Clasco 1988.

207 Robert J. Schreiter: „The changing contexts of intercultural theology. A global view“, in: Studia missionalia 45 (1996), S. 359–380.

208 Zu ersten – nicht explizit interkulturell – theologischen Entwürfen vgl. Catherine Keller/Laurel C. Schneider (Hg.): *Polydoxy. Theology of multiplicity and relation*, New York: Routledge 2011. Deutlich wird in diesen Entwürfen, dass die Suche nach einer theologischen Kriteriologie der „Polydoxy“ gleichzeitig drängend und unabgeschlossen bleibt: „Any durable unity that Christians achieved in texts, theology, or community was not just debatable but hotly debated. The debates display the manifold genius of Christian orthodoxy and the creative tenacity of

Erste Ansätze interkultureller Theologie werden in den 1970er Jahren in Europa entwickelt. Sie stehen damit im gleichen Zeithorizont wie die ersten außereuropäischen Kontextuellen Theologien, deren Entwicklung in einer expliziten Emanzipationsbewegung von europäischer Theologie für diese eine einschneidende Erschütterung bedeutet. In der reflexiven Einbindung ihres jeweiligen Kontexts produzieren sie Differenzen, die die Kontextualität jedes Theologietreibens aufzeigen und so den blinden Fleck einer universalisierend arbeitenden europäischen Theologie offenlegen. Das Projekt von *Theologie interkulturell* reagiert auf den Problemdruck, den dieser massive Einbruch von Fremdem für diese Theologie erzeugt. Eine Rekontextualisierung ihrer Tradition, die die Verabsolutierung ihres Kontextes verhindert, wird zu einem theologischen Desiderat. Diese Rekontextualisierung betrifft nicht nur ihre Inhalte, sondern auch ihre Methoden – angesichts der Pluralisierung, die die Herausforderung der Kontextuellen Theologien bedeutet, hat Theologie sich neu zu formatieren: die Vordenker einer interkulturell betriebenen Theologie – der Begriff wurde von Walter Hollenweger[209], Missionswissenschaftler in Birmingham, geprägt, der eng mit Hans Jochen Margull (Hamburg) und Richard Friedli (Fribourg) zusammenarbeitete – sprechen von einem Paradigmenwechsel[210]. Das kulturell Fremde, dem bisher mit einer Hermeneutik der Unterwerfung (Metz) begegnet und das an das eigene Denken akkommodiert wurde, soll produktiv in den eigenen theologischen Diskurs aufgenommen werden:

dissent. … In this sense, the Christian tradition is always already polydox; it is irreducible to any one voice or lineage that my claim exhaustively to represent Christian faith, thought, and practice. This characteristic is wrought of interweaving cultures and stories, of shifting agonisms and political pressures, of myriad communal practices, artistic media, and philosophical schools. Thus multiplicity becomes a source … for theolog[y] … But it does not therefore dispense with unity and endurance. Rather … it refuses … the false dichotomy of nihilistic dissolution of meaning on the one hand und unification by self-appointed orthodoxy on the other. It seeks instead an evolving coherence in the midst of actual, lived complexity. … But how, one might ask, can such a polydoxy make coherent claims of truth and justice? … Evidently, it will seek a a polyvocal kind of coherence.“ Catherine Keller/Laurel C. Schneider: „Introduction“, in: Catherine Keller/Laurel C. Schneider (Hg.), *Polydoxy. Theology of multiplicity and relation*, New York: Routledge 2011, S. 1–16, hier S. 2f.

209 Walter J. Hollenweger: *Erfahrungen der Leibhaftigkeit* (= Interkulturelle Theologie, Band 1) 1979; Walter J. Hollenweger: *Umgang mit Mythen* (= Interkulturelle Theologie / Walter J. Hollenweger; 2) 1982; Walter J. Hollenweger: *Geist und Materie* (= Interkulturelle Theologie, / Walter J. Hollenweger; 3) 1988.

210 W. Ustorf: *The Cultural Origins of „Intercultural Theology*“, S. 233. — Beim Projekt einer Theologie interkulturell geht es also um mehr als nur einem neuen Namen für eine problematisch gewordene Missionswissenschaft, wie es die Deklaration der *Wissenschaftlichen Gesellschaft für Theologie* zu implizieren scheint. Vgl. *Mission Studies as Intercultural Theology and its Relationship to Religious Studies. Declaration of 21 September 2005.*

„Die soziokulturelle Fremdheit verweist auf die theologische Fremdheit. ... Die Verhülltheit von Gottes Gegenwart macht aus dem Fremden sogar einen privilegierten Ort der Gottesbegegnung.“[211]

Die Biografien dieser Theologen geben Zeugnis von der Erschütterung, die der Einbruch des kulturellen und religiösen Fremden für ihr theologisches Denken bedeutete[212] und die sie zu tentativen Entwürfen interkultureller und interreligiöser Theologie trieb. In der Achse Birmingham-Hamburg-Fribourg wurde seit 1971 auf missionswissenschaftlichen Lehrstühlen versucht, im Zuge einer „theological repentance of the North“[213] die Pluralität des Christentums theologisch zu reflektieren und Theologie vor einem spezifisch europäischen Problemhorizont[214] im Paradigma der Interkulturalität neu zu orientieren. Im Zentrum steht eine Ortsbestimmung der Theologie in Spannung zur Universalität der christlichen Botschaft. Diese Spannung kristallisiert sich als theologischer Problemhorizont einer durch das Fremde für die eigene Kontextualität sensibilisierte Theologie heraus. Sie steht als theologisches Programm hinter der dreisprachigen Reihe ‚Studies in the Intercultural History of Christianity‘, die eines der gemeinsamen Projekte von Hollenweger, Margull und Friedli ist:

„Either the church is universal and catholic – and at the same time indigenous and culturally and politically involved in its environment – or it is no church at all. This dialectical statement sums up the fundamental tension running through the scholarly publications in the series ‚Studies in the Intercultural History of Christianity‘. Starting with the cultural, social and political context - instead of the theological and political ideas of traditional denominational (catholic and protestant) church histories – the pluriformity of the Christian church and the search for its new catholicity are revealed.“[215]

In Frankfurt am Main kam es ein Jahrzehnt später, 1985, zu einer Ïnstitutionalisierung des Kulturschockes"[216], den die Pluralisierung des Christentum für eu-

[211] Richard Friedli: *Fremdheit als Heimat. Auf der Suche nach einem Kriterium für den Dialog zwischen den Religionen*, Zürich: Theologischer Verl. 1974, S. 203.

[212] Zu den theologischen Biografien vgl. Lynne Price: *Theology out of place. A theological biography of Walter J. Hollenweger* (= Supplement series, Band 23), London: Sheffield Academic 2002; Hans J. Margull: *Zeugnis und Dialog. Ausgewählte Schriften, mit Einführungen von Theodor Ahrens, Lothar Engel, Erhard Kamphausen, Ingo Lembke, Werner Ustorf, Wolfram Weiße und Joachim Wietzke*, Ammersbek bei Hamburg 1992.

[213] W. Ustorf: *The Cultural Origins of „Intercultural Theology*“, S. 243.

[214] „[T]he new paradigm of intercultural theology was directly responding to Europe’s old, but specific cultural and secular-religious context or, put in another way, the epistemological battles in Western Europe and, *nota bene*, the situation of academic marginality the professors of mission at the university wished to escape from.“ Ebd., S. 240.

[215] Friedli, Richard. Zit. nach ebd., S. 236.

[216] Vgl. R. J. Schreiter: *Die neue Katholizität*, S. 179.

ropäische Theologie bedeutet. Mit dem Projekt *Theologie interkulturell* schufen die Initiatoren Hans Kessler und Hermann P. Siller ein Forum, das durch Gastprofessuren und Symposien die Begegnung von einander fremden Theologien ermöglicht. In diesem Rahmen entwirft Robert Schreiter einen einflussreichen Ansatz interkontextueller Theologie, die seine Methodologie Lokaler Theologien im veränderten Kontext der Globalisierung neu verortet und in einem problematisierten Verständnis von Katholizität versucht, die Universalität des Christentums in ihren unhintergehbaren Lokalitäten zu denken.[217] Damit greift die Terminologie einer interkulturellen Theologie auch in den angloamerikanischen Raum über und verbindet sich mit der dortigen Debatte über Kultur, Kontext und theologische Kommunikation.[218]

Die frühen europäischen Ansätze aus den 1970er Jahren entstanden so explizit als Reaktion auf den Problemdruck, den die Begegnung mit fremden Theologien durch ihre Infragestellung der westlichen Tradition produzierte.[219] Auch außereuropäisch wurde die theologische Reflexion mit der Pluralisierung der Kontextuellen Theologien – zumindest implizit – im interkulturellen Raum verortet. Zum einen entstehen sie in postkolonialen Situationen, und damit in Räumen, die von prekären kulturellen Begegnungen und hybriden Identitäten gezeichnet sind und so eine erhöhte Sensibilität für die Problematik interkultureller Prozesse schaffen. Zum anderen unterbindet die ideologiekritische Haltung Kontextueller Theologien gerade in einer reflexiven Bezugnahme auf ihren jeweiligen Kontext die kulturalistische Abschottung gegen fremde Kontexte. Eine interkulturelle Perspektive ist so im theologischen Format Kontextueller Theologien schon angelegt. Paradigmatisch kann etwa die EATWOT-Plattform als ein Prozess interkulturellen Theologietreibens gelesen werden.[220]

Seit den 1990er Jahren wird das Programm einer *Theologie interkulturell* – vor dem Hintergrund immer stärker ablaufender Glokalisierungsprozesse – for-

---

217 Ebd.

218 Vgl. W. Ustorf: *The Cultural Origins of „Intercultural Theology*“, S. 233.

219 Theologie interkulturell entstand also aus dem Problemdruck, der die Pluralisierung durch die Entwicklung von Kontextuellen Theologien erzeugte. Vor diesem Hintergrund wurde auch der Begriff *Interkontextualität* für die Bezeichung der Interdependenz und der Kommunikationsprozesse zwischen den unterschiedlichen Kontexten vorgeschlagen. Vgl. Philip L. Wickeri (Hg.): *Plurality, Power and Mission. Intercontextual Theological Explorations on the Role of Religion in the New Millennium*, London: The Council For World Mission 2000.

220 V. Küster: *Theologie im Kontext*, S. 97. Vgl. auch V. Küster: *Einführung in die interkulturelle Theologie*, S. 154 u.ö. — Frühe Interpretationsversuche entwickelten im Rückgriff auf den Übersetzungsbegriff Lamin Sanneh: *Translating the message. The missionary impact on culture* (= The American Society of Missiology series, Band 13), Maryknoll, NY: Orbis Books 1989. und Andrew F. Walls: „The translation principle in Christian history“, in: Philip C. Stine (Hg.), *Bible translation and the spread of the church. The last 200 years*, Leiden: Brill 1992, S. 24–39.

ciert und das theologische Nach-Denken der disparaten Globalität des Christentums weltweit institutionalisiert.

3.1.1 Theologische Weichenstellungen des Zweiten Vatikanum

Für die Entwicklung von *Theologie interkulturell* trifft das Zweite Vatikanische Konzil entscheidende theologische Weichenstellungen und bietet eine Grammatik an, die die (katholische) Theologie für die Herausforderung, den Glauben in der glokalisierten Welt von heute zu reflektieren, ausrüstet. In ihrem Selbstvollzug als polykulturelle und polyzentrische Weltkirche stellt sich die Kirche am Konzil in die Spannungsfelder von Universalität und Partikularität, von Einheit und Pluralität. Sie nimmt die Herausforderung der internen und externen Pluralisierung produktiv auf und entwickelt ad extra einen positiven Begriff von der Vielzahl der Kulturen und Religionen und ad intra einen qualitativen[221] Begriff von Katholizität. Das Konzil würdigt die vielen kulturellen Kontexte als Realisierungsorte des Evangeliums und anerkennt die Pluriformität und Kontextualität von Theologie; es fordert die Kirche auf, „die Anlagen, Fähigkeiten und Sitten der Völker, soweit sie gut sind" (LG 13) zu fördern und zu übernehmen, „das christliche Leben ... dem Geist und der Eigenart einer jeden Kultur" (AG 22) anzupassen und spornt „in jedem sozio-kulturellen Großraum die theologische Besinnung" (AG 22) an. Die so entstehenden Ortskirchen sind je katholische Kirche im vollen Sinn in eigener apostolischer Dignität und soziokultureller Verfasstheit (LG 26). In diesen Pluralisierungen bestimmt das Konzil die Identität der Kirche als spannungsvolle Einheit. Weil die Kirche „an keine besondere Form der menschlichen Kultur und an kein besonderes politisches, wirtschaftliches oder gesellschaftliches System gebunden ist" (GS 24), vermag sie „mit den verschiedenen Kulturformen eine Einheit einzugehen, zur Bereicherung sowohl der Kirche wie der verschiedenen Kulturen" (GS 58). Diese Einheit(en), die sie ad extra mit den Kulturen bildet, pluralisiert die Kirche und wird ad intra durch ein differenziertes Verständnis von Katholizität eingeholt. Gerade die Pluralität der Ortskirchen in ihrer „einträchtigen Vielfalt ... zeigt in besonders hellem Licht die Katholizität der ungeteilten Kirche" (LG 23). Mit der Vielfalt ihrer Sprachformen wächst die Einheit der Kirche, „welche in allen Sprachen spricht, in der Liebe alle Sprachen versteht und umfängt und so die babylonische Zerstreuung überwindet" (AG 4). Die eine und einzige katholische Kirche besteht in und aus ihren Teilkirchen (LG 23); ihre Einheit und Pluralität steht so in einem direkt proportionalen Verhältnis zu ihrer Pluralität und Partikularität. Die Communio-Ekklesiologie des Konzils, die die unhintergehbare Partikularität der gemeinschaftlich ver-

[221] Congar, Yves (1972): Die Wesenseigenschaften der Kirche. Zit. nach Michael Sievernich: „Konturen einer Interkulturellen Theologie", in: ZKTh 110 (1988), S. 257–283, hier S. 264.

bundenen Ortskirchen als Konstitutiv der Universalkirche fasst, wird in ihrer Spannung von Partikularität und Universalität auch offenbarungstheologisch entfaltet. Die Umstellung auf ein kommunikationstheoretisches Offenbarungsverständnis, das Offenbarung als ein Beziehungsgeschehen fasst, in dem Gott sich selbst in der Geschichte den Menschen mitteilt, und das in Christus seinen Mittler und seine Fülle findet (DV 2), verortet Offenbarung unhintergehbar in der Spannung von Gott und Mensch, von universaler Bedeutung und partikularer Vermittlung. In Analogie zum christologischen universale concretum wird auch in Schrift und Tradition Gotteswort nach Menschenart vermittelt (DV 12) und ist damit in notwendige Kontextualisierungen und Pluralisierungen eingebunden, die je in ihren partikularen Sprachformen Zeugnis von der singulären und universal bedeutsamen Offenbarung Gottes in Jesus Christus ablegen.

Das Konzil verortet die Identität und den Glauben der Kirche in der unhintergehbaren Spannung von Partikularität und Universalität, von Vielfalt und Einheit und umreißt damit das Feld für eine theologische Reflexion der Interkulturalität des Christentums.

3.2 Fragestellungen und Problemzugriff

Das zentrale Thema einer *Theologie interkulturell* ist die Interkulturalität des Christentums. Die Transformationsprozesse, die Basis und Resultat seiner interkulturellen Verfasstheit sind, können dabei nicht nur mit historiografischen Methoden deskriptiv erfasst werden, sondern lassen sich als theologisch normative Grundstruktur ausweisen. Ausgehend von der christologischen Grundspannung des universale concretum ist die Spannung von Partikularität und Universalität konstitutiv für jede christliche Identitätsformation[222], die sich angesichts der formalen Norm des Kanons der Heiligen Schriften unhintergehbar in der Spannung von Pluralität und Einheit zu verorten hat.

3.2.1 Die adverbiale Syntax von Theologie interkulturell

Die auch theologisch ausgewiesene kulturelle Bedingtheit christlicher Identitäten lässt sich jedoch „nicht zureichend kulturimmanent bemerken“[223]. Erst die Pluralisierung von Theologien im Zuge der Dekolonisierung und ihr vermehr-

[222] Vgl. Georg Essen: „Interkulturelle Theologie“, in: Jürgen u. a. Straub (Hg.), *Handbuch interkulturelle Kommunikation und Kompetenz. Grundbegriffe - Theorien - Anwendungsfelder*, Stuttgart: Metzler 2007, S. 283–292, hier S. 288f.

[223] Hermann P. Siller: „Überlegungen zur Methode von Theologie Interkulturell“, in: Maria Hungerkamp/Enrique D. Dussel/Johannes Hoffmann (Hg.), *Grenzen überschreitende Ethik. Festschrift für Prof. Dr. Johannes Hoffmann anläßlich seines 60. Geburtstags*, Frankfurt am Main: IKO – Verl. für Interkulturelle Kommunikation 1997, S. 99–114, hier S. 111.

tes Aufeinandertreffen in einer glokalisierten Welt zeigen ihre unhintergehbare Kontextualität auf. Als Reaktion auf den Problemdruck, den die Entwicklung außereuropäischer Theologien für die westliche Theologie erzeugt, ist das Projekt einer interkulturell betriebenen Theologie die Reflexion der Theoriebasis von Kontextuellen Theologien, insofern diese nicht nur materialiter als solche betrieben werden, sondern eine Methodologie für die Reflexion ihrer Kontextualität entwickeln.[224] Mit den Kontextuellen Theologien begreift *Theologie interkulturell* Kontextualität als theologisches Paradigma[225]; die damit einhergehende Pluralisierung[226] wird in den Aufriss interkultureller Theologie an zentraler Stelle kritisch-produktiv aufgenommen und mit der christlich bezeugten universalen Einheit in eine spannungsreiche Beziehung gesetzt. Entgegen eines kulturalistischen „Partikularitätspathos"[227] hält *Theologie interkulturell* in der Pluralität ihrer Kontexte „an der Einheit des Menschseins, an der Einheit der Wahrheit und Gerechtigkeit und an der Einheit des Glaubens fest."[228] Diese Spannung von Einheit und Pluralität fordert die „Selbstbeschränkung jeder Theologie"[229] ein, die in ihrer unhintergehbaren Kontextualität den Bedeutungsüberschuss der christlichen Botschaft offenhält. Interkulturell betriebene Theologie ist somit „diejenige wissenschaftliche, theologische Disziplin, die im Rahmen einer gegebenen Kultur operiert, ohne diese zu verabsolutieren."[230] Damit fokussiert *Theologie interkulturell* nicht nur das theologische

224 Vgl. U. Winkler: *Zentrum Theologie Interkulturell und Studium der Religionen an der Universität Salzburg - theologische Konzeption*, S. 63.

225 Sievernich sieht im Paradigma der Kulturalität eine noch größere Herausforderung als im Paradigma der Geschichtlichkeit: „Die mit dem interkulturellen Dialog zu bewältigende Aufgabe dürfte für die Theologie ... eine ebenso entscheidende Herausforderung darstellen, wie sie der Einbruch des geschichtlichen Denkens ... darstellte. ... [Doch] liegen die heutigen Fragestellungen anders und komplexer. Denn es geht im Prozess der Vergeschichtlichung nicht mehr nur um die historische Dimension der eigenen (europäischen) Geschichtszeit und um die geschichtlichen Bedingtheiten der eigenen Theologie, sondern um die Gleichzeitigkeit und Begegnung mehrerer kultureller Geschichtszeiten, angesichts derer der Glaube zu verantworten und von der christlichen Hoffnung Rechenschaft zu geben ist." M. Sievernich: *Konturen einer Interkulturellen Theologie*, S. 261.

226 Ebd., S. 266.

227 Siegfried Wiedenhofer: „Theologie interkulturell und interkulturelle Kompetenz", in: Thomas Schreijäck/Hermann P. Siller (Hg.), *Werkstatt Zukunft. Bildung und Theologie im Horizont eschatologisch bestimmter Wirklichkeit; für Hermann Pius Siller*, Freiburg im Breisgau: Herder 2004, S. 351–364, hier S. 359.

228 Thomas Schreijäck: „Achtung der kontextuell-theologischen Perspektive", in: Orientierung 69 (2005), S. 202–206, hier S. 204.

229 Hans Kessler/Hermann P. Siller: „Vorwort", in: Bénézet Bujo (Hg.), *Afrikanische Theologie in ihrem gesellschaftlichen Kontext*, Düsseldorf: Patmos-Verlag 1986, S. 9–16, hier S. 14.

230 W. J. Hollenweger: *Erfahrungen der Leibhaftigkeit*, S. 50. Hollenweger fährt fort: „In diesem Sinne tut sie nur, was jede anständige Theologie auch tut."

Materialobjekt neu; vielmehr bringt sie „Theologie neu in Form“[231]: die Forderung, den je eigenen Kontext nicht zu verabsolutieren, wird durch die adverbiale Syntax von *Theologie interkulturell* performativ eingeholt: sie bestimmt das Formalobjekt der Theologie neu und beschreibt, WIE Theologie getrieben wird:

> „Interkulturell als Adverb, als eine Bestimmung, auf welche Weise wir verfahren wollen, nicht als adjektivische Beschreibung eines angezielten Resultats.“[232]

Diese Adverbialität bestimmt im zweiten Teil dieser Arbeit den systematischen Aufriss von *Theologie interkulturell*; von einem posthermeneutisch gezeichneten geschichtstheo-logischen Begründungshorizont wird Interkulturalität für eine theologische Erkenntnis-theorie fruchtbar gemacht, die *Theologie interkulturell* nicht in eine selbstständige Disziplin (gegen Walter Hollenweger u.a.) auslagern lässt, sondern quer über die theologischen Disziplinen die unhintergehbare Partikularität theologischer Wissens- und Sprachformen im Sprechen von Gott sichtbar machen kann.

3.2.2 Das Fremde als Hermeneutikum: der differenzhermeneutische Ansatz von Theologie interkulturell

Für eine interkulturell arbeitende Theologie wird das Fremde zu einem „entscheidenden Hermeneutikum“[233]. Sein Einbrechen in den eigenen Diskurs produziert Differenzen, die gleichzeitig seine unhintergehbare Kontextualität und seine jeweiligen Grenzziehungen aufzeigen. Im Projekt einer interkulturell betriebenen Theologie werden diese Differenzen, die den je eigenen Kontext an- und hinterfragen, nicht externalisiert[234], sondern produktiv für die Erneuerung des eigenen Diskurses aufgenommen, indem ihnen theologische Valenz[235] zugeschrieben wird. Differenzen können Offenbarungscharakter haben[236], weil durch sie ex negativo der Bedeutungsüberschuss der christlichen Botschaft, der in einem Kontext nie erschöpfend zur Sprache gebracht werden kann, offengehalten wird. In der unhintergehbaren Kontextualität christlicher Identifizierungen weisen die zwischen ihnen aufbrechenden Differenzen auf das je

[231] U. Winkler: *Zentrum Theologie Interkulturell und Studium der Religionen an der Universität Salzburg - theologische Konzeption*, S. 63.

[232] H. Kessler/H. P. Siller: *Vorwort*, S. 12.

[233] Werner Simpfendörfer: „Thesen auf der Suche nach einer interkulturellen Theologie.“, in: EPD-Entwicklungspolitik (1987), S. 31–38, hier S. 33.

[234] G. Essen: *Interkulturelle Theologie*, S. 287.

[235] Danielle Palmyre-Florigny: *Kreolische Kultur und Religion in Mauritius*, Stuttgart: Matthias-Grünewald 2009, S. 128.

[236] R. J. Schreiter: *Die neue Katholizität*, S. 73.

„Nichtverstandene, Nichtrealisierte, Offene, Fremde, eschatologisch Vorenthaltene“[237] hin und halten so die uneinholbare Differenz zwischen jeder partikular verorteten Theologie und der universal bedeutsamen Botschaft, die sie zur Sprache bringt, offen.[238] Als differenzkompetente kann eine interkulturell arbeitende Theologie so die theologisch vorgegebene Spannung von Universalität und Partikularität reflexiv nachvollziehen, ohne sie in Richtung eines solipsistischen Kulturalismus oder einer verabsolutierenden Universalisierung aufzulösen[239]. *Theologie interkulturell* ist vor diesem Hintergrund nicht als das „Programm einer alle Kulturen übergreifenden und deshalb mit allen Kulturen angereicherten, scheinbar universalen Theologie“[240] zu konzipieren. Es gibt „keine universale ökumenische Theologie“[241]; ihre „Universalität bestünde in ihrer Irrelevanz“[242]. Vielmehr hat eine adverbial verfasste Theologie konkrete Orte auszuweisen, an denen sie arbeitet. Die Differenzen zwischen diesen Orten, die zentrale Motoren ihrer Reflexion sind, äußern sich dabei zumeist als „Störungen“[243]; es sind machtbesetzte Konflikte[244] zwischen Kontexten, die als prekäre Herausforderungen die theologische Arbeit vorantreiben. *Theologie interkulturell* wird so unter einer problemorientierten Perspektive betrieben, sie findet ihre Themen in den konfliktiven Auseinandersetzungen zwischen kulturell verorteten Christentümern.

---

237 Vgl. H. P. Siller: *Überlegungen zur Methode von Theologie Interkulturell*, S. 110.

238 Vgl. Ingolf U. Dalferth: „Was Gott ist, bestimme ich!“. Theologie im Zeitalter der „Cafeteria-Religion„‘, in: ThLZ (1996), S. 415–530, hier bes. S. 423ff.

239 „True universality, thus, is not the decontextualization of thought or concepts (as globalization and modernity might lead some to believe) but the dialogue that engages the human communities' meaningful vehicles of meaningful interpretations of themselves and their worlds (i.e., their cultures), acknowledging each and every one of them as human and potentially relevant - thereby suggesting that there is a ‚human‘ condition which, although constructed and defined in and by every particular universality, can (but by contrasting dialogue) be effectively acknowledged as possessing universally relevant elements or description.“ O. Espín: *Toward the Construction of an Intercultural Theology of Tradition*, S. 50.

240 H. Kessler/H. P. Siller: *Vorwort*, S. 11.

241 Walter J. Hollenweger: „Kultur und Evangelium. Das Thema der interkulturellen Theologie“, in: Evangelische Mission 17 (1985), S. 52–60, hier S. 57.

242 H. Kessler/H. P. Siller: *Vorwort*, S. 11.

243 H. P. Siller: *Überlegungen zur Methode von Theologie Interkulturell*, S. 100.

244 W. Simpfendörfer: *Thesen auf der Suche nach einer interkulturellen Theologie.*, S. 31 u.ö.

3.2.3 Ekklesiologische Verortung

Als kritisches Aufspüren einer universalen Botschaft in partikularen Formulierungen an verschiedenen Orten wird das Projekt *Theologie interkulturell* explizit in einem ekklesiologischen Rahmen entworfen[245] und damit in die Spannung von Universal- und Ortskirche gestellt: „Intercultural theology is a new attempt to do justice to local theologies and particular experiences of churches within the universal church.“[246] Zu ihrer Grundbestimmung gehört, dass sie „die Aufgabe der Rechenschaft über den Glauben der eigenen Ortskirche hat, aber unter den Augen der Theologie und des Glaubens anderer Ortskirchen.“[247] Die interkulturell verortete Kirche wird vor diesem Hintergrund bestimmt als „universal hermeneutical community, in which Christians and theologians from different lands check one another's cultural biases.“[248] Interkulturell betriebene Theologie ist damit rückgebunden an die Kirche als universale Interpretationsgemeinschaft, in der lokale Kirchen die Bedeutung ihrer Zeugnisse über eine universale Botschaft und ihren Mittler verhandeln, und die somit als Bekenntnisgemeinschaft unhintergehbar in Vermittlungsprozesse eingebunden ist, ohne einen direkten Zugriff auf das sie konstituierende Ereignis zu haben. Diese ekklesiologische Verortung unterstreicht noch einmal den differenzhermeneutischen Ansatz von *Theologie interkulturell*: Theologien als die je lokal gebundenen Reflexionen über partikulare Bezeugungen einer universal relevanten Botschaft können ebenso wie diese Bezeugungen die Universalität ihres Referenzereignisses nie einholen, sondern nur in den zwischen ihnen aufbrechenden Differenzen offenhalten. Interkulturell betriebene Theologie als gegenseitige wertschätzende Kritik lokaler Theologien kann nicht den Anspruch erheben, in ihren Schnittstellen und Überschneidungspunkten einen Blick zu erheischen auf „the intercultural face of God residing in the midst of diversely constructed human cultures and religious perspectives“[249]. Fremde Zeugnisse, die die eigene Interpretation irritieren, zeigen vielmehr die Uneinholbarkeit jener Botschaft und ihres Mittlers auf, von denen in lokalen Interpetationsgemeinschaften Bekenntnis abgelegt wird.

---

245 Auch Hollenwegers christologische Rückbindung von Theologie Interkulturell als „Leib Christi-Theologie“, in der unterschiedliche lokale Theologien je unterschiedliche aber gleichwertige Glieder sind und Funktionen erfüllen, zeigt mit der Leib-Analogie als Bild für Kirche eine ekklesiologische Stoßrichtung. Vgl.W. J. Hollenweger: *Erfahrungen der Leibhaftigkeit*, S. 50.

246 Frans Wijsen: „Intercultural theology and the mission of the church“, in: Exchange 30 (2001), S. 218–228, hier S. 222.

247 S. Wiedenhofer: *Theologie interkulturell und interkulturelle Kompetenz*, S. 356.

248 Paul Hiebert: „The Missiological Implications of an Epistemological Shift“, in: Theological Students Fellowship Bulletin (1985), S. 12–18, hier S. 16.

249 So die u-topische, nicht verortete Vision von Thomas G. Grenham: *The unknown God. Religious and theological interculturation* (= Religions and discourse, Band 25), Oxford New York: Peter Lang 2005, S. 69.

3.2.4 Die dreifache Aufgabe von Theologie interkulturell: Kulturanalyse, interkulturelle Hermeneutik, theologische Kriteriologie

Als Reflexion auf die plurale Kontextualität des christlichen Glaubens und seiner theologischen Reflexion ist *Theologie interkulturell* vor eine dreifache Aufgabe gestellt. Zum einen ist sie angesichts der Konstitutivität des Kontextes für die pluralen christlichen Identifizierungen zu einer Kulturanalyse gefordert; sie untersucht die diskursiven Prozesse, die das Evangelium in den Bedeutungsstrukturen einer Kultur zur Sprache bringen. Damit greift sie auf Kultur/en als loci theologici zu, die spezifische Sprachen für christliche Gottesrede zur Verfügung stellen, ohne die das Evangelium in seiner unhintergehbaren Kulturalität gar nicht formulierbar wäre – dem "Christlichenßteht keine eigene Sprache zur Verfügung, sondern kann immer nur an fremden Orten und in fremden Sprachen zum Ausdruck kommen, die ënt-stellt"werden, um die Widerständigkeit der christlichen Botschaft zur Sprache zu bringen.[250] In dieser Ënt-Stellung"gestaltet sich die Kulturanalyse sich damit auch als theologische Kulturkritik, die die befreiende Dimension des Christlichen in den ambivalenten Bedeutungsnetzen der Kulturen zur Sprache bringt. Diese Analysen des Verhältnisses von Kultur/en und Evangelium, die die untrennbar in kulturelle Zeichensysteme verwobene christliche Botschaft in den Differenzen ihrer pluralen Formulierungen unterscheidbar machen, können rekonstruktiv oder dekonstruktiv verfahren[251]. In den außereuropäischen Kontexten ist die Identifizierung der Bedeutung des Christlichen in das große Projekt der Re/konstruktion von post-kolonialen Identitäten gestellt. Diese theologischen Sprachfindungsprozesse sind als Emanzipation von europäischer Theologie konzipiert und greifen kreativ auf nichtwestliche kulturelle Bedeutungssysteme zu. Eher dekonstruktiv wird das Verhältnis von Kultur und Evangelium im europäischen Raum analysiert. *Theologie interkulturell* arbeitet an einer Rekontextualisierung der europäischen Tradition, die auch einer Konfrontation mit der Verstrickung in die Schuldgeschichte von Kolonialismus und Missionsgeschichte nicht ausweichen darf. Diese Rekontextualisierung bedeutet vor allem eine Relativierung – ein Ende des

> „Traums von einer angeblichen theologischen Universalität, die nichts anderes war als die Erhebung der Partikularität des Zentrums zur Universalität, die anderen Ländern durch die Macht seiner Wirtschaft, Technologie –

[250] Zu dieser Grammatik der ‚Ent-Stellung' partikularer Orte und Sprachen vgl. den theologischen Entwurf im Anschluss an Michel de Certeau: II.2.2.3. Die Widerständigkeit des Christlichen kristallisiert sich im Ereignischarakter seines Gründungsereignisses, das etablierte Diskurse ‚erschüttert'. Vgl. dazu II.2.2.2.

[251] Vgl. H. P. Siller: *Überlegungen zur Methode von Theologie Interkulturell*, S. 113.

> sogar auf der Ebene der theologischen Bibliotheken, Veröffentlichungen, Verwaltungsstrukturen – aufgezwungen werden konnte und kann."[252]

Für den Westen ist dies ein „schmerzlicher Übergang"[253], ein „echtes, eigenes Sterben, sich dessen bewusst zu werden, dass es andere, legitime Wertvorstellungen und Denkweisen geben kann"[254]. Jedoch legt die von einer Theologiesoziologie geleistete Rekontextualisierung einen großen Reichtum für Europas Theologie frei. Fremde Traditionen können ihr zur Autorität werden und in ihren differenten Identifizierung des Christlichen Leerstellen in ihrer Reflexion aufzeigen; und nicht zuletzt deckt eine retrospektive Rekontextualisierung auch die verschwiegene Pluralität und Vielschichtigkeit der eigenen Tradition auf und macht sie für gegenwärtige Fragestellungen und Problemfelder fruchtbar.

Die zweite Aufgabe einer *Theologie interkulturell* ist die Reflexion und kritische Orientierung der interkulturellen hermeneutischen und kommunikativen Prozesse, die ein Theologietreiben in einer „polyzentrischen Weltkirche"[255] erfordert:

> „Intercultural theology may be seen as a theological reflection on the encounter between/among theologies arising from different cultural settings . . . ; and/or as a theological insight that comes as a result of a dialogical encounter between (among) these two (or more) theologies."[256]

Dieser „treuhänderischen Sorge für das Funktionieren der gesamtkirchlichen Öffentlichkeit angesichts der Probleme einer Weltkirche"[257] wird in vielen Entwürfen interkulturell betriebener Theologie ein normativer Begriff von Interkulturalität zugrunde gelegt.[258] Die Begegnung unterschiedlicher Theologien solle dialogisch[259] geschehen und von „mutuality and recipro-

252 Enrique Dussel: *Herrschaft und Befreiung. Ansatz, Stationen und Themen einer lateinamerikanischen Theologie der Befreiung*, Freiburg/Schweiz: Edition Exodus 1985, S. 129.

253 J. B. Metz: *Im Aufbruch zu einer kulturell polyzentrischen Weltkirche*, S. 100.

254 Virgil Elizondo: „Voraussetzungen und Kriterien für einen authentischen interkulturellen theologischen Dialog", in: Concilium 20 (1984), S. 18–25, hier S. 24.

255 J. B. Metz: *Im Aufbruch zu einer kulturell polyzentrischen Weltkirche*

256 Gerard Timoner: „Intercultural Theology as a way of doing theology", in: Philippiniana Sacra 41 (2006), S. 5–45, hier S. 111.

257 H. Kessler/H. P. Siller: *Vorwort*, S. 13.

258 Vgl. etwa Danielle Palmyre-Florigny: „Glaubenskommunikation im Kontext von Mauritius", in: Thomas Schreijäck (Hg.), *Theologie interkulturell. Glaubenskommunikation in einer gewandelten Welt*, Paderborn: Schöningh 2009, S. 45–60, hier S. 50f. Während ‚Multikulturalität' die Faktizität der Pluralität und Vielfalt von Kulturen zur Kenntnis nehme, impliziere ‚Interkulturalität ... ein ethisches Engagement ... für die Kommunikation zwischen diesen verschiedenen Kulturen. Von der Anerkennung des Multikulturellen zum Interkulturellen überzugehen bedeutet, von der Wahrnehmung einer feststehenden Tatsache zur Erledigung einer Aufgabe überzugehen.'

259 Orlando Espín konzipiert den interkulturellen theologischen Dialog als „contrastive": er dient nicht „the enrichment" der europäischen Tradition, und damit indirekt ihrer Bestätigung, son-

city“[260] geprägt sein. Das Projekt *Theologie interkulturell* ist so nicht ein Umschalten kirchlichen Handelns von dem „– wie Rahner formulierte – einer Exportfirma, die eine europäische Religion und mit ihr die für überlegen gehaltene Kultur und Zivilisation Europas exportierte“[261], auf einen Import des reizvoll Exotischen in einem Vorgang kolonialer Enteignung[262]. Vielmehr wird eine Hermeneutik entwickelt, die auf eine „reziproke Perspektivenübernahme“[263] abzielt. Dem Prozess interkulturellen Theologietreibens wird damit die Möglichkeit zugeschrieben, eine Fremdperspektive auf die eigene Tradition einnehmen zu können und das Eigene in den Differenzen zum Fremden wahrzunehmen. Dieser hermeneutische Ansatz wird u.a. von Volker Küster vertreten, der damit die missionswissenschaftliche Umstellung in eine Hermeneutik des Fremden[264] seines Heidelberger Lehrers Theo Sundermeiers interkulturell fortschreibt: es geht ihm um das Verstehen des Fremden und des Anderen[265] und um das Ergreifen interkultureller Lernchancen aus den Differenzen, die zwischen unterschiedlichen Kontexten aufbrechen[266]. Weniger in den Blick kommt bei diesem hermeneutischen Entwurf, dass jeder Versuch, den Fremden zu verstehen, diesen auch konstruiert; die Mächtigkeit, die jedem Wissen vom Anderen eingeschrieben ist, wird ausgeblendet. Eine interkulturelle Hermeneutik, die ein reziprokes Verstehen als einen zentralen Grundakt interkulturellen Theologietreibens fasst , entwirft sich von daher im Rahmen einer „subalternen Hermeneutik“[267], die sensibel ist für asymmetrische Machtverhältnisse interkultureller Repräsentations- und Rezeptionsprozesse, und ist sich ihrer eigenen Unabschließbarkeit bewusst –

dern er bringt Differenzen zur Sprache, die als Korrektiv wirken und Leerstellen aufzeigen. O. O. Espín: *Toward the Construction of an Intercultural Theology of Tradition.* — Franz Gmainer-Pranzl macht das Polylog-Konzept des Interkulturellen Philosophen Franz Wimmer für eine interkulturell betriebene Theologie fruchtbar. Vgl. Franz Gmainer-Pranzl: „Die Vielstimmigkeit des Logos. Überlegungen zur eigentümlichen Universalität des Christlichen“, in: Claude Ozankom/Chibueze Udeani (Hg.), *Theology in intercultural Design. Interdisciplinary Challenges - Positions - Perspective*, Amsterdam: Editions Rodopi 2010, S. 227–247, hier bes. S. 244f.

260 G. Timoner: *Intercultural Theology as a way of doing theology*, S. 15.

261 H. Kessler/H. P. Siller: *Vorwort*, S. 11.

262 Ebd.

263 T. Schreijäck: *Achtung der kontextuell-theologischen Perspektive*, S. 203.

264 T. Sundermeier: *Den Fremden verstehen.*

265 V. Küster: *Einführung in die interkulturelle Theologie*, S. 118.

266 Ebd., S. 183 u.ö.

267 Felix Wilfred: „Towards a subaltern hermeneutics. Beyond the contemporary polarities in the interpretation of religious traditions“, in: Jeevadhara 26 (1996), S. 45–62.

„das Widerständige, der unaufklärbare Rest ... kulturell Fremder sind wichtige Korrektive im Verstehen und Auslegen“[268] interkultureller Kommunikationsprozesse.

3.2.5 Kriteriologische Überlegungen

Als explizit theologisches Unterfangen kann sich *Theologie interkulturell* bei einer Reflexion pluraler Christentümer und ihrer wechselseitigen Transformationsprozesse nicht auf einen neutralen Vergleich beschränken, sondern hat eine normative Perspektive einzunehmen. Gerade die konfliktive Pluralität christlicher Identifizierungen macht die Suche nach normativen Kriterien christlicher Identität nicht obsolet, vielmehr stellt sie sie umso dringlicher in den Raum. Gleichzeitig zeigt diese Disparität aber auch auf, dass nicht nur christliche Identitätsformulierungen unhintergehbar kulturell geprägt sind, sondern dass auch ihre Kriteriologien nicht extrakulturell formuliert werden können[269]. Für *Theologie interkulturell* ergibt sich damit eine Spannung: einerseits muss sie angesichts der bezeugten universalen Einheit christlicher Identität transkulturelle Kriterien dafür angeben, andererseits steht sie vor der Unausweichlichkeit ihrer kulturellen Verortung. Vor dem Hintergrund dieser Spannung ist Richard Friedlis Prämisse interkulturellen Theologietreibens, nämlich „dass es weltweit und innerkirchlich keine verbindliche und verbindende, normative Sprache mehr gibt“[270], differenzierter zu formulieren. In der christlichen Tradition gibt es mit dem Kanon der Schriften und den Dogmen Sprachformen, die in Prozessen diskursiver Grenzziehungen normativ gesetzt wurden. Sie sind fixierte Texte, die eine verbindliche theologische Grammatik vorgeben und in ihrer kulturellen und historischen Bedingtheit gleichzeitig vor eine prekäre Interpretationsbedürftigkeit gestellt sind. Die Verbindlichkeit dieser Texte machen die westliche Tradition – und vorher noch die der jüdischen und griechischen Kultur – zu unausweichlichen und unverzichtbaren Koordinaten christlicher Identität; ihr geschichtlicher Vorsprung bleibt unüberspringbar und uneinholbar.[271] Sie sind nicht beliebig, ihre Bedeutung entfalten sie jedoch erst in der Interaktion mit einem spezifischen Kontext – sie müssen in den verschiedenen kulturellen Zeichensystemen je neu zur Sprache gebracht werden. Ihre normative Bedeutung für die Identität des Christentums ist in seinen interkulturellen Vermittlungen und Übersetzungen – und damit in diskursiven Trans-

[268] H. P. Siller: *Überlegungen zur Methode von Theologie Interkulturell*, S. 106.

[269] W. Ustorf/M. Frederiks: *Mission and missionary historiography in intercultural perspective: Ten preliminary statements.*, S. 217.: „[I]t is not possible to formulate culturally neutral criteria.“

[270] Richard Friedli: „Interkulturelle Theologie“, in: Karl Müller/Theo Sundermeier (Hg.), *Lexikon missions-theologischer Grundbegriffe*, Berlin: Reimer 1987, S. 181–185, hier S. 181.

[271] Vgl. H. P. Siller: *Überlegungen zur Methode von Theologie Interkulturell*, S. 108.

formationsprozessen – stets neu zu bestimmen. Die Vermittlungsbedürftigkeit der normativen Texte ist in ihrer Grammatik selbst angelegt: sie sind Versuche, in einem je partikularen Kontext eine universale Botschaft zur Sprache zu bringen, und damit unhintergehbar begrenzte und begrenzende Formulierungen christlicher Identität. In jeder ihrer Bestimmungen bleibt notwendigerweise ein Bedeutungsüberschuss der christlichen Botschaft offen, der nie in einem einzigen Kontext eingeholt werden kann; mit jedem Aussagen christlicher Identität werden unausweichlich andere Be/deutungen verschwiegen. Das Offenhalten und Sichtbarmachen dieser Interpretativität ist als Grammatik des Christlichen in seine Kontexte zu übersetzen;[272] sie verhindert den kulturalistischen Abschluss eines Kontextes gegen andere und drängt zu immer neuen Übersetzungen, immer neuen Vermittlungen, christlicher Identität in fremden Kontexten, die in Transformationen ihrer normativen Grammatik ihre Bedeutung je neu verhandeln und in diskursiven Grenzziehungen zur Sprache bringen. Aus den unhintergehbaren Vermittlungs- und Übersetzungsprozessen geht christliche Identität als diskursive Größe hervor, die *Theologie interkulturell* als Reflexion dieser interkulturellen Transformationen in einer theologischen Kriteriologie kritisch durchleuchtet. Gleichzeitig muss sie aber auch das Verfassen der normativen Texte, den Vorgang ihrer Normativsetzung, ihre transformierenden Vermittlungen und die Entwicklung von Kriteriologien für ihre angemessenen Übersetzungen als diskursive Prozesse von Ein/Ausschließungen diskurskritisch gegenlesen und auf den Konnex von Macht und Wissen, in dem die normativen Kriterien des Christentums entworfen werden, untersuchen. In ihrem unausweichlichen Rückgriff auf kulturelle Zeichensysteme sind sowohl die Identifizierungen des Christlichen als auch Kriteriologien dafür diskursive Prozesse, die in machtvollen Ein/Ausschließungen arbeiten, und brauchen so eine Diskurskritik, die den diskurskritischen Bedeutungsüberschuss der christlichen Botschaft offenhält und ihre kritische Subversion machtvoller Diskurse zur Geltung bringt. Im zweiten Teil der vorliegenden Arbeit wird im Anschluss an Michel de Certeau tentativ ein inkarnationstheologisch grundgelegtes formales Kriterium christlicher Identität entworfen. Es fokussiert christliche Identität auf die Fortschreibung des Ereignischarakters ihres Gründungsereignisses und macht damit ihre unhintergehbare Interpretativität, die sich in der Ënt-Stellung"fremder Orte vollzieht, zu einem „notwendig nicht hinreichenden" Kriterium.[273]

[272] Vgl. exemplarisch den Kanon der neutestamentlichen Schriften: II.4.
[273] Vgl. dazu II.2.2.3.

3.2.6 Kulturwissenschaftliche Dynamiken

Die unausweichliche kulturelle Kontextualität jeder theologischen Reflexion ist der Problemaufriss, in dem sich *Theologie interkulturell* verortet. Das gilt auch für die epistemologischen und hermeneutischen Vorentscheidungen des Projekts *Theologie interkulturell* selbst, wie sich an der Entwicklung des ihm zugrunde liegenden Kulturbegriffs aufzeigen lässt. In ihren Anfängen erfolgt die Reflexion der interkulturellen Pluralität des Christentums in den Koordinaten eines modernen Kulturbegriffs, der zu dieser Zeit „general state“[274] der kulturwissenschaftlichen Diskussion war: Kultur wird als statische und holistische Entität mit einer essenzialistisch vorgegebenen Identität und klaren Grenzen zu anderen Kulturen konzeptioniert.[275] Der Rückgriff auf diesen Kulturbegriff in der Entwicklung von Kontextuellen Theologien und von *Theologie interkulturell* steht unter einem spezifischen Interesse. Im Rahmen der Dekolonisierung ist die Konstruktion Kontextueller Theologien in das größere Projekt der Re/konstruktion postkolonialer Identitäten einzuordnen. Im Zentrum dieser Identifizierungsprozesse stehen, in klarer Abgrenzung zu den Universalisierungstendenzen westlicher Kulturen, die Betonung der Partikularität jeder Kultur und ein „strategischer Essenzialismus“[276], der eine postkoloniale Subversion kolonialer Identitätszuschreibungen erlaubt. Im Projekt *Theologie interkulturell* ist es die Erfahrung der Fremdheit anderer Theologien und das

274 Vgl. Robert Schreiter: „Theologie Interkulturell in the Twenty-First Century“, in: Thomas Schreijäck/Hermann P. Siller (Hg.), *Werkstatt Zukunft. Bildung und Theologie im Horizont eschatologisch bestimmter Wirklichkeit; für Hermann Pius Siller*, Freiburg im Breisgau: Herder 2004, S. 365–374.

275 Kathryn Tanner: *Theories of culture. A new agenda for theology* (= Guides to theological inquiry), Minneapolis: Fortress Press 1997. — Vgl. auch den Rückblick Richards Friedlis anlässlich des 150. Bandes der Reihe Studien zur interkulturellen Geschichte des Christentums, eine der ersten Initiativen einer interkulturell betriebenen Theologie: „In 1975 the three publishers of the series, bearing the title ‚Christianity‘ in the singular form, continued to base their notion on a homogeneous self-concept of what they believed could be considered as being ‚Christian‘.“ Richard Friedli: „Variations on „Intercultural“. Retrospectives and Prospectives“, in: Richard Friedli (Hg.), *Intercultural perceptions and prospects of world Christianity*, Frankfurt, M: Lang 2010, S. 127–134, hier S. 128. — Gerade Studien zur interkulturellen Geschichte des Christentums legen jedoch die Disparatheit und Pluralität christlicher Identität und ihre porösen Grenzen zu anderen religiösen Traditionen offen: „Christian identity unfolds itself concretely in multiple forms. After all, the contributions to this very volume testify to the pluralization of Christian identities. ... We may raise the question of the existence of different cultures in one and the same variant of Christianity. ... It is ... a matter of different Christianities in the same concrete local Christian tradition that are in confrontation with each other.“ Ebd., S. 129. — Judith Gruber: „Kirche und Kultur. Eine spannungsvolle Identifizierung im Anschluss an Gaudium et spes“, in: Franz Gmainer-Pranzl/Magdalena Holztrattner (Hg.), *Partnerin der Menschen - Zeugin der Hoffnung. Die Kirche im Licht der Pastoralkonstitution „Gaudium et spes“*, Innsbruck: Tyrolia 2010, S. 303–324.

276 Gayatri C. Spivak (Hg.): *The Spivak reader. Selected works of Gayatri Chakravorty Spivak*, New York, NY: Routledge 1996, S. 205.

Interesse, diese ins Recht zu rücken, die auf die Differenzen zwischen in sich homogenen Kulturen abheben lassen.

In jüngerer Zeit werden die im modernen Kulturbegriff postulierte interne Homogenität von und klare Abgrenzung zwischen Kulturen durch die Kritik postmoderner und postkolonialer Identitätstheorien massiv erschüttert und von den Auswirkungen der Glokalisierungsprozesse unterminiert. Die Komplexität des Glokalisierungsphänomens wird kulturwissenschaftlich durch einen problematisierten Kulturbegriff eingeholt. Angesichts der Spannung einer disparaten Globalität, die je neue plurale Lokalitäten produziert, können Kulturen nicht als statische Entitäten, die klar voneinander abgegrenzt sind, postuliert werden. Vielmehr handelt es sich um hybride und in sich inhomogene Identitätskonstellationen, die sich in diskursiven Prozessen performativ je neu konstituieren. Kulturen stehen so unhintergehbar im interkulturellen Raum, der angesichts der Fluidität und Instabilität der diskursiven Grenzziehungen zwischen kulturellen Identifizierungen nicht statisch vorgegeben ist, sondern ebenso wie die Kulturen zu ‚shifting grounds' wird und auf den nur ex negativo über die Differenzen zwischen ihnen zugegriffen werden kann.

Neueste Ansätze interkulturell betriebener Theologie greifen diesen komplexen und problematisierten Begriff kultureller Identität auf. Sie entstehen zumeist an Orten, die die prekäre Interkulturalität kultureller und individueller Identität erfahrbar werden lassen, greifen auf postkoloniale und kulturwissenschaftliche Identitätskonzepte wie Mestizaje[277] und Kreolisation[278] zu, um die unausweichliche Interkulturalität von Identitätsformationen in den Blick zu bekommen, und stellen so die unhintergehbare und machtdurchzogene Interkulturalität jeder kulturellen und religiösen Identität ins Zentrum ihrer theologischen Reflexion.

3.3 Leitmetapher: Interkulturation

Der Begriff der Interkulturation wird fast zeitgleich mit der Metapher der Inkulturation in der missionswissenschaftlichen Debatte geprägt[279]. Er reagiert auf ihre Problemüberhänge, erlangt jedoch nicht ihre Verbreitung und Stellenwert im theologischen Diskurs über das Verhältnis von Kultur und Evange-

[277] Virgilio P. Elizondo: „Mestizaje als ein locus theologischer Reflexion", in: Raúl Fornet Betancourt (Hg.), *Glaube an der Grenze. Die US-amerikanische Latino-Theologie*, Freiburg im Breisgau, Basel, Wien: Herder 2002, S. 102–127; Virgilio Elizondo: *The Future is Mestizo. Life where cultures meet*, Boulder, Colo.: Univ. Press of Colorado 2000.

[278] D. Palmyre-Florigny: *Kreolische Kultur und Religion in Mauritius*

[279] Joseph Blomjous: „Development in Mission Thinking and Practice 1959–1980. Inculturation and Interculturation", in: African Ecclesial Review 22 (1980), S. 393–399.

lium[280]. Der Begriff der Inkulturation verhandelt dieses Verhältnis als theologisches Problem und kann damit mehrere neue theologische Perspektiven eröffnen: Kulturen werden als unausweichliche loci theologici gewürdigt; damit wird die unhintergehbare Kontextualität von Glaube und Gottesrede theologisch ins Blickfeld gerückt. Dennoch suggeriert die Metapher der Inkulturation eine Statik und Eindimensionalität im Verhältnis von Evangelium und Kultur[281], die das Evangelium letztendlich als extrakulturelle Größe fassen lassen und damit der Gefahr, es mit seiner westlichen Kulturation gleichzusetzen[282], verhaften bleiben und so dem kulturalistischen Abschluss der universalen christlichen Botschaft Vorschub leisten. Die morphologische Umstellung, die im Begriff der Interkulturation vorgenommen wird, greift dagegen jene theologischen und kulturwissenschaftlichen Neuorientierungen auf, die sich im Rahmen einer interkulturell betriebenen Theologie aufdrängen. Die Vorsilbe inter impliziert eine Pluralität von Kulturen und ihre unauflösliche Vernetzung. Während Inkulturation das Verhältnis von Evangelium und Kultur als linearen, eindimensionalen Vorgang fasst, in dem das Evangelium in Beziehung zu einer Kultur gesetzt wird, bringt Interkulturation wechselseitige Vermittlungsprozesse zwischen Kulturen ins Bild – Francis D'Sa spricht von unwillkürlich ablaufenden osmotischen Interaktionen:

> „Interkulturation hat zunächst und vor allem mit der Wahrnehmung der osmotischen und symbiotischen Interaktionen zwischen den Kulturen und dann mit der Feststellung der daraus entstehenden Veränderungen zu tun. Interkulturation ist ein Phänomen, das im Verborgenen wirkt, ohne Rücksicht auf die menschliche Intentionalität zu nehmen. Erst später macht die Interkulturation sich bemerkbar, meistens wenn eine negative Interaktion stattfindet. Das eigenartige Ergebnis der Interkulturation besteht gerade darin, dass sie uns darauf aufmerksam macht, was ohne unser Tun und Wollen geschieht. Egal was die Menschen bei ihren Handlungen intendieren, entwickelt sich die Handlung aus Eigendynamik."[283]

Die Metapher trägt somit der unhintergehbaren Kontextualität des Evangeliums Rechnung, das nie extrakulturell vor einer Kultur steht, sondern nur zwischen disparaten kulturellen Kontexten vermittelt werden kann. Übersetzungsprozesse zwischen unterschiedlichen kulturellen Bedeutungssystemen zeigen

280 F. Wijsen: *Intercultural theology and the mission of the church*, S. 221.

281 „It cannot be denied that the word ‚inculturation' by itself suggests merely the transfer of faith from one culture to another, the insertion of the Christian message into a given culture. In short, it seems to suggest that the process of mission or evangelization is a one-way process." A. Shorter: *Toward a theology of inculturation*, S. 13.

282 D. J. Bosch: *Transforming mission*, S. 456.

283 Francis D'Sa: „Interkulturelle Bildung - ein Menschenrecht", in: *Bildung. Ein Menschenrecht; GLOBArt Academy 2006*, Wien: Springer 2007, S. 72–78, hier S. 73.

sich so als Konstitutiv der bezeugenden Weitergabe des Evangeliums.[284] Mit der Interkulturationsmetapher werden damit die interkulturellen Transformationsprozesse in den Blick genommen, vor deren Hintergrund christliche Identität nicht mehr als statisch und vorgegeben postuliert werden kann. Vielmehr zeigt sich – gerade auch im Rahmen postmoderner und postkolonialer Identitätstheorien –, dass die Bedeutung des Christlichen in Vermittlungs- und Übersetzungsprozessen je neu zu ermitteln ist. Interkulturelle Zwischenräume und damit die Differenzen zwischen kulturellen Zeichensystemen erweisen sich dabei als hochgradig produktive Orte der diskursiven Verhandlung christlicher Identität. Im Rückgriff auf fremde kulturelle Symbole in ihren Neuformulierungen werden synkretistische Prozesse und Hybridisierungen unhintergehbare Parameter christlicher Identifizierungen. Der Begriff der Interkulturation impliziert so Reziprozität[285] – er zeigt die wechselseitige Wirkung der Übersetzungsprozesse christlicher Identität zwischen Kulturen auf[286]. Ihre Reformulierung in anderen kulturellen Kontexten zieht eine Transformation christlicher Identität nach sich, die Differenzen zu anderen Identifizierungen produziert und so den Bedeutungsüberschuss der christlichen Botschaft offenhält, die nie in einem partikularen Kontext ganz ausgedrückt werden kann. Interkulturation holt damit die Spannung von Universalität und Partikularität, zwischen der universal bedeutsamen Botschaft und ihren unhintergehbar partikularen Formulierungen ein, indem sie das Verhältnis zwischen Evangelium und den Kulturen als einen unabschließbaren Vermittlungsprozess zwischen seinen kulturellen Kontexten fasst. Die unhintergehbare Lokalität der Ortskirchen wird so durch globalen Austausch und Kommunikation „de-provincialized“[287]. Dia-

[284] Zur Interkulturation als missionarische Handlungskategorie vgl. Thomas G. Grenham: „Interculturation: Exploring changing Religious, Cultural, and Faith Identities in an African Context“, in: PACIFICA (2001), S. 191–206, hier S. 191. „Evangelisation and educating in faith encompasses a mutual reciprocal partnership between religious and non-religious cultures in order that the gospel can transform them to reveal God's vision for humankind.“

[285] Younhee Kim: „Interkulturation: Der immerwährende Missionsauftrag der Kirche“, in: Richard Brosse/Hermann Schalück (Hg.), *Für ein Leben in Fülle. Visionen einer missionarischen Kirche; für Hermann Schalück*, Freiburg im Breisgau: Herder 2008, S. 223–232, hier S. 224.

[286] Diese Wechselseitigkeit beschreibt Peter Phan als zentrales Charakteristikum in der Begegnung von Evangelium und Kultur, ohne jedoch dafür den Begriff Interkulturation statt Inkulturation in Anspruch zu nehmen. „Inculturation is the process whereby the Christian faith is integrated into the culture of the people to whom the Good News is preached in such a way that *both* the faith is expressed in the elements of this culture and transforms it from within, *and* the culture in turn enriches and transforms the previous expressions of the Christian faith brought in from outside. Essential to inculturation is the *mutual* criticism and enrichment bet-ween the local Church and the Christian faith.“ Peter C. Phan: *Mission and catechesis. Alexandre de Rhodes and inculturation in seventeenth-century Vietnam* (= Faith and cultures series), Maryknoll N.Y.: Orbis Books 2005, S. 199.

[287] Max L. Stackhouse: *Apologia. Contextualization, globalization, and mission in theological education*, Grand Rapids Mich.: Eerdmans 1988, S. 116.

chron und synchron gestaltet sich die universale Einheit christlicher Identität – ihre Apostolizität und Katholizität – als konfliktiver Übersetzungsprozess zwischen disparaten Ortskirchen. Die eine und universale Kirche ist „a universal hermeneutical community“[288], die die Bedeutung der universalen christlichen Botschaft in je partikularen Kontexten diskursiv verhandelt, interpretiert und formuliert.

3.3.1 Zur theologiegeschichtlichen Verortung von Theologie Interkulturell: Ein kurzer Rückblick

Wenn Theologien aus Sprachproblemen entstehen und so in Übersetzungsversuchen eine Pluralität an christlichen Gottesreden produzieren[289], dann wird *Theologie interkulturell* aus jenem Problemdruck heraus entworfen, der sich durch die Entdeckung eben dieser Pluralität für die bisherige theologische Sprache aufdrängt. Im dekonstruktiven Zugriff des Cultural Turn und im Kontext von Glokalisierung und Migrationsströmen erweist sich ‚das Christentum‘ als eine Pluralität von Christentümern, die je versuchen, in der Partikularität kultureller Zeichensysteme durch Transformations- und Übersetzungsprozesse die eine, universale, aber nicht essenzialistisch fassbare Botschaft des Christentums zur Sprache zu bringen. Damit stehen christliche Identifizierungen und ihre theologischen Reflexionen unhintergehbar in der Spannung von kontingenter Formulierung und normativem Anspruch, von kontextueller Partikularität und vorgegebener Universalität. Die theologische Reflexion dieser unauflöslichen Spannung von Kultur und Evangelium und der Transformationsprozesse zwischen Kulturen, zu denen das spannungsvolle Verhältnis von Partikularität und Universalität herausfordert, ist in der Missionswissenschaft zu verorten. Im ausgehenden 19. Jahrhundert institutionalisiert, gründet sie auf vielfältige theologische Missionskonzepte unterschiedlicher theologiegeschichtlicher Paradigmen. Als die wissenschaftliche Reflexion missionarischer Praxis und ihrer theologischen Begründungsmodelle ist sie ein Nach-Denken kultureller und religiöser Grenzüberschreitungen, ihre Aufgabe somit eine Analyse interkultureller Transformationsprozesse. Als Theologie steht sie unter dem normativen Anspruch, die Universalität der christlichen Botschaft kritisch zu verantworten, ohne die unhintergehbare Kontextualität christlicher Identitätsformulierungen zu verschweigen. An dieser zentralen Stelle setzt die Kritik der Kontextuellen Theologien ein: sie werfen der frühen Missionswissenschaft vor, die eigene Kontextualität ausgeblendet und im Konnex von (kolonialer) Macht und Wissen die Repräsentationshoheit über christliche Identität für das europäische

288 D. J. Bosch: *Transforming mission*, S. 457.

289 Vgl. Gregor M. Hoff: *Aporetische Theologie. Skizze eines Stils fundamentaler Theologie*, Paderborn: Schöningh 1997.

Christentum beansprucht zu haben. Diese (auch politisch motivierte) Ideologiekritik an den Universalisierungstendenzen westlicher Theologie deckt ein theologisches Defizit auf. Ein universalisierendes Verschweigen der unhintergehbaren Kontextualität christlicher Identität und ihrer theologischen Reflexion untergräbt den mit dem Christentum verbundenen Universalan-spruch, der immer nur für die christliche Botschaft, nie aber für partikulare Identitätsformulierungen und Theologien erhoben werden kann. Eine kulturalistische Verkürzung der Spannung zwischen Kontextualität und Universalität unterminiert auf theologisch problematische Weise die universale Relevanz des Evangeliums, die nie außerhalb eines partikularen Kontexts formuliert werden kann, diesen Kontext aber je übersteigt und so dessen Verabsolutierung entgegensteht. Angesichts der semiotischen Unmöglichkeit, die transkulturelle Universalität des Evangeliums extrakulturell zu fassen – ein kulturwissenschaftlicher Befund, der geschichts- bzw. inkarnationstheologisch gegengelesen werden kann (s. unten) – kann diese Universalität nur in der Pluralität kulturell verorteter Formulierungen theologisch eingeholt werden; die kulturalistische Ästhetik des Partikularen[290], die theologisch den christlichen Universalanspruch unterläuft, wird in und durch eine interkulturelle Perspektive konterkariert und korrigiert. Aus kulturwissenschaftlichen, aber auch aus genuin theologischen Gründen ist es so eine interkulturell betriebene Theologie, die die christliche Spannung von Universalität und Partikularität einzuholen vermag – jene Spannung, die theologisch am Ort der Kultur/en virulent wird und historisch das Christentum zu einer interkulturellen Realität macht, die in interkulturellen Transformationsprozessen je neu ihre Identität verhandelt und formuliert.

290 Eske Wollrad: „Zur Ästhetisierung des Partikularen. Auf dem Weg zu einer transkulturellen feministischen Theologie“, in: Chakana 1 (2003), S. 59–67.

Teil II: Systematische Annäherungen an die Interkulturalität des Christentums

Den Skizzen für einen fundamentaltheologischen Entwurf einer interkulturell betriebenen Theologie ist der zweite Hauptteil dieser Arbeit gewidmet. Er greift damit produktiv auf jene theologischen Problemfelder zu, die für christliche Gottesrede durch ihre Pluralisierung aufbrechen, und denen im ersten Hauptteil in ihrem theologiegeschichtlichem Entdeckungszusammenhang nachgegangen wurde.

In zwei Narrativen wird dabei der Interkulturalität des Christentums nachgedacht: sowohl ein postkolonial informierter Identitätsbegriff nach dem Cultural Turn (1) als auch ein posthermeneutisch entworfener theologischer Zugriff (2) verweisen christliche Identität auf fremde und plurale Orte, an denen sich Theologie im Modus gebrochener und differenzierter Partikularität formuliert. Der Problemdruck, der sich durch die Problematisierung christlicher Identität nach dem Cultural Turn für christliche Gottesrede aufdrängt, wird damit zum theologischen Lösungsansatz – nach dem Cultural Turn wird *Theologie interkulturell* entworfen (3): die Differenzen, die sich durch ihre Interkulturalität in christliche Identität einschreiben, können – nicht in ihrer Ausblendung, sondern in einer produktiven Reflexion – den unhintergehbaren hermeneutischen Entzug jeder Gottesrede sichtbar machen und offenhalten.

1. Christliche Identität: nach dem Cultural Turn

1.1 Turning Cultural

Das Projekt *Theologie interkulturell* ist der Versuch, die Interkulturalität des Christentums theologisch zu reflektieren. An seinem Beginn stehen Erschütterungen, die den historischen Entdeckungszusammenhang eines systematischen Problemaufrisses bilden: Seine Entwicklung antwortet auf die Entstehung Kontextueller Theologien im außereuropäischen Raum, die wiederum eine Reaktion auf den Zusammenbruch des Kolonialismus sind, und die postkoloniale Situation theologisch verarbeiten. Diese theologiegeschichtliche Problemkonstellation verortet sich damit in einer global wirksam werdenden Umbruchsituation mit tiefgreifenden gesellschaftlichen Umstellungen, die auch zu epistemologischen Rekonfigurationen führt. Mit ihrer Unabhängigkeit werden die ehemaligen europäischen Kolonien und ihre Beziehungen zu den ‚Mutterländern' unter neokolonialen Bedingungen nicht nur geografisch, politisch, gesellschaftlich und wirtschaftlich neu organisiert; auch kulturell werden ihre Identitäten im Rückgriff auf präkoloniale ‚invented traditions' neu verhandelt.[291] Diese imagined communities des Postkolonialismus werden in bewusster Abgrenzung zu den kolonialen Identitätszuschreibungen konstruiert und verschieben damit das Ineinander von Fremd- und Selbstkonstruktion, das die kolonialen Diskurse dominiert. Die Pluralität von Kulturen, die unter kolonialen Machtverhältnissen mit diskursiven Hierarchisierungen ausgeblendet und gewaltvoll unterdrückt oder beseitigt wurde, wird unausweichlich. Dieses Aufbrechen kultureller Alterität, die nicht mehr beherrscht werden konnte, erschüttert weit mehr als nur die militärische Macht und politische Dominanz der ehemaligen Kolonialmächte. Vielmehr wird die Kultur Europas (die in die-

---

291 Dazu gehören exemplarisch die antikolonialen Strömungen der Négritude (im frankophonen Raum) und des Panafrikanismus (im anglophonen Raum), die im Zuge der Dekolonisierung eine afrikanische Identität in Dichotomie zum kolonialen Entwurf afrikanischer Identität als kulturlos, triebhaft, etc. entwarfen, in dieser Absetzung jedoch – so die postkoloniale Kritik – dem essenzialistischen Denken der hellenistischen, eurozentrischen Tradition verhaftet blieben. — Aimé Le Césaire: *Discours sur colonialisme*, Paris: Présence Africaine 1955; Léopold S. Senghor: *Liberté 1: Négritude et Humanism*, Paris: Seuil 1968.

sem Singular ein Konstrukt ist, das die Pluralität europäischer Lebensformen unterschlägt) durch den ‚Einbruch des Fremden' an ihre Grenzen gestoßen:

> „Diese Wiederentdeckung [der Pluralität und Diversität der Kulturen] bedeutet für die abendländische Kultur den Beginn eines schwierigen Prozesses der Selbstentdeckung, nämlich: sich als eine Kultur unter anderen zu verstehen."[292]

Diese Erschütterung der europäischen Selbstkonstruktion produziert im Inneren des Abendlandes

> „eine explosive Situation, eine unwiderstehliche Pluralisierung nicht nur verglichen mit anderen kulturellen Universen, sondern auch in seinem Inneren"[293].

Der Prozess der Fragmentierung und der Freisetzung der Unterschiede legt die Kontingenz und Geschichtlichkeit der europäischen Kultur offen. Nicht nur ihre Konstruktion kultureller Identität wird dadurch problematisiert; vielmehr deckt kulturelle Alterität die kulturelle Kontingenz jeder Wirklichkeitskonstruktion auf und legt damit die Grenzen des Wissens frei.[294] Vor diesem Hintergrund wird die Herstellung von Eindeutigkeit und Homogenität als das Strukturmerkmal der Meistererzählung der Moderne über sich selbst sichtbar. Die Entdeckung der Pluralität der Kulturen, die nie eine ‚harmlose Übung' (Paul Ricoeur) ist, stellt so die Denkvoraussetzungen der europäischen Moderne in Frage. Sie unterläuft eine als allgemein gültig angenommene Rationalität, eine souverän gesetzte Subjektivität und universal konzipierte teleologische Metaerzählungen. Nicht nur durch Brüche im Inneren, sondern gerade auch durch Erschütterungen von außen werden damit die Grenzen des Projekts

---

[292] Dorando J. Michelini: „Die Debatte Moderne / Postmoderne. Perspektiven eines interkulturellen Dialogs", in: Bernhard Fraling (Hg.), *Kirche und Theologie im kulturellen Dialog. Für Peter Hünermann*, Freiburg im Breisgau: Herder 1994, S. 76–88, hier S. 78.

[293] Gianni Vattimo: „Postmodernidad. Una sociedad transparente?", in: Gianni Vattimo (Hg.), *En torno a la postmodernidad*, Barcelona: Anthropos Editorial 1990, S. 9–19, hier S. 15; Übersetzung nach Dorando Jan Michelini.

[294] Aus diesem Problembewusstsein haben sich auch die unterschiedlichen Ansätze interkultureller Philosophie entwickelt. Vgl. Andreas Cesana: „Kulturalität der Philosophie", in: Jan Kusber/Mechthild Dreyer (Hg.), *Historische Kulturwissenschaften. Positionen, Praktiken und Perspektiven*, Bielefeld: Transcript 2010, S. 125–142. — Im deutschsprachigen Raum entwickelte Ansätze sind v.a. Franz M. Wimmer: *Interkulturelle Philosophie. Eine Einführung* (= UTB, Band 2470), Wien: WUV 2004. Raúl Fornet Betancourt: *Zur interkulturellen Transformation der Philosophie in Lateinamerika* (= Denktraditionen im Dialog, Band 14), Frankfurt am Main, London: IKO – Verl. für Interkulturelle Kommunikation 2002. Heinz Kimmerle: *Interkulturelle Philosophie zur Einführung* (= Zur Einführung, Band 266), Hamburg: Junius 2002. Georg Stenger: *Philosophie der Interkulturalität. Erfahrung und Welten; eine phänomenologische Studie*, Freiburg: Alber 2006. Ram A. Mall: *Philosophie im Vergleich der Kulturen. Interkulturelle Philosophie - eine neue Orientierung*, Darm-stadt: Wiss. Buchges 1995.

der Moderne aufgezeigt. In dieser Schnittstelle von innen und außen werden poststrukturelle und postkoloniale Theorien und Methoden in wechselseitiger Bezogenheit als Bruch mit den Konditionen europäischen modernen Denkens entworfen – in ihrer Kritik am Eurozentrismus des modernen Diskurses finden Postkolonialismus und Poststrukturalismus ihre gemeinsame Genealogie.[295]

Ihre Dekonstruktionen bieten eine kritische Perspektive auf den Diskurs der Moderne, sie zeigen in Genealogien die Interessen seiner Identitätskonstruktionen auf. Jedoch wird nicht versucht, über diese kritische Dekonstruktionen hinaus eine ‚neue', neutrale Darstellung zu entwerfen. Im Gegenteil, gerade in Abgrenzung zur Moderne beruht ein kritisches Denken (nach) der Moderne auf der Unmöglichkeit dieser Neutralität und zielt auf die Offenlegung von Machtinteressen in Narrativen der Objektivität. Anstatt neue Metaerzählungen zu entwerfen, wird die unhintergehbare Verflechtung von Wissen und Identität in Diskurse offengelegt und entlang ihrer Differenzen zu ihrem Außen und ihrer internen Pluralität die Partikularität von Wissens- und Denkformen rekonstruiert: Dekonstruktion

> „is not the exposure of error. It is constantly and persistently looking into how truths are produced." [296]

Die kritische Perspektive der poststrukturellen und postkolonialen Dekonstruktionen zeigt retrospektiv die Kontingenz und Parteilichkeit der Identitätsdiskurse auf und legt das jeweils Verschwiegene und Vergessene, das ihnen als „seeds of subversion"[297] in ihre Brüche und Lücken eingeschrieben ist, frei.

295 „Though structuralism and poststructuralism were taken up and developed in Europe both were indeed alien, and fundamentally anti-western in strategy. Postcolonial thought has combined the radical heritage of such theory with further ideas and perspectives from tricontinental writers, together with other writers who have emigrated from decolonized tricontinental countries to the west." Robert J. C. Young: *Postcolonialism. An historical introduction*, Malden, MA: Blackwell 2001, S. 68. — Dieses disziplingeschichtliche Narrativ, das den Einbruch des kulturell Fremden durch die antikoloniale (Re-)konstruktion von postkolonialen Identitäten als formatives Moment von poststrukturellen und postkolonialen Theorien begreift, ist innerhalb der Postcolonial Studies nicht unumstritten. Im Gegenteil, der enge Bezug postkolonialer Theorien zum Poststrukturalismus wird von vielen KritikerInnen als ungebrochenes Abhängigkeitsverhältnis postkolonialer Intellektueller in der Diaspora zu den kolonialen Epistemen gesehen; prägnant formuliert diese Kritik Homi Bhabha: „Is the language of theory merely another power ploy of the culturally priviledged Western élite to produce a discourse of the Other that reinforces its own power-knowledge equation?" Homi K. Bhabha: *The Location of Culture*, London: Routledge 1994, S. 20f. — Simon Gikandi argumentiert dagegen für eine gemeinsame Genealogie von Postkolonialismus und Poststrukturalismus. Simon Gikandi: „Poststructuralism and Postcolonial Discourse", in: Neil Lazarus (Hg.), *The Cambridge companion to postcolonial literary studies*, Cambridge: Cambridge Univ. Press 2004, S. 97–119.

296 Gayatri C. Spivak: „Bonding in Difference", in: Alfred Arteaga (Hg.), *An other tongue. Nation and ethnicity in the linguistic borderlands*, Durham, N.C., London: Duke Univ. Pr 1994, S. 273–285, hier S. 278.

297 Judith Lieu: *Neither Jew nor Greek? Constructing early christianity* (= Studies of the New Testament and its world), London: T & T Clark 2002, S. 208.

Dieses kritische Potential poststruktureller und postkolonialer Theorien führt keineswegs zu einem Relativismus, der eine Gleich-Gültigkeit und Beliebigkeit von Wissenstexten und Identitätsformulierungen implizieren würde. Im Gegenteil, die Dekonstruktion von Essenzialismen und des Korrespondenzmodells von Sprache und Wirklichkeit verweist auf die Unhintergehbarkeit von Sprache. Die Dekonstruktionen machen Texte[298] unausweichlich, weil Texte nicht nur als Abbild der Wirklichkeit gesehen werden, sondern als der einzige Zugang zur Realität. Sie sind Sprachversuche, die im Rückgriff auf das semiotische Repertoire eines Kontextes Zugänge zur Wirklichkeit schaffen. In dieser Wechselwirkung bilden Texte – und damit die Medialisierungen von diskursiven Praktiken – Realität nicht einfach ab, sondern verhandeln, formen und schreiben Identität fest:

> „The text is both the product of and productive of distinctive identities“[299].

„Il n'y a pas de hors-texte“[300] – mit dieser Absage an eine Realität jenseits des Textes wird der Zugriff der Texte auf die Realität nicht nivelliert, sondern im Gegenteil ihre realitätskon-stitutive Funktion im epistemischen Verhandeln von Wirklichkeitsinterpretationen radikal ernstgenommen. Gerade weil der Wahrheitsgehalt von Texten nicht an einer außerhalb ihrer existierenden Wirklichkeit gemessen werden kann, sind sie nicht beliebig und austauschbar, sondern werden zu unhintergehbaren Koordinaten im V/Ermessen von Wirklichkeit. Die Diskursivität dieser Texte – ihr unhintergehbarer Rückgriff auf die Zeichen eines Diskursfeldes, die erst in je neuen Differenzierungen ihre Bedeutung entwickeln – macht einen für sie erhobenen Absolutheitsanspruch unhaltbar: ihre Bedeutung kann nicht losgelöst, absolut von ihren sich stets verschiebenden semiotischen Kontexten verhandelt werden und ist damit kontingent und verstrickt in politische Interessen. In dieser Relativität fordern Identitätszuschreibungen je neu zur Kritik auf, aber diese Kritik erfolgt in der prekären Erkenntnis, nie ‚wirklich' zu einer objektiven Darstellung von Wirklichkeit vordringen zu können, sondern immer wieder von neuem auf Sprachversuche im unhintergehbaren Rückgriff auf diskursive Zeichensysteme zurückgeworfen zu sein.[301]

[298] Dieser Textbegriff ist sehr weit gefasst und bezieht sich auf alle Medialisierungen von Sprache als einem semiotischen Bedeutungssystem.

[299] Lieu 53. Vgl. „Texts both shape and are shaped by the dynamic of identity“; Ebd., S. 201.

[300] Jacques Derrida: *De la grammatologie* (= Collection „Critique“), Paris: Éd. de Minuit 2002, S. 158f.

[301] „The radical turn to the hermeneutics of particularity is the other side of deconstruction. Radical hermeneutics should not lead away from particularity, trying not to speak to point at irreducible otherness (transcendence, ‚God') ... Instead, radical hermeneutics leads irreducibly to particularity, to texts and traditions and the way these function in religion and elsewhere. The ‚moment of truth' of deconstruction then points us to the impossibility of a discourse which, beyond particularity, deals with irreducible otherness, transcendence or ‚God'. On the contrary,

In diesem *Linguistic Turn* kristallisiert sich die (post)-strukturelle und postkoloniale Abwendung von den Epistemen der Moderne:

> „Since traditional philosophy has been (so the argument goes) largely an attempt to burrow beneath language to that which language expresses, the adoption of the Linguistic Turn presupposes the substantive thesis that there is nothing to be found by such burrowing."[302]

Als Absetzbewegung distanziert sie sich

> „von jener Auffassung von Wissenschaft, die sich mehr über den Glauben daran definiert, die Richtigkeit oder Wahrheit ihrer Aussagen durch deren Übereinstimmung mit einer außersprachlichen ‚Tatsachen'-Welt garantieren zu können, statt über die Einsicht in die Sprachgebundenheit aller, auch der wissenschaftlichen Erkenntnis."[303]

Diese epistemologische Umstellung hebt entgegen der idealistischen Essenzialismen des modernen Projekts auf die diskursive Generierung und Verhandlung von Wissen und Erkenntnis in semiotischen Bedeutungssystemen ab. Die Verortung von Bedeutung in partikularen Zeichensystemen konterkariert die modernen Ideale von autonomer Subjektivität und objektiver Rationalität und lenkt die Aufmerksamkeit auf die Materialität, Medialität und Performanz dieser Diskurse. Diese epistemologische Rekonfiguration firmiert sich als *Cultural Turn* zu einem neuen wissenschaftstheoretischen Paradigma[304], das ein großes Potenzial an neuen Forschungsperspektiven freisetzt und in der Formierung von Kulturwissenschaften und cultural studies seit den 1960er Jahren seinen institutionalisierten Niederschlag findet.[305]

---

it refers us radically back to the very unsurpassable particularity of our narratives, including their truth claims. A ‚more' radical hermeneutics thus. ... Thinking is always already taking a distance from within an irreducible being involved, never getting really beyond it (That is the reason why theology is not only a reflection on tradition but at the same time its very continuation.) ... is already crossed from the very beginning by hermeneutics. ... And this leads to a different kind of discourse, theology." Lieven Boeve: „God, Particularity and Hermeneutics. A Critical-Constructive Theological Dialogue with Richard Kearney on Continental Philosophy's Turn (in)to Religion", in: Ephemerides Theologicae Lovanienses 81 (2005), S. 305–333, hier S. 327.

302 Richard M. Rorty: „Introduction", in: Richard M. Rorty (Hg.), *The linguistic turn. Essays in philosophical method; with two retrospective essays*, Chicago: Univ. of Chicago Press 2002, S. 1–40, hier S. 10.

303 Ute Daniel: *Kompendium Kulturgeschichte. Theorien, Praxis, Schlüsselwörter* (= Suhrkamp-Taschenbuch Wissenschaft, Band 1523), Frankfurt am Main: Suhrkamp 2006, S. 10.

304 Fredric Jameson: *The cultural turn. Selected writings on the postmodern 1983 - 1998*, London: Verso 2000.

305 Einer der Gründungstexte der deutschsprachigen Kulturwissenschaft, der die Abwendung von idealistischem Denken performativ vollzog, ist Friedrich A. Kittler (Hg.): *Austreibung des Geistes aus den Geisteswissenschaften. Programme des Poststrukturalismus* (= Uni-

Der Cultural Turn expliziert die erkenntnistheoretischen und wissenschaftstheoretischen Konsequenzen des Linguistic Turn. Die Sprachförmigkeit der Erkenntnis – ihre Eingebundenheit in Zeichensysteme, die in Arbitrarität und Differenz der Zeichen untereinander Bedeutung generieren[306] – verweist auf ihren semiotischen Charakter und impliziert damit die Kulturalität von Wissensformen. In Weiterführung der epistemologischen Umstellungen des Linguistic Turn und in einer Ausweitung des linguistischen Zeichenbegriffs auf einen semiotischen Kulturbegriff legt der Cultural Turn so die Kontextualität und Lokalität von Erkenntnis offen. Gegen den modernen Anspruch der Erkenntnis auf Universalität stellt er die plurale Partikularität von Bedeutungsproduktionen hervor[307]: die Zeichen, mit denen Wirklichkeit organisiert wird, tragen ihre Bedeutung nicht in sich, sondern können erst durch Interpretanten in konkreten Kontexten bedeutungsvoll werden.[308] Ein gemeinsamer Habitus in der inter-

---

Taschenbücher, Band 1054), Paderborn: Schöningh 1980. Die Anfänge der Kulturwissenschaften können bis zur Kulturphilosophie der 1920er Jahre (Georg Simmel, Ernst Cassirer) zurückverfolgt werden. — Zur (unterschiedlichen) Genealogie von Kulturwissenschaften und cultural studies vgl. einführend in eine unabsehbar werdende Liste Aleida Assmann: *Einführung in die Kulturwissenschaft. Grundbegriffe, Themen, Fragestellungen* (= Grundlagen der Anglistik und Amerikanistik, Band 27), Berlin: Schmidt 2006, S. 20–29.

306 Wegweisend für die Entwicklung der Semiotik ist der neostrukturalistische Ansatz von Ferdinand de Saussure. Er fasst Sprache als ein System von Zeichen, bei dem zwischen dem abstrakten Regelsystem (langue) und dem konkreten Sprechen (parole) zu unterscheiden ist. Ein sprachliches Zeichen setzt sich aus zwei Dimensionen zusammen: Signifikat und Signifikant. Es gewinnt nicht aus sich heraus Bedeutung, sondern nur in seiner systematischen Korrelation zu anderen Zeichen im sprachlichen System: erst in der Differenz zu anderen Zeichen erhält es Bedeutung. Die Beziehung zwischen Bezeichnendem und Bezeichnetem ist dabei arbiträr - sie ist nicht notwendig, sondern entsteht im sozialen Prozess der Zeichensynthese. Bedeutung ist keine ontologische Eigenschaft von Zeichen, sondern ein Effekt der Verwendung durch die Sprachgemeinschaft. Sprache bildet Wirklichkeit nicht ab, sondern konstituiert als arbiträres Differenzsystem unsere Wirklichkeit(swahrnehmung). Sie bezeichnet nicht eine kohärente Wirklichkeit, sondern organisiert, konstruiert, und eröffnet erst den einzig möglichen Zugang zur Wirklichkeit. So die Terminologie in Ferdinand d. de Saussure: *Grundfragen der allgemeinen Sprachwissenschaft*, Berlin: de Gruyter 1986, S. 76ff. — Später gibt Saussure den Begriff *signe* auf, da er zu sehr die Binarität von Zeichen betonte, wie sie etwa von den Junggrammatikern vertreten wurde. Stattdessen prägte er einen synthetischen Zeichenbegriff: *sème* mit den beiden Aspekten *Aposème* (lautlicher/schriftlicher Aspekt) und *Parasème* (mentaler Aspekt). Beide Aspekte sind untrennbar, erst in ihrer Synthese konstituiert sich das Zeichen. Vgl. Ferdinand de Saussure: *Linguistik und Semiologie. Notizen aus dem Nachlaß; Texte, Briefe und Dokumente*, Frankfurt am Main: Suhrkamp 1997, S. 358ff.

307 Auch im sprachlichen Singular impliziert die Bezeichnung ‚Cultural Turn' damit einen unhintergehbaren Plural, der sich der Hin-Wendung zu kulturellen Partikularitäten verdankt. Im Anschluss an Bachmann-Medicks Einführung *Cultural Turns* wird dieser Plural in einigen Rezeptionen auch sprachlich explizit gemacht. Hier wird die ‚traditionelle' Bezeichung im Singular beibehalten – unter der Voraussetzung, dass jeder Verweis auf ‚Kultur' schon einen unhintergehbaren Plural impliziert.

308 Anders als Saussure fasst Charles S. Peirce, der zeitgleich mit, aber unabhängig von de Saussure einen semiotischen Ansatz entwickelte, Zeichen nicht binär, sondern dreidimensional. Ein

pretativen Zuordnung von Signifikaten und Signifikanten und den damit diskursiv gezogenen Grenzen konstituieren kulturelle Identität[309], die als „Terrain der Bedeutungsproduktion“[310] wiederum erst einen semiotisch konfigurierten Zugang zur Wirklichkeit eröffnet.[311] Kulturen sind Dispositive des Wissens, die sich als komplexes Konstruktions-, Erinnerungs- und Aneignungsgeschehen gestalten. In dieser Bedeutungsverhandlung durch Be-Zeichnungsprozesse hat Kultur eine materiale und prozessuale Dimension. Jedes kulturelle Zeichen hat einen materiellen Zeichenträger und ist damit konkret greifbar; Bedeutungen werden in den diskursiven Differenzierungprozessen der Semiose generiert, deren Bedeutungsverschiebungen unabschließbar bleiben und sich als performativer Prozess gestalten. Als Differenzierungsprozess entlang material greifbarer Zeichen ist Kultur „a dimension that attends to situated and embodied difference“[312]. Der Cultural Turn vollzieht eine Verortung von Erkenntnis in

---

Zeichen ist eine dreidrei-stellige Relation zwischen Subjekt – Objekt – Zeichen, deren instabiles Verhältnis zueinander in einer infiniten Semiose immer neue Bedeutungen generiert: „Ein Zeichen oder Repräsentamen ist alles, was in einer solchen Beziehung zu einem Zweiten steht, das sein Objekt genannt wird, dass es fähig ist, ein Drittes, das sein Interpretant genannt wird, dahingehend zu bestimmen, in derselben triadischen Relation zu jener Relation auf das Objekt zu stehen, in der es selbst steht. Dies bedeutet, dass der Interpretant selbst ein Zeichen ist, der ein Zeichen desselben Objekts bestimmt und so fort ohne Ende.“ Charles S. Peirce: *Phänomen und Logik der Zeichen* (= Suhrkamp-Taschenbuch Wissenschaft, Band 425), Frankfurt am Main: Suhrkamp 1998, S. 64. — In einer Ausweitung des linguistischen Zeichenbegriffs begreift der semiotische Kulturbegriff Kultur als eine Gruppe von Individuen, die „gemeinsame Konventionen für die gegenseitige Zuordnung von Signifikanten und Signifikaten entwickeln. ... Die Benutzung desselben konventionellen Codes in verschiedenen Zeichenprozessen macht diese einander ähnlich und bringt somit auch bei stark wechselnden Botschaften Konstanz in die Interaktionen der Mitglieder einer Kultur.“ Roland Posner: „Kultursemiotik“, in: Ansgar Nünning/Vera Nünning (Hg.), *Konzepte der Kulturwissenschaften. Theoretische Grundlagen - Ansätze - Perspektiven*, Stuttgart: Metzler 2003, S. 39–72, hier S. 43.

309 In einer Ausweitung des linguistischen Zeichenbegriffs begreift der semiotische Kulturbegriff Kultur als eine Gruppe von Individuen, die „gemeinsame Konventionen für die gegenseitige Zuordnung von Signifikanten und Signifikaten entwickeln. ... Die Benutzung desselben konventionellen Codes in verschiedenen Zeichenprozessen macht diese einander ähnlich und bringt somit auch bei stark wechselnden Botschaften Konstanz in die Interaktionen der Mitglieder einer Kultur.“ Ebd.

310 Oliver Marchart: *Cultural studies* (= UTB Kulturwissenschaft, Politikwissenschaft, Band 2883), Konstanz: UVK Verl.-Ges. 2008, S. 219.

311 Clifford Geertz spricht von kulturellen Zeichen als „models of and models for reality“, um die komplexe Wechselwirkung in der Wirklichkeitskonstruktion von Zeichen auf den Begriff zu bringen: „The term ‚model‘ has ... two senses – an ‚of‘ sense and a ‚for‘ sense. ... Culture patterns have an intrinsic double aspect: they give meaning, that is, objective conceptual form, to social and psychological reality both by shaping themselves to it and by shaping it to themselves. ... They both express the world’s climate and shape it.“ Clifford Geertz: „Religion as a Cultural System“, in: Clifford Geertz (Hg.), *The interpretation of cultures. Selected essays*, New York: Basic Books 2006, S. 87–125, hier S. 93ff.

312 „Stressing the dimensionality of culture rather than its substantiality permits our thinking of culture less as a property of individuals and groups and more as a heuristic device that we can

diesen verkörperten Differenzierungen, die erst einen Zugang zur Wirklichkeit eröffnen. Entgegen dem Ideal einer universalen, einheitlichen, von konkreten Orten abstrahierenden Erkenntnis wird damit ihre plurale, in lokalen Kontexten verortete Partikularität zum epistemologischen Prinzip, der auch dieser Studie über *Theologie interkulturell* als erkenntnistheoretischer Zugang zugrunde gelegt ist.

Die bedeutungsgenerierende und wirklichkeitskonstituierende Funktion, die Kultur/en im Cultural Turn eingeräumt wird, führt zu einer massiven Erweiterung traditioneller Kulturbegriffe. Als Praxis, die Bedeutung generiert, ist Kultur „auf gewisse Weise alles“[313]. Ein normativer Kulturbegriff, der Kultur als ‚Hochkultur‘ als elitäres Gut begreift[314], wird ebenso unterlaufen wie die Anwendung des Begriffs auf geografische und politische Großgebilde, die entlang von Sprache, Mentalität und Lebensform klar voneinander abgegrenzt werden könnten. Als Dimension, die entlang verkörperter Differenzen Identitäten je neu verhandelt und performativ bezeichnet, sind Kulturen gezeichnet von inneren Brüchen und verschwommenen Grenzen nach außen. Die Erschütterungen der Moderne durch den Cultural Turn problematisieren damit gleichzeitig den Kulturbegriff selbst, ohne ihn obsolet werden zu lassen. Die poststrukturelle und postkoloniale Dekonstruktionen kultureller Identitäten unterminieren essenzialistische Festschreibungen und fordern einen ideologiekritischen Blick ein, der diskursanalytisch den unhintergehbaren Konnex von Wissen und Macht in der Anwendung des Kulturbegriffs auf momentane Identitätskonstellationen durchleuchtet:

---

use to talk about difference.“ Arjun Appadurai: *Modernity at large. Cultural dimensions of globalization* (= Public worlds, Band 1), Minneapolis: Univ. of Minnesota Press 2008, S. 13.

313 Bernhard Waldenfels: *Verfremdung der Moderne. Phänomenologische Grenzgänge* (= Essener kulturwissenschaftliche Vorträge, Band 10), Göttingen: Wallstein-Verl. 2001.

314 „Hochkultur impliziert eine vertikale Struktur und beansprucht Höhe im doppelten Sinne als soziale Verortung in der Gesellschaft und als ästhetische Wertung künstlerischer Spitzenleistungen. Die beiden Formen von Höhe vereinigen sich im Begriff des Elitären; es geht gleichermaßen um Affirmation des ästhetisch Anspruchsvollen wie um Abgrenzung gegenüber anderen sozialen Schichten, wobei in einer soziologisierenden Interpretation dieses Sachverhalts das eine auch als Mittel zum anderen interpretiert werden kann. … Es waren nicht zuletzt die cultural studies, die zum Abbau der konstituierenden Differenz von oben versus unten beigetragen haben.“ A. Assmann: *Einführung in die Kulturwissenschaft*, S. 14f. — Vgl. zu der Dekonstruktion von Kultur als ‚Hochkultur‘ die programmatische Ansage von Stuart Hall, einem der Gründungsväter der cultural studies am Birmingham Centre for Contemporary Cultural Studies: „I’m trying to return the project of cultural studies from the clean air of meaning and textuality and theory to the something nasty down below.“ Stuart Hall: „Cultural Studies and its Theoretical Legacies“, in: Lawrence Grossberg (Hg.), *Cultural studies*, New York, NY: Routledge 1992, S. 277–294, hier S. 279.

> „Pure cultures do not exist, neither do mixed ones, but only cultures which re-cognise and value their diverse character, and others which deny and repress it.“[315]

Die Dekonstruktion von natürlich erscheinenden Identitäten in binären Codierungen lässt den Kulturbegriff damit nicht obsolet werden, sondern weist auf die Prozessualität und Instabilität kultureller Identifizierungen hin:

> „Nicht der Kulturbegriff als solcher ist obsolet, sondern sein Missbrauch durch kulturideologisch bzw. hegemonial und machtpolitisch abgezweckte Verwendung. Die Frage, wer ihn wie für wen mit welcher Deutungshoheit anwendet, muss … immer wieder neu gestellt und beantwortet werden.“[316]

Dieser kritische Impuls des Cultural Turn formiert sich in unterschiedlichen Ansätzen und Disziplinen und bildet hier je unterschiedliche Methodologien und Hermeneutiken aus, die die unhintergehbare Interkulturalität des Christentums beschreibbar machen und für eine Theologie nach dem Cultural Turn fruchtbar gemacht werden können. Im Folgenden wird auf zwei unterschiedliche Disziplingeschichten zugegriffen, um aus ihren spezifischen Problemstellungen heraus einen Begriff von kultureller Identität und von Interkulturalität zu entwerfen:

Die postkoloniale Theorie formiert sich als Dekonstruktion kolonialer Identitätszuschreibungen, die in hierarchisierenden Binaritäten organisiert sind und als Diskurse die gewaltbesetzte Wirklichkeit des Kolonialismus zugleich legitimieren und konstruieren. Diese Kritik an essenzialisierten Identitäten verortet die Postcolonial Studies im Cultural Turn und seinem epistemologischen Ausgangspunkt der Partikularität – aus der expliziten Reflexion eines spezifischen historisch-kulturellen Kontextes wird ein Theoriegebäude entworfen, das die Kontextualität seiner Entstehung nicht ausblendet, sondern als erkenntnistheoretisches Prinzip an zentraler Stelle einbaut. In Genealogien kolonialer Identitätskonstruktionen, deren Methoden sich vor allem dem Poststrukturalismus verdanken, verweisen die Postcolonial Studies auf die untrennbaren Verflechtungen von Eigenem und Fremdem; sie zeigen ihre Verstrickung in hegemoniale Machtverhältnisse auf und legen gleichzeitig ihr subversives Widerstandpotential offen. Identitätskonstruktionen zwischen den Kulturen sind so das

---

315 Tzvetan Todorov: „The Coexistence of Cultures. „Pure cultures do not exist,“, in: Oxford Literary Review (1997), S. 3–17. Zit. nach: David Punter: *Postcolonial Imaginings*, Inc: Rowman & Littlefield Publishers 2000.

316 Moritz Fischer: „Hybridität / Hybridisierung. Über den heuristischen Wert eines kulturwissenschaftlichen Konzepts für die Interkulturelle Theologie.“, in: Interkulturelle Theologie (2008), S. 282–303, hier S. 297.

zentrale Thema in der postkolonialen Theorie und sie entwickelt Theoriekomplexe, die die unhintergehbare Interkulturalität des Christentums analysierbar machen.

Die methodologischen Debatten in der Kulturanthropologie und ihre epistemologischen Paradigmenwechsel haben die Ausformung des Cultural Turn entscheidend mitgeprägt. Im ethnologischen Zugriff auf fremde Kulturen wird der Kulturbegriff selbst immer problematischer: die Konzeption von ‚Kultur als Text' führt über die ‚Writing-Culture'-Debatte zu einem ‚Translational Turn', der in einer Ausweitung des linguistischen Übersetzungsbegriffs die unhintergehbaren Verflechtungen kultureller Identitätskonstruktionen in den Blick nimmt. Parallel zum postkolonial entwickelten Begriff kultureller Identität werden die Entwicklungslinien der Kulturanthropologie nachgezeichnet und ein Kulturbegriff skizziert, der unter dem Stichwort der Übersetzung die Erschütterungen der Moderne nicht ausblendet, sondern die Diskursivität von kultureller Identität produktiv in seinen Aufriss mit aufnimmt und so dem Projekt einer interkulturell betriebenen Theologie nach dem Cultural Turn zugrunde gelegt werden kann.

1.1.1 Postkoloniale Diskurse

1.1.1.1 Was ist postkoloniale Theorie?

Der postkoloniale Diskurs stellt sich in mehrfacher Hinsicht als problematisch dar; sowohl definitorisch als auch inhaltlich entzieht sich der Begriff Postkolonialismus einer linearen, eindimensionalen Definition:

> „In postcoloniality, every metropolitan definition is dislodged. The general mode for the postcolonial is citation, reinscription, rerouting the historical."[317]

Trotz der Unmöglichkeit einer endgültigen Definition soll im Folgenden versucht werden, das Wann? Wo? Wer? und Was? des Postkolonialismus[318] zu skizzieren.

Die augenscheinlichste Antwort auf die Frage nach dem postkolonialen Wann ist der Zeitraum nach dem Ende des Kolonialismus; impliziert wird dabei meist das Ende des europäischen Kolonialismus in der Mitte des 20. Jahrhunderts. Problematisiert wird diese Antwort jedoch als zu euro- bzw. anglozentrisch, da das Phänomen des Kolonialismus nicht auf eine einzige geschichtliche Phase beschränkbar ist[319]. So stellen Childs und Williams fest, dass

[317] Gayatri C. Spivak: *Outside in the teaching machine*, New York, NY: Routledge 1993, S. 217.

[318] Vgl. Peter Childs/R. J. P. Williams: *An introduction to post-colonial theory*, Harlow: Longman Pearson Education 2006.

[319] Zur Problematik der Definition von Kolonialismus vgl. J. Osterhammel: *Kolonialismus*. Osterhammel schlägt folgende Definition vor: „Kolonialismus ist eine Herrschaftsbeziehung, bei

„a major contention in post-colonial studies is that the overlapping development of the ensemble of European colonial empires – British, French, Dutch, Spanish, Portuguese, Belgian, Italian, German – from the sixteenth century onwards (but especially in the nineteenth), and their dismantling in the second half of the twentieth century, constitutes an unprecedented phenomenon, and one with global repercussions in the contemporary world, so that one answer to the question ‚When is the post-colonial¿ is ‚Now'."[320]

Der kanadische Kritiker Stephen Slemon fügt dem temporalen Aspekt dieser Arbeitsdefinition einen diskursiven Gesichtspunkt hinzu: postkolonial ist ein Zeitraum dann, wenn er eine anti-koloniale Perspektive aufweist:

„Definitions of the ‚post-colonial' of course vary widely, but for me the concept proves most useful not when it is used synonymously with a post-independence historical period in once-colonised nations, but rather when it locates a specifically anti- or post-colonial discursive purchase in culture, one which begins in the moment that colonial power inscribes itself onto the body and space of its Others and which continues as an often occulted tradition into the modern theatre of neo-colonialist international relations."[321]

Das Moment des Widerstandes impliziert somit einerseits, dass schon vor Ende der kolonialen Herrschaft post- (im Sinne von anti-)koloniale Elemente in kolonisierten Gesellschaften aufzufinden sind; andererseits aber auch, dass der postkoloniale Zustand noch nicht zu Ende ist, solange sich Widerstand gegen (neo)koloniale Gewalt formiert. Vor diesem Hintergrund beschreibt Ato Quayson Postkolonialismus als Prozess:

„... postcolonialism has to be perceived as a process of postcolonializing. To understand this process, it is necessary to disentangle the term ‚postcolonial' from its implicit dimension of chronological supersession, that aspect of its prefix which suggests that the colonial stage has been surpassed and left behind. It is important to highlight instead a notion of

welcher die fundamentalen Entscheidungen über die Lebensführung der Kolonisierten durch eine kulturell andersartige und kaum anpassungswillige Minderheit von Kolonialherren unter vorrangiger Berücksichtigung externer Interessen getroffen und tatsächlich durchgesetzt werden. Damit verbinden sich in der Neuzeit in der Regel sendungsideologische Rechtfertigungsdoktrinen, die auf der Überzeugung der Kolonialherren von ihrer eigenen kulturellen Höherwertigkeit beruhen." Ebd., S. 21.

320 Ebd., S. 2.

321 Stephen Slemon: „Modernism' Last Post", in: Ian Adam/Helen Tiffin (Hg.), *Past the last post. Theorizing post-colonialism and post-modernism*, New York: Harvester Wheatsheaf 1991, S. 3–17, hier S. 3.

> the term as a process of coming-into-being and of struggle against colonialism and its after-effects. In this respect the prefix would be fused with the sense invoked by ‚anti‘.“[322]

Von Postkolonialismus kann also immer dann gesprochen werden, wenn Widerstand gegen koloniale Herrschaftsstrukturen geleistet wird. In die postkoloniale Sphäre rücken dann so unterschiedliche Kontexte wie Brasilien und Japan, Lateinamerika und Afrika, aber auch Großbritannien oder Frankreich[323] – hiermit klingt kurz die Frage nach dem Wo? des Postkolonialismus an.

> „What has served to energize the term is the desire to perceive cognate or parallel realities within seemingly disparate contexts and to draw on a notion of the centrality of colonialism for understanding the formation of the contemporary world.“

Die Kategorie des Widerstands macht Postkolonialismus nicht ausschließlich zu einem chronologischen, sondern viel mehr zu einem epistemologischen Konzept.

> „The process of post-colonializing, then, would mean the critical process by which to relate modern-day phenomena to their explicit, implicit or even potential relations to this fraught heritage.“[324]

‚Postkolonialismus‘ umfasst so zwei Dimensionen – eine historische und eine epistemologische. Diese Aspekte bedingen einander in einer spannungsvollen Beziehung.

Postkolonialismus als Periodisierung – in der das ‚post‘ eine temporale Bedeutung annimmt und die Ära nach dem Kolonialismus bezeichnet – wird häufig als eurozentristisch, differenzeinebnender und damit universalisierender Begriff kritisiert, weist jedoch durchaus ambivalentes, kritisches Potential auf. Indem Dekolonisierung als entscheidende Phase im Wandel der globalen Beziehungen historiographisch beschrieben wird, bietet der Postkolonialismus ein alternatives Narrativ zur europäischen Geschichtsschreibung, in der die Phase des Kolonialismus in eine größere ‚Geschichte‘ eingeordnet wird. Durch die Änderung der Erzählperspektive verlagert sich die Darstellung weg vom (Euro-)Zentrum hin zu den Peripherien:

---

322 Ato Quayson: *Postcolonialism. Theory, practice or process?*, Cambridge: Polity Press 2000, S. 9.

323 Ella Shohat argumentiert dagegen, dass die Bezeichnung „postkolonial“ ihre Konturen und politische Kraft verliert, wenn sie „universalisierend“ und homogenisierend auf die unterschiedlichsten Kontexte angewandt wird. Ella Shohat: „Notes on the Postcolonial 31/32. 1992“, in: Social Text (1992), S. 99–113, hier S. 102.

324 Ebd., S. 101.

> „Das wirklich distinktive Element einer ‚postkolonialen‘ Periodisierung ist das rückblickende Umformulieren der Moderne innerhalb des Kontexts der ‚Globalisierung‘ in all ihren diversen sprengenden Formen und Momenten. ... In dieser Hinsicht markiert der ‚Postkolonialismus‘ einen entscheidende Bruch mit der gesamten historiographischen Großnarrative, die dieser globalen Dimension sowohl in der liberalen Geschichtsschreibung und der historischen Soziologie Max Webers als auch in den vorherrschenden Traditionen des westlichen Marxismus eine untergeordnete Rolle in einer Geschichte zuwies, die im wesentlichen im Rahmen der europäischen Parameter erzählt werden konnten.“[325]

Als Alternativnarrative sind die Darstellungen des Postkolonialismus gerade keine Fortschreibung europäischer Paradigmen, sondern ihre De-platzierung. Aus der Perspektive der Peripherien zeigt sich, dass Kolonialisation und Entkolonisierung die kolonialisierenden Gesellschaften ebenso machtvoll geprägt haben wie die kolonialisierten. Sie haben sich in beide Seiten tief eingeschrieben und sie verändert, zu Transkulturation und vielfach vernetzten Translationen geführt – Kolonialismus bedeutet unumkehrbare ‚double inscription‘. Vor diesem Hintergrund können die binären Oppositionen, die das System des Kolonialismus und Imperialismus stützen, nicht aufrechterhalten werden. Die Polaritäten von ‚Mutterland–Kolonie‘,‚Zentrum–Peripherie‘,‚hier–dort‘,‚damals–heute‘ sind geprägt von unzähligen Wechselbeziehungen. Die postkoloniale Perspektive, so Stuart Hall, dekonstruiert koloniale Differenzen als différance[326]. Im immer aufgeschobenen, nie abgeschlossenen Prozess der Bedeutungszuschreibungen können keine fixe Identitäten angenommen werden. Bedeutung ist nicht natürlich und dauerhaft, sondern eine fragmentarische ‚Unterbrechung‘ in der unbe-grenzten Semiose der Sprache.

Das ‚rewriting‘ der Geschichte, die Alternativnarrative des ‚periodisierenden‘ Postkolonialismus interpretiert die Kolonialgeschichte unter dem Zeichen der ‚double inscription‘ und löst damit die starren Fronten binärer Oppositionen auf. Kolonie und Mutterland stehen nicht in unüberbrückbarem Verhältnis zueinander, sondern sind beide untrennbar in die Folgen der Kolonialisierung eingebunden. Grundlage der Identitätsbildung ist nicht die Opposition von Zentrum und Peripherie, sondern die diasporische Kondition des (Post)Kolonialismus, sie ist also nicht-originär, migratorisch, deplatziert und veränderlich. Identität wird diskursiv in Bezugnahme auf ihre „beachtenswerten und/oder verachteten Anderen“ konstruiert, „mit Hilfe des Spiels der

325 Stuart Hall: „Wann war der ‚Postkolonialismus‘? Denken an der Grenze“, in: Elisabeth Bronfen (Hg.), *Hybride Kulturen. Beiträge zur anglo-amerikanischen Multikulturalismusdebatte*, Tübingen: Stauffenburg-Verl. 1997, S. 219–246, hier S. 232.

326 Vgl. ebd., S. 227. 235. Vgl. auch Stuart Hall: „Kulturelle Identität und Diaspora“, in: Stuart Hall (Hg.), *Rassismus und kulturelle Identität. Ausgewählte Schriften*, Hamburg: Argument-Verl. 1994, S. 26–43.

différance und dem Hang dieser fixierten Signifikanten zu flottieren, ‚den Halt zu verlieren'."[327]

Die Neuperspektivierung der postkolonialen Historiographie ist somit nicht zu trennen von einem epistemologischen Umschlag: In der diasporischen De-Platzierung binärer Oppositionen wechselt der Postkolonialismus von einer linearen, sukzessiven zu einer dekonstruktivistischen Logik.[328] Dieser Paradigmenwechsel wirkt wiederum auf das Geschichtsverständnis zurück: die postkoloniale Historiographie ist unter den neuen epistemologischen Gesichtspunkten narrativ, nicht-linear, peripher.

Postkolonialismus will „sowohl erkenntnistheoretisch als auch chronologisch verstanden werden", er nimmt „für sich in Anspruch, sowohl das Paradigma als auch den chronologischen Moment des ‚Kolonialismus' aufzuheben."[329] Die postkoloniale Dekonstruktion schafft jedoch die Begriffe des kolonialen Paradigmas nicht einfach ab wie im klassischen Vorgang der ‚Aufhebung': Der Paradigmenwechsel ist „eher als Rekonfiguration eines Feldes … denn als Bewegung linearer Transzendenz zwischen zwei sich gegenseitig ausschließenden Zuständen"[330] zu verstehen,

> „alle Schlüsselbegriffe im ‚Postkolonialismus' … agieren, wie Derrida es ausdrücken würde, ‚bis zu ihrer Streichung'. Sie wurden einer tiefen … Kritik unterzogen, die ihre Annahmen als Ansammlung fundamentaler Wirkungen bloß-stellte."[331]

Diese Spannung im Zwischenraum von temporärer und dekonstruktivistischer Perspektive, zwischen ‚nach' und ‚darüber hinaus' schreibt sich in den Postkolonialismus ein.[332] Die Frage nach seinem Wann ist also untrennbar mit der

327 Stuart Hall: „Wann war der ‚Postkolonialismus'? Denken an der Grenze", in: Elisabeth Bronfen/Benjamin Marius/Therese Steffen (Hg.), *Hybride Kulturen. Beiträge zur anglo-amerikanischen Multikulturalismusdebatte*, Tübingen: Stauffenburg-Verl. 1997, S. 219–246, hier S. 235.

328 Vgl. ebd., S. 241.

329 Ebd., S. 237.

330 Ebd., S. 239.

331 Ebd., S. 240.

332 In einer Begriffsanalyse, die die temporären, räumlichen und semantischen Dimensionen des ‚postcolonial' in Abgrenzung zu anderen Begriffen auslotet, beschreibt Ella Shohat diese Spannung, die sich aus der Abgrenzung (‚post-') von kolonialen Narrativen und ihrer gerade dadurch bewirkten Fortschreibung (‚-colonial') ergibt, und die einen dekonstruktivistischen Effekt hat: „The ‚postcolonial' implies a narrative of progression in which colonialism remains the central point of reference, in a march of time neatly arranged from the pre to the ‚post', but which leaves ambiguous its relation to new forms of colonialism, i.e. neo-colonialism. … The operation of simultaneously privileging and distancing the colonial narrative, moving beyond it, structures the ‚in-between' framework of the ‚post-colonial'. This in-betweeness becomes evident through a kind of commutation test. While one can posit the duality between colonizer/colonized and even neo-colonizer/neo-colonized , it does not make much sense to speak of

Frage ‚Was ist Postkolonialismus? verbunden. In Verlängerung der temporalen Frage kann Postkolonialismus als Ära, als historischer Zustand verstanden werden. Dieses Verständnis steht in Spannung zu Postkolonialismus als Diskurs, als akademische Disziplin, die über die Bedingungen, Gründe, Inhalte und Perspektiven dieser Ära reflektiert. Leela Gandhi wendet zur Abgrenzung dieser zwei Pole die terminologische Unterscheidung ‚postcolonialism' und ‚postcoloniality' an:

> „In the main, the controversy surrounding postcolonial vocabulary underscores an urgent need to distinguish and clarify the relationship between the material and analytic cognates of Postcolonial Studies. In its more self-reflexive moments, Postcolonial Studies responds to this need by postulating itself as a theoretical attempt to engage with a particular historical condition. The theory may be named ‚postcolonialism', and the condition it addresses is best conveyed through the notion of ‚postcoloniality'. And, whatever the controversy surrounding the theory, its value must be judged in terms of its adequacy to conceptualise the complex condition which attends the aftermath of colonial occupation."[333]

Entstehungsgeschichtlich lässt sich der Postkolonialismus als diskursive Reaktion auf den Kolonialismus des akademischen Westens in den 1970er Jahren verorten, wobei hier schon Ideen und Ansätze früherer, „proto-postkolonialer"[334] Denker aufgenommen wurden. Zu erwähnen sind W.E.B. Du Bois, Aimé Césaire (*Diskurs über den Kolonialismus*[335]), Frantz Fanon (*Schwarze Haut weiße Masken*[336]), Kwame Nkrumah (*Neocolonialism*[337]) und Amilcar Cabral (*Revolution in Guinea*). Trotz historisch, geographisch und ideologisch bedingter Unterschiede zeichnen sich diese Schriften durch ein gemeinsames Merkmal aus: die theoretische Reflexion über den Kolonialismus wird unter eminent politischer Perspektive vollzogen; Ziel der Analysen

post-colonizers and post-colonized. ‚Colonialism' and ‚neo-colonialism' imply both oppression and the possibility of resistance. Transcending such dichotomies, the term ‚post-colonial' posits no clear domination, and calls for no clear opposition. It is this structured ambivalence of the ‚post-colonial' of positing a simultaneously close and distant temporal relation to the ‚colonial', that is appealing in a post-structuralist academic context. It is also this fleeting quality, however, that makes the ‚post-colonial' an uneasy term for a geopolitical critique of the centralized distribution of power in the world." E. Shohat: *Notes on the Postcolonial 31/32. 1992*, S. 107.

333 Leela Gandhi: *Postcolonial theory. A critical introduction*, New York: Columbia Univ. Press 1998, S. 3f.

334 Reiland Rabaka: „'Deliberately Using the Word Colonial in a Much Broader Sense': W.E.B. Du Bois's Concept of 'Semi-Colonialism' as Critique of and Contribution to Postcolonialism. Available on-line at:", in: Jouvert: A Journal of Postcolonial Studies 7 (2003), S. 1–32 (online ressource).

335 A. Le Césaire: *Discours sur colonialisme.*

336 Frantz Fanon: *Peau noire masques blancs* (= Band 26), Paris: Ed. du Seuil 1952.

337 Kwame Nkrumah: *Neo-Colonialism. The last stage of imperialism*, London: Panaf 1965.

ist es jeweils, ein theoretisches Fundament für politischen Widerstand gegen das Kolonialsystem zu legen. Als diese reflexive Schaltstelle im politischen Widerstandskampf verortet sich auch die postkoloniale Theorie. Ihre Grundlagen wurden vor allem von Edward Said, Gayatri Chakravorty Spivak und Homi Bhabha entwickelt, wobei der französische Poststrukturalismus entscheidende Anstöße gab. Treibende Disziplin war die Literaturwissenschaft, die in kulturwissenschaftlicher Ausrichtung betrieben wird. In die Theoriebildung sind jedoch eine Vielzahl unterschiedlicher Ansätze und Fachrichtungen eingeflossen:

> „Postcolonial Theory has drawn its conceptual vocabulary from a wide range of disciplines and theoretical agendas, including anthropology, feminism, history, human geography, Marxism, philosophy, poststructuralism, psychoanalysis and sociology."[338]

Methodologisch lässt sich die postkoloniale Theorie also als eine hybride Mischung verschiedener Disziplinen beschreiben, sie

> „produces a curiously fragmented and hybrid theoretical language that mirrors and repeats the changing forms of a central object of its analytic experience: conflictual cultural interaction."[339]

Die unterschiedlichen westlichen Ansätze werden eklektisch aufgenommen und synkretistisch zu einem idiosynkratrischen Theoriegebäude vereint. Prägend ist dabei ein kreativ-subversiver Umgang mit dem zur Verfügung stehenden Material: durch dekonstruktivistische Aufnahme werden westliche Diskurse widerrufen (abrogation), indigene Diskurse werden aneignend in die postkoloniale Theorie integriert (appropriation). Diese Translations- und Transformationsprozesse verändern die ursprüngliche Bedeutung und Verwendung der übernommen Begriffe, was rückwirkend die Herkunftsdiskurse beeinflusst und erneuert. Diese Kreativität, Heterogenität und Fluidität prägen die postkoloniale Theorie als „a productive palimpsest", „a theoretical creole"[340]. Die Interaktion mit westlichem Denken bildet aber auch einen der Hauptpunkte der Kritik am Postkolonialismus: durch die Aufnahme westlicher Theorien bleibe er auch trotz seiner kritischen Haltung dem Paradigma des eurozentrischen Denkens verhaftet.[341] Eurozentrisches Denken löst sich auch in der Dekonstruktion

[338] R. J. C. Young: *Postcolonialism*, S. 67.

[339] Ebd., S. 69.

[340] Ebd., S. 68f.

[341] „Feiert hier mit der Konzentration auf die Beziehung kolonialisiert/kolonialisierend nicht genau das fröhliche Urständ, was der Postkolonialismus so triumphierend als ‚vergangen' bezeichnete? ... Vielleicht hätten wir ... an anderen Beispielen aus der Theorie lernen können, dass auf die Dekonstruktion von Kernkonzepten durch sogenannte ‚Post'-Diskurse nicht deren Abschaffung und Verschwinden folgt, sondern ihre Ausbreitung ... ." S. Hall: *Wann war der ‚Postkolonialismus'?*, S. 229f.

nicht einfach auf, es wird jedoch de-zentralisiert, de-platziert und damit gerade in seinem Fortbestehen seiner Machtposition enthoben. Postkoloniale Theorie beruft sich in diesem Kontext auf Gramscis Überlegungen auf dem Gebiet des praktischen Menschenverstandes, die gedacht werden müssen als

> „ein Prozess der Unterscheidung und des Wandels bezüglich des relativen Gewichts, das die Elemente der alten Ideologie besaßen ... was sekundär oder gar zufällig war, erhält oberste Bedeutung, es wird zum Kern eines neuen doktrinären und ideologischen Ganzen. Der alte kollektive Wille löst sich in seine widersprüchlichen Elemente auf, so dass sich die untergeordneten Elemente untereinander gemeinschaftlich entwickeln können."[342]

In der postkolonialen Dekonstruktion wird das eurozentrische Denken also nicht ‚aufgehoben', sondern de-platziert.

Die Methoden postkolonialer Theorie sind eng mit dem dekonstruktivistischen Paradigmenwechsel verbunden und weisen auch auf ihre literaturwissenschaftliche Basis hin. Die Kritik an der Linearität und Zentralität westlicher Geschichtsschreibung ist mit den Strategie von ‚re-writing' und ‚re-reading' verbunden. Historiographische Revisionen von peripheren Perspektiven unterminieren die eurozentrische Darstellung, in ihrer Synchronie heben sie statische binäre Oppositionen auf, ihr narrativer Charakter unterminiert die behauptete Faktizität und Objektivität westlicher Geschichtsschreibung.[343] Akte des antikolonialen Widerstandes werden nicht als ‚Zwischenfälle' aus Sicht der Kolonialherren, sondern als zentrale Ereignisse in der kolonialen Geschichte interpretiert. Literarische Werke werden einer gründlichen Analyse bezüglich ihrer kolonialen Voraussetzungen und Ideologien unterzogen und aus peripherer Perspektive neu geschrieben.[344] Neuformationen des literarischen Kanons, die nicht nur Werke der ‚Metropole' beinhalten, werden zu erstellen versucht. Fragen der Übersetzung stehen im Mittelpunkt der Reflexion.

Die Methoden, mit denen in der postkolonialen Theorie gearbeitet wird, weisen auf ihre Selbstverständnis und ihre grundliegende Motivation hin: in seiner

---

342 Gramsci, Antonio. Quaderni del carcere III (1875). Ebd., S. 239.

343 In der Aufnahme dieser kritisch-hermeneutischen Perspektive hat R.S. Sugirtharajah im Rahmen eines postkolonialen re-reading und re-writing westlicher Bibellektüre die Rezeption der Postcolonial Studies in der Theologie vorbereitet. Vgl. Rasiah S. Sugirtharajah (Hg.): *Voices from the margin. Interpreting the Bible in the Third World*, Maryknoll, N.Y: Orbis Books 1991; Rasiah S. Sugirtharajah: *The Bible and the Third World. Precolonial, colonial, and postcolonial encounters*, Cambridge, New York: Cambridge University Press 2001.

344 So stellt zum Beispiel Jean Rhys Roman *Wild Sargasso Sea* ein postkoloniales rewriting des berühmten Romans *Jane Eyre* von Charlotte Bronte dar, in dem die Biographie der „wild woman in the attic" Bertha Mason aus Jamaika im Zentrum steht. Charlotte Brontë: *Jane Eyre*, New York: Norton 2001 (Erstveröffentlichung 1847). Jean Rhy: *Wild Sargasso Sea (1966).*, Basingstroke 2003 (Erstveröffentlichung 1966).

Reflexion auf Basis unterschiedlicher Theorieansätze verfolgt der Postkolonialismus eine politische Agenda, die auf Änderung der – immer noch bestehenden – kolonialen Zustände ausgerichtet ist. Dieses politische Projekt der postkolonialen Kritik beschreibt Robert Young in drei Punkten:

> „First, investigating the extent to which not only European history but also European culture and knowledge was part of, and instrumental in, the practice of colonization and its continuing aftermath. Second, identifying fully the means and causes of continuing international deprivation and exploitation, and analysing their epistemological and psychological effects. Third, transforming those epistemologies into new forms of cultural and political production that operate outside the protocols of metropolitan traditions and enable successful resistance to, and transformation of, the degradation and material injustice to which disempowered peoples and societies remain subjected."[345]

Die Frage, inwiefern die TheoretikerInnen des Postkolonialismus in ihrer Arbeit dieser praktisch, politisch ausgerichteten Agenda gerecht werden, stellt einen der innerhalb des Postkolonialismus am heftigsten umstrittenen Kritikpunkte dar. Der Vorwurf spiegelt die Diskussion um den „epistemologischen Bruch"[346] in den Kontextuellen Theologien: als AkademikerInnen seien die VertreterInnen des Postkolonialismus abgeschnitten von der politischen Realität neokolonialer Unterdrückung. Sie gehörten einer privilegierten und entwurzelten Oberschicht an, in ihrer Affilierung mit westlichen Universitäten reproduzierten sie auf akademischer Ebene die Abläufe des globalen Kapitalismus, der in seinen katastrophale Auswirkungen auf ehemals kolonialisierte Länder die alten Herrschaftsstrukturen als Neokolonialismus aufrechterhält.[347] Die Berechtigung der akademischen ‚global players' postkolonialer Theorie, als Repräsentanten einer unterdrückten Minderheit aufzutreten, wird in diesem Kontext hinterfragt. Als privilegierte westlich Gebildete könnten weder

345 R. J. C. Young: *Postcolonialism*, S. 69.

346 Schlußerklärung der Konferenz von Daressalam. In: *Herausgefordert durch die Armen*, S. 44.

347 „Third world cultural producers send ‚primary material' to the metropolis, which is then turned into a ‚refined' product by the likes of Said, principally for the metropolitan elite, which they in fact regard as their primary audience; a certain amount of such work is in turn re-exported as ‚theory' to the Third World." Bart J. Moore-Gilbert: *Postcolonial theory. Contexts, practices, politics*, London: Verso 2000, S. 18. Vgl. dazu auch ein ähnliches Argument bei Kwame A. Appiah: „Is the Post- in Postmodernism the Post- in Postcolonial?", in: Critical Inquiry (1990), S. 336–357, hier S. 348.: „Postcoloniality is the condition of what we might ungenerously call a comprador intelligentsia: a relatively small, Western-style, Western-trained group of writers and thinkers who mediate the trade in cultural commodities of world capitalism at the periphery. In the West they are known through the Africa they offer; their compatriots know them both through the West they present to Africa and through an Africa they have invented for the world, for each other, and for Africa."

postkoloniale TheoretikerInnen noch AutorInnen, die in den Sprachen der ehemaligen Kolonialherren schreiben, als authentische und repräsentative postkoloniale Stimmen gelten. Vielmehr werden durch die Konzentration auf solche AutorInnen die nationalen Literaturen, die in den Landessprachen geschrieben werden, vernachlässigt oder ignoriert. Im Gegensatz zu den westlichen VertreterInnen des Postkolonialismus haben die wirklich Subalternen überhaupt keine Möglichkeit zur (Selbst)repräsentation.[348]

Dennoch ist die Situation der postkolonialen TheoretikerInnen komplexer als in dieser Argumentation dargestellt[349] und führt auch zur Frage nach den Subjekten des Postkolonialismus. Vor dem Hintergrund der oben genannten Diskussion ist der Status von Intellektuellen ambivalent zu beurteilen:

> „The important role of intellectuals as participants in, and theorizers of, anti-colonial and anti-imperial struggles risks giving intellectuals in general an unearned, or at least unexamined, heroic status in certain quarters. In fact, is very much part of the ‚uneven' natures of colonialism and postcolonialism that intellectuals can occupy positions and embody attitudes ranging from thoroughgoing complicity with the West to outright rejection of it."[350]

Die Problematisierung der Identität des postkolonialen Subjektes ist eines der Hauptthemen des postkolonialen Diskurses. Migration, Diaspora, Hybridität gelten als bestimmende Faktoren dieses Kampfes um Identität, die damit als unbestimmt, ungewiss, ungesichert und ständig im Wandel gesehen wird:

> „In one sense, to ask the question ‚Who is the post-colonial' seems to assume identities already in place, which can then be judged to be postcolonial or not, whereas for many groups or individuals, post-colonialism is much more to do with the painful experience of confronting the desire to recover ‚lost' pre-colonial identities, the impossibility of actually doing

348 Vgl. Gayatri C. Spivak: „Can the Subaltern speak? Speculations on Widow Sacrifice", in: Wedge 120–130 (1984), S. 120–130.

349 „Many have come from impoverished circumstances in some of the poorest regions of the world, or have emigrated because they suffered religious, ethnic or political persecution of various forms. Some of those who migrated to the west, or their children, subsequently attended educational institutions with a still active sense of coming from what were then regarded as the cultural and political margins and peripheries. They did not respond by accepting the status quo and assimilating seamlessly into the culture in which they now found themselves: rather, armed with the aura of the activism and self-empowerment of the national liberation movements, they began to ask awkward questions about western history and the implicit assumptions of western knowledges, and to articulate their ontological engagement with tricontinental knowledge with forms of resistance to the racism and disempowerment that are part of the daily life of any immigrant. This complicates the notion that postcolonialism is merely a western invention on account of its vibrancy in western academic institutions." R. J. C. Young: *Postcolonialism*, S. 62f.

350 R. J. C. Young: *Postcolonialism*, S. 14.

> so, and the task of constructing some new identity on the basis of that impossibility. ‚Who is the post-colonial? then becomes at least temporarily or partially unanswerable: to the extent that major reformulations are taking place, with the identities of both the formerly colonized or diasporic groups and the imperial nations unsettled in different ways by colonial and post-colonial histories, attempts to define or circumscribe in advance the content of that Who? are premature.“[351]

Die Frage nach den postkolonialen Subjekten führt also zu Schlüsselkonzepten des postkolonialen Diskurses. Hybridität, Identität und Alterität bilden einige der Pole des Feldes, in dem die Problematiken des Postkolonialismus verhandelt werden.

1.1.1.2 Identitätskonstruktion in Zwischenräumen

Edward Said: Die Repräsentation des Anderen als Konstruktion des Selbst

Die Konstruktion kultureller Identität in kolonialen Kontexten steht im Zentrum von Edward Saids Studie Orientalismus[352], die als einer der Gründungstexte postkolonialer Theorie gilt. Im Anschluss an Michel Foucault und Antonio Gramsci entwickelt Said ein Diskursmodell zur Analyse westlicher Repräsentationsmuster vom Orient im kolonialen Diskurs, die in engstem Wechselverhältnis zur kolonialen Macht über den Orient stehen. Aus der materialreichen Analyse von Texten des akademischen Orientalistik-Diskurses entwickelt Said die These, dass koloniale Macht nicht nur mit Waffengewalt ausgeübt und aufrechterhalten, sondern im Wechselspiel mit einem Wissensdiskurs begründet und legitimiert wurde. Orientalismus ist somit

> „above all, a discourse that is by no means in direct, corresponding relationship with political power in the raw, but rather is produced and exists in an uneven exchange with various kinds of power, shaped to a degree by the exchange with power political (as with a colonial or imperial establishment), power intellectual (as with reigning science like comparative linguistics or anatomy, or any of the modern policy science), power cultural (as with orthodoxies and canons of taste, texts, values), power moral (as with ideas about what ‚we‘ do and what ‚they‘ cannot do or understand as ‚we‘ do).“[353]

Als und in diesem Diskurs wird orientalische Identität in westlicher Repräsentation be- und damit festgeschrieben. Orientalische Identität wird als westliche Repräsentation konstituiert.

351 P. Childs/R. J. P. Williams: *An introduction to post-colonial theory*, S. 14.
352 Edward W. Said: *Orientalism*, London: Penguin Books 1995. Erstveröffentlichung 1978.
353 Ebd., S. 12.

In Saids Entwurf sind dabei zwei Punkte entscheidend. Zum einen wäre es eine Verkürzung, anzunehmen, dass der orientalistische Diskurs nur im Nachhinein schon vorhandene Machtverhältnisse rechtfertigen würde, nur eine ideologische Ergänzung zu europäischem Kolonialismus wäre. Vielmehr stehen Orientalismus und Kolonialismus in einem gegenseitigen Wechselverhältnis:

> „What Said shows is that the will to knowledge, and to produce its truth, is also a will to power. Academic knowledge is also a part of the apparatus of western power, and as Foucault puts it, ‚it is in discourse that power and knowledge are joined together'."[354]

In seinem Willen zur Macht konstruiert der (akademische) Westen im Orientalismus die Vorstellung eines Orients, die es ihm ermöglicht, über diesen Orient zu herrschen:

> „Taking the late eighteenth century as a very roughly defined starting point, Orientalism can be discussed and analysed as the corporate institution for dealing with the Orient – dealing with it by making statements about it, authorizing views of it, describing it, by teaching it, settling it, ruling over it, in short, Orientalism as Western style for domination, restructuring, and having authority over the Orient. … My contention is that without examining Orientalism as a discourse one cannot possibly understand the enormously systematic discipline by which European culture was able to manage – and even produce – the Orient politically, sociologically, militarily, ideologically, scientifically, and imaginatively during the post-Enlightenment period."[355]

Zum einen betont Said also, dass Orientalismus nicht nur eine nachträgliche Legitimation von kolonialer Macht ist und hält ausdrücklich die Diskursivität des Orients fest, der in den verschiedenen westlichen orientalistischen Disziplinen produziert wird. Dennoch bleibt – als zweiter entscheidender Punkt – eine Ambivalenz in der Frage, ob der Orient nun ausschließlich eine westliche Konstruktion ohne realen Bezugspunkt

> („It is not the thesis of this book to suggest that there is such a thing as a real or true Orient. … On the contrary, I have been arguing that the ‚the Orient' is itself a constituted entity …"[356])

oder nur eine falsche Repräsentation ist

> („The written statement is a presence to the reader by virtue of its having excluded, displaced, made supererogatory any such real thing as ‚the Orient'"[357]).

354 R. J. C. Young: *Postcolonialism*, S. 387.

355 E. W. Said: *Orientalism*, S. 3.

356 Ebd., S. 322.

357 Ebd., S. 21.

Diese Ambivalenz bildet das Zentrum von Saids Orientalismuskritik, die nicht Essenzialismus durch Konstruktivismus ersetzt, „sondern verdeutlicht, dass der Orient als Referenzstruktur schon immer in Beziehung steht mit seiner Repräsentation und dass die Referentialität des Orients diskursiv produziert wird."[358]

Für die postkoloniale Theorie hat sich diese Erkenntnis als zentral herauskristallisiert. Im Zentrum steht die Frage, wer die Macht hat, den Anderen zu repräsentieren und damit auf diese Referenzstruktur rückzuwirken, was wiederum das Machtpotential erhöht. Die Identität des Anderen wird in diesem diskursiven Vorgang negativ im Gegenüber und als Differenz zum Selbst konstruiert. Der Orient ist alles das, was der Westen nicht ist. Eine Pointe dieses Ansatzes, die jedoch nicht von Said, sondern von seinen KritikerInnenn herausgearbeitet wurde, liegt darin, dass durch den orientalistischen Diskurs nicht nur die orientalische Identität konstruiert wurde. Vielmehr brauchte der Westen den Orient als Gegenfolie zur Selbstidentifikation. Erst in der Negativbestimmung des Anderen konnte die westliche Identität festgelegt werden.

Als problematisch an Saids Entwurf zeigt sich die Statik seines Identitätsverständnisses. In Saids Diskurskonzept stellt sich orientalische Identität als dichotomisches Gegenüber zu westlicher Identität dar. Damit werden in seiner Analyse die binären Oppositionen des orientalistischen Diskurses reproduziert:

> „Since Sartre, Fanon and Memmi, postcolonial criticism has constructed two antithetical groups, the colonizer and colonized, self and Other, with the second only knowable through a necessarily false representation, a Manichean division that threatens to reproduce the static, essentialist categories it seeks to undo."[359]

In seiner Darstellung ist ausschließlich der Westen agierend, sie lässt keinen Raum für die Dokumentation von Handeln – etwa als Widerstand – auf Seiten der Kolonisierten.[360] Zugleich werden die innerhalb der kolonisierten Gesellschaft bestehenden Machtgefälle und Identitätszuschreibungen ausgeblendet. Entgegen der kolonialen Konstruktion ist auch die Identität der Kolonisierten instabil, umstritten und vielfältig; sie spaltet sich auf in die, die die Kultur vor den Kolonialisten repräsentieren, und jenen, die Gayatri Spivak als Subalterne

---

358 Andreas Nehring: *Orientalismus und Mission. Die Repräsentation der tamilischen Gesellschaft und Religion durch Leipziger Missionare 1840 - 1940* (= Studien zur außereuropäischen Christentumsgeschichte (Asien, Afrika, Lateinamerika), Band 7), Wiesbaden: Harrassowitz 2003, S. 39.

359 Robert J. C. Young: *Colonial desire. Hybridity in theory, culture, and race*, London: Routledge 2006, S. 5.

360 Eugene Irschick beschreibt dagegen am Beispiel Südindiens die Konstruktion kolonialer Identitäten als Dialog, in dem Kolonialherren und Kolonialisierte gemeinsam an der Konstruktion einer ‚Hindu-Vergangenheit' gearbeitet haben, die als in sich wohl geordnet repräsentiert wurde, um als Modell für zukünftige Kulturpolitik zu dienen.Eugene F. Irschick: *Dialogue and history. Constructing South India, 1795–1895*, Berkeley: Univ. of California Press 1994.

bezeichnet[361], jene also, die nicht für sich sprechen können, deren Handeln im kolonialen Diskurs unrepräsentiert bleibt.

Für einen Begriff kultureller Identität nach dem Cultural Turn lässt sich aus dieser postkolonialen Studie folgender Ertrag festhalten: in der genealogischen Dekonstruktion des Orientalismus-Diskurses arbeitet Edward Said entlang des Stichworts Repräsentation die Unhintergehbarkeit von Texten – als Medialisierungen von Sprache – in der Identitätskonstruktion heraus und verweist auf die konstitutive Rolle der Konstruktion des Anderen in Identifikationsprozessen. Gegen einen essenzialistischen Identitätsbegriff zeigt er so die Diskursivität von Identität auf, die in machtvollen Ein/Ausschließungsprozessen Identitäten je neu konstruiert. Gerade in diskursiv festgeschriebenen Abgrenzungen lassen sich ihre ‚entangled histories' offenlegen, die als different konstruierte kulturelle Identitäten bleibend aufeinander verweisen.

361 Vgl. grundlegend dazu G. C. Spivak: *Can the Subaltern speak?*

Homi Bhabha: Identität – weniger als eins und doppelt

Homi Bhabhas Konzept der Hybridität arbeitet sich an diesen ‚entangled histories‘ kultureller Identitätskonstruktionen ab. Er entwickelt es in mehreren Anläufen in einer Aufsatzsammlung, deren Titel *The Location of Cultures* die kulturell verortete epistemologische Partikularität des Cultural Turn als zentrale These aufnimmt und den Hybriditätsbegriff vornehmlich aus dem postkolonialen Kontext heraus in einer Auseinandersetzung mit kolonialer Macht, Autorität und Widerstand entfaltet. Diese Perspektive, die die instabilen Machtkonstellationen von Identitätskonstruktionen an zentraler Stelle in den Blick nimmt, zeigt die Prekarität im Verhältnis von Selbst und Anderem auf und bricht mit jeder romantisierenden Vorstellung von Hybridität als einer bunten Mischung kultureller Versatzstücke in einer globalisierten Welt. In den asymmetrischen Machtverhältnisses der Kolonien wird das kolonisierte Subjekte durch Strategien der Mimikry produziert, die dem „Begehren nach einem reformierten, erkennbaren Anderem als dem Subjekt einer Differenz, das fast, aber doch nicht ganz dasselbe ist.“[362] Die Produktion dieser partiellen Repräsentation, des „beinahe desselben, aber nicht ganz“, verbirgt jedoch nicht hinter einer falschen Repräsentation die wahre Identität des kolonialen Subjekts.

> „Die Mimikry verbirgt keine Präsenz oder Identität hinter ihrer Maske: sie ist nicht das, was Césaire als ‚Kolonisation = Verdinglichung‘ beschreibt, hinter der die Essenz der présence africaine stünde.“[363]

Bhabha beschreibt Mimikry in Anlehnung an Jacque Lacan als Metonymie; sie ist

> „keine harmonisierte Form der Unterdrückung von Differenz, sondern eine Form der Ähnlichkeit, die sich von der Präsenz dadurch unterscheidet, … dass sie sie zum Teil, nämlich metonymisch, zur Schau stellt.“[364]

Damit artikuliert die „partielle Repräsentation“ den Begriff der Identität neu und entfremdet ihn der Essenz.[365] Die partielle Repräsentation des Kolonisators in der Identitätsproduktion des kolonisierten Subjekts führt zu einer Spaltung im kolonisierten Subjekt. Seine Identität, die das hegemoniale Subjekt

362 Homi K. Bhabha: *Die Verortung der Kultur* (= Stauffenburg discussion, Band 5), Tübingen: Stauffenburg-Verl. 2007, S. 126. Als Beispiel verweist Bhabha u.a. auf koloniale Texte, die um der Beherrschbarkeit der Kolonien willen die Produktion von „menschlichen Chamäleons (mimic man)“ durch das koloniale Erziehungssystem forderten – „eine Klasse von Menschen, indisch in Blut und Hautfarbe, doch englisch im Geschmack, in den Ansichten, in der Moral und im Intellekt … Ergebnis einer makelbehafteten kolonialen Mimesis, in der Anglisiertsein ganz ausdrücklich bedeutet, nicht Engländer zu sein.“ Ebd., S. 129.

363 Ebd., S. 130.

364 Ebd., S. 131. 133.

365 Ebd., S. 131.

„fast" verdoppeln soll, repräsentiert „nicht ganz" den Kolonisator; es schmiegt sich unter dem kolonialen Blick der hegemonialen Vorstellung von sich selbst an und ersetzt gleichzeitig metonymisch das vorgebliche Ganze (das Ich) durch einen Teil (das Auge)[366] – koloniale Identität ist gebrochen, nie identisch mit sich selbst, „weniger als eins." Gleichzeitig bedeutet seine partielle Repräsentation im kolonialisierten Subjekt auch eine Dislozierung des hegemonialen Subjekts. Die Verdoppelung seiner Identität in der Produktion des kolonialen Subjekts bringt auch hier keine ungebrochene Identität hervor:

> „Das doppelt eingeschriebene koloniale Spiegeln bringt keinen Spiegel hervor, in dem das Selbst sich erfasst; es ist immer die gespaltene Projektionsfläche des Selbst und seiner Verdoppelung, des Hybriden".[367]

Durch die Produktion von Ähnlichkeit, die in der gleichzeitigen Aneignung (appropriate) und Nicht-Aneignung (inappropriate) die „Störfaktoren der kulturellen, ethnischen und historischen Differenz artikuliert"[368], wird die partielle Repräsentation zur Bedrohung hegemonialer Autorität und Identität.[369]

Identitätskonstruktion wird hier als ein höchst komplexer Prozess von gleichzeitiger Spaltung und Verdoppelung beschrieben. Die Hybridität, die durch Mimikry produziert wird, widersetzt sich dem „Verlangen, kulturelle ‚Differenz' in einem eingrenzbaren, sichtbaren Objekt oder als natürlichen Tatbestand zu sehen, zu fixieren."[370] Hybridität setzt kulturelle Differenz nicht zwischen Selbst und Anderem an, sondern bedeutet eine „Spaltung der Differenz zwischen Selbst und Anderem"[371]; sie beschreibt eine „unheimliche Differenz desselben oder die Alterität der Identität"[372] und „reißt die Symmetrie und Dualität von selbst/anderem, von Innen/Außen nieder"[373]. Kulturelle Unterschiede sind also keineswegs einfach da, um gesehen und analysiert zu werden, sondern kulturelle Differenzierung wird produziert als Ergebnis diskrimi-

366 Im englischen Original ist dies ein Wortspiel mit „I" und „eye".

367 Ebd., S. 168.

368 Ebd., S. 131.

369 „Und wie Edward Long in seiner History of Jamaica (1774) bezeugt, ist der Anblick dieser Form von Ähnlichkeit das Schrecklichste überhaupt. Am Ende einer gequälten, negrophoben Passage, die unruhig zwischen Frömmigkeit, Verdrehung und Perversion hin- und herschwankt, kommt der Text schließlich direkt auf seine Furcht zu sprechen, die sich auf nichts anderes richtet als auf diese ‚zum Teil' bestehende Ähnlichkeit: ‚[Die Neger] werden von allen Autoren als die abscheulichste Form des Menschengeschlechts dargestellt, dem ähnlich zu sein sie fast ausschließlich aufgrund ihrer äußeren Gestalt beanspruchen können."' Ebd., S. 133.

370 Ebd., S. 74.

371 Homi K. Bhabha: „Die Frage der Identität", in: Elisabeth Bronfen/Benjamin Marius/Therese Steffen (Hg.), *Hybride Kulturen. Beiträge zur anglo-amerikanischen Multikulturalismusdebatte*, Tübingen: Stauffenburg-Verl. 1997, S. 97–122, hier S. 106.

372 Ebd., S. 110.

373 H. K. Bhabha: *Die Verortung der Kultur*, S. 172.

natorischer Praktiken.[374] Identität ist kein statischer Gegenpol zur Differenz, sondern

> „trägt immer die Kennzeichen der Ambivalenz [ihres] Entstehungsprozesses selbst und wird immer erst durch die Produktivität der Bedeutungen herausgebildet, die in medias res, im Akt der Auseinandersetzung selbst, im Rahmen einer Verhandlung [negotiation] (statt nur einer Verneinung [negation]) entgegengesetzter und antagonistischer Elemente Formen des Gegenwissens konstruieren."[375]

Hybridität ist somit kein

> „dritter Begriff, der die Spannung zwischen zwei Kulturen ... in einem dialektischen Spiel der Erkenntnis auflöst."[376]

Für Bhabha ist Hybridität nicht ein „Drittes", das aus zwei distinkten Größen hervorgeht;[377] er setzt vielmehr umgekehrt an:

> „Hybridity to me is the ‚Third Space', which enables other positions to emerge."[378]

Dieser dritte Raum, der als Zwischenraum ein „Raum der Absenz" ist und genau zwischen der Behauptung von Identität und ihrem Hinterfragen liegt,[379] befindet sich eben nicht „zwischen zwei Kulturen"[380], sondern in ihm verkörpert jede kulturelle Äußerung immer das Eine-im-Anderen.

1.1.2 Der Cultural Turn in der Kulturanthropologie

Die Dynamiken des Cultural Turn lassen sich über die Paradigmenwechsel in der Kulturanthropologie nachzeichnen. Ausgehend vom Linguistic Turn arbeitet sie sich an mehreren Krisen der Repräsentation ab, in deren Erschütterungen der Kulturbegriff immer prekärer wird.

374 Ebd., S. 169.

375 Ebd., S. 34.

376 Ebd., S. 168.

377 So die ursprüngliche Bedeutung des Hybriditätsbegriffs in seinem originären Kontext, der Biologie. Für eine umfassende Begriffsgeschichte und die Verwendung des Hybriditätskonzepts in den Postcolonial Studies vgl. R. J. C. Young: *Colonial desire*.

378 Homi K. Bhabha: „The Third Space. Interview with Homi Bhabha", in: Jonathan Rutherford (Hg.), *Identity, Community, culture, difference*, London: Lawrence & Wishart 1990, S. 207–221, hier S. 207. 211.

379 H. K. Bhabha: *Die Frage der Identität*, S. 106.

380 So die weitverbreitete Missinterpretation des „Third Space"-Konzepts, vgl. z.b. V. Küster: *Einführung in die interkulturelle Theologie*, S. 16.: „Inter-kulturell ... nimmt Bezug auf den Raum zwischen den Kulturen (interstitial space). Der postkoloniale Kritiker Homi Bhabha spricht in diesem Zusammenhang auch von einem ‚Dritten Raum (Third Space)', in dem sich die Kulturen begegnen."

1.1.2.1 Kultur als Text

In den Nachwirkungen des Linguistic Turn wird in der Kulturanthropologie der linguistische Zeichenbegriff ausgeweitet[381] – die Wirklichkeit als ganzes kann als ein System von Zeichenbeziehungen gesehen und interpretiert werden[382] – und schließlich zum semiotischen Kulturbegriff ausgedehnt.[383] Nicht nur Sprache, sondern auch ganze Kulturen funktionieren als bedeutungsgenerierende Zeichensysteme auf der Basis von Differenz und Arbitrarität. Kulturen sind Gewebe von Bedeutungen, die wie Texte les-, versteh- und interpretierbar sind.[384] Unter dieser hermeneutischen Perspektive ist ihre Bedeutung vielschichtig und instabil. Kulturen sind zugänglich nur über ihre Darstellungen, die nicht auf ein originär zugängliches, uninterpretiertes Wesen zurückverfolgt werden können – Texte verweisen immer nur auf andere Texte. In diesen symbolischen Darstellungen wird kulturelle Bedeutung gleichzeitig repräsentiert und produziert. Clifford Geertz, mit dessen Namen der textuell-semiotische Kulturbegriff wohl am stärksten verbunden ist, spricht von Zeichen als „models of and models for reality“[385] – die Inszenierungen kultureller Zeichen dienen der Praxis kultureller Selbstauslegung. Das semiotische Verständnis von Kultur als Text eröffnet darüber hinaus auch die Möglichkeiten einer interpretativen Kulturanthropologie[386] – die Symbole einer Kultur sind zwar mehrdeutig, aber öffentlich zugänglich[387] und verwehren sich so auch einer Interpretation von Outsidern

381 Analog zum linguistischen Strukturalismus de Saussures entwickelt Claude Lévi-Strauss einen kulturstrukturalistischen Ansatz. Vgl. Claude Lévi-Strauss: *Strukturale Anthropologie* (= Suhrkamp-Taschenbuch, Band 15), Frankfurt a.M.: Suhrkamp 1972.

382 Vgl. Yuri Lotman aus der Moskau-Tartuer Schule der Semiotik: „Just as a film director will look at the world around him/her through his/her fingers which are place to form a frame and to ‚cut‘ separate pieces from the totality of the view, so the semiotic researcher has the habit of transforming the world around him/her so as to show up the semiotic structures. Everything that King Midas touched with his golden hand turned to gold. In the same way, everything which the semiotic researcher turns his/her attention to becomes semioticized in his hands.“ Yuri L. Lotman: *Universe of the mind. A semiotic theory of culture*, Bloomington: Indiana Univ. Press 2000, S. 4f.

383 Auf diesen kultursemiotischen Ansatz bezieht sich Robert Schreiter für seine Kulturanalyse vor theologischem Hintergrund, da sie die drei Faktoren Ganzheitlichkeit, Identität und Wandel in Betracht zieht. Vgl. R. J. Schreiter: *Constructing local theologies*, S. 43f.

384 Vgl. die klassische Definition des semiotischen Kulturbegriffs, wie sie Clifford Geertz, der Begründer der interpretativen Kulturanthropologie, formulierte: „The concept of culture I espouse ... is essentially a semiotic one. Believing with Max Weber, that man is an animal suspended in webs of significance he himself has spun, I take culture to be those webs, and the analysis of it to be therefore not an experimental science in search of law but an interpretive one in search of meaning.“ C. Geertz: *Thick description*, S. 5.

385 C. Geertz: *Religion as a Cultural System*, S. 94.

386 „Anthropological writings are ... interpretations.“ C. Geertz: *Thick description*, S. 15.

387 Diese Zugänglichkeit resultiert aus der unhintergehbaren Medialisierung und Materialisierung von Symbolen: „Culture, this acted document, thus is public, like a burlesque wink or a mock sheep raid. Though ideational, it does not exist in someone’s head; though unphysical, it is

nicht. AnthropologInnen versuchen eine Interpretation fremdkultureller Texte in Mikroanalysen durch dichte Beschreibungen, von denen auf das gesamte Gefüge kultureller Bedeutungsgeflechte rückgeschlossen wird.[388] Je tiefer sie dabei in die Beziehungs- und Bezeichnungsgeflechte einer Kultur eindringen, desto fragiler wird ihre Kenntnis dieser Kultur. Gerade eine dichte Beschreibung deckt nicht das Wesen der Kultur auf, sondern verbleibt im bodenlosen Gewebe ihrer Bedeutungsverweise. Je tiefer man in dieses Bezeichnungsgeflecht eintaucht, desto deutlicher wird der relationale, und damit instabile Charakter kultureller Identität:

> „Cultural analysis is intrinsically incomplete. And, worse than that, the more deeply it goes, the less complete it is. It is a strange science whose most telling assertions are its most tremulously based, in which to get somewhere with the matter at hand is to intensify the suspicion, both your own and that of others, that you are not quite getting it right.“ [389]

Geertz rechnet so mit der notwendigen Unabgeschlossenheit der Interpretation, geht dabei aber von ihrer vorläufigen Möglichkeit[390] auf Basis der Textualität von Kultur aus. AnthropologInnen können dabei im Außen der Kultur bleiben; die Interpretation kultureller Texte erfordert keine Teilnehmerperspektive, „the anthropologist strains to read over the shoulder of those to whom they properly belong“[391], so Geertz. Die Grenze zwischen eigener und fremder Kultur muss nicht niedergerissen werden.

Das ‚Kultur-als-Text‘-Verständnis bildet die Grundlage für den Cultural Turn in der Kulturanthropologie und ermöglicht seine Dynamik überhaupt erst. Indem er auf kulturelle Bedeutungen in Bezeichnungsprozessen abhebt, ermöglicht er einen ganzheitlichen Zugang zur Kultur. Unter seiner Perspektive ein elitaristisches Verständnis von Kultur als Hochkultur, wie es etwa von Matt-

not an occult entity. The interminable, because unterminable, debate within anthropology as to whether culture is ‚subjective‘ or ‚objective‘, together with the mutual exchange of intellectual insults (‚idealist!‘ - ‚materialist!‘; ‚mentalist!‘ - ‚behaviorist!‘; ‚impressionist!‘ - ‚positivist!‘) which accompanies it, is wholly misconceived.“ Ebd., S. 10.

388 „ … The anthropologist characteristically approaches … broader interpretations and more abstract analyses from the direction of exceedingly extended acquaintances with extremely small matters. … The aim is to draw large conclusions from small, but very densely textured facts.“ Ebd., S. 21.28.

389 Ebd., S. 29.

390 Auf die Nähe des kulturanthropologischen Entwurfs von Geertz zu Derridas Dekonstruktion von Sinn als „unmögliche Möglichkeit“ hat Lutz Ellrich hingewiesen: Lutz Ellrich: *Verschriebene Fremdheit. Die Ethnographie kultureller Brüche bei Clifford Geertz und Stephen Greenblatt.* Univ., Habil.-Schr.–Frankfurt (Oder), 1998 (= Forschung, Band 784), Frankfurt/Main: Campus-Verl. 1999.

391 Clifford Geertz: „Deep Play. Notes on the Balinese Cockfight“, in: Clifford Geertz (Hg.), *The interpretation of cultures. Selected essays*, New York: Basic Books 2006, S. 412–453, hier S. 452f.

hew Arnold[392] vertreten wurde, aufgebrochen – vielmehr wird ‚alles zur Kultur': Unter dem Begriff Kultur wird versteht die Lebensform verstanden, „a whole way of life"[393], einer Gruppe von Individuen, die „gemeinsame Konventionen für die gegenseitige Zuordnung von Signifikanten und Signifikaten entwickeln. … Die Benutzung desselben konventionellen Codes in verschiedenen Zeichenprozessen macht diese einander ähnlich und bringt somit auch bei stark wechselnden Botschaften Konstanz in die Interaktionen der Mitglieder einer Kultur."[394]

Mit der Textmetapher werden so die Anfänge des Cultural Turn in einem Kulturverständnis verortet, das Kathryn Tanner als „modern concept of culture" beschreibt[395]. Dieses moderne Kulturverständnis sieht Kultur als ein menschliches Universal, das sich jeweils partikular ausprägt und in dem Kulturen distinkte Lebensformen bilden. Kultur wird durch Konventionen konstituiert, die auf dem Konsens einer Gruppe, in die die Mitglieder sozialisiert werden, basieren. Kultur erscheint so als eine holistische[396], differenzierende und kontextabhängige Entität. Damit werden klare Grenzen zwischen den Kulturen etabliert und eine Dichotomie zwischen Eigenem und Fremdem aufgebaut. Vor dem Hintergrund dieser Kulturkonzeption stellt die Anthropologie eine nicht-evaluative, deskriptive Beschreibung einer Kultur an.

1.1.2.2 Writing Culture

Die writing-culture-Debatte, die die Ethnologie und Kulturanthropologie der 1980er Jahre bestimmte,[397] hinterfragt diese Vorstellung von neutraler Beobachtung und unterminiert das Ziel einer deskriptiven Darstellung fremder Kulturen. Repräsentation kultureller Identität im ethnographischen Diskurs ist vielmehr poesis[398], eine Konstruktion auf Basis rhetorischer Mittel. Sie ist viel-

---

392 Matthew Arnold: *Culture and anarchy. An essay in political and social criticism*, London 1909.

393 Raymond Williams: *Culture and society 1780 - 1950*, Edinburgh: Chatto u. Windus 1966, S. XVIII.

394 So die Definition des semiotischen Kulturbegriffs bei R. Posner: *Kultursemiotik*, S. 43.

395 Vgl. K. Tanner: *Theories of culture*, S. 25–37.

396 Diese Vorstellung eines „Kulturganzen" wurde von schon von Geertz selbst aufgebrochen: „Angesichts der Stückhaftigkeit unserer Welt scheint die Auffassung von Kultur – *einer bestimmten* Kultur, *dieser* Kultur – als Konsens über grundlegende gemeinsame Werte kaum noch haltbar. Es sind im Gegenteil die Verwerfungen und Brüche, die heute die Landschaft der kollektiven Identitäten konturieren." Clifford Geertz/Herwig Engelmann: *Welt in Stücken. Kultur und Politik am Ende des 20. Jahrhunderts* (= Passagen forum, Band 1995), Wien: Passagen-Verl. 2007, S. 73.

397 James Clifford/George E. Marcus (Hg.): *Writing culture. The poetics and politics of ethnography; a School of American Research Advanced Seminar*, Berkeley, Calif.: Univ. of California Press 1986.

398 James Clifford: „Partial truths", in: James Clifford/George E. Marcus (Hg.), *Writing culture. The poetics and politics of ethnography; a School of American Research Advanced Seminar*, Berkeley, Calif.: Univ. of California Press 1986, S. 1–26, hier S. 16.

fach konditioniert – „contextually, rhetorically, institutionally, generically, politically, historically“[399] – und beruht auf „strategies of ellipsis, concealment and partial disclosure“[400]. Ethnographische Darstellung kultureller Identität kreiert somit „partial truths“ – im doppelten Sinne[401]. Sie bleibt wesentlich unvollständig und fragmentiert, sie „produces gaps as it fills them“[402]. Damit ist sie auch parteiisch – die Frage nach kultureller Repräsentation ist zentral auch eine Machtfrage. Sie tut sich auf zwischen EthnographIn und der repräsentierten Kultur, aber auch innerhalb dieser Kultur[403].

Die Problematisierung der Repräsentation kultureller Identität in der writing-culture-Debatte erschüttert ein holistisches und separatives Kulturverständnis. Repräsentation ist ein Prozess voller asymmetrischer Machtverhältnisse ohne neutrale Außenperspektive, in dem die Identität des Anderen erst kreiert wird. Kultur ist „always relational“[404], ihre Identitätskonstruktion beruht auf Differenzierungsprozessen entlang poröser und elastischer Grenzen. Unter den Schlüsselbegriffen ‚Performativität‘ und ‚Macht‘ kommt die Metapher von Kultur als Texten Bewegung:

Performativität

Die Textmetapher fasst Kultur als holistisches und abgeschlossenes Bedeutungssystem. Sie hebt auf die Sedimentation von Bedeutung in Texten ab; die Interpretation, der diese Texte unterzogen werden können, impliziert eine Trennung von Text und Lesenden. In kritischem Anschluss daran wird das textuelle Kulturverständnis performativ erweitert. Einflussreich zeigt sich hier einerseits die Sprechakttheorie John Austins[405]: in einigen Sprechakten fallen Sprache und Handlung zusammen, Sprache hat hier performativen Charakter. Außerdem greift der Performative Turn[406] wesentlich auf die Ritualforschung Victor Turners zurück: durch den Fokus auf die transformative Kraft von Ritualen erfährt der Symbolbegriff eine Dynamisierung – kulturelle Bedeutung liegt nicht

---

399 Ebd., S. 6.

400 Ebd., S. 7.

401 „Ethnographic truths are thus inherently *partial* – committed and incomplete.“ Ebd.

402 Ebd., S. 8.

403 Auch innerhalb einer repräsentierten Kultur sind Machtgefälle am Werk, die Repräsentation der eigenen Kultur gegenüber Outsidern beruht auf Ausschließungen. Vgl. exemplarisch: G. C. Spivak: *Can the Subaltern speak?*

404 J. Clifford: *Partial truths*, S. 15.

405 John L. Austin: *How to do things with words. The William James lectures delivered at Harvard University in 1955* (= Oxford paperbacks, Band 234), London: Oxford Univ. Pr 1971.

406 Vgl. Erika Fischer-Lichte: „Vom „Text“ zur „Performance“. Der performative turn in den Kulturwissenschaften“, in: Georg Stanitzek/Wilhelm Vosskamp (Hg.), *Schnittstelle. Medien und Kulturwissenschaften*, Köln: DuMont 2001, S. 111–115.

in textuellen Zeichen vor, sondern wird in Prozessen der Symbolisierung inszeniert. Hoch produktiv ist das Stadium der Liminalität:

> „Liminality my perhaps be regarded as the Nay to all positive structural assertions, but as in some sense the source of them all, and, more than that, as a realm of pure possibility whence novel configurations of ideas and relations may arise.“[407]

Hier sind die gewohnten Bedeutungszuschreibungen aufgehoben, sie sind offen für kreative Umkehrungen und die Dekonstruktion sozialer Zuordnungen.[408] Die unbestreitbar gesellschaftsstabilisierende Funktion von Ritualen werden durch das massive Veränderungpotential in der Performanz kultureller Identität konterkariert. Die performative Inszenierung und Verhandlung kultureller Bedeutung steht so unter einer Politisierungsperspektive.

Über die Kategorie der Performanz wird die Statik der Textmetapher erschüttert. In ihrem performativen Charakter ist Kultur ein Prozess der Praxis[409], in dem Bedeutung generiert wird. Sie liegt nicht einfach in einem Text, einem Master-Narrativ vor, sondern wird in performativen Inszenierungen stets neu gestaltet und konstruiert. In Absetzung von der Statik des textuellen Kulturbegriffs wird

> „organic culture reconceived as inventive process or creolized ‚interculture'. ... [A]mbiguity keeps the planet's local futures uncertain and open. There is no master narrative that can reconcile the tragic and comic plots of global cultural history.“[410]

Unter der Perspektive von Performanz und Prozessualität erscheinen Kulturen als gezeichnet von diachroner Instabilität und synchroner Offenheit.

---

407 Im Anschluss an Arnold van Gennep unterscheidet Victor Turner in „rites de passage“ zwischen drei Phasen: „... all rites of transition are marked by three phases: separation, margin (or limen), and aggregation.“ Victor W. Turner: „Betwixt and Between. The Liminal Period in Rites de Passage“, in: Victor W. Turner (Hg.), *The forest of symbols. Aspects of Ndembu ritual*, Ithaca, NY: Cornell Univ. Press 1970, S. 93–111, hier S. 94.

408 Ebd., S. 97.

409 Prominent wird der Praxis-Charakter von Kultur im Werk von Pierre Bourdieu vertreten. „Im Habitus als der Schnittstelle zwischen strukturierter und strukturierender Struktur findet ein Übersetzung- und Transformationsprozess statt, in dem Bedeutung generiert wird.“ Pierre Bourdieu: *Die feinen Unterschiede. Kritik der gesellschaftlichen Urteilskraft* (= Suhrkamp-Taschenbuch Wissenschaft, Band 658), Frankfurt am Main: Suhrkamp 1991, S. 280.

410 James Clifford: *The predicament of culture. Twentieth-century ethnography, literature, and art*, Cambridge, Mass.: Harvard Univ. Press 2002, S. 15.

Macht

Im modernen Kulturbegriff größtenteils ausgeblendet, wird Macht im postmodernen Diskurs zur zentralen Kategorie. Grundlegend sind die Arbeiten Michel Foucaults, in denen er den untrennbaren Konnex von Macht und Wissen be/schreibt:

> „Das Wort Wissen wird also gebraucht, um alle Erkenntnisverfahren und -wirkungen zu bezeichnen, die in einem bestimmten Moment und in einem bestimmten Gebiet akzeptabel sind. Und zweitens wird der Begriff Macht gebraucht, der viele einzelne, definierbare und definierte Mechanismen abdeckt, die in der Lage scheinen, Verhalten oder Diskurse zu induzieren. ... Jene beiden Worte sollen ... in jedem Moment der Analyse einen bestimmten Inhalt, ein bestimmtes Wissenselement, einen bestimmten Machtmechanismus präzis bezeichnen könne; niemals darf sich die Ansicht einschleichen, dass ein Wissen oder eine Macht existiert – oder gar das Wissen oder die Macht, welche selbst agieren würden. ... Denn nichts kann als Wissenselement auftreten, wenn es nicht mit einem System spezifischer Regeln und Zwänge konform geht ... und wenn es nicht andererseits, gerade weil es wissenschaftlich oder rational oder einfach plausibel ist, zu Nötigungen oder Anreizungen fähig ist. Umgekehrt kann nicht als Machtmechanismus funktionieren, wenn es sich nicht in Prozeduren und Mittel-Zweck-Beziehungen entfaltet, welche in Wissenssysteme fundiert sind.“[411]

Ihr Zueinander formiert Diskurse, die realitätserzeugend wirken, indem sie Identitäten produzieren, repräsentieren und legitimieren:

> „Die Unlöslichkeit des Wissens und der Macht [führt] im Spiel der vielfältigen Interaktionen und Strategien zu Singularitäten, die sich aufgrund ihrer Akzeptabilitätsbedingungen fixieren, und zugleich zu einem Feld von möglichen Öffnungen und Unentschiedenheiten, von eventuellen Umwendungen und Verschiebungen, welches sie fragil und unbeständig macht.“[412]

Kulturelle Identität ist damit nicht ‚unschuldig‘, sondern entsteht in diesem untrennbaren Zueinander von Macht und Wissen als Kampf um Repräsentation. Die Rezeption von Foucaults Ansatz im Rahmen des Cultural Turn verändert den Kulturbegriff massiv. In den British cultural studies[413] wird er in einem

[411] Michel Foucault: *Was ist Kritik?* (= Internationaler Merve-Diskurs, Band 167), Berlin: Merve-Verl. 1992, S. 32f.

[412] Ebd., S. 40.

[413] Die britischen cultural studies stellen eine der einflussreichsten Strömungen des Cultural Turn dar. Der Grundstein ihrer Entwicklung wurde 1964 mit der Gründung des Birmingham Centre for Contemporary Cultural Studies gelegt. Für eine Dokumentation der Entwicklung der Cultural Studies vgl. Stuart Hall (Hg.): *Culture, media, language. Working papers in cultural studies, 1972–79*, London: Routledge [u.a.] 1992

unauflöslichen Dreieck von Kultur – Macht – Identität verortet. Hier wird Kultur vor dem Hintergrund einer Analyse hegemonialer Strukturen[414] zu einem eminent politischen Begriff[415]. Kultur ist angesichts der identitäts- und realitätskonstituierenden Rolle von Macht nicht nur „a whole way of life“, sondern auch „a whole way of struggle“[416]. Dieser Fokus unterminiert eine holistische Sichtweise auf Kultur als ganzheitliche Entität und deckt die sie durchziehenden Hierarchien, Spannungen und Brüche auf. Macht macht Kultur nicht neutral und einheitlich, sondern interessiert und fragmentiert. Angesichts des beständigen Kampfes um Repräsentation, der kultureller Identitätsformierung zugrundliegt, kann Kultur als „a ground of contest in relations“[417] gefasst werden. Kultur ist ein Schauplatz von Konflikten, ein performatives Verhandeln von Identität in Differenzen im Innen und im Außen nicht vorgegebener, sondern instabiler Konstellationen.

1.1.2.3 Kultur als Übersetzung

Die Problematisierung des Kulturbegriffs in der writing-culture-Debatte unter den Perspektiven Performativität und Macht führt zur einer Ablöse der Kulturmetapher ‚Text‘ – angesichts der Prozesshaftigkeit von Kulturen erscheint Translation als treffendere Metapher. Immer noch auf die unhintergehbare Zeichenhaftigkeit kultureller Identifikationsprozesse rekurrierend, bringt das Übersetzungskonzept – stärker als ‚Text‘ – Wandel, aber auch Interaktion zwischen Kulturen zum Ausdruck. Es verweist auf die diachrone Instabilität und synchrone Offenheit[418], die kulturelle Identität prägen. Dem Konzept kultureller Translation liegt ein weiter und komplexer Übersetzungsbegriff zugrunde, der nicht unter dem Stichwort der Reproduktion, sondern der Transformati-

---

414 Die Analyse hegemonialer Strukturen knüpft an den von Antonio Gramsci entwickelten Hegemoniebegriff an. Vgl. Antonio Gramsci: *Gefängnishefte. Kritische Gesamtausgabe*, Hamburg: Argument-Verl. 1996.

415 Vgl. dazu den Fokus der britischen cultural studies. „Was ist das Spezifische, das Besondere an der Perspektive der Cultural Studies? Ich glaube, die Frage der Politik des Kulturellen oder der Kultur des Politischen kommt dem Begriff sehr nahe oder steht im Zentrum der Cultural Studies.“ Stuart Hall: „Cultural Studies und die Politik der Internationalisierung“, in: Stuart Hall (Hg.), *Cultural studies. Ein politisches Theorieprojekt*, Hamburg: Argument-Verl. 2000, S. 137–157, hier S. 141. John Fiske: *Die Fabrikation des Populären. Der John Fiske-Reader, hrsg. von Winter, R. und Mikos, L* (= Cultural studies, Band 1), Bielefeld: Transcript-Verl. 2001, S. 17.: „Das Wort ‚Kultur‘ hat im Begriff ‚Cultural Studies‘ weder eine ästhetische noch eine humanistische Ausrichtung, sondern vielmehr eine politische.“

416 E. P. Thompson: „Commitment in Politics“, in: Universities &. left Review (1959), S. 50–55, hier S. 52.

417 Robert J. Schreiter: *The new catholicity. Theology between the global and the local* (= Faith and cultures series), Maryknoll, N.Y: Orbis Books 1997, S. 54.

418 Diese Dynamisierung des Kulturbegriffs bringt Homi Bhabha auf den Punkt: „Kultur … ist sowohl transnational aus auch translational.“ H. K. Bhabha: *Die Verortung der Kultur*, S. 257.

on steht. Übersetzt wird nicht einfach Sprache, sondern Sprache in ihrer Praxis und damit kulturelle Prozesse. Unter dieser Perspektive ist in den Kulturwissenschaften ein translational turn[419] im Entstehen – Kulturen werden nicht übersetzt, sie konstituieren sich in wechselseitigen Übersetzungen. Der Kulturbegriff der Translation bricht binäre Codierungen zwischen Kulturen als fixe Entitäten auf und stellt sich gegen ein essenzialistisches, holistisches, integratives Kulturverständnis.[420] Er weist auf das Flottieren der Zeichen und damit auf die Instabilität kultureller Bedeutungen hin. Grenzen verlaufen nicht zwischen Kulturen, sondern sind als Differenzen in die Kulturen hineingenommen, Eigenes ist immer schon von Fremdem durchzogen. Übersetzungen geschehen so nicht zwischen fixen kulturellen Entitäten als Reproduktion vorgegebener Bedeutungen, sondern sind Vorgänge der Transformation als Identifizierungsprozesse, in denen sich durch Differenzierungen verschiedene und stets instabile Sphären erst herausbilden. Kulturen sind immer schon übersetzt, ihre Identität kann nicht auf eine feststehende, essenzialistische Basis zurückgeführt werden – statt auf ihre „roots" zu treffen, kann man immer nur nach den „routes"[421] forschen, auf denen sich momentane Identitätskonstellationen in Ab- und Übersetzungen herauskristallisieren.

Als ‚Agentur der Differenz' (Homi Bhabha) bedeutet Übersetzung für Kulturen eine Dynamisierung und doppelte Dezentrierung: Translationen finden vor allem in Grenzbereichen statt, die Grenze ist der „hottest spot" der kulturellen Identitätskonstruktion:

> „But the hottest spots for semioticizing processes are the boundaries of the semiosphere. The notion of boundary is an ambivalent one: it both separates and unites. It is always the boundary of something and so belongs to both frontier cultures, to both contiguous semiospheres. The boundary is bilingual and polylingual. The boundary is a mechanism for translating texts of an alien into ‚our' language, it is the place where what is ‚external' is transformed into what is ‚internal', it is a filtering membrane which so

419 Susan Bassnett: „‚The Translation Turn in Cultural Studies'", in: Susan Bassnett/André Lefevere (Hg.), *Constructing cultures. Essays on literary translation*, Clevedon: Multilingual Matters 1998, S. 123–140.

420 „It is the horizon of holism, towards which cultural authority aspires, that is made ambivalent in the colonial signifier. To put it succinctly, it turns the dialectical ‚between' of culture's disciplinary structure – *between* unconscious and conscious motives, *between* indigenous categories and conscious rationalizations, *between* little acts and grand traditions … into something closer to Derrida's ‚*entre*', that sows confusion between opposites and stands between the oppositions at once. The colonial signifier – neither one nor other – is, however, an act of ambivalent signification, literally splitting the difference between the binary oppositions or polarities through which we think cultural difference. It is in the enunciatory act of splitting that the colonial signifier creates its strategies of differentiation that produce an undecidability between contraries or oppositions." H. K. Bhabha: *The Location of Culture*, S. 128.

421 Vgl. J. Clifford: *Routes*

> transforms foreign texts that they become part of the semiosphere's internal semiotics while still retaining their own characteristics."[422]

Hybridität als Charakteristikum der Grenze ist somit nicht bloße Vermischung, sondern Handlungsraum von Übersetzungsprozessen[423]. Existentiell verkörpert wird diese Identitätskonstruktion zwischen Kulturen von MigrantInnen – die Diaspora[424] bringt Grenzen und Differenzen vom Außen in das Innen der Kultur. Gerade an den ‚margins' und in Migration scheinen auch die politischen Implikationen des Übersetzens auf: Translation ist nicht neutral, „never ... innocent"[425]. Als identitätskonstituierende Diskurse sind Übersetzungen in den unauflöslichen Konnex von Macht und Wissen verstrickt. Sie sind nicht Reproduktion, sondern Transformation von Bedeutung und so in komplexe Prozesse von Auswahl, Deutung und re-writing in hegemoniale Kulturbeziehungen eingebunden. Als politischer Diskurs ist Übersetzung ein machtvolles Instrument im Kampf um Repräsentation und Identitätskonstruktion, sie dient der Praxis gewaltvoller Aneignung, eröffnet aber auch Raum für Widerstand und Subversion[426].

1.1.3 Inter/Kulturalität, postkolonial

Im Anschluss an Saids und Bhabhas postkoloniale Studien, die kulturelle Identitätskonstruktion als konfliktiven Diskurs der Grenzziehungen zwischen unhintergehbar hybriden Identitätsformationen begreifen, und an den in der Kulturanthropologie entwickelten Translational Turn lässt sich ein Begriff von kultureller Identität und von Interkulturalität umreißen, der die mit dem Cultural Turn unausblendbar werdende Verstrickung christlicher Identität in plurale kulturelle Diskurse analysierbar macht.

Im Rückgriff auf poststrukturelle und postkoloniale Theoriehintergründe erscheinen kulturelle Identitäten als unabschließbarer Prozess von Identifizierun-

---

422 Y. L. Lotman: *Universe of the mind*, S. 136f.

423 Doris Bachmann-Medick: *Cultural turns. Neuorientierungen in den Kulturwissenschaften* (= Rororo Rowohlts Enzyklopädie, Band 55675), Reinbek bei Hamburg: Rowohlt-Taschenbuch-Verl. 2009, S. 250.

424 „Das Verständnis der Diaspora-Erfahrung, um das es mir geht, wird nicht von Essenz oder Reinheit bestimmt, sondern von der Anerkennung notwendiger Heterogenität und Verschiedenheit; von einem Konzept von ‚Identität', das mit und von – und nicht trotz – der Differenz lebt, das durch Hybridbildung lebendig ist. Die Identitäten der Diaspora produzieren und reproduzieren sich ständig aufs Neue, durch Transformation und Differenz." S. Hall: *Kulturelle Identität und Diaspora*, S. 41.

425 Roman /. V. C.-A. Alvarez: „Translating. A political Act.", in: Román Álvarez/Carmen-Africa Vidal (Hg.), *Translation, power, subversion*, Clevedon, Avon: Multilingual Matters 1996, S. 1–9, hier S. 5.

426 Vgl. etwa Ngugi wa Thiong'o: *Decolonising the mind. The politics of language in African literature* (= Studies in African literature), Oxford: Currey [u.a.] 2006.

gen und Bedeutungszuschreibungen im unendlichen Spiel (und Kampf) der Signifikanten in kulturellen Symbolsystemen; sie

> „sind die instabilen Identifikationspunkte oder Nahtstellen, die innerhalb der Diskurse über Geschichte und Kultur gebildet werden. Kein Wesen, sondern eine Positionierung. Daher gibt es immer eine Identitätspolitik, eine Politik der Positionierung, für die es keine absolute Garantie eines unproblematischen, transzendentalen ‚Gesetzes des Ursprungs' gibt."[427]

Diese Positionierung verlangt nach Differenzen – Identifizierungen geschehen als (symbolische) Grenzziehungen. Grenzen schaffen Ein- und Ausgeschlossenes, die Identität des Eigenen wird in Abgrenzung zu Anderem, zu Fremdem geschaffen. Differenzierungsprozesse schaffen kulturelle Identität in Abgrenzung zu dem, das für sie nicht existiert. An den Grenzen als „the hottest spots"[428] von Identitätskonstruktion wird gleichzeitig nach innen hin Kohärenz und Sinnhaftigkeit und nach außen hin Disorganisation und Bedeutungslosigkeit erzeugt[429], mit der inneren Ordnung entsteht unausweichlich das „Außer-Ordentliche"[430]. Die „Barbaren" sind so ein Produkt der Zivilisation, die ohne sie identitätslos wäre.[431] Kulturelle Identität stützt sich auf die kontrastive Gegenüberstellung eines ‚Anderen', auf das Bewusstsein von Alterität. Eine Kultur definiert sich dadurch, dass sie „etwas zurückweist, was für sie außerhalb liegt"[432]. Erst die negative „Abgrenzung des Nicht-Identischen verleiht einer Kultur den Ausdruck ihrer Positivität"[433]. Dabei geht das Eigene dem Anderen jedoch nicht als Gegebenheit voraus; umgekehrt stellt die Verdrängung des Anderen die Bedingung für die Möglichkeit des Eigenen her:

---

427 S. Hall: *Kulturelle Identität und Diaspora*, S. 30.
„Identität ist weder so vollkommen transparent, noch so unproblematisch, wie wir denken. Statt Identität als eine schon vollendete Tatsache zu begreifen, die erst danach durch neue kulturelle Praktiken repräsentiert wird, sollten wir uns vielleicht Identität als eine ‚Produktion' vorstellen, die niemals vollendet ist, sich immer in einem Prozess befindet, und immer innerhalb – nicht außerhalb – der Repräsentation konstituiert wird. Diese Sichtweise hinterfragt die Autorität und Authentizität, die der Begriff der ‚kulturellen Identität' für sich beansprucht." Ebd., S. 28.

428 Y. L. Lotman: *Universe of the mind*, S. 138.

429 Vgl. ebd.

430 Bernhard Waldenfels: *Topographie des Fremden* (= Suhrkamp-Taschenbuch Wissenschaft, Band 1320), Frankfurt am Main: Suhrkamp 1997, S. 33. „So viele Ordnungen, so viele Fremdheiten. Das Außer-ordentliche begleitet die Ordnungen wie ein Schatten."

431 Vgl.Edith Hall: *Inventing the barbarian. Greek self-definition through tragedy* (= Oxford classical monographs), Oxford: Clarendon Pr. 1989.

432 Michel Foucault: *Wahnsinn und Gesellschaft. Eine Geschichte des Wahns im Zeitalter der Vernunft* (= Suhrkamp-Taschenbuch Wissenschaft, Band 39), Frankfurt am Main: Suhrkamp 2009, S. 9.

433 Ebd.

> „Eine Kultur über ihre Grenzerfahrungen zu befragen, heißt, sie an den Grenzen der Geschichte über eine Absplitterung, die wie die Geburt ihrer Geschichte ist, zu befragen."[434]

Die unhintergehbare Rolle des Anderen für die Konstruktion von Identität zeigt die Ambivalenz der Grenze auf – indem sie trennt, schafft sie gleichzeitig unlösbare Verbindungen. Die Anwesenheit des Fremden im Modus des Ausgeschlossenseins, des Entzogenseins, widersetzt sich einer klaren Trennung von Eigenem und Fremdem; Identität und Differenz erscheinen nicht als exklusivierende Gegenpole, sondern sind ineinander verschränkt, so Bernhard Waldenfels, der dem Fremden phänomenologisch nachdenkt:

> „Die zentrale Denkfigur der Verschränkung widersetzt sich dem extremen Gegensatz von vollständiger Deckung oder völliger Fusion einerseits und vollständiger Disparatheit andererseits. Wenn wir diese Denkfigur auf den Gegensatz von Eigenem und Fremdem anwenden, so besagt Verschränkung zum einen, dass Eigenes und Fremdes mehr oder weniger ineinander verwickelt sind, so wie ein Netz sich verdichten oder lockern kann, und es besagt zum anderen, dass zwischen Eigenem und Fremdem immer nur unscharfe Grenzen bestehen."[435]

Eigenes und Fremdes geht aus diesen Verschränkungen „in einem Prozess von Ein- und Ausschließungen"[436] hervor, Identität form(ul)iert sich als Antwort auf den Einbruch des Fremden: „Ihre Eigenart verdankt eine Kultur der Antwort auf Fremdartiges."[437] Die Verschränkungen, die Zwischenräume liegen so vor jeder Identifizierung durch Differenzierung:

> „Wo neuartige Gedanken entstehen, gehören sie weder mir noch dem anderen. Sie entstehen zwischen uns. Ohne dieses Zwischen gäbe es keine Inter-subjektivität und Inter-kulturalität, die ihren Namen verdient."[438]

Homi Bhabha zufolge ist es „the ‚inter' – the cutting edge of translation and negotiation, the in-between space – that carries the burden of the meaning of culture"[439].

---

434 Ebd.

435 Bernhard Waldenfels: „Verschränkung von Heimwelt und Fremdwelt", in: Ram A. Mall (Hg.), *Philosophische Grundlagen der Interkulturalität*, Amsterdam: Rodopi 1993, S. 52–65, hier S. 53f.

436 Ebd., S. 57.

437 Ebd., S. 62.

438 Bernhard Waldenfels: „Das Eigene und das Fremde.", in: Deutsche Zeitschrift für Philosophie, 43 (1995), S. 611–620, hier S. 620.

439 H. K. Bhabha: *The Location of Culture*, S. 38.

Die Ambivalenz der Grenze, die ein Ineinander von Ein- und Ausgeschlossenem schafft, ihr verschränkender Charakter, unterläuft binär codierte Identitätskonzeptionen – aus postkolonialer und poststrukturalistischer Sicht erscheinen Identität und Differenz nicht als einander ausschließende Pole, sondern stehen immer schon, uneinholbar, in einem Verhältnis von Unterscheidungen, Differenzierungen zueinander – eine gleichursprüngliche Ursprungslosigkeit, die Jacque Derrida im Konzept der différance zu beschreiben versucht:

> „Was sich différance schreibt, wäre also jene Spielbewegung, welche diese Differenzen, diese Effekte der Differenz, durch das ‚produziert', was nicht einfach Tätigkeit ist. Die différance, die diese Differenzen hervorbringt, geht ihnen nicht etwa in einer einfachen und an sich unmodifizierten, in-differenten Gegenwart voraus. Die différance ist der nicht-volle, nicht-einfache Ursprung der Differenzen. Folglich kommt ihr der Name ‚Ursprung' nicht mehr zu."[440]

Im immer aufgeschobenen, nie abgeschlossenen Prozess der Bedeutungszuschreibungen können keine fixen Identitäten angenommen werden. Bedeutung ist nicht natürlich und dauerhaft, sondern eine fragmentarische Unterbrechung in der unbegrenzten Semiose der Sprache.[441] Im Fluktuieren der Bedeutungen sind Grenzen nicht fix und statisch, sondern fluid und instabil; sie bilden keine trennscharfen Linien, sondern sind Zonen der Bedeutungsverhandlung.[442] Der Zwischenraum identitätskonstitutiver Grenzziehungen hat so liminalen Charakter[443] – er ist Raum der Transition und Transformation von Bedeutungen, „betwixt and between" kultureller Zeichensysteme herrschen Ambiguität und Instabilität, hier eröffnet sich „a realm that has few or none of the attributes of the past or coming state"[444]. Dieser liminale Zwischenraum ist so hochproduk-

440 Jacques Derrida: „Die différance", in: Jacques Derrida (Hg.), *Randgänge der Philosophie.*, Frankfurt M.: Ullstein 1976, S. 29–52, hier S. 37.

441 Mit Werner Kogge wird damit gegen einen substantialistisch verstandenen Grenzbegriff argumentiert, der Identität ontologisch als „statisch gegebene, selbstidentische Entität" fasst. Vgl. Werner Kogge: *Die Grenzen des Verstehens. Kultur - Differenz - Diskretion.* Humboldt-Univ., Diss.–Berlin, 1999, Weilerswist: Velbrück Wiss. 2002, S. 290.

442 Metaphorisch gesprochen, sind Grenzen „temporary check points rather than concrete walls". Richard Jenkins: *Social identity* (= Key ideas), London: Routledge 1996, S. 99.

443 Auch Waldenfels fasst die Grenzlinie zwischen Ordentlichem und Außer-ordentlichem als Schwelle. Anders als die Grenze, deren Jenseits im Diesseits immer schon innewohnt, ist die Schwelle ein Raum, der Diskontinuität zwischen Drinnen und Draußen schafft. Jenseits der Grenze finden wir Utopien, Schwellen schaffen Heterotopien: „Was jenseits der Schwelle lockt und erschreckt, gehört nicht mehr zum Spiel mit den eigenen Möglichkeiten, sondern bedeutet eine Herausforderung der eigenen Freiheit durch Fremdartiges, das in der jeweils bestehenden Ordnung keinen Platz findet. Wir haben es mit Heterotopien und Atopien zu tun, deren Anderswo als Außer-ordentliches unserer jeweiligen Ordnung entgleitet." Bernhard Waldenfels: *Der Stachel des Fremden*, Frankfurt am Main: Suhrkamp 1998, S. 31.

444 V. W. Turner: *Betwixt and Between. The Liminal Period in Rites de Passage*, S. 94.

tiver Raum neuer Bedeutungszuschreibungen und Identitätskonstruktionen in der Performanz kultureller Zeichen, er erscheint

> „... as liminal space, in-between the designations of identity, [and] becomes the process of symbolic interaction, the connective tissue that constructs the difference between upper and lower, black and white. The hither and thither ..., the temporal movement and passage that it allows, prevents identities at either end of it from settling into primordial polarities. This interstitial passage between fixed identifications opens up the possibility of a cultural hybridity that entertains difference without an assumed or imposed hierarchy."[445]

In diesen unbestimmten, instabilen, semiotisch hochproduktiven Zwischenräumen sind kulturelle Identifizierungen entlang von Grenzziehungen immer neue Positionierungen. Sie können nicht auf ihr Wesen zurückverfolgt werden, sondern entstehen im Verhandeln von Bedeutungen in der Performanz kultureller Zeichen. Identität ist damit keine ontologische, sondern eine diskursive Größe: in semiotischen Prozessen von Ein/Ausschließungen konstituiert sich Identität je neu in Diskursen, die im untrennbaren Konnex von Wissen und Macht Realität schaffen. Diese wissensformenden und damit identitätskonstruierenden Diskurse werden von Machtverhältnissen bestimmt und gesteuert. Macht ist jene beherrschende Kategorie[446], die jeder Wissensformation und damit jeder kulturellen Identifizierung zugrunde liegt. Macht macht kulturelle Identität nicht neutral und einheitlich, sondern interessiert und fragmentiert.[447]

Ein diskurskritischer Zugriff auf die Diskursgröße Identität deckt so ihre unausweichliche Verstrickung in Machtverhältnisse auf. Während Repräsentation von Identität nach außen und nach innen sie zumeist als ‚natürlich' erscheinen lässt und auf binäre Codierungen zurückgreift, ist ihre Formierung ein machtbesetzter Kampf um Repräsentationshoheit im instabilen Gefüge kultureller Bedeutungszuschreibungen. Dem dominanten Diskurs in diesem Feld flottierender Zeichen gelingt es zeitweilig, das Fließen der Differenzen aufzuhalten, bestimmte Signifikanten zu privilegieren und so ein Zentrum zu konstruieren,

---

445 H. K. Bhabha: *The Location of Culture*, S. 4.

446 Michel Foucault versteht unter Macht nicht einfach Herrschaft oder Zwang, sondern „die Vielfältigkeit von Kraftverhältnissen, die ein Gebiet bevölkern und organisieren; das Spiel, das in unaufhörlichen Kämpfen und Auseinandersetzungen diese Kraftverhältnisse verwandelt, verstärkt, verkehrt; die Stützen, die diese Kraftverhältnisse aneinander finden, indem sie sich zu Systemen verketten – oder die Verschiebungen und Widersprüche, die sie gegeneinander isolieren, und schließlich die Strategien, in denen sie zur Wirkung gelangen und deren große Linien und institutionelle Kristallisierungen sich in den Staatsapparaten, in der Gesetzgebung und in den gesellschaftlichen Hegemonien verkörpern." Michel Foucault: *Der Wille zum Wissen* (= Suhrkamp-Taschenbuch Wissenschaft, Band 716), Frankfurt am Main: Suhrkamp-Taschenbuch-Verl. 2006, S. 113f. (französische Erstveröffentlichung 1976).

447 J. Clifford: *Partial truths*. Clifford spielt hier mit der doppelten Bedeutung von „partial" als „teilweise" und „parteilich".

das Einheit und Identität repräsentiert.[448] Mit einem Zentrum werden jedoch gleichzeitig auch Marginalitäten geschaffen, das Aussagen von Bedeutung impliziert unausweichlich ein Verschweigen anderer Deutungen. Gerade in ihrer Repräsentation als natürlich, einheitlich, stabil ist Identität also unhintergehbar plural, fragmentiert, instabil. Ihre Formierung in diskursiven Prozessen von Ein/Ausschließungen vollzieht sich innerhalb eines Feldes pluraler, widerstreitender Identitätsdiskurse, die um die Interpretation und Bedeutungszuschreibung kultureller Zeichen ringen. Hier entwickelt jeder Diskurs eigene Strategien der Grenzziehung – „each society makes ist own strangers“[449]; mit semiotischen Prozessen in den Zwischenräumen dieses Feldes konstituieren sich kulturelle Identitäten so als „imagined communities“[450], die auf einem Narrativ von Kontinuität beruhen[451].

Im Anschluss an diesen prekären Begriff kultureller Identität beruht der dieser Arbeit zugrundegelegte Begriff von Interkulturalität auf einer Kulturkonzeption, die Kulturen nicht als abgeschlossene Einheiten betrachtet, sondern von stetigen Identitätskonstruktionen in diskursiven Abgrenzungsprozessen ausgeht und die Konfliktivität dieser Grenzziehungen nicht ausblendet. Kulturen sind hybride und in sich inhomogene Identitätskonstellationen, die sich in diskursiven Prozessen performativ je neu konstituieren. Dieser Identitätsbegriff unterminiert die Vorstellung von klaren, vorgegebenen Grenzen zwischen Kulturen: Kulturen sind nicht rein und unabhängig voneinander, sondern konstituieren sich selbst in kulturellen Kontakten. Identität ist nicht das Gegenteil von Differenz, sondern immer schon durchzogen von Differenzierungen und formiert sich in der Ambivalenz ihres Entstehungsprozesses. Die Dualität von

448 Vgl. S. Hall: *Wann war der ‚Postkolonialismus‘? Denken an der Grenze*, S. 235.

449 „All societies produce strangers, but each society produces its own kind of strangers, and produces them in its own inimitable way.“ Zygmunt Bauman: „The Making and Unmaking of Strangers“, in: Pnina Werbner/Tariq Modood (Hg.), *Debating cultural hybridity. Multi-cultural identities and the politics of anti-racism; [... results from a European workshop convened in december 1994, University of Manchester]*, London: Zed Books 2007, S. 46–58, hier S. 46. — Vgl. auch Aleida Assmann/Jan Assmann: „Aspekte einer Theorie des unkommunikativen Handelns“, in: Jan Assmann/Dietrich Harth (Hg.), *Kultur und Konflikt*, Frankfurt am Main: Suhrkamp 1990, S. 11–48, hier S. 27.: „Die Erzeugungsregeln dieser Grenzziehung sind in den Tiefenschichten der kulturellen Semantik verankert.“

450 Vgl. Eric Hobsbawm: „Introduction. Inventing Traditions“, in: Eric J. Hobsbawm/Terence Ranger (Hg.), *The invention of tradition*, Cambridge: Cambridge University Press 1989, S. 1–14. (Erstveröffentlichung 1983).

451 Vgl. ebd., S. 1.13: „Invented tradition is taken to mean a set of practices, normally governed by overtly or tacitly accepted rules and of a ritual or symbolic nature, which seek to inculcate certain values and norms of behaviour by repetition, which automatically implies continuity with the past. In fact, where possible, they normally attempt to establish continuity with a suitable historic past.... The element of invention is particularly clear here, since the history which became part of the fund of knowledge or the ideology of nation, state or movement is not what has actually been preserved in popular memory, but what has been selected, written, pictured, popularized and institutionalized by those whose function it is to do so.“

innen/außen, von Eigenem/Fremden bricht nieder. Kulturelle Differenzen sind nicht einfach gegeben, nicht einfach ‚da', sondern werden in Differenzierungsprozessen produziert. Kulturelle Identität wird performativ durch die diskriminatorischen Praktiken kultureller Identifizierung produziert, durch Abgrenzungsprozesse, durch die die ausgeschlossenen Anderen unhintergehbar in die eigenen Identität eingeschrieben bleiben: jede kulturelle Identität verkörpert die Anderen-im-Eigenen. Sie ist nicht einfach gegeben, sondern immer schon gebrochen durch das, was sie als ihr Anderes ausschließt:

> „No culture is full unto itself, no culture is plainly plenitudinous, not only because there are other cultures which contradict its authority, but also because its own symbol-forming activity, its own interpellation in the process of representation, language, signification and meaning-making, always underscores the claim to an originary, holistic, organic identity."[452]

In kulturellen Identitäten ist ihr je Anderes als ihr Ausgeschlossenes präsent, es ist als Abwesenheit präsent – eine Abwesenheit, die für die eigene kulturelle Identität konstitutiv bleibt. Von daher sind Kulturen keine autonomen Sphären, sondern untrennbar ineinander verwickelt, miteinander verbunden. Um es auf den Punkt zu bringen: *kulturelle Identität ist immer schon interkulturell.*

Mit Homi Bhabha kann dieser Raum der Interkulturalität nicht ein als ‚Drittes' beschrieben werden, das sich aus zwei distinkten Entitäten heraus entwickelt, sondern er konstituiert „the ‚third space', which enables other positions to emerge"[453]. Dieser Dritte Raum der Interkulturalität ist nicht eine ontologische Kategorie, er hat keine räumliche Ausdehnung, er ist nicht greif- und fassbar. Vielmehr ist der Zwischenraum zwischen den Kultuen ein *Raum der Differenz und ein Raum der Absenz.* Er existiert nur ex negativo in kulturellen Differenzierungen, die Abwesenheiten des Anderen in jeder kulturellen Identität kreieren. Er wird durch das Andere-im-Eigenen verkörpert, das als Differenz und als Absenz in kultureller Identität präsent ist. Er liegt nicht zwischen zwei Kulturen, um die Differenzen zwischen ihnen aufzuheben und zu versöhnen, sondern ist der konfliktive Raum wechselseitiger Differenzierungen und Abgrenzungen, der in der Produktion von kultureller Identität und damit kulturellem Wissen je neu konstituiert wird. So als eine epistemologische Kategorie gefasst, ist Interkulturalität also kein „dritter Begriff, der die Spannung zwischen zwei Kulturen ... in einem dialektischen Spiel der Erkenntnis auflöst."[454] Der Erkenntnisgewinn des „in-between"[455] liegt vielmehr in der

452 H. K. Bhabha: *The Third Space. Interview with Homi Bhabha*, S. 210.
453 Ebd., S. 212.
454 H. K. Bhabha: *Die Verortung der Kultur*, S. 168.
455 H. K. Bhabha: *The Location of Culture*, S. 4 u.ö.

Artikulation der Differenzen, die das jeweils Unverträgliche, Verschwiegene, Ungesagte in Identitäten ansichtig[456] machen.

Transkulturalität – Crosskulturalität – Multikulturalität

Transkulturalität, Multikulturalität und Crosskulturalität sind weitere Terminologien, unter denen auf das Phänomen kultureller Pluralität zugegriffen wird.

Die hier entwickelte komplexe Konzeption von kultureller Identität, die sich je neu in labilen Zwischenräumen konstituiert, deckt sich in vielem mit dem Begriff der Transkulturalität, den Wolfgang Welsch in klarer Absetzung zum Konzept der Interkulturalität (und des Multikulturalismus) konzeptioniert.[457] Während Interkulturalität laut Welsch einem überholten Kulturbegriff, der Kultur als „unificatory, ... folk-bound ... separatory"[458] definiert, implizit verhaftet bleibt, kann Transkulturalität die Entwicklung kontemporärer kultureller Identität zwischen Globalisierung und Partikularisierung als „inner differentiation"[459] und „hybridisation"[460] von „a number of ways of life and cultures, which ... interpenetrate or emerge from one another"[461] fassen. Während dem Konzept der Interkulturalität so die Vorstellung von Kulturen als separatistische, klar umgrenzte „islands or spheres"[462] zugrundeläge, betont die Transkulturalität den Aspekt der Grenzüberschreitung. Jedoch wird auf Basis eines für prekäre Identitätskonstellationen sensibilisierten Kulturbegriffs auch der instabile Charakter kultureller Zwischenräume deutlich – kulturelle Grenzziehungen sind nicht fix, sondern fluid, porös und ziehen sich nicht nur entlang von, sondern auch durch Kulturen; vor diesem Hintergrund verliert das Konzept der Interkulturalität jene separative Statik, die der Kritik von Welsch zugrunde liegt und bekommt ebenso wie Transkulturalität die konstitutive Rolle von Grenz(überschreitung)en in kulturellen Identitätskonstruktionen in den Blick. Vor diesem Hintergrund und im oben dargelegten Verständnis wird in dieser Arbeit am Begriff der Interkulturalität festgehalten, der sich für die stehende Bezeichnung *Theologie interkulturell* eingebürgert hat.

---

[456] Vgl. Endre Hárs: „Hybridität als Denk- und Auslegungsfigur", in: Kakanien (2002), S. 1–6.

[457] Wolfgang Welsch: „Transculturality. The Puzzling Form of Cultures Today", in: Mike Featherstone (Hg.), *Spaces of culture. City, nation, world; [revised versions of papers initially presented at the second „Theory, Culture & Society" Conference on Culture and Identity: City, Nation, World, held at the Berlin Hilton in August 1995]*, London: Sage 1999, S. 194–213.

[458] Ebd., S. 194f.

[459] Ebd., S. 197.

[460] Ebd., S. 198.

[461] Ebd., S. 197. „In a culture's internal relations – among its different ways of life – there exists as much foreignness as in its external relations with other cultures." Ebd., S. 198.

[462] Ebd., S. 196.

Der Begriff ‚cross-cultural' wurde in den Sozialwissenschaften der 1960er Jahre geprägt und geht auf eine Studie von George Peter Murdock[463] zurück. Während er sich damit ursprünglich auf komparativ angelegte sozialwissenschaftliche Studien bezog, weitete sich im Folgenden sein Bedeutungsfeld, um kulturelle Interaktivität auf einen Begriff zu bringen. Die angestrebte Deskriptivität des Begriffs muss sich nach einer Kriteriologie ihrer Vergleiche befragen lassen.

Der Begriff ‚multikulturell' geht auf die multiculturalism-Debatte der 1970er Jahre zurück, die in verschiedenen Staaten unterschiedlich geführt wurde. Über einen deskriptiven Zugriff auf kulturelle Pluralität innerhalb einer Gesellschaft hinausgehend, geht es hier um ihre politische Organisation in expliziter Betonung und versuchter Wertschätzung der Differenz zwischen den unterschiedlichen Ethnien. Dieser Fokus auf kulturelle Unterschiede reagiert auf die Bürger- und Frauenrechtsbewegungen der 1960er, deren politische Forderung auf dem Postulat der Gleichheit aller Menschen beruhte (‚All wo/men are created equal'); mit dem wachsenden Selbstbewusstsein gesellschaftlicher Minoritäten kam es gleichzeitig zur diskursiven Betonung ihrer eigenständigen kulturellen Identität:

> „At the very same moment that the related ideas of humanism, human rights and equal citizenship had reached a new ascendancy, claims of group difference as embodied in the idea of Afrocentricity, ethnicity, femaleness, gay rights and so on became central to a new progressive politics. It was a politics of identity: being true to one's nature or heritage and seeking with others of the same kind public recognition for one's collectivity. One term which came to describe this politics, especially in the United States, is ‚multiculturalism'."[464]

Sowohl kulturwissenschaftlich als auch politisch ist das Konzept problematisch: der essenzialistische Zugriff, der dieser Identitätspolitik zugrunde liegt, tendiert dazu, eine Ghettoisierung ethnischer Minoritäten innerhalb der Mehrheitsgesellschaft zu legitimieren und reifizieren.[465]

---

463 George P. Murdock: „The Cross-Cultural Survey", in: American Sociological Review (1940), S. 361–370.

464 T. Modood: *Multiculturalism: a civic idea*: Polity Press 2007, S. 1f.

465 Zur theoretischen Reflexion vgl. Cynthia Willett (Hg.): *Theorizing multiculturalism: a guide to the current debate*: Blackwell 1998.

1.2 Die hybriden Identitäten des Christentums: Genealogien der Interkulturalität

Der komplexe Identitätsbegriff nach dem Cultural Turn verlangt nach neuen Narrativen der Christentumsgeschichte. Eine Theologie, die auf der Höhe des epistemologischen Paradigmas ihrer Zeit argumentiert, kann nach den Erschütterungen der Moderne nicht mehr auf kirchengeschichtliche Modelle rekurrieren, die für eine Hermeneutik der Dogmenentwicklung auf essenzialistische Vorstellungen des Kern-Schale-Modells zurückgreifen, seine historische Entwicklung und globale Ausbreitung unter einem teleologischen Blickwinkel erzählen und aus einer vermeintlich neutralen Perspektive der Universalität des Christentums unter Ausblendung seiner unterschiedlichen Kontexte auf die Spur kommen. Genealogisch vorgehende Dekonstruktionen problematisieren die historische Hermeneutik christlicher Identität. Sie eröffnen eine neue Durchmusterung der Kirchengeschichte, die Brüche in christlichen Traditionen freilegt, verschwiegene und verdrängte Traditionsstränge aufdeckt und Geschichten des Christentums zeichnet, die auf seine diachronen und synchronen Transformationen abheben. Eine Be/schreibung[466] christlicher Identität nach dem Cultural Turn sucht kein essenzialistisches, im Kern unveränderliches Wesen, sondern geht in konkreten Kontexten den diskursiven Grenzziehungen nach, die christliche Identität in Abgrenzungen zu anderen Identitätsdiskursen je neu verhandeln und festschreiben; dabei wird offengelegt, wie sehr sich gerade in den Abgrenzungsprozessen die jeweils Anderen in den diversen Kontexten in christliche Identifikationsprozesse eingeschrieben haben und wie sehr die Formulierung christlicher Identität auf die Zeichen anderer, fremder Identitätsdiskurse verwiesen bleibt.

Zur Ambiguität des Verhältnisses von Kultur und Religion

Der postkoloniale Kulturbegriff wird hier auf christliche Identität angewendet – auch religiöse Identität ist Praxis, die in diskursiven Verhandlungen im Rückgriff auf Zeichen Bedeutung generiert und mit ihren spezifischen semiotischen Konfigurationen einen Zugriff auf die Wirklichkeit eröffnet.[467] Hier drängt sich die schwierige Frage nach der Verhältnisbestimmung von Kultur und Religion auf, die sowohl kulturwissenschaftlich als auch theo-logisch diskutiert wird. Einen Versuch bietet, ebenso vor dem Hintergrund eines semiotischen und diskursanalytischen Kulturbegriffs, Andreas Nehring. Er bestimmt das Verhältnis

---

[466] Der Bindestrich soll – in Anknüpfung an die writing-culture-Debatte – darauf hinweisen, dass auch deskriptive Ansätze keinen neutralen Standpunkt einnehmen können, sondern ihre Perspektive in das beschriebene (Forschungs)objekt einschreiben.

[467] Vgl. Clifford Geertz: „Religion as a Cultural System“, in: Clifford Geertz (Hg.), *The interpretation of cultures. Selected essays*, New York: Basic Books 2006.

von kultureller und religiöser Identität, die sich im Rückgriff auf das Zeichenrepertoir eines Kontextes je neu konfigurieren, nicht als fixe Differenz, sondern als Prozess der différance, in dem durch Bedeutungsverschiebungen die Grenzen zwischen Religion und Kultur je neu gezogen werden, aber nie endgültig bestimmbar werden.[468] Für das Projekt *Theologie interkulturell* bedeutet das, dass *kulturwissenschaftlich deskriptiv* mit der Pluralität der Kulturen auch gleichzeitig die Pluralität der Religionen virulent wird. *Fundamentalheologisch* stellen sich mit diesem komplexen Begriff kulturell-religiöser Identität zwei zu unterscheidende Fragen: mit kultureller Pluralität innerhalb christlicher Identität wird die Frage der Kulturalität dieser Identität unausweichlich – es geht um eine Verhältnisbestimmung von Kultur und Evangelium; mit der damit gleichzeitig virulent werdenden Frage nach der Pluralität religiöser Identitäten geht es theologisch auch um eine Verhältnisbestimmung christlicher Identität und ihrer theologischen Universal- und Wahrheitsansprüche zu anderen religiösen Identitäten und Ansprüchen. Während diese beiden Fragestellungen in einigen Entwürfen von Interkultureller Theologie subsumiert werden[469], wird hier ein engerer Begriff von *Theologie interkulturell* entworfen, der die Pluralität christlicher Identität theologisch fokussiert: Auch wenn deskriptiv Kultur und Religion nicht in zwei separate Sphären getrennt werden können, stellt sich doch die Frage, ob die theologische Stoßrichtung von *Theologie interkulturell* nicht präziser entworfen und bestimmt werden kann, wenn zwischen den theologischen Verhältnisbestimmung von Kultur und Evangelium einerseits und von Christentum und den Religionen andererseits unterschieden und intra- bzw. interreligiöse Pluralität als zwei distinkte fundamentaltheologische Problemfelder bearbeitet werden (in denen dann jeweils die kulturell-religiösen Wechselbeziehungen zu reflektieren sind). Bei aller Ambiguität von religiösen und kulturellen Systemen stellt das Faktum, dass der christliche Glaube immer schon kulturell plural formuliert wurde und so Differenzen in seiner normativen Darstellung produziert, ein theologisch anderes zu verhandelndes Problem dar als das Faktum, dass sich der Wahrheitsanspruch dieses Glaubens mit religiös fremden Ansprüchen in Relation zu setzen hat.

1.2.1 Synkretismus als deskriptive Kategorie

Neben dem oben skizzierten Hybriditätsbegriff Homi Bhabhas wurden in den Kulturwissenschaften eine Reihe anderer Konzepte entwickelt, die die diskursiven Grenzverhandlungen von Identität im Zwischenraum analytisch fassen. In unterschiedlichen Kontexten und aus verschiedenen disziplinären Traditio-

468 A. Nehring: *Religion und Kultur. Zur Beschreibung einer Differenz.*

469 V. Küster: *Einführung in die interkulturelle Theologie*, S. 131–153; K. Hock: *Einführung in die Interkulturelle Theologie*, S. 96–120.

nen heraus wird unter nuancierten Bedeutungsverschiebungen von Kreolisierung, Bricolage, metissage, mestizaje gesprochen. Mit dem Synkretismusbegriff steht einem ‚re-writing' der Kirchengeschichte nach dem Cultural Turn ein Begriff aus der theologischen Tradition zur Verfügung, um die Verwiesenheit christlicher Identifikationen auf außerchristliche Kontexte und ihre daraus resultierenden Transformationen zu beschreiben. Entgegen früheren Tendenzen in religionsgeschichtlichen, systematisch-theologischen und missionstheologischen Ansätzen[470] erfordert seine Anwendung in Historiografien nach dem Cultural Turn jedoch Umstellungen. Zum einen ist zu unterscheiden zwischen deskriptiver und evaluativer Verwendung des Begriffs. Während seine Anwendung in missionstheologischen und kirchengeschichtlichen Studien oft ein Werturteil implizierte, das zudem zumeist negativ konnotiert war[471], wird Synkretismus hier als deskriptive Kategorie zur Beschreibung von Transformationen eingesetzt, die keine Evaluation ihrer Ergebnisse impliziert. Mit einem deskriptiven Synkretismusbegriff können Prozesse beschrieben werden, die im Rahmen postkolonialer Identitätstheorien als Konstitutivum von Identitätskonstruktionen gefasst werden. Weil er als Analyse der Transformationsprozesse die Diskursivität von Identität offenlegt, trägt er ein kritisches Moment aus, das sich der Ausblendung alternativer Identitätsformulierungen widersetzt. Damit wird jedoch die evaluative Aufgabe erst eröffnet, die sich an die Transformationsprozesse aus theologischer Perspektive stellt, die sich einer Normativität christlicher Identität verpflichtet weiß.

Zum anderen verlangt das komplexe Identitätsverständnis nach dem Cultural Turn eine Rekonzeptualisierung des Synkretismusbegriffs im Rückgriff auf Bhabhas Hybriditätsbegriff. Synkretismus soll hier nicht verstanden werden als

---

470 Zu einer Genealogie des Synkretismusbegriffs in Religionsgeschichte, Kulturanthropologie und Systematischer Theologie vgl. Jonas A. Jørgensen: *Jesus Imandars and Christ Bhaktas. Two case studies of interreligious hermeneutics and identity in global christianity* (= Studien zur interkulturellen Geschichte des Christentums, Band 146), Frankfurt am Main: Lang 2008, S. 35–115.

471 So spricht Luzbetak exemplarisch von einem „theologically unacceptable amalgam". Louis J. Luzbetak: *The Church and cultures. New perspectives in missiological anthropology* (= American Society of Missiology series, Band 12), Maryknoll, NY: Orbis 1996, S. 360–373. — Ein negatives Werturteil impliziert auch Beyerhaus' Rede von der „Gefahr des Synkretismus". Peter Beyerhaus: „Das Einheimischwerden des Evangliums und die Gefahr des Synkretismus", in: Thomas Schirrmacher (Hg.), *Kein anderer Name. Die Einzigartigkeit Jesu Christi und das Gespräch mit nichtchristlichen Religionen; Festschrift zum 70. Geburtstag von Peter Beyerhaus*, Nürnberg: VTR 1999, S. 116–135. — In der jüngeren Theologiegeschichte wird der Synkretismusbegriff differenzierter eingesetzt. Vgl. die Belege und Literaturhinweise bei Hermann P. Siller: „Synkretismus. Bestandsaufnahmen und Problemanzeigen", in: Hermann P. Siller (Hg.), *Suchbewegungen. Synkretismus - kulturelle Identität und kirchliches Bekenntnis*, Darmstadt: Wissenschaftl. Buchges 1991, S. 1–17, hier S. 10f. und bei J. A. Jørgensen: *Jesus Imandars and Christ Bhaktas*, S. 68–113.

> „merging of elements between two cultures or religions“[472],

als

> „das Integrieren fremder und/oder das Suspendieren eigener Elemente in der Begegnung der Religionen“[473],

weil dieses Verständnis einen Identitätsbegriff fortschreibt, der Identität als fixe, klar umgrenzbare Entität fasst. Für das Christentum wird damit eine statische Vorgegebenheit seiner Identität postuliert, in die sich nachträglich Versatzstücke anderer Religionen und Kulturen eintragen. Damit wird ausgeblendet, dass sich christliche Identität immer schon in Auseinandersetzung mit – in kreativer Aneignung und diskursiver Abgrenzung von – anderen religiösen und kulturellen Diskursen formiert.[474] Wird dagegen Synkretismus im Rückgriff auf den Hybriditätsbegriff rekonzeptionalisiert, wird die Differenz zwischen selbst und anderem „gespalten“, ihre Statik wird aufgebrochen. Identifikation ist das Produkt diskriminatorischer Praktiken, sie entsteht aus Differenzierungen heraus, die mit ihren Abgrenzungen gleichzeitig wechselseitige Verwiesenheiten hervorbringen – das Andere schreibt sich in das Eigene ein. Synkretismus, Hybridität produzieren damit nicht ein neues „Drittes“ aus zwei vorgegebenen Entitäten, sondern sind als „Third Space“ jener nur über Differenzen greifbare Raum der Interkulturalität, aus dem durch machtvolle Abgrenzungsprozesse Identitäten erst entstehen – ein Prozess, der nie ganz abgeschlossen ist.

Unter dieser Perspektive kann auch retrospektiv die unhintergehbare synkretistische Verfasstheit des Christentums nicht mehr ausgeblendet werden. Die Interkulturalität des Christentums – die je neue Formulierung christlicher Identität in unterschiedlichen Kontexten durch Übersetzungen in ihr semiotisches Repertoire – ist nicht erst ein Phänomen, das sich mit dem Entstehen der Weltkirche seit den 1960er Jahren formiert; in kritischen Genealogien werden vielmehr die snykretistischen Abgrenzungsprozesse freigelegt, die christliche Identität immer schon im interkulturellen Raum verorten. Sie bringen damit auch ihre unhintergehbare Pluralität und Heterogenität in den Blick. Die „Spaltung der Differenz zwischen Selbst und Anderen“, auf die Bhabha hinweist, legt die Differenzen und Brüche innerhalb christlicher Identität offen, die nach

---

472 Robert Schreiter: „Syncretism in North America and Europe. The Re-enchantment of the West“, in: Chakana (2004), S. 7–24, hier S. 7.

473 Ulrich Berner: „Synkretismus – Begegnung der Religionen“, in: Joachim G. Piepke/Anton Quack/Wolfgang Marschall et al. (Hg.), *Kultur und Religion in der Begegnung mit dem Fremden*, Nettetal: Steyler Verl. 2007, S. 47–76, hier S. 49.

474 Prägnant formuliert ist diese Ausblendungsstrategie bei Kraemer zu finden: „Christianity by nature is unsyncretisitc.“ Hendrik Kraemer: *Religion and the Christian Faith*: Lutterworth Press 2003, S. 402.

dem Cultural Turn nicht mehr in ein extralokal konzipiertes universales Wesen aufgehoben werden können. Ein deskriptiv verwendeter Synkretismusbegriff nach dem Cultural Turn interpretiert die verschiedenen christlichen Identifikationen nicht als unterschiedliche Abbilder eines idealistischen Wesen des Christentums, gebrochen durch den Kontakt mit anderen Kulturen und Religionen; stattdessen legt er die Partikularität christlicher Identifikationsprozesse offen, die je von ihrem Kontext aus versuchen, die universale Botschaft des Evangeliums zur Sprache zu bringen. Die Verhandlungen über die Formulierung und Bedeutung des Christentums ist in konkreten Kontexten verortet, und produziert durch diese diskursiven Verstrickungen eine Pluralität an Christentümern.[475]

Dieser Interkulturalität des Christentums ist so gerade nicht sub specie aeternitate auf die Spur zu kommen; es sind genealogische Detailstudien in konkreten Kontexten, die die synkretistischen Verflechtungen christlicher Identifikationsprozesse freilegen und ein ‚re-writing' der Kirchengeschichte nach dem Cultural Turn vorantreiben.

[475] Francois Vouga: *Geschichte des frühen Christentums*, Tübingen: Francke 1994, S. 13.

1.2.2 Exemplarisch: Christliche Identität – weder jüdisch noch griechisch?

Judith Lieu zeigt entlang einer kritischen Analyse von ‚christlichen', ‚jüdischen' und ‚hellenistischen' Texten[476] des ersten und zweiten nachchristlichen Jahrhunderts die unhintergehbare Eingebundenheit christlicher Identitätskonstruktion in das weite Feld zeitgenössischer Identitätsdiskurse und damit ihren unausweichlich interkulturellen Charakter auf – ausgehend von der These, dass Texte – und damit diskursive Praktiken – nicht einfach Realität abbilden, sondern Identität auch verhandeln, formen und festlegen: „The text is both the product of and productive of distinctive identities"[477]. In diskursiven Prozessen wird in kritischer Aufnahme und polemischer Reinterpretation kultureller Zeichen innerhalb des zeitgenössischen diskursiven Feldes entlang von „identity markers"[478] verhandelt, was das Bekenntnis „I am a Christian"[479] bedeutet. Kriterien für die Akzeptanz einer Identitätszuschreibung sind ihre retrospektive und prospektive Offenheit – sie muss sowohl Anschlussfähigkeit an die Tradition als auch Generativität neuer Identifizierungen garantieren[480]. Diese Kontinuität, die in Narrativen gestiftet und nachvollzogen wird, ermöglicht die Wahrnehmung der diskursiven Größe Identität als „experi-

---

476 Die Entstehung dieser Texte im Feld zeitgenössischer Identitätdiskurse in apologetischer Identifizierung und polemischer Differenzierung entlang der Bedeutungsverhandlung kultureller Zeichen macht eine eindeutige und klar definierte Zuschreibung schwierig: „Because many of these texts survived only within the Christian tradition, and because clearly distinguishing markers, such as reference to Christ, sometimes appear to belong only to a redactional level, such texts embody the dislocation of any a priori exclusive classification, Jewish *or* Christian." Judith Lieu: „The Forging of Christian Identity and the Letter to Diogentus", in: Judith Lieu (Hg.), *Neither Jew nor Greek? Constructing early christianity*, London: T & T Clark 2002, S. 171–189, hier S. 45.

477 Ebd., S. 53. Averil Cameron: *Christianity and the rhetoric of Empire. The development of Christian discourse* (= Sather Classical Lectures, Band 55), Berkeley, Calif: Univ. of California Pr 1991, S. 21.: „... if ever there was a case of the construction of reality through text, such a case is provided by early Christianity." Zit nach J. Lieu: *The Forging of Christian Identity and the Letter to Diogentus*, S. 8.

478 Lieu untersucht „History and Memory", „boundaries", „grammar of practice", „embodiment and gender", „space and place, „the Christian race" and „the Other" – so die Kapitelüberschriften, unter denen christliche Identitätskonstruktionen in Texten analysiert und dekonstruiert werden.

479 Lieu kontextualisiert die Bekenntnisaussage christlicher Identität im Martyrium des Polykarp: „In about the middle of the second century CE, Polycarp, bishop of the church of Smyrna, seals his own death warrant by acknowledging that he is a Christian." Ebd., S. 1.

480 Es verlangt nach „mechanisms for managing change and claiming continuity, even, or especially, when these may be differently interpreted by different individuals who still recognize one another as belonging" (Ebd., S. 14.) which „make possible ever new ways of self-understanding within an imagined community". Ebd., S. 299.

enced essence"[481], während eine diskurskritische Analyse ihre unhintergehbare Vorläufigkeit[482], ihre innere fragmentierte Pluralität[483] und ihre Konstruktion durch Ein/Ausschließungen in Zwischenräumen aufzeigt:

> „Christian rhetoric of identity, even when making universalist claims, is articulated in the terms also used in Graeco-Roman ethnography and identity formulation. In this, as in many other areas, early Christianity needs to be seen as implicated in, as well as contributing to, the dynamics of the world in which it was situated. We should look for continuities as well as for discontinuities between Greek, Roman, Jewish and Christian efforts to construct and to maintain an identity for themselves, in interaction with their past as well as with each other."[484]

Diese Strategien christlicher Identitätskonstruktion in und durch Texte werden exemplarisch in Lieus Lektüre des Diognet-Briefs transparent, ein früher Text unbekannter Verfasserschaft und Datierung[485]. Seine Wortwahl und sein Textduktus kennzeichnen ihn im intertextuellen Vergleich als apologetische Schrift. Auch wenn uns der konkrete Ort seiner Abfassung nicht bekannt ist, lässt sich der Text damit in einen spezifischen Kontext einordnen, der seine Bedeutungsverhandlungen strukturiert: seine Intention liegt in der Konstruktion von christlicher Identität auf solche Weise, dass sie als kompatibel mit der Mehrheitsgesellschaft erscheint. Dazu reflektiert der Text implizit die Konstruktion von Identität durch Differenzierungen und setzt sie gezielt ein: mögliche Unterschiede zwischen ChristInnen und Nicht-ChristInnen werden angesprochen und gleichzeitig verneint. So etwa betont der Verfasser die Loyalität von ChristenInnen den staatlich-religiösen Gesetzen gegenüber: „They obey the ordained laws, and in their own lives surpass the laws. "[486] Die hier in positiver Konnotation eingezogene Differenz wird durch den Text selbst nivelliert, wie Lieu herausarbeitet: „Yet any practical content to this is surprisingly thin and hardly able to create an alternative community, ... it says little that would shock contemporary moralists: ‚They marry as do all, they have children, but they do not expose their offspring. They provide a shared table, but not a shared bed' (5.7)."[487] Lieu kommentiert:

> „If identity-formation is a process of differentiation, the social identity of the Christians here appears remarkable opaque. ... it implies symbiosis

[481] „That essence is only accessible, and to that extent only real, in so far as it is experienced but also communicated as a continuity." Ebd., S. 311.

[483] „... from the very beginning we are experiencing multiple constructions of identity through texts, and not just one expression of single prior given identity." Ebd., S. 88.

[484] Ebd., S. 20f.

[485] Ebd.

[486] Zit. nach ebd., S. 181.

[487] Ebd., S. 181f.

> and invisibility, not differentiation. This is surely deliberate. ... Social separation is not a Christian characteristic“[488],

zumindest nicht in der im Diognet-Brief konstruierten christlichen Identität. Für den Aufbau dieser Konstruktion zieht der Text ex silentio, als Leerstelle, eine andere Differenz ein: obwohl er im Gegensatz zu anderen Apologien über das jüdische Erbe des Christentums schweigt, vollzieht er durch die Identifizierung mit der Mehrheitsgesellschaft implizit eine Abgrenzung zwischen jüdischer und christlicher Identität:

> „When the author says that Christians are not distinguished by land, language or customs, we may wonder whether there is an implied apologetic contrast with the Jews, who, notoriously, were, at least in popular polemic, so distinguished.“[489]

Der Text verhandelt diese unausgesprochene Differenz über eine Bedeutungsverschiebung des Begriffs πολιτεία. Während in der jüdischen Literatur aus der Zeit des Zweiten Tempels damit explizit eine nationale, ethnische Identität bezeichnet wird, impliziert seine Verwendung im Diognet-Brief

> „a complete relativization of any local loyalty or identity: ‚They inhabit their own native lands, but as sojourners; they share everything as citizens, and endure everything as foreigners‘ (5.5).“[490]

Der Text greift also auf das in seinem Kontext vorhandene Zeichenrepertoire zu und beschreibt christliche Identität in einer Neuverhandlung ihrer Interpretation, womit den Zeichen selbst neue Bedeutungshorizonte eingeschrieben werden.

Und doch, auch wenn der Text die Differenzen zur Mehrheitsgesellschaft nivelliert und jene zur jüdischen Identität nur implizit einspielt, kann auch er christliche Identität nicht ohne Differenzierungen umreißen: der Diognet-Brief unterscheidet zwischen ChristInnen als einem neuen ‚γένος‘ und der ‚Welt‘; hier zeigt sich die Persistenz eine binären Modells in der Identitätskonstruktion. Der Begriff γένος wird in den frühen christlichen Texten ambivalent eingesetzt. Im Diognet-Brief zieht γένος eine Differenz an zwei Fronten ein:

> „Here the Christians represent a new γένος ... in contrast to the Greeks and the Jews. In other writers ... it may be translated ‚race‘ and is explicitly prefixed ‚third‘, contrasted with Jews and Greeks“[491]

---

488 Ebd., S. 182f.

489 Ebd., S. 183.

490 Ebd., S. 179. „The language of sojourning and foreignness is already well established in the first century in a variety of New Testament contexts ...; it is, of course, rooted in the Jewish tradition ..., a tradition ignored by this author.“

491 Ebd., S. 183f.

Entgegen dieser exklusivierenden Verwendung entwickelt Paulus γένος als inklusive Kategorie, die die Differenzen zwischen Juden und Griechen in einen neuen ἄνθρωπος aufhebt. Seine Schriften legen Zeugnis von der inneren Heterogenität und Fragilität dieser christlichen Identitätskonstruktion ab:

> „What we see in the Pauline communities is a spectrum of ethos, even to the point of potential conflict, between those whose background was Jewish and those who were Gentile, or between those who favoured affirmation of or continuity with the majority society, and those who rejected it."[492]

Das christliche γένος des Diognet-Briefs identifiziert sich dagegen im Gegenüber zur ‚Welt'. Das identitätspolitisch Prekäre der neuen ‚3. Rasse', als die das Christentum beschrieben wird und die die binäre Identitätskonstruktion subvertieren soll, wird hier als Faktor der Exklusivierung gegenüber sowohl Griechen als auch Juden eingeführt und funktioniert damit wieder entlang einer binären Identitätspolitik. Inhaltlich führt der Diognetbrief diese Differenz auf die Problematik des Götzendienstes eng:

> „Christians share in the errors of neither Greeks nor Jews. In practice for Diognetus this can be limited to the nature and worship of God: ‚they do not reckon the gods so-considered by the Greeks, neither do they observe the superstition of the Jews (1).'"[493]

Diskursanalytisch lässt sich an diesen Identitätsmarker eine enge und komplexe Verwiesenheit auf jüdische Identitätskonstruktionen aufzeigen: die Verurteilung von Idolatrie wird in jüdisch-hellenistischen Texten als das Kriterium jüdischer Identität eingesetzt. Wieder ergeben sich in der Appropriation dieses Zeichens in christlichen Identitätskonstruktionen Bedeutungsumstellungen. Während in jüdischen Diskursen eine Vermeidung von Idolatrie als potentielle Tugend aller Menschen beschrieben wird, wird sie christlich zu einer exklusivierenden Selbstdefinition. In der jeweiligen Praxis wiederum werden die Differenzlinien anders gezogen: „In practice, however, Christian avoidance of involvement in idolatry differed from Jewish by being less marked."[494]

Identitätspolitisch konterkariert die Differenz ChristInnen-Welt die diskursiven Bemühungen des Textes, die Grenzziehungen zur Mehrheitsgesellschaft zu schleifen; sie erklärt sich aus dem Kontext der Verfolgung: „While a binary opposition may be endemic to all identity-formation, it is particularly attractive in a context of persecution."[495] Auch dieses Zeichen hat seine Wurzeln

---

[492] Ebd., S. 185.

[493] Ebd., S. 187.

[494] Ebd., S. 188.

[495] Ebd. „The interplay between persecution and identity for both Jews and Christian is not unexpected, and the development of ‚citizenship' language in this context has already been noted

im jüdischen eschatologischen Kontrast zwischen ‚dieser Welt' und ‚der Welt, die kommen wird'; die Opposition ‚zur Welt' wird jedoch als charakteristisch christlicher Identitätsmarker angeeignet und entwickelt sich zum „fundamental organizing point for Christian self-identity."[496] Sie abstrahiert die konkreten, gerade in Verfolgungssituationen prekären Differenzerfahrungen und wird „a universalized and impersonalized opposition"[497]. In dieser Offenheit und Ambiguität wird ‚die Welt' zu einem produktiven Zeichen je neuer Identifikationen in Abgrenzungsprozessen; in sie lassen sich immer neue Differenzen einschreiben, die christliche Identität als alternative Identität ‚zur Welt' konstruieren – denn, wie schon Celsus mit fast diskurskritischem Blick anmerkte: „If all men could be Christians, the Christians would no longer want them".[498]

above. Similarly, it is also in the literature associated with the persecution and ensuing revolt under the maccabees in the early second century BCE that Hellenistic Jewish literature develops the language of ‚race' as well as the term ‚Judaism'. ‚Christianity' / ‚Christianismos' and ‚Christian' also seem first to seed and flower in that context."

496 Ebd.

497 Ebd.

498 Zit. nach ebd., S. 189.

2. Christliche Identität: theologisch

2.1 Theo-Logie: Zeugnis von einem partikularen Ereignis

Ein kritischer Blick auf Identitätskonstruktionen nach dem Cultural Turn beschreibt, wie die Bedeutung der christlichen Botschaft in lokalen Kontexten unter je spezifischem Problemdruck neu verhandelt wird und er zeichnet nach, wie diese Kontextualisierungen zur Entstehung von partikularen Christentümern führen. Ein deskriptiver Blick auf die Christentumsgeschichte erzeugt damit einen Problemdruck für das theologische Sprechen von christlicher Identität. Theologisch – und damit im Sprachspiel des Glaubens – steht christliche Identität unter dem Anspruch, das in Jesus Christus offenbar gewordene universale Heilsangebot Gottes an alle Menschen zu vermitteln:

> „Der christliche Glaube steht und fällt mit der Universalität, die er von Jesus Christus aussagt. Dass er der Herr der Welt ist, entspricht der Universalität des Gottesbegriffs und des Schöpfungsverständnisses sowie der heilsgeschichtlichen Ausrichtung auf ein Gesamtziel, wie dies in den vielen panta-Formeln des Neuen Testaments zum Ausdruck kommt. Die Universalität Jesu Christi selbst besteht aber darin, dass er für alle dahingegeben wurde und für alle da ist. Wie vor Gott kein Ansehen der Person gilt, so sind sie alle in Jesus Christus einer, befinden sie sich alle in derselben Situation und haben alle an demselben teil. Dies ist sozusagen die Magna Charta des Leibes Christi. Hier ist eine Wirklichkeit in die Welt eingetreten und keineswegs nur ein Ideal aufgestellt.“[499]

Das Sprachspiel des Zeugnisses greift damit auf ein geschichtlich-kulturell partikulares Ereignis zu und misst ihm in einer Interpretation seiner Erfahrungen universale Be/Deutung zu. In diesen Interpretationsprozessen wird dieses Ereignis im Rückgriff auf vorhandene Zeichen diskursiviert – das heißt, bestehende Zeichengefüge, die den Zugriff zur Wirklichkeit gestalten, werden aufgenommen, um die Erfahrungen dieses Ereignisses zur Sprache zur bringen. So wird etwa, um das Jesus-Christus-Ereignis zur Sprache zu bringen, das Zeichen ‚Herr der Welt‘ herangezogen, und damit eine Bedeutungskonstellation

[499] Gerhard Ebeling: *Dogmatik des christlichen Glaubens III. Der Glaube an Gott den Vollender der Welt* 1979, S. 383.

aufgerufen, die mit ihren schöpfungs- und heilsgeschichtlichen Konnotationen eine im jüdischen Kontext entwickelte universale Perspektive zur Sprache bringt. Gleichzeitig kommt es durch diese Neubesetzung der Zeichen zu Bedeutungsverschiebungen – die diskursiv gestaltete Wirklichkeit ändert sich: Zentrum des christlichen Glaubens ist, dass das in Jesus Christus verkörperte Evangelium des Heilsangebots Gottes seine heilende Nähe zu allen Menschen weltumfassend-katholisch und zeitübergreifend-apostolisch als einheitsstiftende wirklich macht. Mit den notae ecclesiae wird der für das Evangelium Jesu Christi erhobene universale Anspruch ekklesiologisch ausbuchstabiert und in den vermittelnden Raum der Kirche gestellt.[500]

Ein deskriptiver Blick problematisiert den theo-logischen Diskurs der Universalität des kirchlich vermittelten Evangeliums: Er zeigt die Kontingenz ihrer normativen Sprachregelungen auf, er trägt Pluralität in ihre Einheit ein und verortet ihren katholischen und apostolischen Charakter an lokalen Orten. Kurz, er setzt den für das Evangelium erhobenen universalen Anspruch in massive Spannungen zu dessen partikularen Formulierungen. Als theologischer Problemüberhang ergibt sich aus den epistemologischen Umstellungen des Cultural Turn damit die Frage, wie angesichts der unausweichlichen Partikularität der Denkformen und ihrer Wirklichkeiten ein – theologisch unhintergehbarer – universaler Anspruch offengehalten werden kann.

Mit der theologischen Frage nach Universalität, die einen normativ-evaluativen Blick auf christliche Identifikationen richtet, wird das Sprachspiel gewechselt: nicht nur wird der Prozess der Identitätskonstruktion in seinen unterschiedlichen Kontexten be/schrieben und seine Diskursivität offengelegt; aus theologischer Perspektive wird darüber hinaus die Sprachform, das Genre, wahrgenommen, in der diese Identifikationen formuliert werden: christliche Identität wird im Modus des Bekenntnisses verhandelt. Die unterschiedlichen Christentümer beanspruchen je von sich, Zeugnis abzulegen vom Evangelium Jesu Christi, in dem Gottes Angebot seiner heilsamen Nähe an alle Menschen offenbar und wirklich wurde.[501] In unterschiedlichen Kontexten vermitteln sie die universale Relevanz von Leben und Botschaft, Kreuzestod und Auferste-

---

500 Diese gebrochene Verortung der Universalität im Raum der Kirche im Rückgriff auf die notae ecclesiae gilt auch für evangelische Ekklesiologien: vgl. exemplarisch ebd., S. 383: 371–384. — Gleichzeitig bricht diese Verortung auch ein zu enges und statische Kirchenbild auf. Gerade der Einbruch des Fremden drängt theologiegeschichtlich immer wieder zu Modifikationen in der Hermeneutik der notae ecclesiae. Für einen historischen Abriss entlang des Axioms ‚extra ecclesiam nulla salus' vgl. Jacques Dupuis: *Unterwegs zu einer christlichen Theologie des religiösen Pluralismus* (= Interkulturell, Band 5), Innsbruck: Tyrolia-Verl. 2010, S. 132–164.

501 Richard Schaeffler unterscheidet zwischen der Sprachform des Bekenntnisses und des Zeugnisses entlang der Differenz von Innen und Außen der Glaubensgemeinschaft: „Das Bekenntnis ... gewinnt den Charakter des Zeugnisses, sofern es nicht nur im Kreis der Verehrer des Heiligen gesprochen, sondern vor fremden Zuhörern abgelegt wird." Richard Schaeffler: *Religion und kritisches Bewußtsein*, Freiburg: Alber 1973, S. 143.

hung eines jüdischen Wanderpredigers, dessen Verhältnis und Beziehung zu Gott Grenzen menschlichen Sprechens sprengt[502] und dessen lebens- und weltverändernder Geist je neu und entgegen aller Gewalt, Unterdrückung und Unfrieden zu erfahren ist und zur Nachfolge in Gemeinschaft ruft. Unter dem Anspruch, mit Jesus Christus das universale Heilsangebot Gottes an alle zu bezeugen, wird der soteriologische Gravitationspunkt christlicher Identitätsverhandlungen sichtbar. Durch ihren Zeugnischarakter sind sie nicht beliebig, sondern müssen auf die Adäquatheit ihrer Vermittlung hin evaluiert werden – mit dem normativen Anspruch wird zugleich das Kriterienproblem virulent.

Zugleich weist die Sprachform des Zeugnisses jedoch auch auf den unhintergehbaren hermeneutischen Bruch zwischen dem Christusereignis und seinen Vermittlungen im Raum der Kirche. Der Universalitätsanspruch wird weder für den christlichen Glauben noch für seine theologische Reflexion erhoben; als universal wird ausschließlich das Heilsangebot Gottes bekannt, das allen Menschen in Jesus Christus offenbart und vermittelt wurde. Im Modus des Zeugnisses steht den unterschiedlichen Christentümern der universale Anspruch, den sie für das Christusereignis bekennen, nicht einfach zur Verfügung. Mit dieser Sprachform ist ihnen vielmehr ein bleibender Entzug eingeschrieben, der keine christliche Gottesrede unvermittelt, ungebrochen, unübersetzt auf ihren Gegenstand zugreifen lässt.

2.1.1 Paul Ricoeur: Interpretation des Absoluten im Ereignis

Auf diese Interpretativität, die in die Sprachform des Zeugnisses eingetragen ist, hebt Paul Ricoeur in seiner theologisch-philosophischen Entwicklung des Zeugnisbegriffes ab. Zentral für Ricoeurs Zeugnisbegriff ist seine Bindung an ein konkretes historisches Ereignis. Was die Sprachform des Zeugnisses im Erzählen von diesem Ereignis von anderen Genres unterscheidet, ist die Unmöglichkeit der Distanzierung des Zeugen von seinem Zeugnis; die Zeugin steht mit ihrer Person für das Zeugnis, das sie ablegt, ein:

> „Der Zeuge … ist gerade nicht beliebig … Es könnte nicht einfach ein anderer an seiner Stelle bezeugen (oder er gar durch ein nichtpersonales Medium ersetzt werden), er ist als Person im Zeugnis zwingend impli-

[502] Vgl. Hoff, Gregor M. Chalkedon im Paradigma Negativer Theologie. Zur aporetischen Wahrnehmung der chalkedonensischen Christologie. In: ThPh 1995, 355–372. Hier S. 369: „Sprachlich bestimmen die negativen Attribute das zentrale Problem der Einheit von Gottheit und Menschheit in Jesus Christus. Positiv lässt sie sich nicht ausdenken und formulieren. … Die Logik des Aufbaus verwirklicht diesen Ansatz in der Zuordnung einander widersprechender paradoxaler Aussagen. Gerade das Paradox ist dabei im Zusammenhang der Stilistik Negativer Theologie zu sehen – als Möglichkeit einer Steigerung des sprachlichen Ausdrucks über das grundsätzlich Sag- und Denkbare hinaus."

> ziert. … Der Zeuge [ist], was sowohl den Inhalt als auch die Glaubwürdigkeit des Zeugnisses angeht, persönlich involviert.“[503]

Dieses Engagement[504] der Zeugin in ihr Zeugnis stellt sich gegen seine Zerlegung in einen deskriptiven Bericht über das historische Ereignis und dem anschließenden Bekenntnis zu seiner hier erfahrenen Bedeutung – vielmehr fallen im Zeugnis Bericht und Bekenntnis untrennbar zusammen.[505] Im Zeugnis kann kein Trennstrich gezogen werden, wo der Bericht der Ereignisse endet und das Bekenntnis des Glaubens beginnt.

Für das Zeugnis „fallen das Ereignis und sein Sinn unmittelbar zusammen“[506]. Doch gerade in diese Einheit von Ereignis und seinem Sinn im Zeugnis schreibt sich ein unhintergehbarer Entzug ein:

> „Dieser Moment der Verschmelzung zwischen Ereignis und Sinn zerrinnt. Sein Erscheinen ist *zugleich* sein Verschwinden.“[507]

In der Einheit von Ereignis und Sinn scheint ein Moment von Unmittelbarkeit auf, das unausweichliche Vermittlungen impliziert:

> „Die ersten Zeugen des Evangeliums bekennen die Bedeutung [frz. signification] Christi direkt am Ereignis Jesus: ‚Du bist Christus‘. [Hier gibt es] keine Distanz zwischen dem Jesus der Geschichte und dem Christus des Glaubens. Die Einheit schreibt sich: Jesus Christus.“[508]

---

503 Veronika Hoffmann: *Vermittelte Offenbarung*, Ostfildern, Münster (Westfalen): Matthias-Grünewald-Verl, S. 223.

504 Paul Ricoeur: „Die Hermeneutik des Zeugnisses“, in: Paul Ricœur (Hg.), *An den Grenzen der Hermeneutik. Philosophische Reflexionen über die Religion*, Freiburg: Alber 2008, S. 7–39, hier S. 18.

505 Dies ist sprachhermeneutisch als Analyse der Sprachform ‚Zeugnis‘ und nicht normativ gemeint; auch in der Untrennbarkeit von Bericht und Bekenntnis ist mit der Unsicherheit des Zeugnisses, mit der Möglichkeit des Irrtums, der subjektiven Beurteilung der Zeugin zu rechnen. Sie schreiben sich in den Bericht als Zeugnis ein und sind mit dem unbedingten Anspruch, den Ricoeur mit dem Zeugnis verbindet, auszutarieren.

506 Paul Ricoeur: „Hermeneutik der Idee der Offenbarung“, in: Paul Ricœur (Hg.), *An den Grenzen der Hermeneutik. Philosophische Reflexionen über die Religion*, Freiburg: Alber 2008, S. 41–83, hier S. 78.

507 Ebd. Kursivsetzung JG

508 P. Ricoeur: *Die Hermeneutik des Zeugnisses*, S. 32. Kursivsetzung JG — Hoffmanns Ricoeur-Lektüre fasst m.E. die Unhintergehbarkeit der Vermittlung in der Sprachform des Zeugnisses nicht konsequent genug. Das „zugleich“ des Erscheinens und Verschwindens der Einheit von Ereignis im (von ihr übersetzten) Ricoeur'schen Originaltext wird in ihrer Interpretation verschoben zu einem „sogleich“ und impliziert damit ein ungebrochenes Moment der Unvermitteltheit, an das sich Interpretationsvorgänge erst anschließen: „In der ursprünglichen Einheit von Sinn und Ereignis in der Manifestation des Absoluten liegt, wie Ricoeur aufgezeigt hat, ein Moment der Unmittelbarkeit. … Aber diese Unmittelbarkeit zerbricht *sogleich* wieder. … Diese Unmittelbarkeit, die erscheint und sich *sogleich* wieder auflöst, spiegelt sich jedoch im Zeugnis. … Aber auch diese Einheit zerfällt ihrerseits *sofort wieder*, und hier liegt der Beginn

Die Einheit von Bericht und Bekenntnis im Zeugnis, die keine Distanz zwischen dem Ereignis und seiner Be/Deutung offenlässt, trägt schon einen unhintergehbaren hermeneutischen Bruch aus; in sie hat sich – hier mit dem Christustitel – eine Interpretation des historischen Ereignisses eingeschrieben:

> „Eine Spaltung zeichnet sich ab, ein Spaltung, die nicht die Zerstörung des Zeugnisses ist, sondern die unendliche Vermittlung der gespaltenen Unmittelbarkeit.“[509]

Diese Interpretation – Ricoeur spricht von „signification“ und verweist auf Charles S. Peirces Konzept der Semiose – greift in der Suche nach Sprache für das Ereignis auf das kulturell-religiöse Zeichenreservoir der ZeugInnen zurück, bricht aber dessen Bedeutungszuschreibungen gleichzeitig auf, besetzt sie neu und eröffnet neue Bedeutungshorizonte – der Gekreuzigte ist der Messias, der Messias ist der Gekreuzigte. Die Untrennbarkeit von Bericht und Bekenntnis macht das Zeugnis dabei zu einer „ausgesprochen kontextuellen Sprachform“, die „jede allzu schnelle Unterscheidung zwischen ewigen Wahrheiten und ihrer zeitbedingten Einkleidung ... verhindert“[510], sondern vielmehr je neue kontextspezifische Interpretationen provoziert.[511] Die sich in Bezeugungen fortschreibenden Interpretationen sind jedoch nicht beliebig – auch das impliziert die Sprachform des Zeugnisses in dem ihr eigenen Herkunftskontext, dem Gerichtsprozess. Zeugenaussagen gelten vor Gericht als wahrheitsfähig und sind Teil eines Entscheidungsprozesses, der der Wahrheitsfindung dient. Gleichzeitig ist das Zeugnis nicht unanfechtbar, „es bezeugt, ohne die Macht zu haben, das Bezeugte seinerseits zu beweisen oder durchzusetzen. ... Der Einspruch ist immer möglich.“[512] Das Bekenntnis ist damit hineingestellt in die Spannung von Bezeugung und Bestreitung und bewegt sich nie jenseits des „Konflikts der Interpretationen“[513].

---

der unendlichen Vermittlung, die über die Interpretation geleistet wird. ... Für Jesus Christus bilden beispielsweise die neutestamentlichen Hoheitstitel ein erstes solches Interpretament.“ V. Hoffmann: *Vermittelte Offenbarung*, S. 226. Hier wird übersehen, dass schon der Christusname ein Hoheitstitel und das erste – und prägendste – Interpretament des historischen Ereignisses ist. Kursivsetzung JG.

509 P. Ricoeur: *Die Hermeneutik des Zeugnisses*, S. 32.

510 V. Hoffmann: *Vermittelte Offenbarung*, S. 223.

511 Guido Bausenhart fasst diese Interpretativität des Zeugnisprozesses als „regenerative Rezeption“. Guido Bausenhart: *Einführung in die Theologie. Genese und Geltung theologischer Aussagen*, Freiburg im Breisgau: Herder 2010, S. 91.

512 V. Hoffmann: *Vermittelte Offenbarung*, S. 224f. Vgl. auch R. Schaeffler: *Religion und kritisches Bewußtsein*, S. 144.: „Gewiss bleibt ... dem Zeugen die Erfahrung nicht erspart, dass es Hörer gibt, die sein Zeugnis verwerfen. Manche beurteilen es als ‚Lügenrede‘ ohne Realitätsbezug, andere als Rede von einer bedeutungslosen Randwirklichkeit, die die Entscheidungen ihres Lebens nicht beeinflussen kann.“

513 Paul Ricoeur: *Der Konflikt der Interpretation* (= 1), München: Kösel 1973.

Das Zeugnis ist also hermeneutisch:

> „Das Konzept des Zeugnisses ... ist hermeneutisch in einem doppelten Sinn. Zunächst in dem Sinn, dass es der Interpretation einen zu interpretierenden Inhalt gibt. Sodann in dem Sinn, dass es eine Interpretation fordert.“[514]

In einem zweifachen Sinn gibt es zu interpretieren: Es fordert zum einen Interpretation als Vermittlung der gebrochenen Unmittelbarkeit und gleichzeitig, so Ricoeur, gibt es einen Inhalt zu interpretieren. Ricoeur bricht hier die endlose Semiose der Vermittlungen durch ein Moment der Unmittelbarkeit des Absoluten IM geschichtlichen Ereignis, das die Interpretationskette erst in Gang setzt, oder rückblickend formuliert:

> „Die Selbstoffenbarung des Absoluten, hier und jetzt, markiert die ... Grenze für den ... infiniten Regress ... der Reflexion.“[515]

Im Zeugnis wird dieses Moment der Unmittelbarkeit vermittelt, das die Interpretationskette erst in Gang setzt – es ist das „anagke stenai“[516] der Interpretation:

> „Es gibt im Zeugnis eine Unmittelbarkeit des Absoluten, ohne die es nichts zu interpretieren gäbe. Diese Unmittelbarkeit wirkt als Ursprung, als initium, hinter das man nicht zurückgehen kann. Von dort ausgehend ist die Interpretation die unabschließbare Vermittlung dieser Unmittelbarkeit. Aber ohne sie wäre die Interpretation immer nur die Interpretation einer Interpretation.“[517]

Dieser Ab-Bruch der Vermittlung vollzieht sich entlang der Umstellung von „Sinn“ auf „Bedeutung“ und wird von Ricoeur im Zeugnis verortet: in seiner Einheit von Bericht und Bekenntnis scheint ein Moment von Unmittelbarkeit auf, der unausweichliche Vermittlungen impliziert. Der hermeneutische Bruch der Vermittlungen wird durch diese „dialektische Struktur“[518] des Zeugnisses erst nach dem Ereignis eingezogen. Während die Interpretationen des Zeugnisses das im Ereignis manifest gewordene Absolute im Modus des Entzugs vermitteln[519] und seine Bedeutung verhandeln, ist im Ereignis ein Moment

[514] P. Ricoeur: *Die Hermeneutik des Zeugnisses*, S. 31. Indem das Zeugnis auch Neu-Interpretationen einfordert, ist es nicht nur hermeneutisch, sondern auch konstruktiv.

[515] Ebd.

[516] Ebd.

[517] Ebd.

[518] Ebd., S. 33.

[519] „Es ist dieser Kurzschluss von Sinn und Ereignis, der zu interpretieren gibt, der interpretiert zu werden fordert: Inwiefern? Insofern, als die Verschmelzung auch Spannung bedeutet, das Ereignis ein zugleich erscheinendes und verschwindendes ist; verschwindend in dem Maß, in dem es erscheint. Die Erscheinungen des lebendigen Christus sind zugleich das leere Grab.“ Ebd., S. 32.

von unmittelbarem Sinn präsent. Diese Unmittelbarkeit liegt für Ricoeur im „quasi-empirischen“[520] Charakter des Zeugnisses, der es untrennbar zu seinem Bericht von einem historischen Ereignis macht und gleichzeitig auf seine „Exteriorität“[521] verweist, die dem Symbolbegriff in einem Mangel von „historischem Gehalt“[522] fehlt: man kann keinen Sinn bezeugen, ohne zu bezeugen, dass etwas geschehen ist, was diesen Sinn bezeichnet:

> „Es gibt also keinen Zeugen des Absoluten, der nicht Zeuge historischer Zeichen wäre, keinen Bekenner absoluten Sinns, der nicht Erzähler von Befreiungstaten wäre.“[523]

Die Unmittelbarkeit des Absoluten in diesen historischen Befreiungstaten kann jedoch wiederum nur interpretativ festgestellt werden, und sie zu postulieren[524], stellt sie in dieser Interpretativität in einen unendlichen Aufschub. Im Nach-Denken seiner Ausgangsfrage, wie kontingenten Ereignissen ein absoluter Charakter zugeschrieben werden kann[525], ist Ricoeur damit nicht konsequent genug, sein hermeneutischer Ansatz[526] nicht radikal genug. Er verbleibt letztendlich im „unüberschreitbarer Abgrund“[527] – im garstigen Graben, der einen Gegensatz zwischen der Partikularität der Geschichte und der Universalität der Offenbarung einzieht. Der hermeneutische Entzug in der Gottesrede wird erst nach dem Ereignis angesiedelt, vor Beginn der Interpretationskette ist sein Sinn im Ereignis präsent. Es verliert damit seinen kontingenten Charakter:

> „Das Absolute zeigt sich. In diesem Kurzschluss des Absoluten und der Gegenwart entsteht eine Erfahrung des Absoluten.“[528]

Für das Zeugnis als theologische Sprachform bedeutet das, dass die Interpretativität christlicher Gottesrede in den Blick kommt; sie gestaltet sich als unab-

---

520 Ebd., S. 16 u.ö.

521 Stefan Orth: *Das verwundete Cogito und die Offenbarung. Von Paul Ricoeur und Jean Nabert zu einem Modell fundamentaler Theologie* (= Band 162), Freiburg im Breisgau, Münster (Westfalen): Herder 1999, S. 368.

522 P. Ricoeur: *Die Hermeneutik des Zeugnisses*, S. 9.

523 Ebd., S. 21.

524 „Die Bedeutung dieser These besteht darin, dass sich Ricoeurs Zeugnisbegriff als ein Bollwerk gegen jede radikale Hermeneutikkonzeption versteht. [Paul Ricoeur: „A Response“, in: Biblical Research (1979–1980), S. 70–80, hier S. 78.]. Sowohl die Reduzierung eines historischen Ereignisses auf ein vermeintliches factum brutum, aber auch die Interpretation des geschichtlichen Faktums als ein reines Sprachgeschehen sind von Ricoeur her abzulehnen. Aufgrund dieser Exteriorität im Zeugnis bezeichnet Ricoeur diesen Begriff auch als ein ‚Geschenk des Religiösen an die Philosophie‘.“ S. Orth: *Das verwundete Cogito und die Offenbarung*, S. 370.

525 „Haben wir das Recht, einen Moment der Geschichte mit dem Merkmal der Absolutheit auszustatten?“ P. Ricoeur: *Die Hermeneutik des Zeugnisses*, S. 30.

526 „Ich möchte versuchen zu zeigen, dass diese Philosophie nur eine Hermeneutik sein kann, d.h. eine Philosophie der Interpretation.“ Ebd.

527 Ebd.

528 Ebd., S. 31.

schließbarer Prozess der Semiose, in dem sie keinen direkten Zugriff auf ihre Referenzgröße hat, sondern erst über andere Zeichen, die als Interpretanten fungieren, bedeutungsvoll werden kann. Sie steht nicht in einer zweistelligen Relation von Zeichen und ihren Referenzen, sondern ist in einer dreistelligen Konstellation auf andere Diskurse verwiesen, an denen die Bedeutung von Zeichen diskursiv verhandelt wird. Ihre Bedeutung steht nicht fest, sondern kann überhaupt erst in Bezug auf fremde Zeichen, die an einem konkreten Ort zur Verfügung stehen, zur Sprache und damit zur Wirklichkeit gebracht werden.[529] Das Ereignis, dessen Zeugnis diese theo-logische Semiose in Gang setzt, wird jedoch von Ricoeur außerhalb des Interpretationsprozesses verortet und mit absolutem, losgelöstem Sinn investiert. Es verliert damit seinen kontingenten Charakter – letztendlich kann der Offenbarung als geschichtlichem Ereignis so nicht konsequent nach-gedacht werden.

[529] „Wenn Interpretation möglich ist, dann deshalb, weil es wegen dieses Abstandes immer möglich ist, die Beziehung zwischen dem Sinn und dem Ereignis mit Hilfe eines anderen Sinnes zu vermitteln, der die Rolle des Interpretanten hinsichtlich eben dieser ihrer Relation spielt. Charles Sanders Peirce hat diesbezüglich das Modell der dreistelligen Relation geliefert: Jedes Verhältnis zwischen einem Zeichen und einem Objekt kann, so sagt er, erläutert werden mit Hilfe eines Zeichens, das hinsichtlich ihrer Relation die Rolle des Interpretanten spielt; eine offene Kette von Interpretanten wird so von der ersten Relation zwischen Zeichen und Objekt hervorgerufen." Ebd., S. 32.

2.1.2 Michel Foucault: Interpretativität der Ereignishaftmachung

Während Ricoeur einen der Geschichte inhärenten Sinn postuliert[530], in dem in der Manifestation des Absoluten ein Ereignis mit seiner Bedeutung ineinsfällt, zeichnet Michel Foucault Geschichte als disparate Diskurse von „Ereignishaftmachungen"[531]. Das Ereignis ist nicht determiniert, sondern es emergiert als Singularität aus diskursiven Praktiken:

> „Die Unlöslichkeit des Wissens und der Macht im Spiel der vielfältigen Interaktionen und Strategien [führt] zu Singularitäten, die sich aufgrund ihrer Akzeptabilitätsbedingungen fixieren, und zugleich zu einem Feld von möglichen Öffnungen und Unentschiedenheiten, von eventuellen Umwendungen und Verschiebungen, welches sie fragil und unbeständig macht, welches aus jenen Effekten Ereignisse machen, nicht mehr und nicht weniger als Ereignisse"[532].

[530] Auch Marie Dominique Chenu veranschlagt einen im Ereignis inhärenten Sinn: „Der geschichtliche Sinn ist dem Ereignis immanent, da sonst die Geschichte ihren hinweisenden Charakter verliert." Marie-Dominique Chénu: *Volk Gottes in der Welt*, Paderborn: Bonifacius-Dr. 1968, S. 52.

[531] M. Foucault: *Was ist Kritik?*, S. 30. Foucaults Ereignis-Begriff ist äußerst vielschichtig und kann hier in seiner Komplexität nur schlaglichtartig und auszugsweise aufgegriffen werden. — An diesem Punkt macht auch Elke Dauk ihre kritische Abgrenzung zwischen Ricoeur und Foucault fest: „Die grundlegende Beziehung [in Ricoeurs Entwurf der Hermeneutik] ist die Beziehungsstruktur, die die Interpretationsbedürftigkeit stiftet und zugleich befriedigt. ... Sie begründet das Nichtverfügen über die dennoch einheitliche Wahrheit, das Spiel von Abwesenheit und Anwesenheit, Verborgenheit und Offenbarkeit und erlaubt zugleich, zumindest virtuell, ihre Aneignung durch Abarbeiten von Distanz und Differenz. Wie ersichtlich, fundiert aber diese Beziehung die hermeneutische Wahrheit in einer Weise, die der Genealogie Foucaults diametral entgegengesetzt ist. Ricoeur legitimiert nämlich eine vorgefundene Herrschaftsstruktur durch einen Gründungsmythos. Während Foucaults Machtanalysen zu erfassen suchen, was die subjektivierenden Machtmechanismen so erfolgreich macht, untermauert Ricoeur diese mit einem Identifikationsmythos. Aus diesem Grunde ist es nur scheinbar paradox, dass für so verschieden Ansätze wie Foucault und Ricoeur die gleiche Beziehungsstruktur dem hermeneutischen Wissen zugrundeliegen soll. Sie dient dem einen zur Grundlage, dem anderen zur Kritik. Für Ricoeur repräsentiert sie den Übergang von der Existentialontologie zur Ethik der Verpflichtung, die mit Hilfe der Hermeneutik die Ontologie in einer Erlösungsethik versöhnt. Für Foucault ist umgekehrt die Beziehungsstruktur der Hermeneutik das Ende einer kritischen Ontologie und einer ihr entsprechenden heroischen Ethik, die sich in keiner Verpflichtung selbst aufgibt." Elke Dauk: *Denken als Ethos und Methode* (= Band 5), Berlin: Reimer 1989, S. 141f.

[532] M. Foucault: *Was ist Kritik?*, S. 31.: „Unter dem Verfahren der Ereignishaftmachung ... Verzeihen Sie das schreckliche Wort!... verstehe ich ... etwa folgendes: zunächst nimmt man sich Mengen von Elementen vor, bei denen man empirisch und vorläufig Verschränkungen von Zwangsmechanismen und Erkenntnisinhalten feststellen kann. Unterschiedliche Zwangsmechanismen, vielleicht auch Gesetzgebungs- und Reglementierungsvorgänge, materielle Dispositive, Autoritätsphänomene usw.; auch die Erkenntnisinhalte werden in ihrer Mannigfaltigkeit und Heterogenität aufgegriffen und sie werden auf die Machteffekte hin untersucht, deren Träger sie als gültige Elemente eines Erkenntnissystems sind. Man möchte nicht wissen, was wahr oder falsch, begründet oder nicht begründet, wirklich oder illusorisch, wissenschaftlich oder

Foucault beschreibt das Ereignis als eine diskursive Größe, die sich unter bestimmten Akzeptabilitätsbedingungen formiert und diese Plausibilitätsstrukturen gleichzeitig „fragil und unbeständig“[533] macht, sie unterbricht und unterminiert. Das Ereignis steht damit nicht außerhalb des diskursiven Zugriffs auf ihn, es ist unhintergehbar eingebunden in den „Konflikt der Interpretationen“[534]. Der hermeneutische Bruch wird nicht erst nach dem Ereignis angesiedelt, sondern durchzieht das Ereignis selbst. In ihm ist kein Sinn präsent; vielmehr wird es erst greifbar in seinen unterschiedlichen Be/Deutungen. Das Ereignis konstituiert sich damit als Entzug, es ist nie ganz gegenwärtig, sondern selbst schon von hermeneutischer Unbe-stimmtheit durchzogen. Als Ort der Kontingenz[535] lässt sich das Ereignis nie abschließend zur Sprache bringen, sondern durchbricht etablierte Bedeutungszuschreibungen und provoziert durch seine Disruptivität widerstreitende Interpretationen:

> „Die Geschichtlichkeit, die uns mitreißt und uns determiniert, ist eine kriegerische; sie gehört nicht zur Ordnung der Sprache. Machtverhältnis, nicht Sinnverhältnis. Die Geschichte hat keinen ‚Sinn‘, was nicht heißen

ideologisch, legitim oder missbräuchlich ist. Man möchte wissen, welche Verbindungen, welche Verschränkungen zwischen Zwangsmechanismen und Erkenntniselementen aufgefunden werden können, welche Verweisungen und Stützungen sich zwischen ihnen entwickeln, wieso ein bestimmtes Erkenntniselement – sei es wahr oder wahrscheinlich oder ungewiss oder falsch – Machtwirkungen hervorbringt und wieso ein bestimmtes Zwangsverfahren rationale, kalkulierte, technisch effiziente Formen und Rechtfertigungen annimmt.“

533 Vgl. auch: Michel Foucault: „Nietzsche, die Genealogie, die Historie“, in: Michel Foucault (Hg.), *Von der Subversion des Wissens*, Frankfurt am Main: Fischer-Taschenbuch-Verl. 2000, S. 69–90, hier S. 80.: „Mit Ereignis ist nicht eine Entscheidung, ein Vertrag, eine Regierungszeit oder eine Schlacht gemeint, sondern die Umkehrung eines Kräfteverhältnisses, der Sturz einer Macht, die Umfunktionierung einer Sprache und ihrer Verwendung gegen die bisherigen Sprecher, die Schwächung, die Vergiftung einer Herrschaft durch sie selbst, das maskierte Auftreten einer anderen Herrschaft.“

534 P. Ricoeur: *Der Konflikt der Interpretation.*

535 „Man muss also den Begriff der Diskontinuität wieder an seinen richtigen Platz stellen. Es gibt dann vielleicht einen Begriff, der stringenter ist … nämlich den Begriff des Ereignisses. Nun war im Zusammenhang mit dem Ereignis eine ganze Generation lange Zeit in der Sackgasse, denn infolge der Arbeiten der Ethnologen … setzte sich jene Dichotomie fest zwischen den Strukturen einerseits, (dem, was denkbar ist) und dem Ereignis andererseits als dem Ort des Irrationalen, des Nicht-Denkbaren, dessen, was dem Mechanismus und dem Spiel der Analyse nicht unterliegt und auch nicht unterliegen kann, zumindest nicht in der Form, die sie im Innern des Strukturalismus angenommen haben. Erst kürzlich haben sich drei … Ethnologen in einer in der Zeitschrift ‚L'Homme‘ veröffentlichten Diskussion dieser Frage erneut gestellt und im Zusammenhang mit dem Ereignis gesagt: das Ereignis ist das, was sich uns entzieht, ist der Ort der ‚absoluten Kontingenz‘. Wir sind Denker, die Strukturen analysieren. Die Geschichte geht uns nichts an, wir wissen nicht, was wir mit ihr anfangen sollen. Daher ist dieser Gegensatz Ort und Produkt einer bestimmten Anthropologie gewesen. Diese hat verheerende Auswirkungen gehabt, … auch unter Historikern, die schließlich an den Punkt gelangt sind, das Ereignis, den ‚Ereignischarakter der Geschichte‘ abzuwerten als die untergeordnete Geschichte der kleinen, winzigen Tatsachen, der Zufälle usw.“ Michel Foucault: *Dispositive der Macht. Über Sexualität, Wissen und Wahrheit*, Berlin: Merve Verl. 1978, S. 28 (Frage gestellt von Alessandro Fontana und Pasquale Pasquino).

> soll, dass sie absurd oder inkohärent ist. Im Gegenteil, sie ist intelligibel und muss bis in ihr allerkleinstes Detail hinein analysierbar sein: jedoch entsprechend der Intelligibilität der Kämpfe, der Strategien und der Taktiken."[536]

Das Ereignis bricht Sprache und überfordert Sprache, und fordert eine Sprache von ihm ein, die ihre hermeneutische Gebrochenheit in sich offenhält und so den disruptiven, entzogenen Charakter des Ereignisses nicht befriedet.[537]

Foucaults Umstellungen im Ereignisbegriff, die die Kontingenz geschichtlicher Ereignisse nicht mit absolutem Sinn investieren, sind von höchster theologischer Signifikanz. Sie fordern christliche Gottesrede dazu auf, sich der kontingenten Partikularität des Ereignisses, von dem sie Zeugnis ablegt, wirklich auszusetzen und rufen damit den Konflikt um das Verhältnis von Dogma und Geschichte auf, der die theologischen Auseinandersetzungen vor dem Zweiten Vatikanischen Konzil bestimmt – was bedeutet es, die Offenbarung Gottes in der Geschichte zu bezeugen? Diese Frage führt ins Zentrum der Problemstellung von *Theologie interkulturell*; mit dem theologischen Denken der Geschichtlichkeit brechen theologisch (inter)kulturelle Fragestellungen auf:

> „Die zentrale Auseinandersetzung vor dem Konzil drehte sich um das Verhältnis zwischen dem Dogma, das einen über die Zeiten gültigen Wahrheitsanspruch vertritt, und der Geschichte, in der es überhaupt erst entwickelt und formuliert wird. Es geht dabei um ein Kulturproblem. ... Die antimodernistische Strategie ... bestand darin, einen transkulturellen und nicht-geschichtlichen Charakter aller Dogmen zu behaupten und für ihre Darstellung eine für alle gleich gültige Darlegungsweise vorzugeben. Das bedeutet aber, die römische Kultur als die vorherrschende Kultur der katholischen Welt für sakrosankt und als allein erlaubt zu erklären. In der ersten Manifestation der Kirche als einer Weltkirche war diese Strategie allein schon durch die schiere Existenz der Bischöfe mit anderem kulturellen Hintergrund ... nicht zu halten. Die Kirche ist römisch-katholisch; es gibt in ihre eine bestimmende Kultur, die historisch-kontingent zu diesem Status gelangt, die aber eben nur eine unter vielen darstellt. Die damit unweigerlich gegebene Machtfrage, wie die vielen Kulturen in der einen Kirche miteinander auskommen, wird auf dem Konzil nicht behandelt; es hätte unter anderem das Eingeständnis bedeutet, dass der römische Anti-

536 Ebd., S. 29.

537 „Weder die Dialektik (als Logik des Widerspruchs) noch die Semiotik (als Kommunikationsstruktur) können klären, was die wirkliche Intelligibilität der Konfrontationen ist. Die ‚Dialektik' ist ein Modus, die stets ungewisse und offene Realität dieser Konfrontationen zu umgehen, indem sie sie auf das hegelianische Modell verlagert; die ‚Semiologie' ist ein Modus, ihren gewaltsamen, blutigen, tödlichen Charakter zu umgehen, indem sie sie in die befriedete, platonische Form der Sprache und des Dialogs presst." Ebd.

modernismus das Problem nicht lösen konnte. Doch fiel damit zugleich die Ortsbestimmung angesichts eines Problems aus … die Frage nach der In[ter]kulturation."[538]

2.2 Die theo-logische Signifikanz der Partikularität

2.2.1 Theologiegeschichtliche Verortung: Der Konflikt um Dogma und Geschichte – Partikularität als Mangel oder Kondition christlicher Gottesrede?

Das historische Denken, das seit der Aufklärung die Wissensformen der Moderne formt[539], prägt seit Reimarus die Auseinandersetzungen um den Wahrheitswert der biblischen Geschichten; in der protestantischen Theologie des 19. Jahrhundert formiert es sich als Leben-Jesu-Forschung, von Adolf von Harnack wird es als dogmengeschichtliche Disziplin entwickelt. In die katholische Theologie findet das geschichtliche Denken bis zur Enzyklika von Pius XII Divino afflante Spiritu (1943) nur verschwiegen Eingang; großkirchlich wird kirchliche Identität in den Auseinandersetzungen um den Modernismus unter Ausblendung ihrer Geschichtlichkeit und Weltlichkeit konstruiert[540]. Dieses ekklesiologische Modell der societas perfecta, die Welt und Kirche als einander ausschließende Größen konzeptioniert[541], reflektiert eine Offenbarungstheolo-

538 H.-J. Sander: *Theologischer Kommentar zur Pastoralkonstitution über die Kirche in der Welt von heute Gaudium et spes.*, S. 780f.

539 Diese Umstellung der Wissensformen hin zum historischen Denken wird u.a. mit Giambattista Vico (1688–1744) vollzogen. In Abgrenzung von Descartes und in Hinwendung zur kantianischen Erkenntnistheorie stellt er der scholastischen Formel *Verum est ens* die Formel *Verum quia factum* entgegen: Wahrheit ist nicht ontologisch vorgegeben, sondern erkannt werden kann ausschließlich das Faktum, das (von Menschen) Gemachte: „Doch in solch dichter Nacht voller Finsternis, mit der die erste von uns so weit entfernte Urzeit bedeckt ist, erscheint dieses ewige Licht, das nicht untergeht, folgender Wahrheit, die auf keine Weise in Zweifel gezogen werden kann: dass diese politische Welt sicherlich von den Menschen gemacht worden ist, deswegen können (denn sie müssen) ihre Prinzipien innerhalb der Modifikationen unseres eigenen menschlichen Geiste gefunden werden. Folgendes muss bei jedem, der darüber reflektiert, Staunen erregen – wie nämlich alle Philosophen, sich ernsthaft darum bemüht haben, Wissen zu erlangen von der Welt der Natur, von der doch, weil Gott sie schuf, er allein Wissen haben kann, und wie sei vernachlässigt haben, diese Welt der Völker oder politische Welt zu erforschen, von der, weil die Menschen sie geschaffen hatten, die Menschen auch Wissen erlangen konnten." Giambattista Vico, *Scienzia Nuova* §331. Zit nach: Nicola Erny: *Theorie und System der Neuen Wissenschaft von Giambattista Vico* (= Band 144), Würzburg, Hamburg: Königshausen & Neumann 1994, S. 42.

540 Vgl. H.-J. Sander: *Theologischer Kommentar zur Pastoralkonstitution über die Kirche in der Welt von heute Gaudium et spes.*, S. 596f.

541 „… sie ist eine vollkommene Gesellschaft eigener Art und eigenen Rechtes, da sie alles, was für ihren Bestand und ihre Wirksamkeit notwendig ist, gemäß dem Willen und kraft der Gnade

gie, die Natur und Übernatur, Geschichte und Offenbarung in ontologisch und epistemologisch disjunkte Sphären teilt[542]:

> „Bis zum Zweiten Vatikanum war es eine vom Heiligen Officium für richtig gehaltene und auch eifrig durchgesetzte Position, das Dogma sei von der Geschichte rein zu halten. ... Geradezu ideologisch [wurde die Meinung vertreten], sie verhielten sich wie Feuer und Wasser zueinander. ... Die antimodernistische Strategie, dieser Relativierung der Glaubenswahrheit [durch ein Denken ihrer Geschichtlichkeit] zu wehren, bestand darin, einen trans-kulturellen und nicht-geschichtlichen Charakter aller Dogmen zu behaupten und für ihre Darstellung eine für alle gleich gültige Darlegungsweise vorzugeben."[543]

Die Konstruktion christlicher Identität und die ihr entsprechende Offenbarungstheologie verfolgen hier eine Politik der Binarisierung, die zwischen Dogma und Geschichte, zwischen Kirche und Welt, zwischen Glaube und Vernunft, zwischen Natur und Übernatur, zwischen Transzendenz und Immanenz, zwischen Universalität und Partikularität eine wechselseitig ausschließende Differenz einzieht. Lehramtlich wird römisch-katholische Identität vor dem Zweiten Vatikanum unter Ausschließung ihrer Kontingenz entworfen. Die Universalität der Kirche wird der Partikularität der Welt gegenübergestellt, die Übernatürlichkeit der Offenbarung mit der Natürlichkeit der Vernunft kontrastiert.

Binarisierungen im Prozess der Identitätsformierung gehen einher mit Hierarchisierungen, Differenzierungen implizieren immer auch Bewertungen: der offenbarungstheologische und ekklesiologische Entwurf des Antimodernismus als ungeschichtlich und übernatürlich funktioniert entlang der Prämisse, dass Geschichte, Welt, Vernunft, Natur untergeordnet, minder-wertig, gefährlich[544]

---

ihres Stifters in sich und durch sich selbst besitzt." Leo XIII: „Immortale Dei (1885)", in: Emil Marmy (Hg.), *Mensch und Gemeinschaft in christlicher Schau. Dokumente*, Freiburg, Schweiz: Verl. d. Paulusdr. 1945, S. 571–602, hier Randnummer 852.

542 Vgl. exemplarisch für dieser Verzahnung die Dogmatische Konstitution des Ersten Vatikanischen Konzils. Josef Wohlmuth/Giuseppe Alberigo (Hg.): *Dekrete III: Konzilien der Neuzeit. Konzil von Trient (1545 - 1563), Erstes Vatikanisches Konzil (1869/70), Zweites Vatikanisches Konzil (1962 - 1965), Indices* (= / hrsg. vom Istituto per le Scienze Religiose Bologna. Besorgt von Giuseppe Alberigo; ... ; Bd. 3), Paderborn: Schöningh 2002, S. 804–809.

543 H.-J. Sander: *Theologischer Kommentar zur Pastoralkonstitution über die Kirche in der Welt von heute Gaudium et spes.*, S. 693. 780.: „Der Satz, mit der Unfehlbarkeitserklärung des Papstes auf dem Ersten Vatikanischen Konzil habe das Dogma die Geschichte besiegt – der Kardinal Manning zugeschrieben wird, ohne dass er als Zitat nachzuweisen wäre –, ist kennzeichnend für die Machtfrage in diesem Problem. So hat Manning 1870 in einem Pastoralbrief an seinen Klerus erklärt, es wie ein ‚protestantisches Prinzip', die Geschichte gegen das Lehramt anzurufen." Ebd.

544 Bhabha weist in (post)kolonialem Kontext auf die Angst vor den – und das Begehren für die – als Minderwertig konstruierten hin. H. K. Bhabha: *Die Verortung der Kultur*, S. 110. Vgl. zu dieser ambivalenten Beziehung auch R. J. C. Young: *Colonial desire.*

sind. In einem sich wechselseitig verstärkenden Prozess von Pejoration und Ausschließung in kirchlicher Identitätsbildung wird Partikularität als Mangel konstruiert – und zwar im doppelten Sinne: zum einen ist Partikularität aus dieser Identität als mangelhaft auszuschließen; Universalität kann hier nur als Abstrahierung von Partikularität gedacht werden, sie wird absolut – losgelöst – von partikularen Orten entworfen. Zum anderen verbleibt dieser Identitätspolitik und ihrem entsprechenden offenbarungstheologischen Entwurf Partikularität als Mangel – als das, was fehlt, was verschämt ist, was ausgeschlossen wird – als ihrem ‚anderen', dem sie sich nicht stellt und auf das sie für ihrer Identitätskonstruktion doch unhintergehbar verwiesen ist.[545] Im Versuch, ihre Identität unter Ausblendung ihrer Kontingenz zu formieren, bleibt der vorkonziliaren Kirche geschichtliche und kulturelle Partikularität als beunruhigende Leerstelle eingeschrieben – ein Mangel, der je neu aufzubrechen und ihre ekklesiologische Konstruktion zu unterminieren droht.Offenbarungstheologisch wird dieser Mangel in der immer stärker werdenden Unkommunizierbarkeit des Glaubens in der Welt manifest: eine Offenbarungstheologie, die geschichtliche Vermittlungsprozesse ausblendet, resultiert in einer Unvermittelbarkeit des Glaubens der Kirche.[546]

Die theologischen Umstellungen des Zweiten Vatikanischen Konzils brechen diese Dualismen auf und vermitteln sie in seinem offenbarungstheologischen[547] und ekklesiologischen[548] Entwurf aneinander. Vorbereitet wurde

545 In Rückgriff auf Giorgio Agamben könnte hier von einer ‚einschließenden Ausschließung' gesprochen werden. Giorgio Agamben: *Homo sacer. Die souveräne Macht und das nackte Leben*, Frankfurt am Main: Suhrkamp 2007, S. 179.

546 Dieser Problemdruck drängte Johannes XXIII zum Ruf nach einem Aggiornamento und zur Einberufung des Zweiten Vatikanischen Konzils. Vgl. auch Chénu rückblickend nach dem Konzil: „Dieser Vorgang bringt Schwierigkeiten und Gefahren mit sich. Die Zeichen der Zeit sind Anfragen an die Kirche und stellen sie daher in ihrer Anwesenheit in der Welt in Frage. Die Vergangenheit ist uns in diesem Punkt, nicht immer auf angenehme Weise, eine gute Lehre, wenn wir sehen, dass die Christen, unsere älteren Brüder, für die Zeichen Gottes im Bewusstsein der Menschen und im Gang der Geschichte unempfänglich waren. Genau an diesem Punkt hat das aggiornamento seinen Platz." M.-D. Chénu: *Volk Gottes in der Welt*, S. 67.

547 Die Wiederaufnahmen einer Geschichtstheologie führt zur Umstellung vom instruktionstheoretischen zum kommunikationstheoretischen Verständnis von Offenbarung: Wenn Offenbarung wie im neuscholastischen Modell als Information, als ‚verschnürtes Paket' an propositionalen Sätzen gedacht wird, dann ist eine Trennung zwischen Natur und Übernatur, über die hinweg dieser Inhalt der Offenbarung übergeben wird, eher zu denken als in einem Entwurf von Offenbarung als der Erfahrung der Gegenwart Gottes bei den Menschen.

548 Formal wird die Ekklesiologie am Konzil in einer mehrschichtigen Zweipoligkeit entworfen: es beschreibt die Kirche *ad intra* (LG) und *ad exta* (GS); diese Zweipoligkeit wird innerhalb von GS in der Hermeneutik der Zeichen der Zeit als erkenntnistheologischer Entwurf aufgenommen. — Inhaltlich brechen die ekklesiologischen Metaphern mit der ungeschichtlichen Statik des binären Stockwerksdenken: die Kirche ist das Licht der Völker (LG1) und pilgerndes Gottesvolk (LG9)

dieser Paradigmenwechsel[549] gegen massiven Widerstand und unter lehramtlichen Repressionen u.a. in der nouvelle théologie.[550] Mit dem ‚Gesetz der Inkarnation' beschreibt Marie-Dominique Chénu Dogma und Geschichte, Natur und Gnade, Glaube und Vernunft nicht als einander ausschließende Größen; vielmehr wird in einem Nach-Denken des geschichtlichen Jesus-Christus-Ereignisses als Offenbarung Gottes Geschichte der Ort, IN dem sich Offenbarung ereignet. Partikularität ist kein Mangel in der Offenbarung von Universalität, sondern ihre Kondition:

> „Wenn der Mensch Gott wahrhaft erkennt, so erkennt er ihn auf menschliche Weise. So wenig wie die Gnade der Natur äußerlich bleibt, so wenig ist der Glaube eine der Vernunft oberflächlich aufgesetzte Erkenntnis: Er lebt in ihr. Und er wird durch diese seine Inkarnation nicht verunreinigt, so wenig wie der Logos herabgemindert worden ist, als er Fleisch wurde. Zweifaches theandrisches Geheimnis, das Geheimnis Christi, in dem Göttliches und Menschliches eins sind: eine einzige Person, in die mich der Glaube einpflanzt, der in die Geschichte eingetretene ewige Sohn Gottes, der Christus des Glaubens im Christus der Geschichte. Das ist der Knotenpunkt der gesamten Geschichte. Der Theologe kann nicht hoffen, seine Vor-Gabe außerhalb der Geschichte ... zu finden ... Es ist unverkennbar eine heilige Geschichte, aber sie wird durch ihre Heiligkeit nicht aus den Zusammenhängen herausgenommen, die den Stoff und das Gesetz der menschlichen Geschichte bilden; sonst handelte es sich ja gerade nicht mehr um eine Inkarnation; denn wenn den menschlichen Worten in ihrer Struktur durch das in dieser ankommenden Wort Gottes Gewalt geschähe, wären sie dem Menschen unverständlich und würden ihm jenes Wort Gottes eben nicht mehr offenbaren."[551]

549 Zur Diskussion einer Hermeneutik des Konzils als ‚Bruch' oder ‚Kontinuität' vgl. Michael Bredeck: *Das Zweite Vatikanum als Konzil des Aggiornamento. Zur hermeneutischen Grundlegung einer theologischen Konzilsinterpretation* (= Band 48), Paderborn ; Wien u.a: Schöningh 2007, bes. S. 82–98.

550 Vgl. zum Fall Marie-Dominique Chénu Christian Bauer: „Geschichte und Dogma. Genealogie der Verurteilung einer Schule der Theologie", in: Marie-Dominique Chénu (Hg.), *Le Saulchoir. Eine Schule der Theologie*, Berlin: Morus 2003, S. 9–50. — Zu anderen Vorläuferdiskursen vgl. H.-J. Sander: *Theologischer Kommentar zur Pastoralkonstitution über die Kirche in der Welt von heute Gaudium et spes.*, S. 596–610.

551 Marie-Dominique Chénu (Hg.): *Le Saulchoir. Eine Schule der Theologie* (= Band 2), Berlin: Morus 2003, S. 125. — Im Versuch, die Geschichtlichkeit der Offenbarung und die Unhintergehbarkeit der menschlichen Sprache in der Vermittlung des göttlichen Wortes theologisch zu denken, bringt Chénu hier die Herausforderung des Ereignisses an die Sprache von ihm nicht mehr ausreichend in den Blick. Das Ereignis fügt sich nicht nahtlos in gegebene Diskurse ein, sondern es zerbricht Sprache – es tut Sprache tatsächlich ‚Gewalt' an. Vorgefertigte Bedeutungszuschreibungen greifen angesichts der Disruptivität des Ereignisses nicht mehr, im Ringen um Sprache über das Ereignis kommt es im unhintergehbaren Rückgriff auf die sprachlichen Zeichen eines Kontextes zu Bedeutungsverschiebungen und neuen Sprachformen. Im Anschluss an Ch. S. Peirce beschreibt Sander diese „Sagbarmachung aus dem Ungesagten"

Diese offenbarungstheologische Umstellungen, deren erkenntnistheoretischen Konsequenzen am Zweiten Vatikanum in der in die Pastoralkonstitution aufgenommene Hermeneutik der Zeichen der Zeit eingeholt werden, beziehen die beiden Pole Partikularität und Universalität, Transzendenz und Immanenz, die jede menschliche Erfahrung mit und Nach-Denken von Gott in ein prekäres Verhältnis setzen, spannungsvoll aufeinander.

Mit Werner Löser kann dieses spannungsvolle Verhältnis, das im Zuge dieser Arbeit als *Nicht-Binarität* näher ausgeführt wird (vgl. II.2.2.2), als „Grundgesetz der oeconomia revelationis“[552] beschrieben werden. In den biblischen Schriften als Zeugnisse der Offen-barungsgeschichte Gottes in der Geschichte der Menschen wird dieses Grundgesetz narrativ entfaltet. Im heilsgeschichtstheologischen Ansatz der biblischen jüdisch-christlichen Tradition sind

> „die Ereignisse, in denen Gott sich offenbart, ... je konkret und einmalig (vgl. z.B. die Dornbusch-Offenbarung Ex 3,1–6), aber das widerspricht nicht ihrer möglichen universellen Bedeutung, sondern ist die Weise, in der sie sich realisiert.“[553]

In den Offenbarungen Gottes in der Welt geht jedoch das „universale“ mit dem „concretum“ keine „Synthese“ ein.[554] Wenn Partikularität die Kondition der Offenbarung der Universalität ist, dann bleibt die „Dialektik der Hierophanie“[555], die die Erfahrung des Universalen in der Partikularität strukturiert, eine negative – die Spannung von Universalität und Partikularität, von Transzendenz und Immanenz kann nicht aufgehoben werden, sie bleibt unauflösbar.

---

als Abduktion: „An ihrem Anfang steht ein unausweichliches Moment von Sprachlosigkeit und/oder Handlungsunfähigkeit. Ein Riss tut sich auf und eine Differenz zwischen Sagbarem, noch nicht Sagbarem und Unsagbarem tut sich auf. Mit dieser Differenz wird in Abduktionen gearbeitet. ... So lange die neue Sprache noch nicht gefunden ist, stehen nur solche Zeichen zur Verfügung, die man bereits hat. Aber diese Zeichen stehen im Rahmen einer Differenz zur Lösung des Problems; man kann sie folglich nicht einfach in der gleichen Weise verwenden, wie man es gewohnt ist.“ Hans-Joachim Sander: *Einführung in die Gotteslehre*, Darmstadt: Wiss. Buchges. 2006, S. 27f.

552 Werner Löser: „„Universale Concretum“ als Grundgesetz der Oeconomia Revelationis“, in: Walter Kern/Eugen Biser (Hg.), *Traktat Offenbarung* 2000, S. 108–119.

553 Ebd., S. 83.

554 Gegen ebd., S. 85 u.ö.

555 Zur Dialektik der Hierophanie vgl. den religionsphänomenologischen Nachweis bei Mircea Eliade: *Die Religionen und das Heilige. Elemente der Religionsgeschichte*, Salzburg: Otto-Müller-Verl. 1954, S. 36–38.

2.2.2 Offenbarung der Universalität im Modus der Partikularität: Posthermeneutische Überlegungen zu Erkenntnis- und Offenbarungstheologie

2.2.2.1 Der (post)hermeneutische Zirkel von theologischer Erkenntnis und Offenbarung

Sich dieser Partikularität in der Rede von Offenbarung auszusetzen, birgt theologisches Risiko. Es verweist eine Rede von Gott auf die Ambivalenz geschichtlicher Ereignisse und nimmt ihr damit ihre Ein-Deutigkeit. Historisch-kulturelle Ereignisse sind Orte der Kontingenz; sie stehen unhintergehbar in diskursiven Interpretationsprozessen. Der hermeneutische Bruch prägt nicht erst die Zeugnisse, die von einem Ereignis abgelegt werden, er durchzieht dieses Ereignis selbst. Hier scheint kein Sinn auf, der im Anschluss durch Vermittlungen des Weitergabeprozesses gebrochen wird, sondern das Ereignis selbst wird ausschließlich über seine Deutungen greifbar, es konstituiert sich in seinen Bedeutungen. Das Ereignis bietet keinen Ort der Präsenz, sondern verweist in seinen Bedeutungen auf die Präsenz von Sinn im Modus hermeneutischer Gebrochenheit – als be-deutender Entzug. Als geschichtliches Ereignis ist Offenbarung eine Interpretationsleistung[556], mit der christliche Gottesrede nicht über die Anwesenheit Gottes verfügen kann; Gottes Gegenwart bleibt im hermeneutischen Bruch ihrer Deutungen an ihren Entzug gebunden. Wenn Gott in der Geschichte gegenwärtig ist, geschehen Ereignisse, die keine ungebrochene Präsenz offenbaren, sondern seine Anwesenheit als Abwesenheit präsent halten.[557]

Diese hermeneutische Gebrochenheit der Offenbarung ist jedoch kein Mangel, der die Erfahrung der Gegenwart Gottes unterminiert. Der hermeneutische Bruch der Offenbarungsereignisse bricht die Möglichkeit christlicher Gottesrede nicht ab, sondern ist für eine Theologie, die einen sich in der Geschichte offenbarenden Gott bezeugt, vielmehr ihre *Kondition*, die von der Gegenwart Gottes im Modus seiner Abwesenheit sprechen lässt:

> „Because auf the Word (Logos), the word is both kataphasis and apophasis, or more precisely, kataphasis conditioned by apophasis. Precisely this combination opens, what we could call, a third way in which the Word (Logos) is referred to, no longer in either kataphatic affirmation or apophatic negation, but in ‚de-negation‘ or (in French) ‚de-nomination‘,

---

[556] Gregor M. Hoff: *Offenbarungen Gottes? Eine theologische Problemgeschichte*, Regensburg: Pustet 2007, S. 126.

[557] Die Absage Israels an Jesus als den Messias muss hier als bleibende Hinterfragung im christlichen Zeugnis von der Offenbarung Gottes in Jesus Christus wachgehalten werden. — Zu *theologischen* Begründungsmustern der Interpretativität – und damit Entzogenheit – von Offenbarung vgl. ebd., S. 130–139.

> which overcomes both the affirmation (predication) and negation (suspension of predication). ... In other words, theology ... does not involve a metaphysics of presence, nor of absence, but of present absence, revealed in the tension between the word and the Word (Logos). In the word, the Word (Logos) is present by its withdrawal (what Pseudo-Denis referred to as ‚hyper-ousia'‘).“[558]

Der hermeneutische Bruch zieht sich nicht zwischen der Offenbarung Gottes und ihren partikularen Interpretationen; vielmehr ereignet sich Offenbarung in ihren Interpretationen als Entzug. Dieser hermeneutische Entzug im Ereignis der Offenbarung unterläuft den Gegensatz von Anwesenheit und Abwesenheit; sie schließen einander nicht aus, sondern bedingen einander – Gott ist im Modus der Entzogenheit gegenwärtig:

> „Dass Gott als Abwesender umso präsenter wird, ist die Grundstruktur von Offenbarung in der Welt.“[559]

Wenn dieser Entzug nicht Mangel, sondern Kondition von Offenbarung als geschichtlichen Ereignissen ist, dann zieht er keinen „unüberschreitbare[n] Abgrund“[560], keine Trennung, zwischen der Offenbarung Gottes und ihren Interpretationen ein; vielmehr eröffnen diese Zeugnisse als partikulare Interpretationen dieses Ereignis den einzig möglichen, nie ungebrochenen Zugang zu diesen Ereignissen[561] – die Offenbarung Gottes ereignet sich hermeneutisch gebrochen im Modus der Partikularität.

Der hermeneutische Entzug im Offenbarungsdiskurs unterminiert damit Theologie nicht, sondern konditioniert sie –

> „apophasis is not doing away with kataphasis, but is intrinsically at work in it.“[562]

Eine Theologie, die ihren hermeneutischen Bruch nicht ausblendet, verstummt nicht, sondern wird für ihre Rede von Offenbarung unhintergehbar auf ihre geschichtlich-kulturelle Partikularität verwiesen; sie greift auf konkrete Orte der diskursiven „Ereignishaftmachungen“ zu – auf Orte, die sich dort formieren, wo die etablierten Bedeutungsstrukturen eines Diskurses „fragil und unbeständig“ werden, an denen sein Zueinander von Macht und Wissen aufscheint

558 Lieven Boeve: „Christus Postmodernus. An Attempt at Apophatic Christology“, in: Terrence Merrigan/Jacques Haers (Hg.), *The myriad Christ. Plurality and the quest for unity in contemporary christology*, Leuven: Univ. Press 2000, S. 577–593, hier S. 592.

559 Eberhard Jüngel: *Gott als Geheimnis der Welt. Zur Begründung der Theologie des Gekreuzigten im Streit zwischen Theismus und Atheismus*, Tübingen: Mohr 1977, S. 478.

560 P. Ricoeur: *Die Hermeneutik des Zeugnisses*, S. 30.

561 Im christologischen Dogma von Chalkedon wird diese offenbarungstheologische Grammatik als ‚ungetrennt/unvermischt‘ ausbuchstabiert.

562 Lieven Boeve: „Negative Theology and Theological Hermeneutics. The Particularity of Naming God“, in: Journal of Philosophy and Scripture 3 (2006), S. 1–13, hier S. 9.

und offenbar wird. Im Sprachspiel des Zeugnisses interpretiert sie diese Ereignisse als Orte der Offenbarung – sie diskursiviert sie im Rückgriff auf Zeichen, die in Interpretationsprozessen von Ereignissen theo-logische Qualität erhalten haben. Zugleich zeigt sich die Bedeutung dieser Zeichen an den Ereignissen, die sie interpretieren – die Bedeutung des Zeugnisses liegt nicht determiniert und unveränderlich vor, sondern formiert sich in den Deutungsprozessen konkreter Ereignisse.[563] Die Offenbarungen Gottes bleiben unhintergehbar an das Sprachspiel des Zeugnisses und seinen hermeneutischen Bruch gebunden und firmieren einen theo-logischen Diskurs. Prägnant formuliert: „Offenbarung ist als Interpretationsleistung ein Traditionsprozess, der unausweichlich Veränderungen, Um- und Neucodierungen unterliegt."[564]

Im theo-logischen Zugriff auf partikulare Orte der „Ereignishaftmachungen" entwickeln Offenbarungen Gottes als Diskurs ihre heilvolle, befreiende, wirklichkeitsverändernde Kraft. Ereignisse formieren sich dort, wo die diskursive „Ordnung der Dinge" sichtbar wird, wo ihre Machtverhältnisse aufbrechen, wo ihre Ausschließungen sich verschieben – im Ereignis bricht das in einem Diskurs Ausgeschlossene in ihn ein und erschüttert seine Wirklichkeit. Im theo-logischen Zugriff auf das Ereignis – in seiner Ereignishaftmachung als Offenbarung – erhält das im Ereignis offenbar werdende Ausgeschlossene im Diskurs eine Repräsentanz. Es wird als Ausgeschlossenes sichtbar und unausweichlich und subvertiert damit die etablierte Ordnung der Dinge – der Blick von den Ausgeschlossenen her offenbart, dass sie nicht unausweichlich vorgegeben ist, sondern sich in den Verschränkungen von Macht und Wissen konstituiert und ein System von Ein/Ausschließungen produziert, in dessen Machtförmigkeit sich Unterdrückung und Gewalt eingeschrieben haben. Von den Ausgeschlossenen her, die erst in der Ereignishaftmachung des Offenbarungsdiskurses in den Blick kommen, wird die Gebrochenheit der Welt sichtbar – Heil und Befreiung werden als ausständige gegenwärtig. Sie erhalten in der Artikulation ihres Entzugs eine Präsenz, die als kritischer Stachel ein prophetisches Potenzial zur metanoia der Ordnung der Dinge entwickelt – eine metanoia, die die Ausständigkeit des Heils in dieser Welt nicht einholen kann, sondern unhintergehbar unter eschatologischem Vorbehalt steht. Gleichzeitig kann diese Diskursivierung als Offenbarung jedoch auch nichtbefreiende, tödliche Bedeutung entwickeln – theologischen Zeichen ist als Diskurs eine Macht eingeschrieben, die nicht nur bestehende Machtförmigkeiten subvertieren, sondern sie in einer missbrauchenden Instrumentalisierung auch

563 Am Zweiten Vatikanum wird diese Offenbarungstheologie in der Erkenntnistheologie der Pastoralkonstitution aufgenommen. Die Reziprozität dieses Interpretationsvorganges, die den ‚Zeichen der Zeit' nicht nur eine hermeneutische, sondern auch eine poietische Qualität zuschreibt, kommt dabei jedoch noch nicht in den Blick.

564 G. M. Hoff: *Offenbarungen Gottes?*, S. 126.

fortschreiben kann[565]. Als geschichtliche Ereignishaftmachungen können die Offenbarungen Gottes keine Eindeutigkeit produzieren; in ihrer Interpretativität bleiben ihnen unhintergehbar Ambivalenzen eingeschrieben, die eine Kriteriologie christlicher Gottesrede einfordern.

Wenn das Zeugnis als theologische Sprachform der kontingenten Partikularität des ge-schichtlichen Ereignisses, von dem es Zeugnis ablegt, wirklich Rechnung tragen will, muss es in sich die unhintergehbare Interpretativität austragen, die das Ereignis selbst durchzieht. Es wird als hermeneutische Sprachform entworfen, die den Interpretationsprozess nicht durch die Setzung von absolutem Sinn abbricht, sondern den unhintergehbaren hermeneutischen Bruch ihres Sprechens von einem Ereignis sichtbar macht und produktiv aufnimmt. Mit Dieter Mersch könnte dieser Zugang, der den hermeneutischen Bruch nicht durch die Setzung von Sinn einebnet, als ‚Posthermeneutik' entworfen werden:

> „Man kann in dieser Hinsicht von einem chronisch ‚Sich-Entziehenden' sprechen, einem ‚Unfüglichen' oder Unverfügbaren, das im ‚Ereignis', dem ‚Entgegenkommenden' beständig mitspricht und sich einmischt, das deshalb ebenso hartnäckig wie unbotmäßig an den Texturen des Sinns mitarbeitet und ihre Strukturen besetzt wie es sie unterbricht und vereitelt. Es geht also im Kontext von ‚Posthermeneutik' um ‚Zäsuren' oder ‚Interventionen', die sich weder von vornherein dem Semiotischen oder Symbolischen noch dem Medialen fügen, die folglich die Strategien oder Schriftzüge kultureller Praxis durchqueren und in den Unterscheidungen, die ‚Unterschiede machen', Risse schlagen und Bruchstellen oder Narben hinterlassen. Immer wieder wird dazu die Wahrnehmung aufgerufen, in der sich ‚etwas' zeigt, das die Ordnungen der Signifikanz sprengt, um gleichsam in ihrer ‚Höhlung' ein Anderes zu offenbaren. Wenn daher von einer Exteriorität oder Alterität die Rede ist … dann im Sinne solcher Verletzungen, solcher Wunden, Risse oder Lücken, die Spuren legen, ohne dass diese zu ‚Etwas' hinleiteten, etwas Bestimmtes ‚sagten' bzw. ‚als

565 Eine Chiffre für diese ambivalente Machtförmigkeit theologischer Zeichen ist 9/11. Vgl. Hans-Joachim Sander: „Gott im Zeichen der Macht - ein Diskurs über die Moderne hinaus. Theologie nach Foucault", in: Christian Bauer/Michael Hölzl (Hg.), *Gottes und des Menschen Tod? Die Theologie vor der Herausforderung Michel Foucaults*, Mainz: Grünewald 2003, S. 105–125, hier S. 122f.: „Am 11. September 2001 zeigte sich, dass diese Existenzfrage [Gottes] anders gestellt werden muss. Nicht die Existenz Gottes steht in Frage, sondern seine Macht. Und auch diese Macht Gottes steht ganz anders in Frage, als es die moderne Existenzfrage an Gott getan hat. Es fragt sich nicht mehr, ob Gott existiert, sondern in welcher Weise seine Macht existiert. An diesem Terrordatum hat sich gezeigt: Diese Macht selbst steht außer Frage. … Es ist für diese Existenz nebensächlich, ob oder dass sie geleugnet wird. … Selbst wer diese Existenz leugnet und sich in dieser Leugnung ganz sicher ist, wird von der Macht dessen heimgesucht, den er oder sie nur noch als Nicht-Existenz zu glauben fähig ist. … Gerade deshalb kann aus dieser Macht der Ort werden, an dem die bösartige Variante des Glaubens an Gott oder der Leugnung Gottes triumphiert."

> solches' dechiffrierbar wären, die wohl aber den Blick auf eine prinzipielle Negativität lenken, die im Kulturellen selbst waltet."[566]

In dieser Nicht-Ausblendung des unhintergehbaren hermeneutischen Bruchs, im sprachlichen Sichtbarmachen der „Risse, Bruchstellen, Lücken, Narben, Verletzungen" ist das Zeugnis eine performative Sprachform[567] – es sagt, was es tut und tut, was es sagt[568]: seine Form reflektiert seinen Inhalt: es bringt ein Ereignis in seiner Disruptivität zur Sprache und macht gleichzeitig seine Un-aus-sagbarkeit sichtbar. Es bringt in kontextuell bedingten Zeichen die Erfahrung eines Ereignisses zur Sprache, das die Bedeutungsstrukturen dieses Kontextes unterbricht.

Als theologische Sprachform wird im hermeneutischen Entzug des Zeugnisses damit performativ eine Erkenntnistheologie entworfen und vollzogen, die den Ereignischarakter der Offenbarung Gottes als eines partikularen Ereignisses in ihrer Sprache einholt – oder anders formuliert: die Erkenntnistheologie des Zeugnisses, das christliche Gottesrede im Modus hermeneutischer Gebrochenheit vollzieht, hat eine offenbarungstheologische – näherhin eine christologische – Grundlage.

2.2.2.2 Die theo-logischen Erschütterungen des Jesus-Christus-Ereignisses

Der Diskurs der Christologie bringt Gott zur Sprache. Das Bekenntnis zu Jesus dem Christus ist eine Aussage über Gott. Die ontologischen Aussagen der christologischen Formulierungen auf den Konzilien der alten Kirche zielen in

---

566 Dieter Mersch: *Posthermeneutik* (= Band 26), Berlin: Akad.-Verl. 2010, S. 15. — Theologisch greift Lieven Boeve einen „radical hermeneutics"-Ansatz auf. Vgl. exemplarisch L. Boeve: *Negative Theology and Theological Hermeneutics. The Particularity of Naming God.* — Die Rezeption eines posthermeneutischen Zugangs als neues methodologisches Paradigma versucht entlang der angloamerikanischen cultural studies der evangelische Theologe Marcus Döbert: *Posthermeneutische Theologie. Plädoyer für ein neues Paradigma* (= Band 3), Stuttgart, Erlangen-Nürnberg: Kohlhammer 2009.

567 Auf die performative Rolle von Sprache verweist J. L. Austin: *How to do things with words.*

568 Lieven Boeve zeigt die Performativität des Zeugnisses als Modus christlicher Gottesrede exemplarisch am christologischen Dogma von Chalkedon auf: „The christological dogma is central to the Christian narrative because it attempts to *express* what, as a formula, *does*. The christological dogma not only consists of a reference to the religious truth which took shape in Jesus Christ, but offers at the same time the method of this reference. In this regard, it is worthwhile to recall Richard Schaeffler's observation in *Religion und kritisches Bewusstsein* that religious discourse, as a world- and self-critical consciousness, gives expression to the being phenomenon, the being-not-God of the world and religion. Precisely in examining the proper conditions – the non-identity between world and God – religious discourse bears witness to God. In this way, the christological dogma expresses not only the relation between God and world (language), and thus the nature of our speaking about God, but is also already a bearing witness to the inexpressible God. Simultaneously, it attempts to be an expression of both the method and content of the Christian narrative." L. Boeve: *Christus Postmodernus. An Attempt at Apophatic Christology*, S. 585f.

ihrer Aussageabsicht weniger auf eine Wesensbestimmung Jesu Christi; vielmehr versuchen sie im Genre des Credo eine Wesensbestimmung[569], um ihn als den Menschen zu bestimmen, als der das Wesen Gottes offenbar wird. Jesus Christus als wahren Mensch und wahren Gott, ungetrennt und unvermischt zu bezeugen, ist eine theo-logische Aussage im Modus der Christologie.

Als theologische Aussage verändert das christologisch formulierte Zeugnis, dass Gott sich als Mensch offenbart, das Zeugnis von diesem Gott. Der Diskurs der Christologie arbeitet sich an Erfahrungen ab, die unausweichlich für die Rede von Gott wurden und diese Rede gleichzeitig umstellen und neu orientieren. Dieser Diskurs formiert sich aus interpretativen Zugriffen auf ein Ereignis, das im Rückgriff auf theo-logische Zeichen diskursiviert, d.h. als Gottes-Rede zur Sprache gebracht, wird und damit die Bedeutung dieser theologischen Zeichen neu verhandelt. Mit Blick auf Foucaults Ereignisbegriff gesprochen, ist Christologie ein theo-logischer Diskurs, in dem Jesus von Nazareth als Christus in den Plausibilitätsstrukturen jüdischer Gottesrede zum (Offenbarung-)Ereignis wird und gleichzeitig diese Plausibilitätsstrukturen erschüttert, sie aufbricht und neu aufstellt.

Theologie im Modus der Christologie geht damit auf Erschütterungen zurück – auf Erschütterungen, in deren Epizentrum der Mensch Jesus von Nazareth steht. Ein Mann aus einer Siedlung an der Peripherie des römischen Reiches, in der Provinz Judäa, weit entfernt von der Metropole, in der Augustus regiert, aber nicht ihrem Zugriff entzogen. Ein Jude, Angehöriger einer religiösen Tradition, die in den hybriden Staatstheologien des römischen Reiches zwar licita, geduldete ist, der aber mit ihrem monotheistischen Anspruch etwas Widerständiges, Unkolonisierbares, Suspektes eingeschrieben ist. Ein Handwerker, der beginnt, das Reich Gottes zu verkünden, das ganz anders als etablierte Herrschaftssysteme funktioniert, das ihre Machtstrukturen subvertiert, in dem die Ausgestoßenen sichtbar gemacht und Auserwählte Gottes genannt werden. Ein Rabbi, ein Prediger, der seine Botschaft lebt und ihre Erschütterungen erfahrbar macht und damit eine Realität schafft, die als Gegenwart Gottes gedeutet und bezeugt wird; der dabei in die Nachfolge ruft und so gegebene Loyalitätsverhältnisse erschüttert und menschliche Beziehungen neu ordnet(Mt 19,29). Ein Mensch, dessen Botschaft religiöse Zeichen umcodiert[570] und der dafür göttliche Autorität beansprucht; der so religiöse und politische Autoritäten erschüttert, ihre Ausschlussmechanismen offenlegt und die Fragilität ihrer Le-

569 Dieser Versuch einer Ontologie Jesu Christi war ein langwieriger, konfliktiver Prozess, der sich entlang unterschiedlicher Problemdrücke entfaltete und dessen „Ende“ im Chalkedonense im Modus negativer Theologie gleichzeitig den „Anfang“ unhintergehbarer Interpretationsprozesse markierte. Vgl. Karl Rahner: „Chalkedon - Ende oder Anfang?“, in: Alois Grillmeier (Hg.), *Das Konzil von Chalkedon. Geschichte und Gegenwart. III. Chalkedon heute*, Würzburg: Echter 1954, S. 3–49.

570 Exemplarisch steht hier der Umgang Jesu mit dem Sabbathgebot (Mk 2,27)

gitimation sichtbar macht; der ihnen damit gefährlich wird und deshalb selbst ausgeschlossen, eliminiert wird. Das Kreuz, an dem Jesus von Nazareth stirbt, erschüttert: für den Juden Jesus ist das römische Folter- und Hinrichtungsinstrument ein theo-logisches Zeichen (Dtn 21,23) – ein Zeichen, in dem sich Gottesferne realisiert und so die Interpretation seiner Botschaft zu widerlegen und zu anderen Deutungen der Erfahrungen mit ihm zu nötigen scheint. Am Kreuz scheint mit Jesus seine Reich-Gottes-Botschaft gestorben zu sein, ihm die beanspruchte göttliche Autorität entzogen. Umso erschütternder, nicht einzuordnen, die Erfahrungen der Jünger und Jüngerinnen nach dem Tod Jesu. Sie erfahren den Gekreuzigten als Lebendigen; den, der tot war, als neu gegenwärtig bei ihnen. Es sind Erfahrungen, deren Unsagbarkeit als Auferweckung Jesu durch Gott zur Sprache gebracht werden: der Tod erweist sich als nicht endgültig. Das Kreuz als theologisches Zeichen muss von den Auferstehungserfahrungen her neu codiert werden, der Ort der Gottverlassenheit als Ort der Zusage, der Gegenwart, der Offenbarung Gottes interpretiert, der von Gott verfluchte Gekreuzigte als sein Messias bezeugt werden – eine erschütternde, skandalöse Gottesrede.

Sie bindet die Gegenwart Gottes an einen Menschen und die Menschlichkeit seines Lebens und Sterbens. Theologie im Modus der Christologie interpretiert ein partikulares Ereignis, einen historischen Zwischenfall, der sich im Kontext römischer Kolonisierung und vor den Plausibilitätsstrukturen eines geschichtstheologischen Diskurses formiert, als Ereignis der Offenbarung Gottes. Das Jesus-Christus-Ereignis – Leben und Botschaft, Tod und Auferstehung des Nazareners – kommt im Rückgriff auf Interpretationen früherer Erfahrungen Gottes in der Geschichte zur Sprache und codiert diesen jüdischen Offenbarungsdiskurs gleichzeitig um. Der Mensch Jesus wird als der Christus Gottes bezeugt: im Sprachspiel des Zeugnisses und damit in unhintergehbaren Interpretationsprozessen wird dieses partikulare Ereignis mit dem Zeichen „Messias" gedeutet und damit ein Bedeutungszusammenhang aufgerufen, der die Gegenwart Gottes in der Geschichte als Verheißung zur Sprache bringt. Im interpretativen Zugriff auf den Menschen Jesus als Christus wird die Gegenwart Gottes bezeugt. Am partikularen Ereignis kommt Gott als Interpretation zur Sprache, wird Wirklichkeit, wird offenbar. In Jesus *als* dem Christus wird Gott präsent; in Jesus *als* dem Christus ereignet sich Gott.

Das christologische Zeugnis, dass sich in Jesus dem Christus *Gott selbst* offenbart und das die erschütternden Erfahrungen mit Jesus zur Sprache bringt, drängt zu Umstellungen im theologischen Diskurs. Es bezeugt eine Entsprechung von Offenbarungsereignis und Offenbarungsinhalt und bringt damit die interpretative Ereignishaftmachung des Jesus-Christus-Ereignisses als Aspekt der Identität Gottes selbst zur Sprache: *In Jesus dem Christus ereignet sich Gott als Interpretation und interpretiert sich als Ereignis*; dieses Offenbarungsgeschehen wird als Moment der Identität Gottes bezeugt. Christologisch von

Gott zu sprechen offenbart Gott als sich offenbarenden und also sich interpretierenden, sich mitteilenden, sich vermittelnden Gott; als sich interpretierender Gott offenbart Gott sich nicht-absolut, sondern in einem Interpretationsereignis und als Interpretationsereignis. In der Selbstoffenbarung Gottes in Jesus dem Christus ist die Interpretativität des Offenbarungs-diskurses, in dem Gott in geschichtlichen Ereignishaftmachungen zur Sprache kommt, Moment der Identifizierung und der Identität Gottes: die Identität Gottes ist nicht unabhängig von ihrer Identifizierung – ihrer Offenbarung, ihrer Mitteilung in einem partikularem Ereignis. Als Interpretation wiederum verweist die Identifizierung Gottes nicht ungebrochen auf Gottes Identität. Sie steht unter einem unhintergehbaren hermeneu-tischen Bruch und produziert im Interpretieren der Identität Gottes Differenzen in dieser Identität. In der Selbstoffenbarung Gottes in Jesus Christus offenbaren sich die Brüche, die Differenzen, die in dieser Selbstinterpretation als Selbstidentifikation produziert werden, als konstitutiv für die Identität Gottes. Für eine Theologie im Modus der Christologie zeigt sich die Identität Gottes in der Gleichursprünglichkeit von Identität und Differenz: als Interpretationsgeschehen offenbart sich die Identität Gottes als in sich differenziert. Dieses Interpretationsereignis der Selbstoffenbarung Gottes, in dem Differenzen die Identität Gottes konstituieren, formuliert die Tradition in ontologischen Kategorien: „Die ökonomische Trinität ist die immanente Trinität und umgekehrt.“[571]

Diese trinitarischen Umstellungen christlicher Gottesrede haben einen soteriologischen Gravitationspunkt. Sie bringen die als heilvoll und befreiend erfahrenen Begegnungen mit Jesus als *Präsenz Gottes in der Geschichte* zur Sprache und re-formulieren damit das Evangelium des Jesus von Nazareth: Biblisch werden die Erschütterungen des Jesus-Christus-Ereignisses als Ereignis der Basileia Gottes bezeugt – einer Herrschaft, die gegebene tödliche Machtverhältnisse erschüttert und dadurch Lebensräume für alle eröffnet: wo Gott sich ereignet, wird Leben möglich (Lk 7,22). Wenn in der trinitarischen Reformulierung des biblischen Zeugnisses die Interpretativität dieser lebensermöglichenden Ereignishaft-machung als Aspekt der Identität Gottes bezeugt wird, dann bleibt der hermeneutische Entzug in jeder immanenten Rede von der Transzendenz, zwischen Welt und Gott, unaufhebbar, doch es wird bezeugt, dass *Gott sich in und mit dieser Gebrochenheit identifiziert.* Biblisch formuliert und soteriologisch akzentuiert: als Ereignis seiner lebenseröffenden Basileia überwindet Gott Gottesferne, die biblisch als Sünde, als Tod[572] thematisiert wird; als Ereignis seiner Basileia ist Gott Leben für alle.

---

[571] Karl Rahner: „Der dreifaltige Gott als transzendenter Urgrund der Heilsgeschichte“, in: Johannes Feiner (Hg.), *Mysterium Salutis. Grundriss heilsgeschichtlicher Dogmatik. Bd. 2*, Einsiedeln: Benziger 1967, hier S. 328.

[572] Zum biblischen Zusammenhang von Gottesferne-Sünde-Tod vgl. F. Hahn: *Theologie des Neuen Testaments: Die Einheit des Neuen Testaments. 2 Bände*: Mohr Siebeck 2003, S. 327.

2.2.2.3 Gottes-Rede: Ereignishaftmachung der Transimmanenz

Mit diesem Zeugnis von der Selbst-Identifizierung Gottes *in* und *mit* dem Bruch, der Differenz zwischen Gott und Welt wird eine binäre Konzeption von Transzendenz und Immanenz unterlaufen. Für eine Theologie im Modus der Christologie ereignet sich die Transzendenz Gottes *in* der Immanenz, *in* der Kontingenz geschichtlicher Ereignishaftmachungen. Wenn Gott *sich selbst* in einem und als ein Ereignis interpretiert – vermittelt – offenbart, dann zeigt sich seine Identität in der Nicht-Binarität von Transzendenz und Immanenz. Doch wie ereignet sich diese Nicht-Binarität von Transzendenz und Immanenz, in der Gott zur Sprache kommt? Wie lässt sich eine theologische Sprache für die Ereignishaftmachung der Transzendenz Gottes in der Immanenz entwickeln?

Mark Lewis Taylor stellt einen Sprachversuch an, der – sehr verdichtet formuliert – eine theologische Sprache – „the theological" – entwirft, die die Machtförmigkeit, die in die Binarität von Transzendenz und Immanenz eingeschrieben ist, nicht reproduziert, sondern in ihrer transimmanenten Dekonstruktion die lebensermöglichende Subversivität der „surprising power"[573] jener sichtbar und wirksam macht, die die be- und unterdrückende Last[574] der Ein/Ausschließungen dieses binären Diskurses zu tragen haben:

> „The theological is a discourse that has as its primary subject-matter … the change of terrain that is *‚beyond transcendence and immanence'*. … [It] is a discourse that discerns and critically reflects upon the *motions of power* of the agonistic political; it traces the ways that persons and groups rendered *subordinate* and vulnerable by agonistic politics and its systemic imposed social suffering nevertheless haunt, *unsettle*, and perhaps dissolve the structures of those systems. The theological traces and theorizes the way this haunting … forces both threatening and promising *alternative* patterns and lifeways."[575]

Diese theologische Sprachform entwirft Taylor in einer Absetzbewegung von „Theology, wich I render here in capital letters to mark its status as guild discipline, a credentialed profession in especially the Christian West that typically reflects on doctrines of a religious tradition and fosters an ethos of transcendence."[576] Gegen die Folie des so be/schriebenen institutionalisierten Diskurses der Theologie formiert sich „the theological" in einer doppelten Abgrenzung: es widersagt einer „transcendental guarantee" seines Sprachspiels und

[573] Mark L. Taylor: *The theological and the political. On the weight of the world*, Minneapolis: Fortress Press 2011, S. 16.

[574] Sprachlich bezieht sich Taylor mit der Metapher der Last, des Gewichts, auf J.L Nancy/R.A Rand: *Corpus*: Fordham University Press 2008.

[575] M. L. Taylor: *The theological and the political*, S. 152.9. Kursivsetzung JG.

[576] Ebd., S. xi.

lehnt „the doctrinal matrix of beliefs and concepts that are structured into theologians' language"[577] ab:

> „These two rejections strikes right at the heart of what defines much guild Theology, not only its claims to have knowledge of a sovereign god, a claim maintained by an ethos of transcendence, but also its doctrinal ordering of reflection in terms of authoritative texts and loci."[578]

Taylors Kritik zielt hier auf die binäre Strukturierung eines Theologie-Diskurses ab, der in einer wechselseitigen Legitimierung der Binaritäten „Transzendenz-Immanenz" und „Orthodoxie-Heterodoxie" funktioniert[579] und in die Binarität politischer Ein/Ausschließ-mechanismen impliziert ist:

> „The refusal can be understood as a refusal of the alchemy of ascendance and sovereignty at work in the agonistic political, especially when symbols of the transcendent in Theology support symbolic violence."[580]

Der Begriff des „political" wird hier sehr weit gefasst – für Taylor sind es die „generative principles of and for society"[581]. Das Politische ist nicht ein Subsegment der Gesellschaft („politics"[582]), sondern umfasst alle historischen und sozialen *Praktiken*, in denen sich Menschsein konstituiert und ist in diesem *praktischen* Sinn „our very ontological condition"[583]. Als politisch konstituier-

---

577 Ebd., S. 21.

578 Ebd.

579 „Theology … usually focuses sense as structured by doctrines or other language, which define belief in a community, the church, and then which have a referent to some outside some beyond, a transcendent. … Theology as discourse is steeped in this kind of sense, being a community of inquiry whose meanings refer to a beyond, whose trafficking in meanings constitutes its ‚ethos of transcendence'. In this ethos, the primary value is on a kind of sovereignty of the transcendent to which their discourse refers. … A community that refers to the transcendent beyond world tends to see its discourse of reference as participatory in that sovereign realm, and in this sense above other discourses. Sovereignty and transcendence mutually implicate one another in a project of a governing knowledge. It is not surprising, then, that sovereignty has been referred to as a site in the human world of a ‚this worldly transcendence'." Ebd., S. 50–52.

580 Ebd., S. 128.

581 Ebd., S. 98.

582 „The social practices of the political are not to be identified with governmental policies or state and party functions, typical understandings of ‚politics', but more importantly with our very ontological condition in all spheres of human living." Ebd., S. 5.

583 „The emphasis is on the historical and social *practices* in which human being is enmeshed and so constituted. ‚Ontology', as I use the term …, refers to discourse about the conditions of being in which humans live, which are always historical and social. Because they are about managing, contesting, and embracing strife whithin the labile agonistic world, those conditions of being, our ontological conditioning, are political." Ebd., S. 68f.

te ist diese ontologische Kondition gezeichnet von „agony", von „struggle"[584] – sie formiert sich in machtvollen Ein/Ausschließungen[585]:

> „The social practices [of] the political are ... pervaded by agonistic tension and strife. This agonism extends from the ways social orders are fragilely dependent upon and in tension with orders of nature, to the ways different social groups interact (cooperate, contest, compete) with one another. ... This distinctively agonistic character of the political opens up that critical space in the political, the body politic, where large segments of the population - ‚*the part that has no part*', as political philosopher Jacques Rancière describes them – are often rendered *absent* or subjugated to structured and systemic violence."[586]

Indem die Praktiken des Politischen sich agonistisch in „patterns of exclusions ... both blatant and subtle, both covert and overt"[587] vollziehen, ist ihnen eine tödliche Logik eingeschrieben; sie sind

> „enmeshed within and constituted by what Achille Mbembe terms a ‚necropolitics'. This is a set of political practices effective toward death, marked by ... a ‚generalized instrumentalization of human existence and by the material destruction of human bodies and populations. ' The world is heavy ... with social practices that generate and organize death and dying."[588]

Indem es die ontologische Kondition des Menschseins in Ausgrenzungsprozessen vollzieht, produziert das agonistische Politische Ausgeschlossene, die tötbar werden[589] – damit ist das Politische von Situationen souveräner

[584] „Notions of ‚agony' and ‚agonistic' derive from the concept of agôn, meaning struggle... . Agonism, and agonistic politics, are terms used in this book for struggle that entails human pain and suffering (agony), and includes, though cannot be reduced to, the antagonisms and contradictions in social being that often generate such struggle and agonism." Ebd., S. xii.

[585] Taylor entwickelt sein Argument im Rückgriff auf unterschiedliche philosophische/kulturwissenschaftliche AutorInnen. Das Politische als agonistische Praktiken wird in einer Lektüre von Pierre Bourdieu und Theodore Schatzki beschrieben; seine Ein/Ausschlussmechanismen kommen u.a in Begriffen von Judith Butler („foreclosure"), Jacque Rancière („part that has no part"), Achille Mbembe („necropolitics") Agamben („state of exception"), Foucault („biopolitics/sovereignity") und besonders Jean-Luc Nancy („The weight of the world as extended or concentrated") zur Sprache; die subversive Gegenmacht der Ausgeschlossenen wird mit „theories of spectrality" (Derrida, Butler) beschrieben. Da diese Konzepte und Taylors Zugriff in dieser knappen Lektüre nicht ausreichend dargestellt werden können, wird versucht, sie in die im Laufe dieser Arbeit entwickelte Terminologie zu übersetzen.

[586] Ebd., S. 5f. Kursivsetzung JG.

[587] Ebd., S. 6.

[588] Ebd., S. 7.

[589] Taylor greift hier auf Giorgio Agambens „theorizing of sovereignty" zurück. Vgl. ebd., S. 120f.

Macht durchzogen[590]. Die Tranzendenz-Immanenz-Binarität des Theologie-Diskurses, so Taylor, ist in diese „politics of verticality“[591] impliziert. Sie stellt symbolisches Kapital zur Verfügung, mit dem sich die tödlichen Ein/Ausschluss-Praktiken souveräner Macht fortschreiben lassen:

> „When Theology ... maintains its references to a transcendent as basis for an elevated knowledge, with its governing singularity of sense, then it is enhancing the flow of symbolic capital as it constructs sovereignty. The fact that many of the references to the transcendent include an affirmation of the transcending divine figure as also a sovereign figure underscores the point of the persistence of the sovereignty in the discourses of Theology. ... The notion of God is ... often used to reinforce the notion of sovereignty.“[592]

Entgegen dieser binären Logik und ihrer potentiellen Tödlichkeit ereignet sich für Taylor „the theological“ – Gottes-Rede – in einer Dekonstruktion dieser Binarität, die subversives Potential freilegt:

> „The theological strikes a ‚*neither/nor*‘ approach to the binary of transcendence/immanence ... [It] contests this transcendent discourse ... without positing a simple obverse. *There is a more liberatory way.*“[593]

Diesen befreienden und lebenseröffenden Modus des Theologischen, der Gottes-Rede, ortet Taylor in dekonstruktiven Überschreitungen/Unterminierungen der Binarisierung von Transzendenz und Immanenz, die sich ihrer tödlichen Logik widersetzen; die Gottes-Rede des Theologischen

> „emerges *within* and *from* such agonistic sites of imposed suffering.... The theological ... envisions a *liberatory* and *different* way through the weight of the world. It is the way those who endure social suffering

[590] In Taylors agonistisch konzipierten Politischen wird die von Foucault eingeführte Unterscheidung von der gouvernmentalen Macht des Biopolitischen und der souveränen Macht des Juridischen brüchig: „As we might recall from Foucault’s contrast of juridical and biopolitical notions of power, sovereignty pertains mainly to the juridical, a realm and way of power that is largely top-down, attributable to demarcated realms of kings and power holders. Sovereignty does not thrive so much in the play of being and life that Foucault demarcates as the biopolitical. There, power and disciplinary control are more a matter of a more dispersed ‚governmentality‘. And yet ... the juridical and biopolitical models, sovereignty and governmentality, cannot be so neatly separated. ... From the perspective of the agonistic political, we can ... propose that the governmentality always has the structure of sovereignty in it, functioning in its background, ready to be activated more explicitly. In short, the biopolitical, situations of governmentality, are always tense with an agonism, with conditions for reconstellating sovereignty.“ Ebd., S. 111.

[591] Ebd., S. 223.

[592] Ebd., S. 111f., 215.

[593] Ebd., S. xi. xiv. Kursivsetzung JG.

> ‚weigh-in' with an *alternative* to the world that is often weighted against them and buttressed by the discourses of transcendence."[594]

Diesen Dekonstruktionen, die Leben ermöglichen, kommt Taylor in literarischen Texten auf die Spur, die „*within* and *from* such agonistic sites of imposed suffering" enstehen[595]. In diesen Texten legt er eine Sprachpraxis („symbolic force"„symbolic work"[596]) frei, die „a conscious possession of the political meaning of [their] death"[597] artikuliert und in dieser Artikulation Widerstand gegen „the socio-political influences that determined [them] as a deathbound subject[s]"[598] leistet. In diesen Narrativen, in diesen Sprachhandlungen, wird eine Handlungsmacht der Ausgeschlossenen freigelegt, die die Ein/Ausschließungsprozesse dieser tödlichen Orte subvertiert – die Affirmation der Ausgeschlossenen „consists precisely in *negating the negation* inherent in [their] own formation."[599] Diese „symbolic resistance"[600] eröffnet einen (Lebens-)Raum, den Taylor gleichzeitig als *liminal* und *zentral* beschreibt; die Dekonstruktion der binären Logik von Ein/Ausschlussmechanismen überschreitet diese Logik, führt über sie hinaus, und bleibt doch – als Dekonstruktion – unhintergehbar an diese Logik gebunden, sie schreibt sich *in* sie ein:

> „That space, really a pluriform process, ... is ... a kind of *liminal* space in the agonistic political. Such liminal space is especially evident in those who struggle with the world's weight concentrated against them, particularly by dynamics of economic exploitation and racialized and sexualized othering. This takes us into the *heart* of the agonistic political, into the *nucleus* of sovereignty, *within* which ... there is a critical resistance to sovereign control."[601]

Diesen Raum, der die binäre Logik des Politischen überschreitet, indem er *in* ihr aufbricht und sich *in* sie einschreibt und sie unterminiert, kartografiert Taylor entlang einer theologischen Lektüre von Jean-Luc Nancys Konzept der *Transimmanenz*[602]. Für das Ereignis der Nicht-Binarität von Transzendenz und Immanenz lassen sich aus dieser Lektüre vier Koordinaten ausfindig machen.

594 Ebd., S. xiii. Kursivsetzung JG.

595 Taylor liest u.a. James Baldwin: *The Fire next Time*, London: Hutchinson Education; Richard Wright: *Native son. With an introduction „How ‚Bigger' was born"*, New York: Harper & Row 1969.

596 M. L. Taylor: *The theological and the political*, S. 123.

597 Ebd.

598 Ebd., S. 124.

599 Ebd. Kursivsetzung JG.

600 Ebd., S. 119.

601 Ebd., S. 117. Kursivsetzung JG.

602 „One could also put it this way: art is the transcendence of immanence as such, the transcendence of an immanence that does not go outside itself in transcending, which is not ex-static but ek-sistant. A transimmanence. Art exposes this. Once again, it does not ‚represent' this.

(1) *Eine dialektische Relation von Transimmanenz zu Transzendenz*
Transimmanenz schreibt nicht die Binarität von Transzendenz und Immanenz fort, indem sie als radikale Opposition zu Transzendenz gezeichnet wird – „Transimmanence is not transcendental immanence, ... no simple affirmation of an absolute immanence over and against transcendence“[603]. Vielmehr bleibt sie als Dekonstruktion der Binarität unhintergehbar auf den Diskurs der Transzendenz verwiesen und wird – mit Ernesto Laclau – als die Kritik seines „Versagens“[604], als das *Feststellen eines Mangels und einer Abwesenheit*, entworfen:

> „What we need ... is a change of terrain. This change, however, cannot consist in a return to a fully flegded transcendence. The social terrain is structured ... not as completely immanent or as the result of some transcendent structure, but through what we could call *failed transcendence*. Transcendence appears ... as the *presence of an absence*.“[605]

(2) *Der transitive Charakter der Transimmanenz*
Mit dieser Feststellung einer Abwesenheit wird „pure immanence“[606] überschritten, ohne von ihr zu abstrahieren. *In* der Kritik, *in* der dekonstruktiven Unterminierung der Binarität von Transzendenz und Immanenz ereignet sich eine Überschreitung; in der Feststellung eines Mangels kommt ex negativo eine Präsenz zur Sprache:

> „Transimmanence refuses, resists, a going ouside of itself. Nevertheless, in so refusing, there is still a transcending. ... in transimmanence there is still a crossing, but a crossing that does not go outside, or ‚above‘ this world. ... *crossing within*, this transitive quality ... is and is not a ‚transcending‘.“[607]

(3) *Die ek-sistierende Welt der Transimmanenz*
Wie sich dieses „crossing within“ *ereignet*, wird als „ek-sistant“ näher ausgeführt. Anders als die griechische Vorsilbe *ex*, die einen Ort oder Zustand *außerhalb* bezeichnet, wird mit *ek* eine *Bewegung hin zu etwas Äußerem*, zu den Grenzen, ausgedrückt:

Art is its ex-position. The transimmanence ... of the world takes place as art, as works of art.“ Jean-Luc Nancy: *The Muses* (= Meridian, crossing aesthetics), Stanford, Calif: Stanford University Press 1996, S. 34f. zit. nach M. L. Taylor: *The theological and the political*, S. 125.

603 Vgl. zum Folgenden ebd., S. 127. 129.

604 „As to what this failure consists of, we only need to recall the structures of domination and the patterns of suffering worked by them in sovereign rule's reductions of life to ‚bare life‘.“ Ebd., S. 127.

605 Ernesto Laclau: *On Populist Reason*, London: Verso 2005, S. 244. zit. nach M. L. Taylor: *The theological and the political*, S. 117.127. Kursivsetzung JG.

606 Ebd., S. 129.

607 Ebd.

> „It is not an actual going outside of ... It is a going to the ‚outside of', to the outer parts ... This outer within is a liminal place ..., because it is at the limit .... It is a treshold site at which some outside is envisioned without moving outside. The emphasis is on *movement toward that outside place that is within.* ... Ek-sisting then is the continual transiting through the complexities of the world, finding edges ... "[608]

Mit dieser Bewegung zu einem liminalen „outside place within"[609] wird die durch Transzendenz gestützte Immanenz und ihre oft tödliche Logik aufgebrochen. Trans-immanenz „is that kind of crossing, transiting, that moves from closed to open immanence"[610] und entwickelt in dieser Unterminierung „a resisting or liberating quality"[611].

(4) *Die Ex-position der Transimmanenz durch „sign-force"*[612]
Die transitive Bewegung der Ek-sistenz vollzieht sich in der „sign-force" von „images and symbols"[613], denen Taylor in literarischen Texten „from agonistic sites of imposed suffering" nachspürt und in denen sich die agency, die Handlungsmacht jener formiert, die sich in der Negation ihrer Ausschlusses affirmieren. In dieser sign-force wird Transimmanenz nicht einfach repräsentiert, sondern kreiert – ihre Zeichen „not only mark and register transimmanence, they ex-posit it, they bring it into being."[614] Transimmanenz *ereignet sich* damit in Sprachpraktiken, die am liminalen Ort der eingeschlossenen Ausgeschlossenen die tödliche Binarität von Transzendenz und Immanenz subvertieren – ihre Sprache hat performativen (in Taylors Diktion „ex-positional") Charakter. Es sind Sprachpraktiken, welche die in Ein/Ausschlussmechanismen produzierte Negation des „part which has no part" negieren. Als Dekonstruktionen sind sie „distinctive practices ... working amid the ruins of ‚failed transcendence', ...

608 Ebd., S. 130. Kursivsetzung JG. — Diese Bewegung, in der sich Transimmanenz ereignet, vollzieht sich in den unterschiedlichsten Modi: „I suggest it is ... the calibrated, measured, coordinated experience of delirium, loss of place, which is often intrinsic to much passage in existence. Transimmanence's passing and moving ... is not only some tranquil floating. It can also be a place of vertigo, often described as facing an ‚unknown' ... there are also comings, departures, passing of limits in existence that are not so much fraught with unknowing but with ‚shocks of recognition', of knowing marked by various kinds of intensification – not just erasure and vertigo, but also surprise, wonder, joy, poignangcy, anguish, melancholy, rage. All this belongs to the passing of being ek-sistant, as a distinctive quality or modality. All this is transimmanence." Ebd., S. 130f.

609 Dieser liminale „outside place within" weckt Assoziationen zu anderen Ansätzen, etwa Agambens „eingeschlossenen Ausgeschlossenen" oder Foucaults Heterotopien.

610 Ebd., S. 132.

611 Ebd., S. 133.

612 Ebd., S. 151. — Im Anschluss an Nancy verortet Taylor diese „sign-force", die transimmanente Räume schafft, v.a. in Kunst, z.B. in literarischen Texten.

613 Ebd., S. 155.

614 Ebd., S. 135.

engaging the [binarity], but unsettling, haunting it, dissolving its power."[615] Es sind „discursive practices ... to undertake works of liberation"[616].

Transimmanenz, das Ereignis der Nicht-Binarität von Transzendenz und Immanenz, *ereignet sich* („takes place"[617]), *offenbart sich* („is disclosed"[618]) in einer Sprachpraxis der unterminierenden, subversiven Überschreitung – einer Sprachpraxis, die vom liminalen Ort der Ausgeschlossenen spricht, gegebene Bedeutungsstrukturen ent-stellt[619], sie erschüttert, sie fragil und unbeständig werden lässt; einer Sprachpraxis, die die tödliche Logik dieser Bedeutungsstrukturen sichtbar macht, sie artikuliert, und sie dadurch aufbricht und unterminiert und so Lebensräume eröffnet. The theological – Gottes-Rede – „traces and theorizes ... [transimmanence] in ... practices, working amid the ‚failed transcendence'"[620]. Sie ist „a discursive practice, a use of language ... *embodying* [transimmanental] practice"[621]. Gottes-Rede ist eine Sprachpraxis, die die unterminierende Überschreitung der Binarität von Transzendenz und Immanenz verkörpert, medial gegenwärtig setzt. Sie stellt damit eine Sprache zur Verfügung, in der sich Transimmanenz ereignet, oder – biblisch formuliert, in der sich das Ereignis von Gottes Basileia offenbart.[622]

2.2.2.4 Jesus der Christus: Verkörperung der Interpretativität

Die durch das Jesus-Christus-Ereignis provozierten Umstellungen im theologischen Diskurs werden in der Christologie verhandelt: Jesus Christus ist der partikulare Ort, an dem Gott (formal und inhaltlich) als Ereignis der Transimmanenz zur Sprache gebracht wird. Er verkörpert die Sprach-Praxis, den Lo-

---

615 Ebd., S. 151f.

616 Ebd., S. xvii.

617 Ebd., S. 132.

618 Ebd., S. 15.

619 Vgl. zur Ent-Stellung der Gottesrede II.2.2.3.iii.

620 Ebd., S. 151f.

621 Ebd., S. 222. Kursivsetzung JG.

622 *Gottes-Rede* als Ereignis der Transimmanenz: eine grammatikalische Ambiguität durchzieht diese Theologie: die *Gottes-Rede* ist zwischen Genetivus subjectivus und objectivus angesiedelt. Die Ambiguität verweist noch einmal auf die unhintergehbare Wechselseitigkeit von Erkenntnistheologie und Offenbarungstheologie, die schon eingangs zu den posthermeneutischen Überlegungen festgestellt wurde: Die Offenbarungen Gottes bleiben unhintergehbar an das Sprachspiel des Zeugnisses gebunden und firmieren einen theo-logischen Diskurs. Dieses Sprachspiel des Zeugnisses kann an dieser Stelle im Anschluss an Taylor als diskursive Sprachpraktiken der subversiven Überschreitung von gegebenen Bedeutungsstrukturen beschrieben werden, die sich, so Taylor, v.a. in Texten ab- und jenseits der etablierten theologischen Tradition (in der dekonstruktiven Überschreitung ihrer binären Logik) vollzieht. Mit Michel de Certeau wird diese Sprachpraxis der ‚Ent-Stellung von fremden Orten' als das formale Kriterium christlicher Gottesrede gefasst werden (vgl. II.2.2.3).

gos, in der sich Gott ereignet. Die Rede von Gott, der nicht-absolut ist, sondern als sich Offenbarender die Gebrochenheit seiner Selbstinterpretation in sich austrägt, wird nicht absolut, unvermittelt, losgelöst formuliert, sondern kommt als Interpretation eines partikularen Ereignisses zur Sprache. Die theologische Rede von der Nicht-Binarität von Transzendenz und Immanenz formiert sich als Ereignishaftmachung in spezifischen, kontingenten Bedeutungszusammenhängen. Der Glaubenssatz äußerster Positivität, dass Gott sich als Gott selbst in Jesus dem Christus offenbart, steht von daher – formal – unhintergehbar in den Interpretationsprozessen, die den offenbarungstheologischen Diskurs formieren, und bringt Jesus Christus – inhaltlich – als Verkörperung der interpretativen Ereignishaftigkeit, die die Identität und Identifikation Gottes konstituiert, zur Sprache. Im christologischen Zeugnis entsprechen Offenbarungsform und Offenbarungsinhalt einander und gleichzeitig ist dieser Entsprechung gerade durch die Interpretativität der Offenbarungsform ein unhintergehbarer Entzug eingeschrieben, den Jesus der Christus als der „Interpres Gottes" (1Tim 2,5) verkörpert. Die Selbstoffenbarung Gottes in Jesus Christus verweist nicht ungebrochen auf Gott, sondern legt den interpretativen Charakter von Offenbarungs-Theologie offen. In Jesus als dem Christus offenbart sich Gott selbst, aber diese Offenbarung ereignet sich als Interpretation als Entzug. Als Offenbarung Gottes stellt Jesus Christus Gott nicht ungebrochen für Gottesrede zur Verfügung, sondern verkörpert den hermeneutischen Entzug, der konstitutiv für die Offenbarung Gottes in der Geschichte ist. Diese Entzogenheit Jesu als Selbstoffenbarung Gottes wird im Zeugnis des Neuen Testaments thematisiert. Jesus Christus wird als das „Bild Gottes" (Kol 1,14) bezeugt – wer ihn sieht, sieht den Vater (Joh 14,9). Er setzt tatsächlich und real Gott gegenwärtig, aber auf diese Gegenwart Gottes in Jesus dem Christus kann nicht ungebrochen zugegriffen werden; sie ist unhintergehbar an ihren Entzug gekoppelt. Diese Erfahrung macht Maria Magdalena, die den Auferstandenen nicht festhalten kann (Joh 20,17); diese Erfahrung machen die Jünger auf dem Weg nach Emmaus, die Jesus den Christus in dem Moment, in dem sie ihn erkennen, nicht mehr sehen (Lk 24,31).

Ein historiografisches Indiz verweist auf diese Entzogenheit Jesu Christi, der die Selbstoffenbarung Gottes im Modus des Entzugs verkörpert: die Suchen nach dem historischen Jesus, die in vier Wellen unter unterschiedlichen methodologischen und theologischen Paradigmen das Verhältnis von Christologie und ihrem Gründungsereignis untersuchen[623], haben ein gemeinsames Ergeb-

[623] Für bibliografische Hinweise s. Hans-Joachim Sander: *Die religiöse Zweitklassigkeit des Christentums und sein theologisches Indexdefizit. Eine Christologie für das 21. Jahrhundert. Vortrag auf der Jahrestagung der österreichischen Sektion der Europäischen Gesellschaft für katholische Theologie*, St. Pölten 2010.

nis, das Albert Schweitzer in seinem Rückblick der Entwicklung der Leben-Jesu-Forschung schon für diese ‚first quest' konstatierte:

> „Es ist der Leben-Jesu-Forschung merkwürdig ergangen. Sie zog aus, um den historischen Jesus zu finden und meinte, sie könnte ihn dann, wie er ist, als Lehrer und Heiland in unsere Zeit hineinstellen. Sie löste die Bande, mit denen er seit Jahrhunderten an den Felsen der Kirchenlehre gefesselt war, und freute sich, als wieder Leben und Bewegung in die Gestalt kam und sie den historischen Menschen Jesus auf sich zukommen sah. Aber er blieb nicht stehen, sondern ging an unserer Zeit vorüber und kehrte in die seinige zurück. Das eben befremdete und erschreckte die Theologie der letzten Jahrzehnte, dass sie ihn mit allem Deuteln und aller Gewalttat in unserer Zeit nicht festhalten konnte, sondern ihn ziehen lassen musste. Er kehrte in die seine zurück mit derselben Notwendigkeit, mit der das befreite Pendel sich in seine ursprüngliche Lage zurückbewegt."[624]

Ein Rückstieg durch die Christologie zu Jesus ist historisch nicht möglich. Aus den Zeugnissen, die über das Jesus-Christus-Ereignis abgelegt werden, lässt sich keine absolute Biografie Jesu destillieren. Auch wenn in den unterschiedlichen Suchen mehr oder weniger tentative Aussagen über den „historischen Jesus" gemacht werden[625], sind sie als

> „Rekonstruktion der Vergangenheit immer auch die Konstruktion eines bestimmten Geschichtsbildes ..., das notwendig selektiv, interessegeleitet und damit prinzipiell revidierbar ... ist. ... Der ‚erinnerte Jesus' [ist] als das Produkt einer Quellenauswertung aus der Perspektive der jeweiligen Gegenwart zu beschreiben."[626]

Dieses historiografische Indiz – die Ungreifbarkeit Jesu außerhalb der Christologien – tariert und konditioniert eine Rede von Gott in der Geschichte. Das negative Resultat der Suchen ist nicht Mangel, sondern Kondition von Theologie im Modus der Christologie. Aus einer dekonstruktiv-deskriptiven Perspektive verweist es auf die radikale Kontingenz des Jesus-Christus-Ereignisses: als

624 Albert Schweitzer: *Geschichte der Leben-Jesu-Forschung*. Unveränd. Abdr. d. 2. Aufl., Tübingen: Mohr 1921, S. 620f.

625 Weniger tentativ gehalten ist die Schlussfolgerung, die E. P. Sanders, ein Hauptvertreter der third quest, zieht: „The dominant view today seems to be that we can know pretty well what Jesus was out to accomplish, that we can know a lot about what he said, and that those two things make sense within the world of first-century Judaism." Ed P. Sanders: *Jesus and Judaism*, London: SCM Pr 1985, S. 2.

626 Jens Schröter: „Die aktuelle Diskussion über den historischen Jesus und ihre Bedeutung für die Christologie", in: Christian Danz/Michael Murrmann-Kahl (Hg.), *Zwischen historischem Jesus und dogmatischem Christus. Zum Stand der Christologie im 21. Jahrhundert ; [Tagung an der Wiener Evangelisch-Theologischen Fakultät vom 28. Februar bis 1. März 2009 anläßlich des 70. Geburtstages von Falk Wagner am 25. Februar 2009]*, Tübingen: Mohr Siebeck 2010, S. 67–86, hier S. 83f.

historisches Ereignis existiert es nicht an sich, sondern formiert sich in seinen Interpretationen. Als historisches Ereignis ist es eine Leerstelle, auf das außerhalb der christologischen Interpretationen nicht zugegriffen werden kann. Theologisch verdichtet sich in dieser Entzogenheit Jesu in den Christologien eine geschichtstheologische Offenbarungsgrammatik, in der partikulare Interpretationen den einzig möglichen, nie ungebrochenen Zugang zur Offenbarung Gottes eröffnen.[627] Als Selbstoffenbarung Gottes verkörpert Jesus der Christus diese Offenbarungsgrammatik; er setzt die Form der Offenbarung material gegenwärtig – ein Zeugnis, das sich durch den hermeneutischen Entzug, der in die Offenbarungen Gottes in der Geschichte eingeschriebenen ist, nur gebrochen, im Modus negativer Theologie[628], formulieren lässt und in der chalzedonensischen Grammatik von ‚ungetrennt und unvermischt' seine normative Aussageform findet. Das christologische Dogma von Chalkedon markiert eine Sprachregelung für die vielfachen Bekenntnisse in unterschiedlichen Genres, die die Erfahrung von Gottes Gegenwart in Jesus von Nazareth bezeugen. Es stellt dazu eine Verhältnisbestimmung von göttlicher und menschlicher Natur in Jesus dem Christus an, setzt also Transzendenz und Immanenz in eine Spannung der Nicht-Binarität und relationiert die Universalität von Gottes Selbstoffenbarung mit der Partikularität ihrer Vermittlung. Mit Gregor Maria Hoff kann die negative Dialektik, der unhintergehbare Entzug in dieser Verhältnisbestimmung von Transzendenz und Immanenz herausgearbeitet werden. Sie löst das Zueinander von Universalität und Partikularität in Gottes Selbstoffenbarung in Jesus Christus nicht in eine Synthese auf, sondern artikuliert die Aporien – den hermeneutischen Bruch – , in die jede menschliche Vermittlung Gottes führt, und die Theologie erst konstituieren:

627 Vgl. das Fazit, das Stuart Hall als Herausgeber einer umfangreichen Studie zu Christologien in unterschiedlichen Kontexten zieht: „We found a new thing, in that the variety of interpretations is brethtakingly vast. Yet within the variety there is a call for historical responsibility, which means that we look constantly back to our great Original, however much the methods may be affected by our own prejudices and those of the believers whose works we study. More than that, we found that the multiplicity of interpretations is vital to the functioning of Christology." Stuart G. Hall: „Introduction", in: Stuart G. Hall (Hg.), *Jesus Christ Today. Studies of Christology in Various Contexts. Proceedings of the Académie Internationale des Sciences Religieuses, Oxford 25–29 August 2006 and Princeton 25–30 August 2007*, s.l: Walter de Gruyter GmbH Co.KG 2009, S. 1–2, hier S. 1.

628 Die Traditionen negativer Theologie propagieren nicht ein Verstummen der Gottesrede und damit die Irrelevanz der Theologie, sondern entwerfen sie als ein Sagen des Unsagbaren, in der Bejahung und Verneinung untrennbar aneinander gebunden werden: „Was nicht von Gott gesagt werden kann, trägt selbst bereits eine untilgbare Positivität aus." Alois Halbmayr/Gregor M. Hoff: „Einleitung", in: Alois Halbmayr/Gregor M. Hoff (Hg.), *Negative Theologie heute? Zum aktuellen Stellenwert einer umstrittenen Tradition*, Freiburg im Breisgau u.a: Herder 2008, S. 9–17, hier S. 9.

„‚Unvermischt' und ‚ungetrennt' sind sprachlich keine antonymen Zeichen, der semantische Abstand zwischen ihnen wird nuanciert verschoben. In dieser selbst nicht mehr durch ein anderes Zeichen aufgehobenen Differenz ereignet sich, was Menschwerdung Gottes übersetzt: der dynamische und also geschichtliche Austrag von Transzendenz und Immanenz. Letztere muss als Aspekt der Selbstbestimmung Gottes gedacht werden. Doch genau das lässt sich nicht ausdenken. Chalkedon hält das fest, indem es im Vorrang der Unaussagbarkeit spricht. Die tragenden Attribute sind im Paradigma Negativer Theologie platziert: Das vierfach beteuerte ‚un' markiert die Notwendigkeit des theo-logischen Sprechens in seiner Unmöglichkeit. Diese erkenntnistheoretische Aporie ist die Figur einer mystagogischen Überleitung, die von Gott anders als gewohnt und ganz anders als zu erwarten sprechen und zu ihm beten lehrt. Die Aporie hat – schon denkgeschichtlich – ein revolutionäres Element; sie fordert zur Bewegung auf, zum sich-Abarbeiten, zum Immer-neu-Nachdenken. Sie hat damit einen eschatologischen Zug von Unruhe und Unabgefundenheit. Sie ist erkenntnistheoretisch Metanoia."[629]

2.2.3 Michel de Certeau: Sprechen von Gott im Modus der Partikularität

Das Gründungsereignis des Christentums kann – historiografisch und theologisch – nur als Leerstelle umrissen werden. Dieses „nur" drückt dabei keinen Mangel, sondern die Kondition von Theologie aus: Konstitutiv für christliche Gottesrede ist der Entzug dessen, worauf sie sich bezieht – ein problematischer Befund, der Theologie prekarisiert und ihr die Offenbarung Gottes als Verfügungswissen entzieht. Wie kann vom Jesus-Christus-Ereignis Zeugnis abgelegt werden, wie kann theologisch von Gott, der sich in Jesus dem Christus offenbart, gesprochen werden, wenn dieses Ereignis gerade im Zeugnisgeben verschwindet und Theologie als zeugnishafte Sprachform von einem konstitutiven hermeneutischen Bruch – und damit einer letztlichen Unsagbarkeit im Sprechen von Gott – durchzogen ist?

---

629 Gregor M. Hoff: „Wer ist Christus? Das Symbolon von Chalkedon als Grammatik des Glaubens", in: Gregor M. Hoff (Hg.), *Stichproben: Theologische Inversionen. Salzburger Aufsätze*, Innsbruck Wien: Tyrolia 2010, S. 187–200, hier S. 197. vgl. auch Gregor M. Hoff: „Chalkedon im Paradigma Negativer Theologie. Zur aporetischen Wahrnehmung der chalkedonensischen Christologie", in: ThPh (1995), S. 355–372.

2.2.3.1 Eine theologische Krise der Repräsentation

Michel de Certeau SJ[630] versucht einen Entwurf von christlicher Gottesrede, der diesen „gründenden Bruch"[631] nicht ausblendet, sondern produktiv in den Dienst nimmt. Er stellt sich der Prekarität der Gottesrede vor einem denkgeschichtlichen Hintergrund, der von der „Erschütterung der Moderne" umrissen wird und sich in der ‚Krise der Repräsentation' manifestiert. Der epistemologische Bruch, der sich zwischen Sprache und Wirklichkeit schiebt, erschüttert gerade Theologie in ihren Grundfesten:

> „Die ‚Krise der Repräsentation' bedroht zwangsläufig die Theologie, die ja von einem Gott handelt, der Präsenz beansprucht. Vergegenwärtigung wird so zu einem Schlüsselprinzip, um das die theologische Reflexion nicht herumkommt. Die ‚Krise der Repräsentation' ist auf dem Fuße auch die Krise der Theologie, insofern ihre traditionelle Metaphysik der Präsenz vor dem Aus steht. "[632]

In seinen fragmentarischen theologischen Ansätzen

> „beschränkt [Certeau] sich nicht allein auf die Krisendiagnose. Wo die Mystik im Mittelpunkt der Untersuchung steht, handelt es sich um Versuche, die Aporien des Repräsentationsverlustes zu überschreiten und eine weiterführende Krisenreaktion zu initiieren."[633]

Vor diesem Hintergrund beschreibt Certeau die Gebrochenheit der Repräsentation nicht nur als Problemmatrix neuzeitlicher Wissenschaften; vielmehr interpretiert er diesen Bruch, der in der moderne Krise der Repräsentation sichtbar wird, als Grundlage theologischen Sprechens. Certeaus Ansatz lässt sich so als theologische Fortschreibung der kritischen Arbeit Michel Foucaults lesen. Er teilt die methodischen Voraussetzungen Foucaults – die Bedingtheit

---

[630] Für biografische Hinweise s. Daniel Bogner: *Gebrochene Gegenwart. Mystik und Politik bei Michel de Certeau*, Mainz, Münster (Westfalen): Matthias-Grünewald-Verl. 2002, S. 112–118. — Michel de Certeau wird in der gegenwärtigen Rezeption v.a. als Kulturwissenschaftler und -theoretiker und weniger aufgrund seiner fragmentarischen Theologie wahrgenommen. Die theologische (Wieder)entdeckung geht v.a. vom englischsprachigen Raum aus. — Jeremy Ahearne: „The Shattering of Christianity and the Articulation of Belief", in: New Blackfriars 77 (1996), S. 493–504; Frederic Bauerschmidt: „The Abrahamic Voyage. Michel de Certeau and Theology", in: Modern Theology 12 (1996), S. 1–26; Graham Ward (Hg.): *The Certeau reader*, Oxford: Blackwell 2004. — In der deutschsprachigen Theologie: Peter Hardt: *Genealogie der Gnade. Eine theologische Untersuchung zur Methode Michel Foucaults* (= Band 34), Münster, Münster (Westf.): LIT Verl. 2005; D. Bogner: *Gebrochene Gegenwart*, und Literaturhinweise unter http://www.certeau.de.

[631] Michel de Certeau: „Der gründende Bruch", in: Michel de Certeau (Hg.), *Glaubens-Schwachheit*, Stuttgart: Kohlhammer 2009, S. 155–187. (franz. Original 1971)

[632] D. Bogner: *Gebrochene Gegenwart*, S. 16.

[633] Ebd., S. 17f.

historischer Erkenntnis, die Machtförmigkeit der Diskurse, die Geschichtlichkeit des Subjekts, die Abwesenheit des Ursprungs –, nimmt aber anders als Foucault nicht nur deren kritische, destruierende Stoßrichtung in den Blick, sondern auch ihr kreatives Potential, das je neu Anderes ermöglicht.[634] Die radikale Kontingenz des Jesus-Christus-Ereignisses erscheint so als ein partikulares Interpretationsgeschehen, das sich im Zulassen je neuer Interpretationen unhintergehbar entzieht. Bezeichnenderweise kommt diese Logik des Ereignisses von seinen partikularen Interpretationen her in den Blick; auf sein „Wesen" kann ausschließlich über seine Interpretationen zugegriffen werden:

> „Die frühesten Dokumente geben uns schriftlich nur die Kehrseite des Wesentlichen. Sie sprechen bereits alle von einem Ereignis, dessen Partikularität sie auslöschen, indem sie es durch differente Fortsetzungen ersetzen, dessen Wesen sie jedoch gerade dadurch manifestieren, dass sie auf es als das verweisen, was sie zulässt. Der historische Charakter des Ereignisses zeigt sich nicht darin, dass es dank einem intakt gehaltenen Wissen außerhalb der Zeit konserviert wird, sondern im Gegenteil in seiner Eingliederung in die Zeit der verschiedenen Findungen-Erfindungen, denen es ‚Platz macht'."[635]

634 Hardt zeigt auf, dass gerade in diesem produktiven, kreativen Zugriff auf die Gebrochenheit theologischer Sprache als Wissensform die theologische Fortschreibung Michel Foucaults durch Michel de Certeau zu situieren ist: „Für Certeau ist das Offenlegen der eingeschränkten Gültigkeit von wissenschaftlichen Aussagen das entscheidende Kriterium für ihre Tauglichkeit. Das Eingeständnis, eine ‚theoretische Fiktion' zu sein, muss jeder wissenschaftlichen Aussage abverlangt werden, damit die Möglichkeit von Andersheit nicht verdeckt wird. Dennoch hat eine solche Fiktion einen bleibenden Erkenntniswert. So wird eine Schwebe zwischen Konstruktion und Dekonstruktion erreicht, die es ermöglicht, den epistemologischen Status von Foucaults Genealogien zu denken und zugleich ihrem Nihilismus eine Absage zu erteilen. Das wird vor allem im Blick auf das Glaubenswissen des Christentums einen entscheidenden Unterschied machen. ... Certeau teilt prinzipiell Foucaults Auffassung, dass Glaubenssätze auf die ihnen zugrunde liegenden Praktiken bezogen werden müssen – auch sie sind theoretische Fiktionen –, aber für ihn schließt die historische Relativität nicht den theoretischen Wert von Aussagen aus. Die das Glaubenswissen konstituierende Praxis ist kein zufälliges Spiel von Diskursereignissen oder ein reiner Wille zu Macht, sondern ist begründet in Jesus Christus, in dem Gott selbst in der Geschichte handelt. Die Praxis der Nachfolge Jesu Christi konstituiert den Diskurs der Theologie. Sie ist Quelle, Ziel und Wesensbeschreibung des theologischen Diskurses. Die Theologie kann so als eine Lebensform begriffen werden, die in der Gesamtheit von Nachfolge-Praktiken als methodisch verantwortete Rechenschaft über die Praxis der Nachfolge eine Funktion besitzt. Sie bringt die christliche Fabel relativ angemessen zu den Zeichen der Zeit zur Sprache, mit dem Ziel, die Nachfolge immer wieder neu möglich und glaubwürdig zu machen. Damit sind die konkreten Aussagen immer auf den Macht/Wissens-Komplex einer Zeit bezogen, der ihnen ihre charakteristisch zeitgenössische Form gibt. Doch alle theologischen Aussagen sind verwiesen auf das Christus-Ereignis als ihre Erlaubnis. Das entscheidende theologische Argument gegen den methodischen Nihilismus der Genealogie besteht darin, dass Nachfolge auf Jesus Christus als dasjenige Ereignis verweist, das die Handlungsspielräume im Feld der Macht eröffnet. Das Christus-Ereignis erlaubt und autorisiert Praktiken der Überschreitung in seinem Namen, kurz: Nachfolge." P. Hardt: *Genealogie der Gnade*, S. 194. 196.

635 Michel de Certeau (Hg.): *GlaubensSchwachheit* (= Band 2), Stuttgart: Kohlhammer 2009, S. 176.

Das Ereignis kann

> „nicht objektiv gewusst werden. … [Es] lässt sich … nicht auf ein Wissensobjekt reduzieren. … [Es] flieht jede ‚objektive' Definition. Es zerstreut sich und löst sich auf in eine Vielzahl von Lesarten hinein. Es bleibt als Objekt ungreifbar, aber dies genau deshalb, weil es alle diese Interpretationen zugelassen hat."[636].

Dieses „Platzmachen" – die unhintergehbare Interpretativität des historischen Ereignisses, die plurale „Findungen-Erfindungen" produziert – bringt Certeau in neutestamentlichen Zeichen (dem leeren Grab, der Himmelfahrt des Auferstandenen) ins Bild; es schafft plurale Räume der Interpretation, die „nicht das Evangelium [wiederholen] … aber ohne es nicht möglich [sind]"[637]. Diese unhintergehbare Interpretativität des „Platzmachens" hat Offenbarungscharakter, der sich in der unaufhebbaren Dialektik von Manifestieren und Verbergen entfaltet:

> „Durch diese Geste des Platzmachens für die Vielfalt der kirchlichen Institutionen und für die Unsichtbarkeit des Geistes – das heißt für den Buchstaben und die Bedeutung [638] der Kommunikation – wird der Raum aufgetan, in dem Zulassen jedesmal Sterben bedeutet. Von jetzt an ist die Spur der spirituellen Wahrheit im persönlichen Lebensweg, in der pädagogischen Weitergabe, in der sozialen Organisation die reale Beziehung zwischen dem Erlöschen einer Singularität und dem, was durch diese ermöglicht wird: eine in die Pluralität des ‚gemeinen Lebens' … ausgestreute Offenbarung. … In dieser Eigenschaft verliert [die im Jesus-Christus-Ereignis vermittelte Wahrheit] sich in dem, was sie autorisiert. Endlos stirbt sie ihrer eigenen historischen Partikularität, aber in die Erfindungen hinein, die sie anregt. Zusammenhang von Kenosis und Glorie, sagt die Heilige Schrift, von Verschwinden und Manifestation."[639]

Die wechselseitige Unhintergehbarkeit von Manifestieren und Verschwinden, von Offenbaren und Verbergen, von Zulassen und Entziehen, von Raumschaffen und Platzmachen stiftet eine

> „Beziehung zwischen einer Singularität, die erlischt, indem sie jene [Räume] zulässt, und deren Vielheit, die ihre Bedeutung* manifestiert, indem sie sich differenziert."[640]

636 Ebd., S. 175.

637 Ebd.

638 Im französischen Original „sens" – dt. Sinn, Bedeutung. Das vom Übersetzer Michael Lauble gewählte „Sinn" wird in den hier zitierten Passagen durch Bedeutung* ersetzt, um die Interpretativität der Bedeutung von Geschichte (anstelle der Präsenz ihres Sinnes) zum Ausdruck zu bringen.

639 Ebd., S. 180.176.

640 Ebd., S. 178.

Diese reale Beziehung zwischen der erlöschenden Singularität und der in pluralen Interpretationen ausgestreuten Offenbarung hat inkarnatorischen Charakter, sie ist incarnatio continua:

> „Jesus ... ist lebendig in seine Kirche hinein verschwunden (‚verifiziert').“[641]

Das Ereignis ist ungetrennt an Räume der Interpretationen gebunden, die die Kirche konstituieren. Die Partikularität des Ereignisses führt unhintergehbar zu pluralen kirchlichen Bezeugungsinstanzen. Weil ihr Gründungsereignis partikular ist und nur in Interpretationen greifbar wird, ist die Kirche als Interpretationsraum unausweichlich – in ihren interpretativen Zeugnissen manifestiert, offenbart, sich die Bedeutung des Ereignisses. Gleichzeitig ist keine der Interpretationen mit dem Ereignis ident[642]; sie sind „seine Anzeige, aber nicht seine Realität“[643]; oder, wie Jürgen Bründl formuliert, ein Zeugnis „*zitiert* das Ereignis des Glaubensanfangs, um es zu tradieren, und verrät es (uns) damit“[644]. Interpretation und Ereignis gehen nicht ineinander auf, sind unvermischt – die Ungetrenntheit von Ereignis und Interpretation impliziert einen Entzug:

> „Der Gründer verschwindet, es ist unmöglich, ihn zu fassen und ‚zurückzuhalten', im Maße er in einer Pluralität von ‚christlichen' Erfahrungen und Handlungen Gestalt und Bedeutung* annimmt. Es gibt nichts Wahrnehmbares mehr außer einer Vielzahl von Praktiken und Diskursen, die weder dasselbe konservieren noch es wiederholen. ... Ein ... unmittelbar gegebenes ‚Wesentliches' geht verloren. Dagegen setzt eine Kenosis der Präsenz eine plurale und kommunitäre Schrift in Gang.“[645]

Die reale Beziehung der Kirche zu ihrem Gründungsereignis hat die Form eines Bruches, eines Entzugs, eines Verlustes –

> „Der Bezug zum ‚Ursprung' ist ein Abwesensprozess.“[646]

Sie vollzieht sich in einem inkarnatorischen Modus von ungetrennt und unvermischt, in dem partikulare Interpretationen den einzig möglichen, nie ungebrochenen Zugang zum Ereignis ermöglichen. Das offenbarende Raumschaffen

---

641 Ebd., S. 186. „Von Gott selbst, so man denn seine Inkarnation und das Mysterium Jesu, der für immer mit unserer Geschichte ‚verbunden' ist (ohne jemals mit ihr identisch zu werden, weil er der Andere, weil er Gott bleibt), ernst nimmt, von Gott also muss man sagen, dass er nicht ohne uns ist. “ Ebd., S. 104.

642 Vgl. ebd., S. 175.

643 Ebd., S. 176.

644 Jürgen Bründl: „Archäologie seines Wortes“, in: Jürgen Bründl/Hans O. Meuffels (Hg.), *Grenzgänge der Theologie. Professor Alexandre Ganoczy zum 75. Geburtstag*, Münster: Lit 2004, S. 1–22, hier S. 5.

645 M. de Certeau (Hg.): *GlaubensSchwachheit*, S. 177f.

646 Ebd., S. 177.

des Jesus-Christus-Ereignisses, das die Kirche an erster Stelle zulässt, impliziert sein Platzmachen, sein Verbergen, in gebrochenen Interpretationen. Die Kirche konstituiert sich damit als der Interpretationsraum, in dem sich die einander wechselseitig bedingende Interpretativität von Offenbarung und theologischer Erkenntnis vollzieht. Die Kirche ist das Performativ einer geschichtstheologischen Offenbarungs- und Erkenntnistheologie, die Gottesrede (Genetivus subjectivus und objectivus) als Interpretationsprozesse an partikularen Ereignissen verorten. Wo Gott als Interpretation zur Sprache kommt, wo Gott sich ereignet, wo Gott sich offenbart, dort ist Kirche. Dieser offenbarende Charakter von Kirche bedingt sich aus der unhintergehbaren Geschichtlichkeit – und damit unhintergehbaren Interpretativität – von Offenbarung und steht von daher unter dem hermeneutischen Bruch, der die Offenbarung Gottes in der Geschichte an seinen Entzug bindet. Als geschichts-theo-logischer, der Gott in der Geschichte zur Sprache bringt, vollzieht sich der offenbarende Charakter der Kirche in einem inkarnatorischen Modus: Menschliches und Göttliches ungetrennt und unvermischt; partikulare Orte, Ereignisse als unhintergehbare, nie ungebrochene Interpretationen des universalen Heilswillens Gottes.[647]

Die Geschichtlichkeit des Jesus-Christus-Ereignisses, die Certeau in seiner theologischen Fortschreibung Foucaults radikal ernst nimmt, macht Kirche zunächst stark als Interpretationsraum, der die Bedeutung dieses Ereignisses an partikularen Orten manifestiert, offenbart, gegenwärtig setzt. Als Raum, der sich aus pluralen Interpretationen konstituiert[648], wird sie damit jedoch gleichzeitig auch problematisiert[649]: Interpretationsprozesse produzieren keine Ein-

[647] Dieser inkarnatorische Charakter wird in LG 8 als Selbstbeschreibung der Kirche zur Sprache gebracht: „Der einzige Mittler Christus hat seine heilige Kirche, die Gemeinschaft des Glaubens, der Hoffnung und der Liebe, hier auf Erden als sichtbares Gefüge verfasst und trägt sie als solches unablässig; so gießt er durch sie Wahrheit und Gnade auf alle aus. Die mit hierarchischen Organen ausgestattete Gesellschaft und der geheimnisvolle Leib Christi, die sichtbare Versammlung und die geistliche Gemeinschaft, die irdische Kirche und die mit himmlischen Gaben beschenkte Kirche sind nicht als zwei verschieden Größen zu betrachten, sondern bilden eine einzige komplexe Wirklichkeit, die aus menschlichem und göttlichem Element zusammenwächst. Deshalb ist sie in einer nicht unbedeutenden Analogie dem Mysterium des fleischgewordenen Wortes ähnlich. ... Während aber Christus heilig, schuldlos, unbefleckt war (Hebr 7,26) und Sünde nicht kannte (2Kor 5,21), sondern allein die Sünden des Volkes zu sühnen gekommen ist (vgl. Hebr. 2,17), umfasst die Kirche Sünder in ihrem eigenen Schoße. Sie ist zugleich heilig und stets der Reinigung bedürftig, sie geht immerfort den Weg der Buße und Erneuerung."

[648] „In allen ihren Gestalten hat diese Beziehung des ‚Anfangs' zu seiner ‚Verifikation' keine andere als eine plurale Form. ... Davon zeugt bereits eine ganze Serie von Orten, Werken und historischen Konstellationen. Die Verifikation trägt nicht das Kennzeichen einer einzigartigen Signatur an sich – heute so wenig wie gestern. Sie besteht aus Räumen, die offen sind für die Aussprache und für die Praxis. Man könnte von einer Syntax dieser Räume sprechen, denn sie sind untereinander verbunden." Ebd., S. 177f.

[649] Diese Konstitution von Kirche als Interpretationsgemeinschaft kann hier nur angedeutet, aber nicht näher ausgeführt werden. Ein Desiderat für eine Theologie nach dem Cultural Turn ist

deutigkeit, sondern Ambivalenzen – die Kirche wird zu einer uneindeutigen Größe, von Differenzen durchzogen und ohne eindeutig bestimmbare Grenzen nach außen. Wenn Kirche dort ist, wo der Gott Jesu Christi als Interpretation zur Sprache kommt, dann ist diesen Orten als Interpretationsprozessen eine letztliche Ambivalenz und Unbestimmbarkeit eingeschrieben, die die Repräsentation des Gründungsereignisses prekarisiert. Sicht- und greifbar wird diese Ambivalenz in den Differenzen, die zwischen den unterschiedlichen Interpretationen aufbrechen. In der disparaten Pluralität der Interpretationen zeigt sich, dass keine von ihnen „eine umfassende Darstellung“[650] des Ereignisses gibt, sondern sich von partikularen Orten, und also hermeneutisch gebrochen – im Modus des Entzugs – darauf bezieht. In der Ambivalenz seiner Interpretationen „verflüchtigt sich ... jedes ‚uranfängliche‘ Spiegelobjekt, das sich mittels eines Wissens eingrenzen ließe“.[651] Die Interpretationen des Ereignisses verdanken sich dem Tod ihres Autors[652]; seine Manifestationen bedingen das Verschwinden ihres Urhebers. Inkarnatorische Geschichts-theo-logie führt Kirche als disparaten Raum interpretativer Gottesrede in eine genuin theologische Krise der Repräsentation: sie ist

> „Zeichen dessen ..., was ... ihr fehlt“[653].

eine theologische Reflexion dieser Interpretationsprozesse, ihrer Kriteriologie, Medialität, Materialität und die sie durchziehenden Machtverhältnisse mit postkolonialen Analysemitteln.

650 Ebd., S. 175.

651 Ebd., S. 177.

652 „The Christian language begins with the disappearance of its ‚author‘. That is to say that Jesus effaces himself to give faithful witness to the Father who authorizes him, and to ‚give rise‘ to different but faithful communities, which he makes possible.“ Michel de Certeau: „How is Christianity thinkable today?“, in: Graham Ward (Hg.), *The postmodern god. A theological reader*, Malden, Mass: Blackwell 2007, S. 142–155, hier S. 145. Dieser Artikel geht auf eine Vorlesung an der St. Louis University, USA (16. 5. 1971) zurück und basiert auf Certeaus Aufsatz „Der gründende Bruch“: M. de Certeau (Hg.): *GlaubensSchwachheit*, S. 155–187. — Certeaus Rede von Jesus als dem abwesenden Urheber des Christentums ist eine Auseinandersetzung mit Foucaults Konzept des Autors: Michel Foucault: „Was ist ein Autor?“, in: Michel Foucault (Hg.), *Schriften in vier Bänden. Dits et écrits: Bd. 1: 1954–1969*, Frankfurt am Main: Suhrkamp 2001, S. 1003–1041.

653 M. de Certeau (Hg.): *GlaubensSchwachheit*, S. 180.Der Begriff der ‚Repräsentation‘ spielt bei Certeau selbst keine Schlüsselrolle, vgl. D. Bogner: *Gebrochene Gegenwart*, S. 35. — Diesen Krisencharakter der Kirche bringt auch Hendrik Kraemer in einem ganz anderen theologischen Paradigma zum Ausdruck: „Strictly speaking, one ought to say that the Church is always in a state of crisis and that its greatest shortcoming is that it is only occassionally aware of it.“ Hendrik Kraemer: *The Christian Message in a non-Christian World*, London: Edinburgh House 1947, S. 24.

2.2.3.2 Verlust des Ortes, Zerbrechen der Sprache: die Kondition des Christlichen

In seinen kulturwissenschaftlichen Untersuchungen mit theologischen Implikationen be/schreibt Certeau diese Repräsentationskrise an zwei Zeitpunkten als das Resultat einer Verlustgeschichte. Zum einen geht er den massiven Brüchen nach, die den Beginn der frühen Neuzeit markieren.[654] Während im Mittelalter das Christentum und seine religiöse Sprache den epistemologischen und moralischen Referenzrahmen für die Organisation der Gesellschaft bereitstellte und so im Rückgriff auf christliche Zeichen eine einheitliche Erfahrungswirklichkeit konstituiert wurde, zerfällt diese Einheit nach dem Mittelalter:

> „Im 17. und 18. Jahrhundert ereignete sich ein dann auch verkündeter Bruch zwischen Religion und Moral, der ihre Trennung effektiv und ihre weitere Verbindung problematisch machte. Er hat die Erfahrung und die Konzepte verändert, die die abendländische Gesellschaft von ihnen gehabt hatte. An die Stelle eines Systems, das Glaubensüberzeugungen zum Referenzrahmen macht, trat eine Sozialethik, die eine Ordnung der sozialen Praktiken formulierte und die die religiösen Glaubensüberzeugungen als zu benutzende ‚Objekte' relativierte."[655]

Certeau beschreibt diesen Bruch in räumlichen Kategorien entlang der Differenz von Häresie und Schisma. Während Häresien ein ‚Anderes' innerhalb eines Gesamtraumes schaffen, führen die Schismen des 17. Jahrhunderts zu einer Zersplitterung des Raumes:

> „Das Schisma tritt an die Stelle der Häresie, die unmöglich geworden ist. ‚Häresie' liegt dann vor, wenn eine mehrheitliche Position die Macht hat, in ihrem eigenen Diskurs eine dissidente Formation zu benennen und als marginal auszuschließen. Auch der Gruppe, die sich abspaltet oder ausgestoßen wird, dient immer noch eine Autorität als Referenzrahmen.

[654] „Die Geschichte des 16. Und 17. Jahrhunderts bringt eine unglaubliche Vermehrung dieser Spaltungen auf dem Gebiet der religiösen Äußerung. Die Häresie wuchert. Drei Brüche können hier als Anhaltspunkte dienen: der Bruch, der … die städtischen ‚Kleriker' von den ländlichen Massen trennt, durch den sich also intellektuelle oder theologische Praktiken von den popularen Praktiken entfernen; der Bruch, der im 16. Jahrhundert die katholische Welt entlang der tausendjährigen Teilung zwischen Norden und Süden spaltet und die zahllosen Varianten der Opposition zwischen den Kirchen der Reformation und der tridentinischen Reform erzeugt; und schließlich der Bruch, der das eine Universum in die ‚alte' und die ‚neue' Welt spaltet und bald das räumliche Privileg des amerikanischen ‚Wilden' gegenüber der alternden Christenheit, bald das zeitliche Privileg der westlich-abendländischen Gegenwart ins Spiel bringt, die so produktiv ist, dass sie die Tradition nach und nach in eine verstrichene ‚Vergangenheit' verwandeln kann." Michel de Certeau: *Mystische Fabel. 16. bis 17. Jahrhundert*, Berlin: Suhrkamp 2010, S. 35.

[655] Zit. nach P. Hardt: *Genealogie der Gnade*, S. 128. 126.

> Das ‚Schisma' hingegen setzt zwei Positionen voraus, von denen keine der anderen das Gesetz ihrer Gründe oder ihrer Stärke aufzwingen kann."[656]

Mit der konfessionellen Spaltung, der nicht mehr zu integrierenden Pluralisierung innerhalb des Christentums, erleidet die christliche Sprache als Referenzrahmen einer einheitlichen, universalen Weltordnung einen entscheidenden Plausibilitäts- und Legitimationsverlust; sie muss das Feld räumen, wird zu einer partikularen und disparaten Größe innerhalb eines größeren gesellschaftlichen Feldes, ihr integrativer Ort wird durch eine politische Ordnung neu besetzt:

> „Kirchen werden gespalten. … Die Zugehörigkeiten zu unterschiedlichen Kirchen, die sich nun gegenüberstehen, werden relativiert. Sie werden Zeichen von kontingenten, lokalen und partiellen Bestimmungen. Es wird notwendig und möglich, die Legalität einer anderen Ordnung zu finden. Ein neues System an Axiomen des Denkens und der Aktion bewegt sich zunächst in eine dritte Position, zwischen die gegnerischen Kirchen der katholischen und protestantischen Konfession. Von dort aus beginnt es eben den Grund zu definieren, der unter der Fragmentierung des Glaubenstraditionen entdeckt wird."[657]

Christliche Sprache wird in den Brüchen der Neuzeit deplatziert; sie verliert ihre Rolle als „ein Ausdrucksgeschehen, in dem die Welt als sakramentaler Ort des göttlichen Wortes von einer theologischen Logik her ausgelegt wird"[658] und erleidet damit auch den Verlust ihre Legitimation aus sich selbst heraus; stattdessen wird sie zur Legitimation der in diesem Bruch entstandenen neuen Ordnungen herangezogen und findet in dieser Instrumentalisierung ihre Außenlegitimation:

> „Sie ist zu einer ‚Randgröße' geworden, die zwar noch als hilfreiches Instrument zur Durchsetzung der neuen Ordnung geduldet und sogar erwünscht ist, der in den Begriffen der öffentlichen Vernunft jedoch kein eigener Sinn mehr zuge-standen werden kann. Für die Vernunft der Aufklärung, so Certeau, ist die Religion im strengen Sinne un-denkbar geworden. Diese neue Rolle lässt sie als den ‚Rest' der Moderne erscheinen."[659]

656 M. de Certeau: *Mystische Fabel*, S. 36.

657 Michel de Certeau: „The Formality of Practices. From Religious Systems to the Ethics of the Enlightenment (the Seventeenth and Eighteenth Centuries)", in: Michel de Certeau (Hg.), *The Writing of History*, New York, NY: Columbia Univ. Press 1988, S. 147–205, hier S. 180: 149. (Übersetzung JG)

658 P. Hardt: *Genealogie der Gnade*, S. 128.

659 D. Bogner: *Gebrochene Gegenwart*, S. 104. Certeau beschreibt diese Umbruchsituation für die Gläubigen dieser Zeit als eine „Demütigung der christlichen Tradition. In der in die Stücke zerbrochenen Christenheit machen sie die Erfahrung einer fundamentalen Auflösung, nämlich der Sinninstitutionen. Sie erleben den Zerfall eines Kosmos und werden daraus verbannt.

Jenseits ihrer Marginalisierung als „Utilisierung“[660] im politischen Diskurs bleibt religiöser Sprache als religiöser Sprache nach ihrer Deplatzierung nur die Schaffung von utopischen „Refugien“[661], die sich außerhalb oder am Rande der neu etablierten Ordnung verorten und sich als Politisierung oder Folklorisierung vollziehen[662]. In diesem „Exil“[663] wird religiöse Sprache absolut, losgelöst, ortlos und verliert so ihre Repräsentativität.[664] Der Verlust der (Selbst-)Verständlichkeit des christlichen Referenzrahmens geht Hand in Hand mit dem Verlust eines eigenen Ortes, von dem aus wirkungsvoll gesprochen werden kann – das Christentums verstummt.[665]

Einen strukturell verwandten Sprachverlust diagnostiziert Certeau für die Gegenwart. Christliche Sprache dient als ein Reservoir an Zeichen, die von den verschiedensten gesellschaftlichen Diskursen aufgegriffen und wiederverwertet werden. In den Medien etwa wird ihnen eine Funktion in der Selbstreflexion der Gesellschaft zugeschrieben, indem sie „Fragen ohne Antwort ... verkörpern“[666]. In den Humanwissenschaften wiederum wird auf religiöse Zeichen als „die Produkte und Elemente sozialer, psychologischer und historischer Organisationen“[667] zugegriffen. Sie werden nicht als Sprache sui generis verhandelt, sondern zum Objekt wissenschaftlicher Erklärungen, in deren Zuge

---

Durch die Geschichte, die sie erniedrigt, werden sie aus ihrem Land verbannt. *Super flumina Babylonis*: die endlos wiederholte Thematik. Eine Trauer hält sie gefangen, über die sie auch der Rausch neuer Ambitionen nicht hinwegtröstet. Es fehlt eine bleibende Bezugsgröße. Mit der Institution, dem dichten Rückhalt des Glaubens und Glauben-Machens, brechen ihre stillschweigenden Sicherheiten zusammen. Sie suchen einen festen Boden. Aber am Ende erscheint die Heilige Schrift genauso ‚verderbt‘ wie die Kirche. Beide sind durch die Geschichte beschädigt. Sie verdunkeln das Wort, dessen Präsenz sie doch sein sollten. Gewiss markieren sie noch immer seinen Platz, aber nur in Form von ‚Ruinen‘.“ M. de Certeau: *Mystische Fabel*, S. 48. (franz. Original: 1982).

660 M. de Certeau: *The Formality of Practices*, S. 180. 172.

661 M. de Certeau: *Mystische Fabel*, S. 33–41.

662 M. de Certeau: *The Formality of Practices*, S. 168. Vgl. P. Hardt: *Genealogie der Gnade*, S. 129.: „Auf der einen Seite können sich christliche Gruppen aus der Welt zurückziehen, um ihre Traditionen, Riten und Feste in innerlicher Frömmigkeit zu pflegen, was von außen nur als von der Zeit überholte Folklore wahrgenommen werden kann. Auf der anderen Seite aber können religiöse Splittergruppen die Politik mit einer abweichenden Praxis herausfordern, wobei sie der Logik der neuen Formalität der Praktiken gehorchen. Sie etablieren eine bestimmte Geste der Differenz, die weitaus wichtiger ist als ihre inhaltliche Aussage.“

663 M. de Certeau: *The Formality of Practices*, S. 180.

664 „So lässt sich auch ein Gutteil der Religion als ‚Kontrapunkt‘ zur neuen Zivilisation bezeichnen, als eine Stimme, die zwar spricht, deren Rede aber ins Leere geht, ohne politisch-kulturelles Echo bleibt ... . Religion wird zur Stimme ohne Zweck, deren Existenz vom Mainstream als Aberglauben verbucht wird.“ D. Bogner: *Gebrochene Gegenwart*, S. 99.

665 „Reduction to Silence“ M. de Certeau: *The Formality of Practices*, S. 179. „What is experienced in faith can no longer be said in a language that is hereafter focused on a defensive operation and transformed into the verbal ramparts of a silent citadel.“ Ebd., S. 180.

666 M. de Certeau (Hg.): *GlaubensSchwachheit*, S. 158.

667 Ebd., S. 161.

„der Unterschied zwischen den religiösen und den anderen Phänomenen immer weniger festzustellen ist.“[668] Diese Diffusität resultiert aus der Aneignung „christlich“ apostrophierter Zeichen im gesellschaftlichen Diskurs, die sie aus dem Sprachspiel des Zeugnisses nimmt und ihnen so ihren offenbarenden Charakter entzieht.[669] Ihr steht ihre „evangelische“[670] Verwendung innerhalb der Kirche gegenüber, die einen absoluten Ort des „Anderswo“[671] produziert und von außen als „Spektakel“[672], als „Welttheater“[673] wahrgenommen wird. Hier firmieren die christlichen Zeichen eine „‚Legende‘, ... ‚was man lesen muss‘ (legendum), ... das heißt, eine geschlossene, verbindliche Geschichte und eine Geschichte, der man nicht mehr glaubt.“[674]. Als „Legende ... im Modus eines Anderswo“[675] verlieren die christlichen Zeichen ihre Verortung im gesellschaftlichen Diskurs und damit ihre Repräsentationskraft:

> „Es ist nicht so, dass diese Sätze falsch wären, aber sie sind bedeutungslos, weil jede solche Affirmation innerhalb einer Sprache verbleibt.“[676]

Wie zu Beginn der Neuzeit, so steht christliche Sprache auch in der Gegenwart vor einer wechselseitig bedingten Sprachlosigkeit und Ortlosigkeit. Sowohl als gesellschaftlich instrumentalisierte als auch als kirchlich „konservierte“[677] ist

668 Ebd., S. 163.

669 „Die Humanwissenschaften ... behandeln sie [die religiösen Manifestationen] als Produkte. Gewiss ist für den Theologen die religiöse Sprache auch ein Produkt, aber eines der durch Kultur, Gesellschaft, Geschichte usw. bedingten Glaubenseinsicht. Ganz grundsätzlich verkündet er etwas ‚Wesentliches‘, das die Wirklichkeit begründet und die Geschichte beseelt; er macht, wenn auch auf geheimnisvolle Weise, durch ein ganzes Ensemble von ‚Zeichen‘ – Sakramente, Institutionen und Dogmen – ein Handeln Gottes oder des Geistes Gottes Jesu lesbar. Doch auf dem Feld der Wissenschaften, die ein nichtreligiöser Typ von Gesellschaft hat entstehen lassen, sehen sich die christlichen Zeichen ihres Privilegs vor anderen soziokulturellen Phänomenen beraubt. Sie genießen keine Sonderbehandlung als wahre Aussagen von jemandem, der sich in ihnen offenbart.“ Ebd., S. 160f.

670 „‚Evangelisch‘ nenne ich in einer kulturellen oder philosophischen Perspektive die Konzeption, die eine Wahrheit unterstellt, welche dank einer sie verbreitenden Ausdrucksgestalt ans Licht des Tages gelangt, also eine durch Kommunikation ‚verkündigte‘ Botschaft. Die ‚Nachricht‘ von heute (wie die ‚gute Nachricht‘) wird fortan beurteilt nach ihrer Übereinstimmung mit der ‚Realität‘, die sie mehr oder weniger zum Vorschein kommen lässt. Es gäbe also eine abwechselnd durch die ‚Objektivität‘ der Fakten oder durch die gelebte Erfahrung definierte, den Anzeichen für ihre Verbreitung zugrunde liegende überkommene oder bekannte ‚Wahrheit‘, die auch irgendwo der Besitz einer Gruppe oder einer bestimmten Sicht wäre. Durch einen ‚ungenauen‘ Eindruck würde sie ebenso verletzt wie ihre Eigentümer.“ Ebd., S. 156.

671 Ebd., S. 85.

672 Ebd.

673 Ebd., S. 159.

674 Ebd., S. 111. Certeau verweist auf Mt 15,6: „Ihr habt Gottes Wort um eurer Überlieferung willen außer Kraft gesetzt.“

675 Ebd., S. 84.

676 Ebd., S. 166.

677 Vgl. ebd., S. 102.

sie utopisch und als solche „nützlich und bedeutungsleer“[678]. Ihre Repräsentationskraft ist in der Krise:

> „Denn es handelt sich fortan nicht mehr um christliche Sprache. Deren spezielle Federkraft [orig.: ressort = Bereich, Ort] ist zerbrochen. Der Akt ist nicht mehr das Kriterium für das Wort. Von einer Religion bleiben nur mehr ‚flottierende‘ Bedeutungen, die jedwedem Verlangen zur Verfügung stehen, von vornherein passend für alle Wünsche, die ebenfalls von einer sozialen Praktik losgelöst oder aus ihr ausgeschlossen sind.“[679]

Für Certeau steht gegenwärtige Gottesrede damit im Zeichen der Gebrochenheit; ihr Ort und ihre Sprache sind zerbrochen. Sie muss sich in den „Ruinen“[680] eines einheitlichen Referenzrahmens christlicher Zeichen verorten. Nach den Brüchen der Neuzeit und der Gegenwart steht ihr kein eigener, selbstverständlicher Ort mehr zur Verfügung, von dem aus ihre Zeichen Bedeutung erhalten. Der Kosmos ist nicht mehr lesbares Zeichen, das auf seinen Schöpfer verweist und ihn gegenwärtig setzt.

Die „widerborstigen Fakten“[681] der Geschichte lassen jedoch die Frage aufkommen, ob diese Ortlosigkeit christlicher Sprache erst mit dem Ende des Mittelalters zur Herausforderung wird, oder nicht vielmehr ein grundlegendes Problem ihrer Gottesrede ist. Während Certeau das Mittelalter als ein einheitliches, ungebrochenes Universum der Bedeutungsproduktion zeichnet, um vor dieser Folie die neuzeitlichen Brüche umso deutlicher skizzieren zu können[682], deckt ein kritischer Blick auch im mittelalterlichen Kosmos – wie in jedem Diskurs – Brüche, Differenzen, Pluralität und die Machtförmigkeit seiner Produktion auf. Certeau selbst bringt diesen kritischen Blick, der jeden ideologischen Diskurs der Einheit unterminiert, nachdrücklich ins Spiel:

---

678 Ebd., S. 84.

679 Ebd., S. 87.

680 M. de Certeau: *Mystische Fabel*, S. 48.

681 Ebd., S. 106.

682 Vgl. dazu auch P. Hardt: *Genealogie der Gnade*, S. 151.: „Eine erste Problematik … ist die Hypothese des Bruchs am Beginn der Neuzeit. Die Schwierigkeit ergibt sich aus der darin implizierten Entgegensetzung von Moderne und Mittelalter, in welchem eine ungebrochene kulturelle Einheit von Staat, Gesellschaft und Christenheit postuliert wird. … Das Mittelalter [wird] bei Certeau zu einer idealisierten Zeit, in der alle Menschen im Kosmos eine Analogie der göttlichen Ordnung erkennen können. … [Hier] werden sowohl das erste abendländische Schisma mit den Ostkirchen als auch die… Reibungspunkte zwischen weltlicher und ekklesialer Macht ausgeblendet. Die kulturelle Vorherrschaft des Christentums impliziert zudem noch nicht dessen authentische Form. Certeau wendet mit der Bruch-Hypothese [Foucaults] archäologische Logik an … doch werden damit auch alle Kritikpunkte an diesem Modell für die Bruch-Hypothese relevant. Gemäß Foucaults späterer Entwicklung hin zur genealogischen Analyse der Machtbeziehungen könnte man die Christenheit des Mittelalters als Dispositiv analysieren. Darin bestände die Chance, eine Pluralität des Christlichen mit den Begriffen von Strategien und Taktiken zu untersuchen. Positiv ließe sich der Bruch als kultureller Umschwung hin zu einem säkularen Dispositiv reformulieren.“

„Die Geschichte der Kirche ... leistet uns heute den Dienst, den Absolutismus zu relativieren, auf den sich eine einzige, alleinige Funktion stützt, und den Positivismus zu zerschlagen, der meint, Gott in eine einzige Objektivation einschließen oder ihn unter ‚Vergessen' der Vielzahl seiner anderen Zeugen eliminieren zu können. ... Die Geschichtsschreibung an sich behauptet keinerlei Notwendigkeit. Für sie ist die Mannigfaltigkeit der Autoritäten nicht mehr als ein Fakt, aber ein Fakt, an dem sich die reduktionistischen Sehweisen stoßen und brechen. Während die doktrinellen oder sozialen Simplizismen sich damit begnügen, andere Erfahrungen zu vergessen oder deren jeweilige Beziehungen zu der Gesellschaft und der Zeit ihrer Entstehung zu vernachlässigen, relativiert die soziohistorische Forschung einen Imperialismus, der bloße Kurzsichtigkeit ist: Sie macht deutlich, dass es auch andere Realitäten gibt oder gegeben hat. Sie kämpft gegen das Vergessene, das auch das Verdrängte oder Exkommunizierte ist. In dieser Eigenschaft toleriert sie die oft unbewusste naive 'Idolatrie' nicht, die aus einer Organisation unter anderen das Zentrum der Welt und den Ort der Wahrheit macht. Sie nimmt es mit dem Autoritarismus auf, und wenn sie rigoros ist, erledigt sie ihn. Nicht dass sie den Eigenwert des einen oder anderen ideologischen und institutionellen Systems leugnete. Aber sie bestreitet ihm das Recht, sich als das einzige zu betrachten; sie diskrediert die Arroganz eines intellektuellen und sozialen Monopols; sie bringt die indiskrete und letztlich erschreckende Infragestellung von menschlichen und christlichen Erfahrungen, die durch die (Selbst-)Behauptung einer begrenzten Gruppe ausgeschaltet werden, an die Oberfläche. Gibt es wissenschaftlich gesehen, in der Geschichte etwas anderes als (aufeinander folgende oder koexistierende) partikuläre Formationen?“[683]

2.2.3.3 Andern(w)orts: Theologie als Entstellung fremder Orte

Mit diesem kritischen Blick, den Certeau selbst im Anschluss an Foucault auf das Christentum richtet und der seine historiografische Konstruktion des Mittelalters konterkariert, wird sichtbar, dass die Krise der Repräsentation sich nicht erst mit dem Zusammenbrechen des mittelalterlichen Kosmos als sakramentales Zeichen einer göttlichen Weltordnung stellt, sondern sich auch in diesen Kosmos mit disparaten Brüchen einschreibt. Die wechselseitige Sprach- und Ortlosigkeit, die Certeau als Resultat des Bruchs diagnostiziert, ist damit viel grundlegender: Der „universelle Sprecher“ verschwindet nicht erst in der Pluralisierung der Neuzeit aus der Weltprosa[684], er war immer nur in den partikularen Stimmen disparater Orte zu hören. Christliche Sprache in ihrer Ge-

[683] M. de Certeau (Hg.): *GlaubensSchwachheit*, S. 106f.

[684] Michel de Certeau (Hg.): *Das Schreiben der Geschichte* (= Band 4), Frankfurt a.M, Paris: Campus Verl; Ed. de la Maison des Sciences de l'Homme 1991, S. 196. (franz. Original: 1975)

schichtlichkeit hatte nie einen eigenen, ungebrochenen, selbst-verständlichen Ort zur Verfügung, sondern war immer schon auf fremde Orte verwiesen, um die Bedeutung ihrer flottierenden Zeichen zu verhandeln[685] – sie vollzieht sich in interpretativen Prozessen, in denen sich ihr Autor entzieht. Das Fehlen eines eigenen Ortes und einer eigenen Sprache ist das Resultat der unhintergehbaren theologischen Krise der Repräsentation, die von der Anwesenheit Gottes nur im Modus seines Entzugs sprechen lässt:

> „Dieses ‚Fehlen' ist nicht etwas Fehlendes, das es zu erlangen gälte, sondern eine Begrenztheit, durch die jeder Zeuge öffentlich seine Beziehung zum ‚Urheber' des Glaubens, sein inneres Gesetz (dem zufolge es eines Todes bedarf, damit Platz für andere wird) und das Wesen seiner Verbindung mit den unerwarteten oder unbekannten Räumen bekennt, die Gott *anderswo* und *auf andere Weise* auftut."[686]

Die Frage, die Certeau angesichts des Bruchs christlicher Gottesrede und ihrer Krise der Re-präsentation stellt, wird also nicht erst zu Beginn der Neuzeit virulent, sondern stellt sich jeder Theologie grundsätzlich:

> „Wie erzeugt man eine Sprache von Glaubenden?"[687]

Die Ermangelung, die Abwesenheit eines eigenen Ortes, an dem sie selbstverständlich wäre, bricht diese Sprache und verweist sie an andere, fremde Orte und ihre Sprachen:

> „Die Unmöglichkeit für die Kirche, einen realen [d.h. eigenen] Platz zu schaffen, von dem aus sie sprechen [kann, lässt] eine schwere und begrenzte, nämlich geschichtliche Arbeit an die Stelle des Funktionariats einer ‚universalen' Sprache [treten]."[688]

Certeau entwickelt seinen Antwortversuch von einem partikularen Ort aus – den mystischen Bewegungen des 17. und 18. Jahrhunderts, die auf die von ihm diagnostizierte Krise der Gottesrede nach dem Mittelalter reagieren. In der Mystischen Fabel[689] zeichnet er diese Mystiker und Mystikerinnen in mehrfacher Weise als Ortlose, als Dislozierte: eine „Topografie der Mystik" (41–46) lässt sie zumeist in Regionen auffinden, „die sich in einer sozioökonomischen Rezession befinden und durch die Veränderungen benachteiligt, durch

---

685 Hans-Joachim Sander spricht im Rückgriff auf Charles S. Peirces dreiteilige Klassifikation von Zeichen (Ikon, Index, Symbol) vom „Indexmangel" des Christentums, da es für die Bedeutungsverhandlung seiner Symbola auf fremde Zeichen angewiesen ist. H.-J. Sander: *Die religiöse Zweitklassigkeit des Christentums und sein theologisches Indexdefizit. Eine Christologie für das 21. Jahrhundert.*

686 M. de Certeau (Hg.): *GlaubensSchwachheit*, S. 180. Kursivsetzung JG.

687 Ebd., S. 216.

688 Ebd., S. 221.

689 M. de Certeau: *Mystische Fabel.*

den Fortschritt marginalisiert oder durch die Kriege ruiniert sind" (42); viele kommen aus „von der Geschichte enterbten" (46) Adelsfamilien, die mit dem Ende des Mittelalters den Schwund ihrer Macht erleben; von Marginalisierung sprechen auch die „sozialen Gestalten, die ihren Diskurs beherrschen: des Verrückten, des Kindes, des Ungebildeten, wie wenn heute die tonangebenden Helden des Wissens die Gescheiterten unserer Gesellschaft wären, die Betagten, die Emigranten oder der ‚Dorftrottel'" (48). Diese gesellschaftliche Dislozierung verbindet sich mit der „Demütigung der christlichen Tradition" (48), die ihre Rolle als integrativer Produktionsort eines einheitlichen Referenzrahmens verliert und in der neuen, politisch organisierten Weltordnung zu einem Randphänomenen unter anderen wird. Weder die politische Instrumentalisierung der christlichen Zeichen im gesellschaftlichen Diskurs noch ihre utopische, „folkloristische" Absolutierung in der Kirche bieten in ihrer Losgelöstheit von partikularen, spezifischen Orten eine Sprache, um die mystische Gewissheit vom ergangenen Wort Gottes[690] bedeutungs-voll zu repräsentieren, zu vergegenwärtigen – es muss ein neuer Modus des Sprechens dafür gefunden werden. Existentiell erfahrene Ort- und Sprachlosigkeit werden so zum Entstehungsort mystischer Sprache, deren Spezifität Certeau nicht inhaltlich, sondern formal – als einen „modus loquendi"[691] – beschreibt: sie entsteht aus „Operationen, die historische Verhältnisse mit sprachlichen Praktiken verknüpfen". Angesichts des Ortsverlusts, der christliche Gottesrede verstummen lässt, schaffen Mystiker und Mystikerinnen durch ihre Sprachpraxis einen Ort in der Sprache:

> „Die mystischen Bewegungen gehen genau darauf aus, neue Aussageorte zu schaffen (‚Einkehr'‚ecclesiolae', heilige Siedlungen, ‚Orden', Klöster), wo der soziale Raum wiederherzustellen – zu re-formieren – wäre, der die Bedingung für ein Sagen ist. Sie verfügen aber bereits über einen anderen theoretischen, nämlich sprachlichen Raum, dessen Bedeutsamkeit im 16. Jahrhundert zunimmt, da er die schrumpfende oder bröckelnde Realität durch die (Er-)findung einer fundamentalen Sprache ersetzt."[692]

Mystik als ein „modus loquendi", eine „manière de parler" schafft einen Sprachraum nicht indem sie eine eigene Sprache entwickelt, sondern auf vor-

[690] Eine Gewissheit, die unhintergehbar von Ambivalenzen durchzogen ist, wie Certeau in der Analyse des Vorworts zur *Science expérimentale* von Jean-Joseph Surin (1663) nachweist: „Auf alle Fälle war auch das Ursprungsereignis ambivalent. ... Zweifellos ist das Publikum ... für den mystischen Text das reale Antlitz des Gottes, den die einsame *oratio* sucht und voraussetzt. Denn für den Betenden soll Gott da sein und ‚aufmerksam ' auf den an ihn gerichteten Diskurs ‚achten'. Das Gebet zählt auf die Erwartung des anderen. Und doch ist es ihrer nicht sicher." Ebd., S. 301.304.

[691] Ebd., S. 184 u.ö.

[692] Ebd., S. 199f.

handende Sprachen zugreift und sie „entstellt“[693] und so *innerhalb* eines Diskurses eine Differenz, eine Andersheit etabliert:

> „Diese Erfahrung der (im Falle der Mystik göttlichen) Besessenheit hat keine ihr eigene Sprache, macht sich aber im theologischen Diskurs (wie eine ‚Wunde‘, sagen die Mystiker) bemerkbar; durch die Arbeit, die sie ausführt, schreibt sie sich selbst in das Innere des von einer religiösen Tradition übernommenen Diskurses ein. Eine (mystische) Übertretung des Gesetzes der (religiösen) Sprache ist in eben diese Sprache durch eine Weise, sie zu praktizieren – durch einen modus loquendi – eingeschrieben ... Eine Sprechpraxis und eine Behandlung der Sprache entwerfen im etablierten Diskurs eine Andersheit, die dennoch nicht mit einem anderen Diskurs identifiziert werden kann.“[694]

Durch das Fehlen eines eigenen Ortes vollzieht sich mystisches Sprechen in einer spezifischen Form, einer sprachlichen Operation, die Certeau mit der Arbeit des Übersetzens vergleicht:

> „Durch die kaum überschaubare Arbeit dieser Änderungen wird eine Sprache des ‚anderen‘ generiert. Das mystische Sprechen ist fundamental ‚Übersetzen‘. Es über-schreitet und über-gibt. Durch ununterbrochene Operationen an fremden Wörtern formt es ein Ganzes.... Diese Übersetzer ‚verlieren ihr eigenes Wort in der Fremde‘. Sie haben nur das des anderen. ... Der Übersetzer ... ist im Sinne der Differenzierung tätig. Wie der Ethnologe inszeniert er eine fremde Region, wenn auch in der Absicht, sie zu adaptieren, indem er ihr erlaubt, seine eigene Sprache zu stören. Er fabriziert anderes, aber auf einem Feld, das nicht mehr das seine ist und auf dem er kein Urheberrecht hat. Er produziert, aber ohne eigenen Ort, in diesem Dazwischen, auf jener Linie, an der Sprachen in der Begegnung mit der je anderen gleichsam auf sich selbst zurückbranden. ... Produktion von Andersheit. ... In jedem Fall beruhen die mystischen Sprechweisen auf jener Tätigkeit, die keinen eigenen Platz hat.“[695]

Mit dieser Etablierung einer Differenz innerhalb einer gegeben Sprache wird die mystische Sprechpraxis

> „durch die Einführung eines Unsagbaren in einen überkommenen Text definiert. Ein ‚Ich-weiß-nicht-was‘-spricht, aber dieses ‚Ich-weiß-nicht-was‘ des Anderen wird, indem es den Diskurs des theologischen Wissens verändert, nicht einen anderen Diskurs konstruiert [sic], in ein Lehrsystem eingefügt und in diesem gesprochen.“[696]

693 Michel de Certeau: „Die entstellte Sprache. Die Rede der Besessenen“, in: Michel de Certeau (Hg.), *Das Schreiben der Geschichte*, Frankfurt a.M, Paris: Campus Verl; Ed. de la Maison des Sciences de l'Homme 1991, S. 172–197.

694 Ebd., S. 178. In der *Mystischen Fabel* analysiert Certeau in zahlreichen Einzelstudien diesen mystischen modus loquendi.

695 M. de Certeau: *Mystische Fabel*, S. 193f.

696 M. de Certeau: *Die entstellte Sprache. Die Rede der Besessenen*, S. 179.

Die mystische Sprachpraxis geht damit offensiv mit der theologischen Krise der Repräsentation um, in der sich die Entzogenheit ihres Autors im wechselseitigen Fehlen eines eigenen theo-logischen Ortes und seiner selbstverständlichen Sprache manifestiert. Anstatt dieses Fehlen als Kondition ihrer Gottesrede zu negieren, sie also von den Bedingungen ihres Sprechens zu absolutieren, macht der mystische modus loquendi diesen Mangel in seiner Sprachpraxis sichtbar, indem er sich als Entstellung fremder Sprachen vollzieht. Der Mangel eines vorgegebenen Ortes verortet diese Gottesrede nicht an einer Utopie, sondern führt sie zu Heterotopien.[697] An fremden Orten und durch die Etablierung einer Andersheit in ihren Sprachen kann die theo-logische Krise der Repräsentation repräsentiert, vergegenwärtigt werden und so eine christliche „Sprache der Glaubenden" erzeugt werden; diese Sprache

> „macht aus [ihrem] Ich die Repräsentation von dem, was fehlt – eine Repräsentation, die den Platz dessen ausfindig macht, was sie nicht ersetzt."[698]

Mit der theologisch grundgelegten Krise der Repräsentation wird für Certeau christliche Gottesrede nicht über ihren Inhalt beschreibbar, sondern vollzieht sich in einer spezifischen Form, einer sprachlichen Operation. Die Sprechpraxis der Mystiker und Mystikerinnen bringt die Partikularität dieser Gottesrede gerade angesichts des Mangels eines eigenen theo-logischen Ortes in den Blick. Um christliche Erfahrungen zur Sprache zu bringen, bedarf es eines partikularen Ortes, der durch sprachliche Praktiken überschritten wird. Als Praxis der Überschreitung ist sie „Arbeit an der Grenze", die nicht einfach gegeben ist, sondern die je neu deplatziert:

> „Sie lässt sich ... nicht auf ein Faktum reduzieren, das man nur zu bestätigen bräuchte. Sie entsteht aus einem Akt der Differenzierung, der einen Ort und zugleich dessen Jenseits, ein ‚Jetzt' und ein ‚Hernach', ein ‚Hier' und ein ‚Anderswo' ansetzt. ... In der christlichen Erfahrung ... wird [die Grenze] durch eine Operation [konstituiert], die den Übergang von der Partikularität zu ihrer Überschreitung, von einem ‚Da-Sein' zu einem ‚Anderswo', wenn man so will: von einer Etappe zur anderen sichert. Es

697 In Abgrenzung zu Utopien, zu nicht real existierenden Orten, beschreibt Michel Foucault Heterotopien als „wirkliche Orte, wirksame Orte, die in die Einrichtung der Gesellschaft hineingezeichnet sind, sozusagen Gegenplazierungen oder Widerlager, ... in denen die wirklichen Plätze innerhalb der Kultur gleichzeitig repräsentiert, bestritten und gewendet sind, gewissermaßen Orte außerhalb aller Orte, wiewohl sie tatsächlich geortet werden können. Weil diese Orte *ganz andere* sind als alle Plätze, die sie reflektieren oder von denen sie sprechen, nenne ich sie ... Heterotopien." Michel Foucault: „Andere Räume", in: Karlheinz u. a. Barck (Hg.), *Aisthesis. Wahrnehmung heute oder Perspektiven einer anderen Ästhetik*, Leipzig: Reclam 1992, S. 34–46, hier S. 39.

698 M. de Certeau: *Mystische Fabel*, S. 306.

> bedarf eines Ortes, damit ein Aufbruch geschehen kann, und der Aufbruch ist nur möglich, wenn er einen Ort hat, von dem er ausgeht: Die beiden Elemente – Ort und Aufbruch – sind relativ zueinander."[699]

Theologie vollzieht sich in der ‚Entstellung', der Dislozierung, partikularer Orte durch sprachliche Praxis.[700] Sie wird somit über ihre Form definiert. Ohne über einen eigenen Ort ihrer Repräsentation zu verfügen, lässt sich „die christliche Besonderheit ... nur ... durch einen Schnitt in der Handlungsrationalität oder in den sozialen Formationen angeben."[701] Sie wird ausschließlich greifbar in einem bestimmten Stil, einer Praxis, einer sprachlichen Operation der Differenz und der Alterität, die Certeau als Metanoia[702], als Konversion[703], als Exzess[704] beschreibt. Diese formale Praxis ist biblisch:

> „Allein damit schafft sie eine Bewegung, die derjenigen konform ist, welche den ganzen christlichen Glauben zum Ausdruck bringt: die Konversion des Alten Testaments ins Neue Testament. Die Praxis Jesu – die ihre Vollendung im Schweigen seines Todes findet – verbindet zwei Sprachen miteinander. Zwischen den beiden Hälften der Bibel ist sie der leere Raum einer Aktion. Aber welcher? Jesus hat stets an der partikulären jüdischen Institution festgehalten und dennoch dank einer Distanznahme unaufhörlich die Gründung einer anderen Bedeutung* geschaffen. Eine Distanz (ihr Vollzug) gegenüber dem alten Gesetz bewirkte die Verschiebung, die dann einem neuen Gesetz Anlass und Ort gegeben hat. Eine Praktik des Buchstabens öffnete den Buchstaben für einen Geist, der erstmals durch eine andere Schrift ausgesagt werden sollte. Diese neutestamentliche Schrift hat, auf Ganze gesehen, nicht die Bedeutung, die Wahrheit an der Stelle der vorausgegangenen zu sein oder eine Religion durch eine andere zu ersetzen, sondern einen Typ von Konversion zu konnotieren, den Jesus eingeführt hat und den es gegenüber dieser oder anderen Instituten unbegrenzt zu ‚tun' galt."[705]

---

699 M. de Certeau (Hg.): *GlaubensSchwachheit*, S. 181.

700 Ähnlich fasst auch Slavoy Žižek in seiner Paulus-Lektüre die Grammatik des Christlichen – nicht als Erfindung einer neuen Sprache, sondern als Brechen der Bedeutungszusammenhänge einer bestehenden: „Daher gilt: Ja, man sollte Paulus aus der jüdischen Tradition heraus lesen, da genau solch eine Lektüre die wahre Radikalität seines Bruches deutlich macht, die Art, wie er die jüdische Tradition von innen heraus unterwanderte. ... Paulus ging nicht einfach von der jüdischen Position zu einer anderen über, sondern er machte etwas innerhalb der jüdischen Position und mit dieser selbst." Slavoj Žižek: *Die Puppe und der Zwerg. Das Christentum zwischen Perversion und Subversion* (= Suhrkamp-Taschenbuch Wissenschaft, Band 1681), Frankfurt am Main: Suhrkamp 2003, S. 12f.

701 M. de Certeau (Hg.): *GlaubensSchwachheit*, S. 224.

702 Ebd., S. 230.

703 Ebd., S. 183.

704 Ebd., S. 227.

705 Ebd., S. 184.

Jesus begründet eine Praxis der Überschreitung eines partikularen Ortes als den Stil des Christlichen. Nachfolge vollzieht sich damit *als* Metanoia.[706] Sie wird formal bestimmt und kann nicht definitiv und endgültig inhaltlich festgelegt werden:

> „Zwei formale Aspekte [konnotieren und illustrieren] diese christliche Intervention in den Praktiken: Einerseits operiert sie in dem beschränkten Raum, den ihr die Gesellschaft vorgibt, und bringt die Grenzen in Bewegung; andererseits muss es heute wie gestern eine ‚Wirkungsgeschichte des Evangeliums' geben, das heißt eine Beziehung zwischen der Tradition des Evangeliums und einem tatsächlichen Handeln. Dies ist eine Praxis. Kein ‚Glaube' ohne ‚Werke'. Doch nichts legt mehr die objektive Füllung dieser beiden Erfordernisse fest. ... Der Ruf in die ‚Nachfolge' und die Möglichkeit der ‚Veränderung' unterhalten eine formale Beziehung, für deren Wahrheit es keinen konkreten Ausdruck gibt."[707]

Die Nachfolge als Metanoia kann gerade nicht abschließend und absolut in einem inhaltlichen Kriterium gefasst werden, weil jede inhaltliche Festschreibung eine Interpretation ist, die als Diskurs „Plätze umschränkt"[708], festschreibt und damit Orte formiert, die wiederum offen für ihre Überschreitung zu bleiben haben, um christlicher Identität zu entsprechen. Angesichts des Ort- und Sprachmangels, durch den christliche Gottesrede auf fremde Orte und ihre Entstellung angewiesen ist, kann das Kriterium für die Repräsentativität ihres Gründungsereignisses nur formal sein. Certeau fasst es in eben jener „Dialektik von Partikularität und ihrer Überschreitung"[709]. Dieses formale Kriterium ist ein notwendiges, kein hinreichendes; schärfer noch, es ist ein *notwendig nicht hinreichendes Kriterium.* Es schafft keine Eindeutigkeit, sondern produziert Ambivalenz[710] – eine Ambivalenz, die sich der Kontingenz und Interpretativität ihres Gründungsereignisses verdankt und so inkarnationstheologisch begründet ist. Es kann nur negativ falsche Gottesrede[711] ausschließen, nicht aber

---

706 Ebd., S. 230.

707 Ebd., S. 231.

708 Vgl. ebd., S. 181.

709 Ebd., S. 186.

710 „Ob sich diese ‚Konversion' heute im Element des Religiösen, im politischen Leben, auf dem Feld eines Berufs oder einer Wissenschaft vollzieht, ist nicht wichtig, wenn man davon ausgeht, dass sie nicht auf einen dieser Sektoren beschränkt werden kann und dass sie relativ zu den aktuellen Orten der Kultur sein muss. Bei der Bestimmung der wichtigen und einschlägigen Orte, denen eine Revolution wohl ansteht, spielen das Wagnis und die Hellsicht des Christen nicht anders mit als die jedes beliebigen anderen. Aber welche Form sie auch annimmt – die christliche Praxis hält in eins die Realität einer Entschiedenheit und die Notwendigkeit einer Überschreitung aufrecht." Ebd., S. 183f.

711 Für Certeau sind diese „mit dem Glauben nicht Kompatiblen" Theologien „reduktionistische Ausschlüsse", die „ex-kommuniziert" werden müssen. Ebd., S. 185, Anm. 37.

positiv ihre Grenzen festlegen, sie definieren. Es schreibt Theologie als „Arbeit am Negativen“[712] fest und entwirft sie als – im Wortsinn – „symbolische Sprache“[713]: eine Sprache, der ihr Anderes fehlt. Es geht darum, in christlicher Sprache ihre Angewiesenheit auf fremde Orte sichtbar zu machen, um in der Entstellung ihrer partikularen Sprachen die theologische Krise der Repräsentation zu repräsentieren und so *Gott als den Abwesenden präsent zu halten*[714]: sie verweist auf Gott – *offenbart Gott* – im Modus des Entzugs.

Die performative Sprachpraxis der Entstellung hat damit *offenbarende* Qualität, die Mark L. Taylor als *Ereignis(haftmachung) der Transimmanenz* zur Sprache bringt; ihre Gottes-Rede vollzieht den posthermeneutischen Zirkel von theologischer Erkenntnis und Offenbarung und hat als diskursive Sprachpraxis eine inhaltliche Implikation, deren (unabschließbare) Bedeutung in spezifischen Kontexten je neu zu explizieren ist: als Sprachpraxis der dekonstruktiven Entstellung macht sie die Bedeutungsstrukturen dieser fremden Orte fragil und unbeständig und subvertiert so ihre potentiell tödliche Logik. *In* der theo-logischen Sprachpraxis ereignen sich Überschreitungen, die *Leben ermöglichen.*[715] Weil Theologie sich als Sprachpraxis der Entstellung entwirft und damit eine Sprache für die interpretative Ereignishaftmachung der Offenbarung zur Verfügung stellt, können sprachliche Ereignisse der Transimmanenz performativ vollzogen werden und so Lebens-Räume eröffnet werden. Während das Kriterium der Entstellung fremder Orte formal ambivalente und plurale Theologien produziert, impliziert es eine inhaltliche Füllung – Lebensermöglichung –, die Gottes-Rede formal erst zu einem Ereignis werden lässt: indem es eine Sprache für die Ereignishaftmachung der Offenbarung Gottes

[712] Ebd., S. 212.

[713] Ebd., S. 185.

[714] „Im Grunde ist diese ‚Distanznahme‘ (die der Diognetbrief ‚Fremdheit‘ gegenüber jeder geschlossenen Gesellschaft nannte) gegenüber der etablierten Ordnung ... von der Art des Übermaßes und der Offenheit. Sie ist reiner Aufwand. ... Während der andere für uns immer tödliche Bedrohung ist, erwartet der Glaubende in einer Regung der Unvernunft davon auch das Leben. Dem Nächsten Raum zu geben, das wird heißen, den Platz zu räumen – mehr oder weniger zu sterben – und zu leben. Da ist keine Passivität, sondern Kampf dafür, anderen Raum zu geben ... Diese Arbeit der Gastfreundschaft gegenüber dem Fremden ist exakt die Form der christliche Sprache. Sie entsteht nur partiell; sie bleibt relativ zu dem partikulären Platz, den man ‚einnimmt‘. Sie ist niemals abgeschlossen. Sie ist verloren, glücklich ertrunken in der ungeheuren Weite der menschlichen Geschichte. Sie verschwindet wie Jesus in der Menge. Der Anteil, den Christen an dieser Arbeit nehmen, verschärft also die Partikularität der Rolle, die sie in der Welt spielen. Ihr Beitrag bleibt begrenzt, wie er es ja bisher immer gewesen ist. Aber genau an dieser Begrenztheit sind sie zu erkennen. Indem sie es ablehnen, sich den Platz der Wahrheit zuzubilligen, können sie so ihren Glauben an das bekennen, das wir Gott zu nennen wagen.“ Ebd., S. 213.

[715] Mark L. Taylor's „political theorization ot the theological“ (3) bringt diese inhaltliche und gleichzeitig *offenbarende* Implikation der Überschreitungen und Entstellungen christlicher Gottesrede stärker zur Geltung als Certeaus kulturwissenschaftlicher Zugang.

in den etablierten, potentiell tödlichen Bedeutungsstrukturen fremder Orte zur Verfügung stellt. Anders formuliert: um Gott zur Sprache zu bringen, braucht Theologie einen Begriff von Gott.[716] Als Entstellung fremder Orte ist diese theo-logische Sprache jedoch weder vorgegeben noch je abschließbar, sondern muss, um ihrem Kriterium gerecht zu werden, selbst immer wieder entstellt, entfremdet werden – *die Offenbarungen, die sie ermöglicht, führen sie immer wieder zu fremden Orten.* Der posthermeneutische Zirkel von Erkenntnistheologie und Offenbarungstheologie vollzieht sich in Erschütterungen und Entstellungen, die von Gott immer neu, immer anders zu reden drängen.

2.2.3.4 Kirche: Sakrament des Entzugs

Mit diesem formalen Kriterium christlicher Gottesrede zeichnet Certeau tentative Grundzüge einer Ekklesiologie, die Kirche als „Zeichen dessen ..., was ... ihr fehlt"[717] entwirft. Das formale Kriterium, das zeugnishafte Theologie als plurale und partikulare Sprachpraktiken an fremden Orten festschreibt, lässt die Kirche als einen Interpretationsraum entstehen, dessen „Glieder untereinander die gleiche Beziehung haben werden, die sie zu ihm [zum Jesus-Christus-Ereignis] haben"[718]: ihre plurale Partikularität, ihre Begrenztheitsstruktur

> „ist, theoretisch und praktisch, die soziale Artikulation jedes Glaubensbekenntnisses. Dieses Gesetz definiert die Gemeinde durch die Differenzierung der Glieder, die füreinander notwendig sind, aber niemals auf einander reduziert werden können. Es stellt jede Gemeinde, jeden Diskurs und jede Periode in eine Beziehung des Nötighabens zu anderen. Mehr noch: Eine klare Abgrenzung ... ist das notwendige Mittel, um einzugestehen, was ihnen fehlt, und genau dadurch den Glauben zu bekennen."[719]

Wenn sie die partikulare Begrenztheit in ihren Sprachen sichtbar macht, wird Kirche zum Sakrament – zum Zeichen und zum Vollzug – der verbergenden Offenbarung ihres Gründungsereignisses:

> „Die Organisation [ihrer] Autoritäten hat ... als Ziel und Sinn, möglich und kenntlich zu machen, dass und wie die Zeichen im Namen ihrer Beziehung zu der einzigen wahren Autorität aufeinander verweisen."[720]

---

716 Dieser Begriff von Gott als Grundlage von Gottes-Rede ist implizit auch in Taylors theologischem Entwurf zu finden, auch wenn er für ein radikales „reworking the concept of God" (215) in Absage an einen Großteil der etablierten theologischen Tradition plädiert: „Ultimately, tracing the transimmanental will offer us a way to discern the powers that sustain and liberate" (16) – durch die Sprachpraxis der Theologie, „God is ... inserted, in a life-giving way, into a neocolonial necromancy" (217). M. L. Taylor: *The theological and the political.*

717 M. de Certeau (Hg.): *GlaubensSchwachheit*, S. 180.

718 Ebd., S. 104.

719 Ebd., S. 179.

720 Ebd., S. 105. Kursivsetzung JG.

Indem sich Kirche in ihrer Praxis der Entstellung fremder Orte konstituiert, wird sie zum Performativ, zum Sakrament der offenbarungs- und erkenntnistheologischen Krise der Re-präsentation. Als sichtbar gebrochenes Interpretationsgeschehen an partikularen Orten schreibt sie die offenbarend-verbergende, zulassend-entziehende Grammatik ihres Gründungsereignisses fort:

> „Die Begrenzung hat eine zulassende Funktion. Sie spielt in jedem synchronischen Raum und in jeder diachronischen Entfaltung eine differenzierende Rolle, die … unablässig das Fehlen des Anderen erneuert."[721]

In einer kommunitären Praktik und mit einem Plural an Autoritäten[722] repräsentiert Kirche die theologische Krise der Repräsentation. Dieser kommunitäre Plural ihrer Gottesreden ist nicht als eine additive Summe zu denken; vielmehr macht eine „Syntax"[723] ihrer disparaten Orte, in die sich die interpretativen Zeugnisse vom Gründungsereignis differenzieren, ihre jeweilige Partikularität, ihre Begrenztheit sichtbar. Indem er in ihren Differenzen unter-einander das „Fehlen des Anderen" offenbart, funktioniert er nicht gemäß einer

> „Logik des Entweder-oder, die die ‚Wahrheit' als einen der Termini einer Entscheidungswahl ansetzt, [oder einer] Logik eines Sowohl-als auch, die die Differenzen zu überwinden trachtet. Es ist die Logik des Weder-noch, die gegenüber einem Gegebenen und seinem Gegensatz eine dritte Hypothese schafft, ohne diese jedoch zu determinieren. Damit ist ein Verweis auf ein abwesendes Drittes gegeben."[724]

Im Sichtbarmachen ihrer Begrenztheit, „die Pluralität sichert"[725], konstituiert die wechselseitige Verwiesenheit christlicher Sprachen aufeinander die Kirche nicht als „Anwesen der Wahrheit"[726], die die Bedeutung ihres Gründungsereig-

---

721 Ebd., S. 179.

722 Ebd., S. 178.

723 Ebd.: „Die Verifikation [die interpretative Bezeugung des Gründungsereignisses, das sich im Zulassen ihrer Bezeugungen entzieht] trägt nicht das Kennzeichen einer einzigartigen Signatur an sich – heute so wenig wie gestern. Sie besteht aus Räumen, die *offen sind für die Aussprache und für die Praxis*. Man könnte von einer Syntax dieser Räume sprechen, denn sie sind untereinander verbunden. Die Verbindung ist nicht einfach identisch mit einem gemeinsamen kulturellen, ideologischen oder praktischen Element, innerhalb dessen diese Räume sich öffnen würden oder das sie jeweils füllen würde. Genauso wenig mit einer homogenen, linearen Entwicklung. Sie hängt an der – alle diese Räume organisierenden – Beziehung zwischen einer *Singularität, die erlischt*, indem sie jene zulässt, und *deren Vielheit*, die ihre Bedeutung* *manifestiert*, indem sie sich differenziert."

724 Ebd., S. 184.

725 Vgl. ebd., S. 179.

726 Für Beinert ist die Kirche Anwesen und „Haus der Wahrheit", indem ihre „verschiedenen Zeugnisträger … notwendig einander zugeordnet sind." Wolfgang Beinert: *Vom Finden und Verkünden der Wahrheit in der Kirche. Beiträge zur theologischen Erkenntnislehre*, Freiburg: Herder 1993, S. 49. Bezeichnenderweise beschreibt Beinert ausschließlich die loci theologici proprii und blendet ihre loci alieni aus.

nisses präsent setzt; ihre pluralen Bezeugungsinstanzen vereinen sich nicht ungebrochen zu einer „erkenntnistheoretischen Katholizität“[727]. Indem sie sichtbar macht, dass ihre Zeugnisse partikulare Entstellungen fremder Orte sind, von denen weder das eine noch die anderen „das Ganze, die Mitte oder die Einzige ist“[728], offenbart sie ihr Gründungsereignis im Modus der Entzogenheit; sie hält es als Leerstelle zwischen ihren partikularen Gottesreden offen:

> „So wird denn auch das Initialereignis ein interdictum. Nicht etwa, dass es unberührbar und tabu wäre. Aber der Gründer verschwindet, es ist unmöglich, ihn zu fassen und ‚zurückzuhalten‘, im Maße er in seiner Pluralität von ‚christlichen‘ Erfahrungen und Handlungen Gestalt und Sinn annimmt. ... Das Ereignis ist also ein inter-dictum in dem Sinn, dass es Form jener Inter-Relationen, die durch das offene Netzwerk der Ausdrucksgestalten gebildet werden, die nicht ohne es bestehen könnten. In diesem ... Ausdruck – ‚nicht ohne‘ – haben wir die zurückhaltendste, aber auch strengste Formulierung der Beziehung zwischen der Pluralität der christlichen Sprachen und dem ‚inter-dictum‘, das sie bezeichnen. Er ist, wenn man so will, die negative Außenseite einer Wahrheit, die objektiv im Modus der Abwesenheit ausgesprochen wird.“[729]

727 Für Max Seckler gestaltet sich die erkenntnistheoretische Katholizität als *Summe* der pluralen Bezeugungsinstanzen, die im Zusammenspiel die katholische Wahrheit repräsentieren: „Es gehört zum Begriff der loci, dass sie zumindest potentiell und tendenziell das Ganze repräsentieren, aber sie tun es ... in kontingenter ... Weise. ... Sie tun es indessen als Teile eines umfassenden Überlieferungsgeschehens, von dem sie getragen werden und das sie mittragen. ... Wollte einer der loci seine Bezeugung monopolisieren, dann läge nicht mehr spezifische Totalität vor, sondern ... der totalitäre Absolutismus eines einzelnen locus theologicus. Die Idee der erkenntnistheoretischen Katholizität hat hier ihren Ort. Sie besagt, dass die Glaubenserkenntnis und das Glaubenszeugnis eben nicht nur ihre personellen, sondern auch ihre institutionellen Subjekte und Instanzen hat, mit ihren spezifischen und perspektivischen Ganzheiten, dass aber das Ganze der veritas catholica als veritas catholica sich erst im Zusammenspiel dieser Ganzheiten realisiert. Für eine theologische Erkenntnislehre, die auf dem Grundsatz eines irreduziblen Pluralismus der Bezeugungsträgerschaften (loci) aufbaut, ... stellt sich deshalb die veritas catholica nicht nur je und je in den loci, sondern größer, umfassender, ‚katholischer‘, im Interaktionsgefüge dieser Bezeugungsträgerschaften dar.“ Max Seckler: „Die ekklesiologische Bedeutung des Systems der loci theologici. Erkenntnistheoretische Katholizität und strukturale Weisheit“, in: Max Seckler (Hg.), *Die schiefen Wände des Lehrhauses. Katholizität als Herausforderung*, Freiburg im Breisgau: Herder 1988, S. 79–104, hier S. 102f.

728 M. de Certeau (Hg.): *GlaubensSchwachheit*, S. 178.

729 Ebd., S. 177.

3. Theologie nach dem Cultural Turn: interkulturell

Die Problematisierung christlicher Identitätskonstruktionen nach dem Cultural Turn, die den theologisch vertretenen universalen Anspruch in Spannung zu seiner partikularen Diskursivität stellt, findet damit in der Sprachform des Zeugnisses ihre theologische Entsprechung. Die Formulierung christlicher Identität lässt sich nicht nur kultur-wissenschaftlich als diskursive Ausverhandlungen in Übersetzungen be/schreiben; auch theologisch erweist sich im Genre des Zeugnisses eine Interpretationsstruktur, die Universalität im Modus der Partikularität bekennt, als unhintergehbare Grammatik christlicher Gottesrede. Ein theologisch genauerer Blick zeigt so, dass ein Zugriff auf das Christentum nach dem Cultural Turn keineswegs einem theologischen Verständnis von christlicher Identität widerspricht. Die Herausforderungen, die sich durch postkoloniale Dekonstruktionen von christlicher Identität stellen, treffen sich mit ihrem theologischen Narrativ. Nicht nur die epistemologischen Rekonfigurationen des Cultural Turn nehmen eine kritische Haltung gegenüber Universalitätsansprüchen ein und binden sie zurück an ihre kontingenten Formulierungen und die konkreten Kontexte, in denen sie formuliert werden. Es ist auch das Herzstück der christlichen Tradition, die Partikularität, Kontingenz und interkulturellen Transformationsprozesse ihrer Gottesrede anzuerkennen: das Bekenntnis zur Inkarnation Gottes in Jesus Christus verweist Theologie unhintergehbar auf die Ambivalenz eines historischen Ereignis. Von daher ist es für sie unausweichlich, den hermeneutischen Bruch ihres Sprachspiels zu reflektieren, in dem sich die Bedeutung ihres Gründungsereignisses uneinholbar in den interpretativen Zeugnissen vielfältiger Kontexte entzieht. Auch eine theologische Be/schreibung zeigt die unhintergehbare Interkulturalität des Christentums auf.

Diese Interpretativität schafft identitätspolitische Probleme. Identitätskonstruktionen stehen unter dem Interesse, sich nach außen klar abzugrenzen und nach innen Kohärenz zu schaffen, um in dieser Stabilität ihr Fortbestehen zu garantieren. Eine theo-logische Vermittlungsstruktur, die christliche Identität als das übersetzende Bezeugen eines universalen Anspruches in partikularen Kontexten je neu konstruiert, produziert eine heterogene Pluralität an Identitätsformulierungen und prekarisiert damit dieses identitätspolitische Interesse. Die Formulierung christlicher Identität steht von daher vor der Herausforderung, sich einerseits als stabil zu konstruieren, ohne andererseits die in ihrer theologischen Grammatik implizierte Offenheit und Unabgeschlossenheit zu unterlaufen. Dieser theologischen Herausforderung kann auf zwei Wegen begegnet werden. Zum einen kann, um dem identitätspolitischen Interesse nach Stabilität nachzukommen, die Entstellungs-Grammatik ausgeblendet werden – christliche Identität wird dann identitätslogisch unter Ausschließung interner Differenzen und durch Verfestigung von fluiden Grenzen nach außen konstruiert; durch die Ausblendung ihrer Interpretativität wird der hermeneutische Bruch, der theologisches Sprechen unhintergehbar durchzieht, tendenziell marginalisiert. Zum anderen kann die Interpretativität christlicher Gottesrede konstruktiv in den Aufriss von Theologie aufgenommen werden. Theologisches Sprechen reflektiert dann material und formal seinen entstellten und entstellenden Charakter; seine Pluralität, die internen Differenzen und die hybriden Verflechtungen nach außen werden nicht ausgeblendet, sondern produzieren eine Theologie, die den interpretativen Charakter ihrer Wissensform auch in ihren Sprachformen sichtbar macht. Das identitätspolitische Risiko wird damit zwar auf den ersten Blick erhöht, jedoch ermöglicht es dieser posthermeneutische Zugang, die für das Christusereignis bezeugte Universalität nicht als Universalisierung eines Zeugnisses unter Ausblendung seiner Vermittlungsstruktur engzuführen, sondern sie in den Differenzen seiner partikularen Formulierungen tentativ offenzuhalten.

3.1 … im Modus der Ausblendung von Interkulturalität

Für die Konstruktion christlicher Identität lässt sich die latente Privilegierung eines Identitätsparadigmas diagnostizieren, in dem die aus ihrer theologischen Interpretativität resultierenden Komplexität zugunsten identitätspolitischer Sicherheit reduziert wird.[730] Der theologisch normative Anspruch, eine universale Botschaft in partikularen Formulierungen zu bezeugen, wird im Rahmen eines Identitätsparadigmas verantwortet, das die Differenzen, die durch die theologischen Überschreitungen partikularer Orte produziert werden, tendenziell ausblendet. Dieses Fest-Schreiben christlicher Identität in Texten (d.h. Medialisierungen von Sprache als einem Bedeutungssystem) steht sowohl unter soziologischem als auch theologischem Impetus. Äußerer Druck zu Grenzzie-

[730] Diese Tendenz zu einem Identitätsparadigma als das Festschreiben christlicher Identität unter Ausblendung von Differenzen zeigt Gregor Hoff exemplarisch an der Entwicklung der kirchlich-theologischen Identität der Alten Kirche auf. Vgl. zum Folgenden auch Gregor M. Hoff: *Die prekäre Identität des Christlichen. Die Herausforderung postmodernen Differenzdenkens für eine theologische Hermeneutik*, Paderborn: Schöningh 2001, S. 232–275.

hungen und die Notwendigkeit zu inneren Systematisierung greifen ineinander und sind in der Entfaltung des christlichen Identitätsparadigmas eng verbunden. Die theoretische Absicherung christlicher Identität und ihre institutionelle Verankerung stützen sich in diesem Prozess wechselseitig. Theologisch fordert die Sprachform des Zeugnisses gerade durch ihre Partikularität und die so produzierte Pluralität einen Evaluierungsprozess ein – als Zeugnisse sind christliche Identitätsformulierungen nicht beliebig, sondern stehen unter Wahrheitsanspruch; für konfliktive Zeugnisse vom grundlegenden Ereignis und seinen interpretierten Erfahrungen müssen Maßstäbe und Kriterien ihrer Gültigkeit entworfen werden. Dies fordert die theoretische Durchdringung christlicher Identität und fördert die theologische Systemgenese. Soziologisch steht das identitätspolitische Interesse der ersten christlichen Ge-meinden im Kontext von Verfolgungssituationen, den Abgrenzungsprozessen zur jüdischen Identität und von missionarischen Aktivitäten; sowohl Widerstand als auch Ausbreitung verlangen eine greifbare Identität – mit klaren Grenzen und interner Stabilität kann Auflösungstendenzen entgegengewirkt werden. In wechselseitiger Verstärkung dieser Faktoren hat sich die Festschreibung christlicher Identität und die Konstruktion ihrer Normativität entwickelt:

> „Dieser Prozess lässt sich im Sinne eines hermeneutischen Zirkels vorstellen, bei dem sich die verschiedenen Elemente gegenseitig verstärken und inhaltlich wie formell zu einem immer höheren Präzisionsgrad fortschreiten. ... Das gewählte Identitätsparadigma hat sich gleichsam von außen aufgezwungen und lag in der Logik der Glaubensüberzeugungen bzw. -erfahrungen. Gerade weil sich das Christentum an die Öffentlichkeit wagt, war es ihrer Kritik ausgesetzt und musste zu konzisen Konzepten finden, die nach innen wie nach außen überzeugten."[731]

Diskursanalytisch vollzieht sich diese absichernde Konstruktion christlicher Identität als Reduktion der Heterogenität christlicher Identifikationen, die durch die hermeneutischen Brüche theologischen Sprechens produziert wird.[732] Die unausweichlichen Ambivalenzen christlicher Gottesrede sollen

---

[731] Ebd., S. 243.

[732] „Um das Christentum lebensfähig zu halten, mussten Tendenzen abgewehrt werden, die von ... den entscheidenden Repräsentanten und Funktionsträgern als mit der überkommenen Lehre unvereinbar angesehen wurden. Die Schärfe der Auseinandersetzungen und die Polemik auch und gerade auf Seiten der Orthodoxie macht deutlich, dass die rechte Lehre gegenüber dem entsprechenden Verhalten ihrer Protagonisten ein Eigengewicht erhalten hatte. Die Zustimmung zu einer als verbindlich ausgewiesenen Interpretation des Christentums steuerte das Verhalten den Exkommunizierten gegenüber. Das kirchliche Ausschlussverfahren wurde zum äußeren Sanktionsinstrument von Identität. Ihre Logik konnte nun auch immer konsequenter auf theoretischem Gebiet greifen. Die angesprochenen Aspekte machen umfangreiche Identitätsprogramme sichtbar, die nicht im Sinne kalkulierter Entscheidungen ausgearbeitet wurden, sondern sich aus dem geschichtlichen Problemdruck entwickelten. Sie leisteten dies aber strikt

entlang der Binarität von Orthodoxie/Häresie in Eindeutigkeit übergeführt werden. Die in der Sprachform des Zeugnisses offengehaltene Unverfügbarkeit des im Christusereignis vermittelten Anspruchs wird entlang von normativ gesetzten Texten als ein Verfügungswissen konstruiert, das an Maßstäben kontrollierbar ist. Das Interesse, christliche Identität nach innen und nach außen abzusichern, führt damit zu einer tendenziellen Ausblendung der hermeneutischen Brüche christlicher Identität, die in ihrer Interpretativität zugrundelegt ist. Hier wird eine identitätspolitische Strategie verfolgt, die mit Homi Bhabha auf die knappe Formel „Hybridität ist Häresie“[733] gebracht werden kann: der Versuch einer ein-deutigen Festschreibung christlicher Identität funktioniert im Verhandeln ihrer Bedeutung an partikularen Orten nicht nur über differenzierende Grenzziehungen, sondern läuft in einer Überprivilegierung der Eindeutigkeit Gefahr, diesen diskursiven Prozess ihrer Konstruktion selbst auszublenden. Durch diese Abdrängung ihrer unhintergehbaren Hybridität ins Verschwiegene kann eine klar definierbare christliche Identität konstruiert werden. Sie erfüllt die identitätspolitischen Bedürfnisse nach interner Kohärenz und externer Abgrenzung besser als Identifizierungen, die ihre eigene Unabgeschlossenheit und Interpretativität nicht ausblenden, unterläuft damit jedoch die ihr theo-logisch vorgegebene (post)hermeneutische Struktur. Die Universalität, die für das in christlichen Identitätsverhandlungen und damit kirchlich zu vermittelnde Evangelium Jesu Christi bean-sprucht wird, wird nicht gebrochen als entzogene bezeugt, sondern auf das Zeugnis selbst übertragen; Die partikulare Formulierung eines Zeugnisses wird universalisiert, andere Identifikationen werden ausgeblendet[734]

---

identitätslogisch. Differenzen wurden ausgeräumt – oft ohne den Anteil an Wahrheit in den entsprechenden Differenzmilieus noch zu berücksichtigen ... Es zeichnete sich die Tendenz ab, die eigene Identität auch um den hohen Preis verlorener Christentümer großkirchlich zu sichern.“ Ebd., S. 239f.

[733] H. K. Bhabha: *Die Verortung der Kultur*, S. 336.

[734] Veronika Hoffmann zeigt diese theologische Konsequenz einer identitätslogischen Ausblendung der Vermittlungsstruktur paradigmatisch für Offenbarungskonzeptionen des Katholischen Traditionalismus „im Anschluss an das 1. Vatikanische Konzil und in traditionalistischen Postionen, die sich gegen das 2. Vatikanische Konzil bzw. den Hauptstrom seiner Rezeption stellen“: „Die Ausblendung der Vermittlungsgestalt lässt sich hier in doppelter Weise erkennen. Zum einen ist die Grenze zwischen unmittelbarem und mittelbarem Offenbarungsempfang eine ausschließlich zeitliche. ... Zum anderen wird eine Kette der Weitergabe angenommen, die von Gott über die ‚Offenbarungsträger‘ zu denen reicht, die die Offenbarung durch sie vermittelt empfangen. Diese vermittelte Offenbarung steht also, sofern es sich um eine ‚treu und unverfälscht überlieferte‘ handelt, der unmittelbaren Offenbarung, von der sie sich ableitet, in nichts nach, so dass sich pointiert zusammenfassen lässt: Die hier behauptete Unmittelbarkeit der übernatürlichen Offenbarung schließt im Grunde jede Vermittlung – mit Ausnahme der bloßen Weitergabe des ein für allemal fertig Empfangenen – aus.“ V. Hoffmann: *Vermittelte Offenbarung*, S. 36. — Exemplarisch für die Ausblendung des hermeneutischen Bruchs zwischen Christusereignis und seinem kirchlichen Zeugnis sei verwiesen auf Carlo Caffarra, Leiter

– eine identitätslogische Strategie, die eminent theologische Verkürzungen impliziert:

> „[I]dentity is formed as [it] negotiates a sense of belonging to some groups and being distanced from others. Where this fosters closing off a separate identity … it creates the delusion of an identity detached from all that it exludes. We may call such a delusion the *idolatry of identity*. This is the point at which the *difference* of identity separates and hardens into *an essential sameness*. Such separation renders an identity in some qualitative sense independent of the rest of creation. But this is to deny its own creatureliness – theologically, the ultimate idolatry.“[735]

Mit Certeau formuliert, umschränken diese identitätslogisch funktionierenden Theologien Plätze, ohne sie für ihre Überschreitung offenzuhalten.[736] Diese Gottesrede hat damit deklarativen und nicht performativen Charakter: sie be/schreibt den „Status quo“ und vollzieht sich nicht in einer unterminierenden Überschreitung, einer Dekonstruktion, einer Entstellung dieses fixierten Ortes, *durch* die und *in* der seine Bedeutungsstrukturen fragil und unbeständig werden könnten; sie stellt keine Sprache für die Ereignishaftmachung der Transimmanenz zur Verfügung. Indem sie dem formalen Kriterium christlicher

---

des Päpstlichen Instituts für Ehe und Familie. Als solcher war er enger Berater von Johannes Paul II: „Die Kirche besitzt (possiede) originär und unverlierbar die ganze Wahrheit (intera) über Gut und Böse, die ganze Wahrheit, die Jesus Christus selbst ist.“ Carlo Caffarra, Leiter des Istituto Giovanni Paolo II per Studie su Matrimonio e Famiglia, 1980: „la Competenza del Magistero nell insegnamento di norme molai determinate“ in: Anthropotes. Rivista di Sudi sulla Persona e la Famiglia 4 1988, 8–23. 21. Zit. nach Bernhard Fraling: „Hypertrophie lehramtlicher Autorität in Dingen der Moral? Zur Frage der Zuständigkeit des Lehramtes aus moraltheologischer Sicht“, in: Peter Hünermann/Franz Böckle (Hg.), *Lehramt und Sexualmoral*, Düsseldorf: Patmos-Verl. 1990, S. 95–129, hier S. 99.

735 Catherine Keller/Michael Nausner/Mayra Rivera: „Alien/Nation, Liberation and the Postcolonial Underground“, in: Catherine Keller/Michael Nausner/Mayra Rivera (Hg.), *Postcolonial theologies. Divinity and empire*, St. Louis Mo.: Chalice Press 2004, S. 1–19, hier S. 12.

736 „Doch was wird aus dieser Sprache, wenn sich der Körper, mit dem sie sich verbindet [Partikularität], verflüchtigt? Diese Ablösung kann sie nicht unbeschadet überleben. Erstes Indiz: Sie verschleiert entweder den Ort ihrer Produktion oder aber die Veränderung, die diesen Ort zu einem imaginären Objekt macht. Sie verbirgt das andere, das ihn überhaupt funktionieren lässt.“ M. de Certeau (Hg.): *GlaubensSchwachheit*, S. 217. — Mark L. Taylor fasst jene Theologien, die dem Kritierium der Entstellung fremder (*und eigener*) Orte nicht gerecht werden, unter „Theology with a capital T“ zusammen. Es sind Theologien, die die tödliche Logik ihrer Orte fortschreiben (oder ihren Status des ‚andern(w)orts‘ überhaupt ausblenden) und sich nicht in Sprachen der Entstellung vollziehen. Indem sie die Diskursivität der Binarität Orthodoxie/Heterodoxie ausblenden, perpetuieren sie die binäre Logik und ihre potentielle Tödlichkeit, anstatt in ihrer dekonstruktiven Überschreitung zu funktionieren. Für Taylor entspricht ein Großteil der etablierten Tradition christlicher Gottesrede nicht dem Kritierium der Entstellung, er spricht ihr aber nicht ganz ab, „…capable of harboring the theological“ (12) zu sein und damit über Sprachen der unterminierenden Überschreitung, der Ereignishaftmachung der Transimmanenz, zu verfügen. M. L. Taylor: *The theological and the political.*

Gottesrede nicht mehr gerecht werden, verlieren diese Theologien damit auch die offenbarende Qualität dieser Gottes-Rede im (post)hermeneutischen Zirkel von theologischer Erkenntnis und Offenbarung: Die normative Grammatik der Überschreitung, in der sich Gott ereignet, wird unterbunden, der partikulare Ort nicht mehr für seine theo-logische Entstellung, in der Gott zur Sprache kommt, offengehalten.

3.2 … im Modus der Reflexion von Interkulturalität

Zum anderen kann die Interpretativität christlicher Gottesrede konstruktiv in den Aufriss von Theologie aufgenommen werden. Theologisches Sprechen reflektiert dann material und formal seinen interpretativen Charakter; seine Pluralität, die internen Differenzen und die hybriden Verflechtungen nach außen werden nicht ausgeblendet, sondern produzieren eine Theologie, die den interpretativen Charakter ihrer Wissensformen auch in ihren Sprachformen sichtbar macht. Das identitätspolitische Risiko wird damit zwar auf den ersten Blick erhöht, jedoch ermöglicht dieser posthermeneutische Zugang eine Theologie, die ihren grundlegenden Bruch *in* ihrer Gottesrede sichtbar macht. Eine so formatierte Theologie entkommt der Gefahr, die für das Christusereignis bezeugte Universalität als Universalisierung eines Zeugnisses unter Ausblendung seiner Interpretativität engzuführen; vielmehr hält sie sie in den Differenzen ihrer partikularen Formulierungen tentativ offen – sie eröffnet eine Gottesrede, die im Sprechen von Gott den hermeneutischen Entzug sichtbar macht, der konstitutiv für unser Wissen von Gottes Gegenwart in der Geschichte ist.

3.2.1 Die theologische Qualität der Interkulturalität

Mit den Brüchen in den Festschreibungen christlicher Identität wird eine theologische Grammatik freigelegt, die ihnen durch ihre zeugnishafte Sprachform eingeschrieben ist. Aus theologischer Perspektive sind die in den Identitätsverhandlungen produzierten Festschreibungen christlicher Identität Bekenntnisse, die an fremden Orten von der universalen Bedeutung eines partikularen Ereignisses Zeugnis ablegen: die Sprachform des Zeugnisses verweist durch den sie durchziehenden hermeneutischen Bruch auf die Unhintergehbarkeit von Partikularität in der Formulierung von Universalität, sie verweist auf die Ereignishaftmachung der Transzendenz in der Immanenz. Sie unterminiert damit das Ideal eines unvermittelten Zugangs auf das Christusereignis. Diese Partikularität hat immer auch eine materiale, mediale Dimension[737]. Die Bedeutung

[737] Vgl. zur Medialität des Christentums Christian Strecker: „Hic non est. Ein kultur- und medientheoretischer Blick auf das Christentum und den Jesusdiskurs", in: Andreas Nehring/Joachim

christlicher Identität kann nicht unter idealistischen Abstraktionen verhandelt werden, sondern verläuft als diskursiver Interpretationsprozess über die Produktion von Texten, in denen Differenzierungen verkörpert werden. Da dieser diskursive Interpretationsprozess in der Sprachform des Zeugnisses nicht beliebig ist, müssen Maßstäbe und Kriterien angegeben werden, entlang derer die Angemessenheit einer Identitätsformulierung evaluiert werden kann. Auch diese Normativsetzung von bestimmten christlichen Identitätsformulierungen konstituiert einen Diskurs und kann nicht von seiner partikularen Perspektive absolutiert, losgelöst werden. Auch die in diskursiven Prozessen ausverhandelten Kriterien christlicher Identität stehen unter dem hermeneutischen Bruch theologischer Rede und haben keinen direkten Zugriff auf das sie normierende Ereignis. Das unhintergehbar partikular gebrochene christliche Zeugnis seiner universalen Botschaft lässt seine Normativität ausschließlich in kontingenten Kontexten formulieren. Die Nicht-Beliebigkeit christlicher Identität steht damit unhintergehbar im hermeneutischen Bruch theologischen Sprechens. In den normativen Texten christlicher Identität wird ein nicht-beliebiger und nicht-absoluter Maßstab vermittelt, dessen Produktion und Rezeption unlösbar in die Interpretationsprozesse einer zeugnishaften Theologie eingebunden ist.

Eine Dekonstruktion des Identitätsparadigmas, das diese hermeneutischen Brüche in den Festschreibungen christlicher Identität aufzeigt, impliziert damit keineswegs die Forderung, von der Formulierung normativer Texten abzusehen. Anstatt als Ideal ein ungebrochenes Wesen hinter der interpretativen Sprachform des Zeugnisses zu suchen, geht es darum, die Unausweichlichkeit von diskursiv festgelegten Texten in der Verhandlung christlicher Identität anzuerkennen und damit gleichzeitig die Kontingenz dieser Texte wahrzunehmen. An-statt wie im Identitätsparadigma die Vermittlungsprozesse christlicher Identität und ihre daraus resultierende Hybridität auszublenden, geht es darum, den hermeneutischen Bruch des Zeugnisses im theologischen Sprechen selbst sichtbar zu machen. So wie in partikularen Kontexten gebrochen die Universalität des Jesus-Christus-Ereignisses zur Sprache gebracht wird, so wird auch in kontingenten Texten die Normativität dieser Zeugnisse verhandelt.

Mit der Sprachform des Zeugnisses bekommen die *deskriptiv freigelegten Brüche in den normativen Fest-Schreibungen christlicher Identität theologische Qualität*: eine postkoloniale Kritik am Identitätsparadigma zeigt die Kontingenz dieser normativen Sprachregelungen auf; das theologische Sprachspiel des Zeugnisses nimmt diese kritische Perspektive und ihren hermeneutischen

Valentin (Hg.), *Religious turns - turning religions. Veränderte kulturelle Diskurse - neue religiöse Wissensformen*, Stuttgart: Kohlhammer 2008, S. 150–178, insbesondere den Verweis auf Jochen Hörisch: *Der Sinn und die Sinne. Eine Geschichte der Medien* (= Die andere Bibliothek, Band 195), Frankfurt am Main: Eichborn 2001, S. 53.314. „Christliche Theologie ist Teleologie und also Medientheorie. ... Christologie ist ab ovo Mediologie."

Bruch produktiv in seine Grammatik auf: seine Partikularität lässt die Kontingenz der Normativität nicht als möglichst zu behebenden Mangel erscheinen; vielmehr wird umgekehrt die *Normativität kontingenter Texte zum Kristallisationspunkt in den diskursiven Verhandlungen christlicher Identität.* Gerade die unhintergehbare Partikularität theologischen Sprechens produziert fixierte Texte, die in diskursiven Prozessen normativ gesetzt werden und so hermeneutische Orientierungspunkte in den Interpretationen der Zeugnisse werden. An ihnen arbeitet sich das interpretative Fortschreiben christlicher Identität durch transformative Übersetzungsprozesse in unterschiedlichen Kontexten ab. Gerade mit der Fixierung als normative Texte schreibt sich so eine unhintergehbare Instabilität und Nicht-Festlegbarkeit in diese Texte ein. Das Nicht-Ausblenden dieser Diskursivität macht christlicher Identität nicht beliebig, vielmehr verweist diese in kontingenten Partikularitäten verhandelte Normativität auf die Interpretativität theologischen Sprechens und macht so seine hermeneutische Gebrochenheit sichtbar.

Diese Interpretativität wird in und zwischen den normativ gesetzten kontingenten Texten selbst ausgetragen; es sind fixierte Texte, die in sich die unhintergehbare Übersetztheit theologischen Sprechens verhandeln. Die Brüche, die sich in die normativen Texte eingeschrieben haben und zwischen ihren partikularen Formulierungen aufbrechen, und die in einer deskriptiven Kritik offengelegt werden, machen sichtbar, dass jede Formulierung christlicher Identität gebrochen, partikular, kontingent ist; sie erlauben keine Gleichsetzung eines partikularen Zeugnisses mit dem von ihm bezeugten Ereignis – eine Gleichsetzung, die die unhintergehbare Vermittlung theologischen Sprechens ausblenden und eine partikulare Perspektive universalisieren würde. In einer produktiven Aufnahme dieser Brüche in theologisches Sprechen werden diese normativ-kontingenten Texte dagegen zu einer affirmativen Theologie, die in sich ihre unhintergehbare Gebrochenheit offenhält. Sie firmieren eine theologische Erkenntnistheorie, die im Sprechen von Gott ihre eigene Perspektivität reflektiert und in der die uneinholbare Entzogenheit ihres Gegenstandes in ihrer Grammatik ihren Niederschlag findet.

3.2.2 Interkulturalität als Locus der Theologie

Um die Brüche in christlichen Identitätsformulierungen sichtbar zu machen und damit den hermeneutischen Bruch des Zeugnisses produktiv in den Aufriss von Theologien aufzunehmen, wird der *kulturwissenschaftlich skizzierte Problemaufriss zum theologischen Lösungsansatz. Nach dem Cultural Turn* brechen diese Brüche durch die diskursive Konstruktion christlicher Identität im interkulturellen Raum auf. Sie setzen den theologischen Universalanspruch in massive Spannungen zu seinen partikularen Formulierungen. *Theologisch* tragen die in Genealogien aufgezeigten Brüche in und zwischen christlichen Identitätsformulierungen die hermeneutische Gebrochenheit des Zeugnisses aus, das einen Universalität nicht für sich, sondern für das in ihm bezeugte und unhintergehbar entzogene Christusereignis beansprucht. An dieser erkenntnistheoretischen und erkenntnistheologischen Schaltstelle kann eine Theologie nach dem Cultural Turn entworfen werden. Sie blendet die in kritischen Genealogien freigelegte Interkulturalität christlicher Identität nicht aus; vielmehr werden die disparate Pluralität und Inhomogenität, die durch seine Interkulturalität ins Christentum eingetragen werden, als konstruktiv-kritisches Moment in christliche Gottesrede eingebaut. Durch die Brüche, die sie offenlegt, wird *reflektierte Interkulturalität der erkenntnistheoretische Ort einer Theologie,* die weder die theologische Sprachform des Zeugnisses und ihre Interpretativität ausblendet, noch hinter die Epistemologie des Cultural Turn und seine Partikularisierung der Wissensformen zurückfällt. Interkulturalität ist der Ort, an dem christliche Gottesrede entworfen werden kann, ohne kulturwissenschaftliche und theologische Brüche auszublenden.

Mit Homi Bhabha lässt sich dieser Ort der Interkulturalität[738] nicht als selbstständige Größe begreifen, die greifbar zwischen den Kulturen liegt; er ist kein „Drittes", das aus zwei distinkten Größen hervorgeht. Vielmehr wird er im Prozess kultureller Differenzierungen als „Raum der Absenz" (Homi Bhab-

[738] Interkulturalität kommt hier sowohl als Ort als auch als Raum zur Sprache. Michel de Certeau beschreibt enge Verbindungen zwischen Ort und Raum; *Raum entsteht aus der Performanz von Singularitäten an Orten*: „At the outset, I shall make a distinction between space (espace) and place (lieu) that delimits a field. A place … is the order … in accord with which elements are distributed in relationships of coexistence. It thus excludes the possiblity of two things being in the same location. … A place is thus an instantaneous configuration of positions. It implies an indication of stability. A space exists when one takes into consideration vectors of dirction, velocities, and time variables. … On this view, in relation to place, space is like the word when it is spoken. … In short, *space is a practiced place*. Thus the street geometrically defined by urban planning is transformed into a space by walkers. In the same way, an act of reading is the space produced by the practice of a particular place: a written text, i.e., a place constituted by a system of signs." M. Certeau: *The Practice of Everyday Life*: University of California Press 2011 (franz. Original 1980), S. 117. Der Raum der Interkulturalität entsteht so in der Performanz von ‚verkörperten Differenzen' zwischen Kulturen (z.B. Texte, die ‚anders' gelesen werden, d.h. die anders semantisiert werden).

ha)[739] entworfen. Er entsteht performativ durch die diskriminatorischen Praktiken kultureller Identifizierungen, in denen sich im Prozess der Abgrenzung das ausgeschlossene Andere unwiderruflich ins Eigene einschreibt – jede kulturelle Äußerung verkörpert immer das Eine-im-Anderen; sie ist nie einfach gegeben, sondern gebrochen von dem, was als Ausgeschlossenes, als Absenz, präsent ist.[740] Interkulturalität ist damit der nur ex negativo greifbare Raum der Differenzen, aus dem heraus kulturelle Identitäten in semiotischen Verhandlungsprozessen konstituiert werden:

„It is that Third Space, though unrepresentable in itself, which constitutes the discursive conditions of enunciation that ensure that the meaning and symbols of culture have no primordial unity or fixity; that even the same signs can be appropriated, translated, rehistoricized and read anew."[741]

Dieser Ort ist damit nicht im Singular zu haben; vielmehr trägt er die vielschichtigen Differenzierungen disparater kultureller Identifizierungen in sich aus. Reflektierte, nicht-ausgeblendete Interkulturalität als epistemologische Größe ist so kein „dritter Begriff, der die Spannung zwischen zwei Kulturen … in einem dialektischen Spiel der Erkenntnis auflöst."[742], Der Erkenntnisgewinn des „in-between"[743] liegt vielmehr in der *Artikulation der Differenzen, die das jeweils Unverträgliche, Verschwiegene, Ungesagte in Identitäten ansichtig*[744] machen.

Kulturelle Differenzen werden so eine unausweichliche Größe für eine Theologie, die den hermeneutischen Bruch ihres für das Christusereignis erhobenen Universalitätsanspruchs nicht ausblendet, sondern in den diskursiven Brüchen ihrer Zeugnisse sichtbar macht. Wenn die Differenzen, die sich durch ihre diskursive Interkulturalität in christliche Identität einschreiben, nicht ausgeblendet werden, können sie das jeweils Ungesagte, Verschwiegene, Verdrängte in partikularen Identifizierungen offenlegen. Die Artikulation von Differenz zeigt damit die unhintergehbare Partikularität christlicher Identitäten auf und kontextualisiert den Anspruch auf Universalität, den sie für das Christusereignis bezeugen. Reflektierte Interkulturalität unterminiert damit die Universalisierung

---

739 Vgl. auch Certeau, Glaubensschwachheit 186, Anm. 38: „*Zwischen* oder *inter* benennt eine Stelle, die keinen Ort hat und die zu charakterisieren ist als ‚innerhalb von zweien' …, also als ein Verweis auf ein nicht gesetztes Drittes. Kann es sein, dass der Terminus deshalb eine Privation und ein Verbot konnotiert?"

740 „No culture is full unto itself, no culture is plainly plenitudinous, not only because there are other cultures which contradict its authority, but also because its own symbol-forming activity, its own interpellation in the process of representation, language, signification and meaning-making, always underscores the claim to an originary, holistic, organic identity." H. K. Bhabha: *The Third Space. Interview with Homi Bhabha*, S. 209.

741 H. K. Bhabha: *The Location of Culture*, S. 37.

742 H. K. Bhabha: *Die Verortung der Kultur*, S. 168.

743 H. K. Bhabha: *The Location of Culture*, S. 4 u.ö.

744 Vgl. E. Hárs: *Hybridität als Denk- und Auslegungsfigur*, S. 2.

einer partikularen Identitäts-formulierung und stellt sich gegen den kulturalistischen Abschluss christlicher Identität, mit dem ein partikulares Zeugnis unter Ausblendung differenter Interpretationen die für das Christusereignis bezeugte Universalität für sich beansprucht. Sie macht sichtbar, dass sich christliche Identität immer schon in den Entstellungen fremder Orte vollzogen hat und von daher unhintergehbar unabgeschlossen und gebrochen ist. Gerade durch die interkulturelle Problematisierung kann die Artikulation von Differenzen im theologischen Sprechen die ‚Entstellungen' christlicher Identität sichtbar machen und so die unhintergehbar entzogene bezeugte Universalität, die sich im Entzug ereignende Transzendenz *offenhalten*. Die Differenzen, die sie offenlegt, machen Interkulturalität damit zu einem Ort, an dem sich der posthermeneutische Zirkel von theologischer Erkenntnis und Offenbarung vollzieht: indem sie die Fremdheit eigener Orte ausweist und indem sie eine Sprachform für die Entstellung dieser eigen gewordenen Orte zur Verfügung stellt, wird Interkulturalität zu einem Ort christlicher Gottes-Rede, die sich in diesen Entfremdungen und Entstellungen als immer entzogene, unabgeschlossene ereignet.[745]

Theologie interkulturell, die die Interkulturalität des Christentums reflexiv in ihren Aufriss aufnimmt, und die genealogisch aufgedeckten Brüche in und zwischen kontextuellen Identifikationen für ihre Gottes-Rede fruchtbar macht, muss sich von daher vor allem als differenzkompetent erweisen. Doch wie gestaltet sich das Verhältnis von Differenzen und Gottes-Rede? Eine dialektische Relation, die die deskriptiv offengelegte Partikularität und Pluralität christlicher Gottesrede und ihren normativen Anspruch auf Universalität und Einheit als einander wechselseitig ausschließende Pole konzipiert und interkulturell betriebene Theologie als Aufhebung der Differenzen fasst, würde sowohl das erreichte theologische als auch kulturwissenschaftliche Problemniveau unterlaufen. Eine christliche Gottesrede, die die Differenzen zwischen ihren partikularen Formulierungen nur insofern wahrnimmt, als dass sie die dadurch

[745] Indem der hier vorgelegte Entwurf von *Theologie interkulturell* postkolonial skizzierte *Interkulturalität als erkenntnistheologische Ressource* skizziert, schlägt er eine andere Richtung ein als jene, die in den beiden jüngst erschienenen Monografien im Genre einer „Einführung" vorgezeichnet wurde: K. Hock: *Einführung in die Interkulturelle Theologie*; V. Küster: *Einführung in die interkulturelle Theologie*. Beide konzipieren Interkulturelle Theologie als eigenständige Disziplin im theologischen Fächerkanon, die, so Küster, eine hermeneutische und ethische Vermittlungsinstanz zwischen den partikularen Theologien einnehmen würde (vgl. 115f.). Als so konzipierte ‚Metatheologie' würde sie die unhintergehbare Partikularität jedes Theologietreibens unterlaufen. Dagegen wird hier ein erkenntnistheologisches Konzept vorgelegt, das quer über die theologischen Disziplinen die (Inter)Kulturalität jedes theologischen Sprachversuchs konstruktiv aufgreift und im Sprechen sichtbar macht, indem Differenzen nicht (durch Ausblendung oder Befriedung) eingeebnet werden. Interkulturalität wird dann nicht als in eine eigene Disziplin ausgelagerte Metaperspektive verstanden, sondern als ein Modus theologischen Sprechens – wie es in der adverbiellen Form ‚Theologie interkulturell' programmatisch zum Ausdruck kommt.

offengelegte Perspektivität als zu behebender Mangel wahrnimmt und in ihrer Zusammenschau, gleich einem Puzzle, aufheben und „the intercultural face of God residing in the midst of diversely constructed human cultures and religious perspectives“[746] sichtbar machen möchte, nivelliert den theologisch unhintergehbaren hermeneutischen Bruch, der das bezeugte Ereignis überhaupt erst konstituiert. Zugleich unterläuft diese Vorstellung von Interkulturalität als *e pluribus unum* die Komplexität der postkolonialen Konzeption von Interkulturalität als einen Differenz-Raum der Absenz. Wenn im Projekt *Theologie interkulturell* Gottes-Rede im Raum der Interkulturalität verortet wird, dann kann diese Rede aus theologischen und kulturwissenschaftlichen Gründen nicht als Aufhebung der Differenzen zwischen Christentümern ins Spiel gebracht werden. Diese Gottes-Rede kann nicht ungebrochen im interkulturellen Raum angesiedelt werden, sondern hat die Differenzen produktiv aufzugreifen, ohne ihr kritisches Potential auszublenden.

Michel de Certeaus Logik des „weder-noch“ bietet dafür eine Denkform. Die Differenzen zwischen den Zeugnissen disparater Christentümer offenbaren ihre unhintergehbare Partikularität – sie formulieren ihr Zeugnis als Entstellung fremder Orte, im Rückgriff auf verschiedene kulturelle Zeichensysteme. Wenn diese Differenzen nicht ausgeblendet werden, machen sie sichtbar, dass sie „weder-noch“ ungebrochene Repräsentationen ihres Gründungsereignisses sind, und legen den hermeneutischen Bruch, der sich in ihre Gottesrede einschreibt, offen. Die für das Gründungsereignis bezeugte Universalität wird so als gebrochene artikuliert. Diese uneinholbare interpretative Distanz zum Ursprung und seiner Verheißung bedeutet nicht Beliebigkeit, sondern trägt in der Artikulation dieser Entzogenheit ein kritisches Moment aus – sie

> „ist nicht hier oder da, aber die gegenwärtige Erfahrung eines Mangels konstituiert sie via negativa und weist ihr somit einen Ort, ja eine wesentliche Funktion im Diskurs zu.“[747]

Das Zeugnis von einem die partikularen Kontexte umfassenden universalen Heilsbotschaft ist ein Korrektiv, das herausfordert, weder die gebrochenen Verhältnisse der Welt als gegeben hinzunehmen noch das Zeugnis eines partikularen Kontextes als universal zu akzeptieren. Dort, wo Gottes-Rede als gebrochene artikuliert wird, wo sie unter eschatologischen Vorbehalt gestellt wird, entwickelt sie ein Potential an Hoffnung, das in der Ausständigkeit ihres Anspruchs zur Metanoia (in) einer Welt aufruft, in der Gott (erst) im Kommen

[746] Vgl. T. G. Grenham: *Interculturation: Exploring changing Religious, Cultural, and Faith Identities in an African Context*, S. 69.

[747] Joachim Valentin: „Singularität versus Universalität? Von falschen Alternativen in Kulturwissenschaft und Theologie“, in: Andreas Nehring/Joachim Valentin (Hg.), *Religious turns - turning religions. Veränderte kulturelle Diskurse - neue religiöse Wissensformen*, Stuttgart: Kohlhammer 2008, S. 106–119, hier S. 117.

ist; im ‚schon und noch nicht' An-Kommen des Reiches Gottes wird biblisch der soteriologische Impetus der inkarnationstheologisch grundgelegten Offenbarung von Universalität im Modus der Partikularität thematisiert. Joachim Valentin umreißt im Anschluss an Michel de Certeau diese Rede von Universalität im Entzug: Universalität

> „ist … niemals unmittelbar zugänglich. [Sie] bestimmt sich vielmehr durch die schmerzhaft empfundene Brüchigkeit … . Gleichwohl ist die Sehnsucht nach einer kontrafaktisch antizipierten Idee von Einheit wesentliches Regulativ und kann nicht einfach aufgegeben werden. … Dort, wo man sie als Verlorene artikuliert [und – mit Laclau und Taylor – als „failed" dekonstruiert. JG], entwickeln Einheit und Universalität eine kritische, ja politische Energie, die bewegt, Bestehendes nicht einfach hinzunehmen, sondern es um eines Nicht-Genügens willen zu kritisieren und zu verbessern. … Religion kann sich unter modernen Bedingungen nur als defizitär begreifen, und muss sich mit Vorläufigem begnügen. Sie ist aber gleichzeitig aufgerufen, in einer Eintragung des Unterschieds zwischen Transzendenz und Immanenz in den gesellschaftlichen Diskurs auf eine ursprüngliche/endzeitliche Vollkommenheit zu verweisen, die unter irdischen Bedingungen nur gebrochen oder imaginativ zu haben ist."[748]

Wenn Theologie als theologische Reflexion der Interkulturalität des Christentums entworfen wird, wenn sie interkulturell und damit differenzsensibel betrieben wird, kann sie der Universalität Gottes im Modus des Entzugs einen Ort in ihren partikularen Gottesreden einräumen und so die offenbarungstheologisch grundgelegte Interpretativität ihrer Wissensform in ihren Sprachformen einholen, ohne die Partikularität ihrer Erkenntnis auszublenden. An diesem „*widersprüchlichen* Ort von Universalität im Angesicht des Besonderen"[749] – in den performativen Entstellungen fremder (und eigen gewordener) Orte, in der Dekonstruktion ihrer potentiell tödlichen Plausibilitätsstrukturen – wird Gottes-Rede „im Modus der Hoffnung"[750] artikuliert: sie steht nicht als Besitz zur Verfügung, sondern ereignet sich als Verheißung.

[748] Ebd., S. 119.

[749] Homi K. Bhabha: „Der dritte Ort. Anerkennung und Fremdheit in paradoxen Gemeinschaften", in: Blätter für deutsche und internationale Politik (2010), S. 83–94, hier S. 87. Kursivsetzung JG.

[750] Vgl. Franz Gmainer-Pranzl: „Theologie interkulturell. Die diskursive Form von Katholizität", in: KBC (2010), S. 16–34, hier S. 16.

4. Exemplarisch: Der Kanon als Theologie interkulturell

Am Kanon der Heiligen Schriften lässt sich dieser kulturwissenschaftlich-theologische Problemaufriss exemplarisch nachzeichnen. Ein kulturwissenschaftlich informierter, kritischer Blick legt die Brüche in diesem zentralen Dokument christlicher Identität offen – die Interkulturalität des Christentums hat sich tief in seinen normativen Text eingeschrieben. Gerade im (machtvollen und identitätspolitisch notwendigen) Bestreben, die Identität des Christentums als Zeugnis einer universalen Botschaft einheitlich und verbindlich festzuschreiben, wurde damit eine Kompilation von Differenzen kanonisiert und plurale Perspektivität als Wissensform für die Bezeugung von Offenbarung normativ gesetzt. Mit den genealogisch beschreibbaren Brüchen reflektiert und produziert der Kanon eine Erkenntnistheologie, die das Strukturproblem des christlichen Glaubens – die Offenbarung von Universalität im Modus der Partikularität – nicht ausblendet, sondern an zentraler Stelle als normative Grammatik einsetzt. Als Festschreibung christlicher Identität normiert er durch seine internen Differenzen theologische Sprachregelungen, die die Interpretativität christlicher Gottesrede produktiv aufgreifen und die Universalität ihres Gegenstandes in ihren partikularen Zeugnissen offenhalten. Ein theologischer Zugriff auf den Kanon, der seine Brüche nicht ausblendet, lässt die Verhandlung und Festschreibung christlicher Identität im Kanon als performative Praxis interkulturell betriebener Theologie beschreiben.

4.1 Kanon – nach dem Cultural Turn

Die Kanonisierung der christlichen heiligen Schriften gestaltete sich als langwieriger, konfliktiver Prozess, dessen Verlauf schwer rekonstruierbar und dessen Hermeneutik umstritten ist.[751] Aus diskurskritischer Perspektive lässt sich

[751] „Die Aufgabe ist sehr schwer; denn die Kanongeschichte gehört, was im allgemeinen dem Nichtfachmann nicht deutlich zu werden pflegt, zu den allerkompliziertesten Teilen der kirchenhistorischen Wissenschaft." Hans Lietzmann: *Wie wurden die Bücher des Neuen Testaments heilige Schrift?*, Tübingen: Mohr 1907, S. 2f. — Einen Überblick über den Diskussionstand bieten: Jens Schröter: „Jesus und der Kanon. Die frühe Jesusüberlieferung im Kontext der Entstehung des neutestamentlichen Kanons", in: BThZ (2005), S. 181–201. — Thomas Söding: „Der Kanon des Alten und Neuen Testaments. Zur Frage nach seinem theologischen

der Kanonisierungsprozess als prekäres Verhandeln differenter Deutungsversuche lesen, in dem in machtvoll vorgenommenen Grenzziehungen und Demarkationen christliche Identität bestimmt wird und der mit der Schaffung eines orthodoxen Zentrums Häresien gleichzeitig festlegt und ausgrenzt[752]. Kanonisierung bezeichnet so „das Verbindlichmachen von Texten für eine Gruppe durch eine bestimmte Elite. ... Eine solche Verbindlichmachung intendiert, dass niemand den fundamentalen Charakter dieser Texte explizit bestreiten kann, ohne sich außerhalb dieser Gruppe und ihres Gruppenkonsenses zu stellen. ‚Kanon' bezeichnet das Ergebnis dieses Prozesses, präziser eine von spezifischen Kriterien gesteuerte, in aller Regel exakt bestimmte Auswahl von Texten, die im Prozess ihrer Kanonisierung dauerhaft verbindlich gemacht werden und von nun an permanent auf ihre Fundamentalität hin auslegungsbedürftig sind."[753]

Texte und ihre Zusammenstellung im Kanon sind damit entscheidende Angelpunkte in der Konstruktion von Identität. In ihnen kristallisieren sich die diskursiven Verhandlungen, in denen Identität formiert wird. Sie stehen nicht außerhalb dieser Prozesse, sondern sind Fixierungen, Festschreibungen, die diese Diskursivität in sich austragen, sichtbar machen und greifbare Positionen bieten, an denen sich die fortwährenden Interpretationsprozesse abarbeiten können: „Texts do not simply reflect a ‚history' going on independently of them, they are themselves part of the process by which ... Christianity came into being. For it was through literature that ... a self-understanding was shaped and articulated, and then mediated to and appropriated by others, and through literature that people and ideas were included or excluded. What the texts were doing is sometimes as, if not more, important than what they were saying."[754]

Im Kanon als einer Zusammenstellung von Texten wird Identitätskonstruktion performativ vollzogen. Er ist gleichzeitig ein Produkt der Festschreibungen christlicher Identität und orientiert ihre fortschreibende Produktion; er ist ein zentrales diskursives Konstrukt und Konstruktionsmittel christlicher Identität.[755] Sowohl produktiv als auch rezeptiv ist er ein Interpretationsphäno-

---

An-spruch", in: Jean-Marie Auwers (Hg.), *The biblical canons*, Leuven: Leuven Univ. Press 2003, S. XLVII–LXXXVIII.

752 So die These von Daniel Boyarin: „[O]rthodoxy and heresy must, of necessity, come into the world of discourse together. Orthodoxy and heresy are decidedly not things, but notions that must always be defined in each other's context." Daniel Boyarin: *Border lines. The partition of Judaeo-Christianity* (= Divinations), Philadelphia, Pa.: Univ. of Pennsylvania Press 2004, S. 3.

753 Christoph Markschies: *Kaiserzeitliche christliche Theologie und ihre Institutionen. Prolegomena zu einer Geschichte der antiken christlichen Theologie*, Tübingen: Mohr Siebeck 2007, S. 217.

754 J. Lieu: *Neither Jew nor Greek?*, S. 2f.

755 Diese Wechselseitigkeit, mit der der Kanon als norma normans et normata beschrieben werden kann, blendet Peter Hoffmann aus, wenn er die Schrift als „norma nomans ut normata" beschreibt: „Die Schrift ist nicht nur maßstäblich für den Glauben, sondern sie hat auch ihrerseits eine Norm oder einen Maßstab, der sie zur Schrift macht: das Christus-Ereignis, das sie

men.[756] Mit und im Kanon seiner heiligen Schriften liegt dem Christentum somit eine Norm vor, an der seine je neuen Identifizierungen zu messen sind und die in ihrer Auslegungsbedürftigkeit je neu in diese neuen Deutungen zu übersetzen ist und dabei die Identitätskonstruktion fortschreibt. Die Kirche formiert sich in der Interpretation des Kanons, indem sie in den Verhandlungen der Produktion und Rezeption ihre Identität performativ konstituiert.[757]

Diskurskritisch steht die Produktion und Rezeption des Kanons so in einem identitätspolitischen Rahmen: im Wechselspiel mit der Institutionalisierung des frühen Christentums, durch die wechselseitige Konstituierung und Legitimierung von Amt und Kanon,[758] wurde in machtvollen Normierungs-

---

bezeugt, und die Kirche, in der dieses Zeugnis seinen Ort hat." Peter Hofmann: *Katholische Dogmatik* (= Band 3098), Paderborn: Schöningh 2008, S. 144. — Hier wird der interpretative Konstruktionsprozess des Kanons in der Tradition in den Blick gebracht, für die Kirche als durch diese Interpretationen konstituierte Raum jedoch ausgeblendet.

756 Diese identitätskonstruierende Spannung zwischen Vorgegebenheit und neuer Aneignung in pluralen Kontexten gilt auch für nicht-kirchliche, literarische Kanonisierungsprozesse: „Unter einem literarischen Kanon, ... verstehen wir eine Liste von Texten, die individuelle Bildung und kulturelle Identität begründet, und die durch drei Merkmale ausgezeichnet ist: Auswahl, Wert und Dauer. ... Die Persistenz des Kanons ist vielleicht sein wichtigstes Merkmal; er ist keine Hitliste, die sich von heute auf morgen mit den Konjunkturen des Geschmackswandels ändert. Man baut ihn nicht in jeder Generation nach den herrschenden Geschmackskriterien auf, sondern findet ihn immer schon vor und arbeitet sich an ihm ab. Solange es einen Kanon und damit eine kulturelle Vorauswahl verbindlicher Texte gibt, gibt es auch deren normative Geltung. Der Anspruch eine kanonischen Textes gegenüber einem rein literarischen Text besteht darin, dass er die historische Erfahrung bzw. die Werte einer kulturellen Gruppe repräsentiert und mit jeder einzelnen Lektüre auch einübt. Der literarisch Kanon ist deshalb ... ein wichtiges Prägewerk kollektiver Identität. Die Kanonfrage wird heute vorwiegend von denen angestoßen, die entdeckt haben, dass sie aus ihm ausgeschlossen sind." A. Assmann: *Einführung in die Kulturwissenschaft*, S. 227. — Die Differenz zwischen kulturellen und religiösen Kanones bestimmt Markschies mit der Reichweite ihrer identitätskonstitutiven Funktion: „Kanonisierte Texte können grundsätzlich lediglich für bestimmte Lebensbereiche fundamental sein; werden dagegen religiöse Texte kanonisiert, so sind sie in der Regel für das Gesamt des Lebens verbindlich." C. Markschies: *Kaiserzeitliche christliche Theologie und ihre Institutionen*, S. 217.

757 Vgl. die These Karl Rahners von der Entstehung der Kirche in der und durch die Entstehung des Kanons: „Die Schriften des Neuen Bundes entstehen *als* Lebensvorgänge der Kirche. ... Damit aber hat die Schrift von vorn-herein – ‚ursprünglich' – auch diejenige Funktion, die wir im allgemeinen der Urkirche gegenüber der nachfolgenden Kirche zugewiesen haben: sie selbst ist nicht bloß die zeitlich erste Phase, sondern der bleibende Ursprung und der Kanon, das Richtmaß der nachfolgenden Kirche. Und wir sehen jetzt deutlicher: sie ist dies auch gerade durch die Schrift. Diese Schrift ist für diese Funktion der Urkirche nicht ein bloß von außen herbeigezogenes, an sich dafür neutrales Mittel, sondern ein Vollzug dieser Funktion selbst: *indem* die Kirche ihre Paradosis, ihren Glauben und ihren Selbstvollzug schriftlich konkretisiert, also Schrift in sich bildet, wendet sie sich als die maßgebende Urkirche an ihre eigene Zukunft, und umgekehrt: *indem* sie sich als das maßgebende Gesetz, nach dem alle Zukunft der Kirche angetreten ist, für diese Zukunft konstituiert, bildet sie Schrift." Karl Rahner: *Über die Schriftinspiration* (= Quaestiones disputatae, Band 1), Freiburg im Breisgau: Herder 1958, S. 56f.

758 Vgl. dazu C. Markschies: *Kaiserzeitliche christliche Theologie und ihre Institutionen*, bes. S. 215–336.

vorgängen und nicht unabhängig von (kirchen)politischen Konstellationen ein Maßstab festgeschrieben, an dem der christliche Glaube und damit die Identität des Christentums hermeneutisch orientiert wird. Der Versuch, die komplexen Entwicklungslinien des Kanonisierungsprozesses aufzuzeigen, würde den Rahmen dieser Arbeit bei weitem sprengen. Stattdessen soll ein genauerer Blick darauf geworfen werden, wie, in welchem Modus, im Kanon die Identität des Christentums festgelegt wurde.

Gerade in das Instrument der Festschreibung christlicher Identität haben sich Brüche unterschiedlichster Art eingeschrieben, deren genealogische Offenlegung die Diskursivität der Identitätskonstruktion des Christentums sichtbar macht und das identitätspolitische Interesse von Homogenität nach innen und fixen Grenzen nach außen unterläuft. Diese Brüche verlaufen sowohl zwischen den einzelnen Schriften des Kanons als auch durch die Texte selbst und sie durchqueren die Grenzziehungen des Kanons nach außen; sie können entlang unterschiedlicher Kategorien aufgezeigt werden. Die folgende tabellarische Übersicht erhebt nicht den Anspruch auf Vollständigkeit; vielmehr soll sie in exemplarischen Punkten einen Eindruck von der Vielfältigkeit und Tiefe der Brüche, die den Text des Kanons als Grundlage christlicher Identität durchziehen, vermitteln.

	Brüche innerhalb einer Schrift des Kanons	**Brüche zwischen den Schriften des Kanons**	**Brüche in den Grenz-ziehungen nach außen**
inhaltlich	Der Text reflektiert narrativ die konfliktiven Interpretationsprozesse christlicher Identität. z.B. Apostelkonzil (Gal 2,1–10; Apg 15,2–10).	Die Schriften weisen Unterschiede in der Darstellung des gemeinsamen Inhalts auf. z.B. die unterschiedliche Chronologie der Passion bei den Synoptikern und Johannes.	Die theologische Aussage der Schriften wird im Rückgriff auf das semiotische Repertoire ihres jeweiligen Kontexts formuliert. z.B.: Die Hoheitstitel, in denen sich die erste theologische Interpretationsschicht kristallisiert, stammen aus der religiös-kulturellen Bedeutungswelt des jüdischen und hellenistisch-römischen Kontexts.
sprachlich	Den griechischen Urtext durchziehen Rudimente des Aramäischen. z.B. Mk 5,41: Talita kum!, das heißt übersetzt: Mädchen, ich sage dir, steh auf! Hier reflektiert der Text selbst seine Mehrsprachigkeit und macht seine Übersetzungsleistung zwischen Sprache und Kontext Jesu und denen seiner LeserInnen sichtbar.	Zwischen den Texten gibt es Differenzen in der Wahl des Registers und Stils.[759]	Als Text, der christliche Identität auch nach außen vertreten soll, werden die Schriften des Kanons in der global language ihrer Zeit verfasst – dem koine-Griechisch. Im Versuch, christliche Identität nach außen sprachfähig und anschlussfähig zu machen, schreibt sich ein fundamentaler Übersetzungsprozess zwischen die ersten, aramäisch-sprachigen Zeugnisse des Christusereignisses und seiner Weitergabe auf Griechisch.
literarisch	In den Schriften des Kanons werden literarische Brüche gezielt als theologische Gestaltungsmittel eingesetzt, um zentrale theologische Aussagen zur Sprache zu bringen. z.B.: Die Leidensankündigung (Mk 8,31), die unmittelbar auf die Auflösung des Messiasgeheimnisses (8,29) folgt und die Umcodierung des Messias als Gekreuzigten vorbereitet und vollzieht.	• Der Kanon ist eine Zusammenstellung von Texten in unterschiedlichen Genres. • Als Gesamtkonstrukt weist der Kanon durch seine mehrfache Autorenschaft einen Plural an Erzählperspektiven auf. Exemplarisch macht der Text diese Multiperspektivität in den Evangelien-überschriften sichtbar.[760]	In der Abfassung der später kanonisierten Schriften greifen die Verfasser auf sprachliche, narrative und literarische Mittel ihres Kontexts zurück. z.B. Das Evangelium ist nicht unbedingt eine neu erfundene Textsorte, vielmehr werden die Zeugnisse vom Christusereignis entlang literarischer Parallelen aus der hellenistisch-griechischen Welt gestaltet.[761]

	Brüche innerhalb einer Schrift des Kanons	**Brüche zwischen den Schriften des Kanons**	**Brüche in den Grenz-ziehungen nach außen**
textkritisch	Die Schriften des Kanons liegen in unzähligen Textvariationen und Fragmenten vor. Es gibt keinen ‚Urtext', sondern eine Vielfalt an unsicheren Texten. z.B. Die Ausgabe des griechischen Neuen Testaments in Nestle Aland konstruiert diesen Urtext und unterminiert ihn gleichzeitig durch die Dokumentation der Textvarianten.[762]	Die Schriften des Kanons liegen nicht in einer einheitlichen Zusammenstellung vor; stattdessen sind in den unterschiedlichen Konfessionen unterschiedliche Zusammenstellungen kanonisiert worden.	Der Kanon wurde in Abgrenzung zu einer Vielzahl an Texten konstituiert, die in diesem Prozess apokryph geworden[763] sind. In ihrer Beziehung auf den Kanon als ihren Hypotext[764] stehen apokryphe mit den kanonischen Schriften in vielfältigen intertextuellen Bezügen.
historisch	In den einzelnen Schriften lassen sich mit historisch-kritischen exegetischen Methoden mündliche und schriftliche Traditionsschichten und nachträgliche Texteinschübe nachweisen. Die Verschriftlichung der unterschiedlichen Traditionen gestaltete sich als komplexer und langfristiger Prozess.	• Die unterschiedlichen Schriften entstanden über einen Zeitraum von ca. 100 Jahren. In Pseudepigraphien wird diese zeitliche Diskrepanz zwischen den Schriften und der Generationswechsel der ZeugInnen ex negativo thematisiert und performativ eine Kontinuitätsgarantie beansprucht. • Die Kanonisierung verläuft als konfliktiver, komplexer Prozess.[765]	Christliche Identität wird in den Schriften des Kanons konstruiert als Erfüllung und Ablösung des Judentums (vgl. Röm 11,18), doch historisch verläuft die Entwicklung von (rabbinischem) Judentum und Christentum parallel. z.B. die Tempel- und kultkritischen Aussagen Jesu (z.B.: Mk 13) lassen sich historisch einordnen in die religionsgeschichtliche Ablösung Israels von einer Kultreligion zu einer Buchreligion – schon vor der Zerstörung des Tempels 60 n. Chr.[766]

theologisch	Durch den Rückgriff auf unterschiedliche Quellen und Traditionsschichten finden innerhalb einer Schrift disparate theologische Interpretationen ihren Niederschlag.[767]	Im Kanonisierungsprozess wurden Schriften mit konkurrierenden theologischen Perspektiven nebeneinander zugelassen z.B. die Interpretation des Verhältnisses von Glaube und Werken in Jak 2,14–26 und bei Paulus (Gal 3, Röm 3).	Der Kanon macht theologische Fremdheitseinträge und brüchige Grenzen nach außen sichtbar durch die Kanonisierung jüdischer Schriften als Teil des christlichen Kanons.

[759] Thomas Schirrmacher: Die Vielfalt biblischer Sprache. Über 100 alt- und neutestamentliche Stilarten, Ausdrucksweisen, Redeweisen und Gliederungsformen; eine Auswahl mit Beispieltexten alphabetisch geordnet (= Biblia et Symbiotica, Band 15), Bonn: Verl. für Kultur und Wiss 1997.

[760] „Dass [im Kanon] die Verschiedenheit der Evangelien als von einer übergeordneten theologischen Einheit umgriffen angesehen wurde, zeigen ihre Überschriften. Obwohl deren handschriftliche Überlieferung divergiert, wird doch jede einzelne Evangelienschrift immer nur als εὐαγγέλιον κατά Μαθθαιον, εὐαγγέλιον κατά Μαρκον usw. bezeichnet. Diese Formulierungen bringen zum Ausdruck dass das Evangelium nicht mit einer einzelnen Evangelienschrift zu identifizieren ist." Michael Wolter: „Die Vielfalt der Schrift und die Einheit des Kanons", in: John Barton/Michael Wolter (Hg.), Die Einheit der Schrift und die Vielfalt des Kanons. The unity of scripture and the diversity of the canon, Berlin: de Gruyter 2003, S. 45–68, hier S. 59f.

[761] „When we turn to Gospel research, are the Gospels best understood in the light of Graeco-Roman literary genres such as the bios, or are they without any convincing parallel? Is the term ‚Gospel'/euangelion with which Mark, whether conscious or not, fatefully prefaces his ‚Gospel', drawn from the world of the Roman imperial culture, or is it a new creation, perhaps even a Pauline creation, modeled on Paul's own personal convictions which were rooted in his deepest experience of the meaning of Isaiah 52, ‚How beautiful are the feet of those who gospel good things' (Isa 52,7: Rom.10.15) … The issues are not merely technical ones of vocabulary, literary form or genre. They have become touchstones of the debate how far early Christian identity participated in that of the wider society, how far it was something new, different, revelatory – even, some would still say, unique." J. Lieu: Neither Jew nor Greek?, S. 203f. An der Universität Salzburg wird die literarische und sprachliche Einbettung ntl. Schriften in ihre kulturellen Kontexte im Forschungsprojekt Papyrologischer Kommentar zum Neuen Testament untersucht. Peter Arzt-Grabner/Christina M. Kreinecker (Hg.): Light from the East. Papyrologische Kommentare zum Neuen Testament. Akten des internationalen Symposions vom 3.–4. Dezember 2009 am Fachbereich Bibelwissenschaft und Kirchengeschichte der Universität Salzburg (= Marburger altertumskundliche Abhandlungen, Band 39), Wiesbaden: Harrassowitz 2010.

[762] „The edition of the Greek New Testament … is an eclectic text, drawiung from numerous manuscripts, every one of which contains numerous scribal variants, wether minor more farreaching; the result is in intention a text which exhibits as little as possible such deviations from a theorized and confessedly unattainable ‚original text'. In practice it is a text which conforms to no text which has functioned as the New Testament for any Christian, early or otherwise; as printed text it promises a fixity and homogeneity which it itself - with its numerous footnoted variants – undermines. It is an academic construct – no less useful, indeed, but liable to hide from us both the diversity and the dynamism which will have characterized the experience of its earlier constituency, a diversity we can either ignore in pursuit of a mythical ‚original' or explore in all its richness." J. Lieu: Neither Jew nor Greek?, S. 193–194.

[763] Heute von (nicht-)kanonisierten Texten zu sprechen, setzt bereits eine feststehende und abgeschlossene christliche Bibel voraus. „Diese Perspektive entspricht in vielen Fällen nicht der Perspektive zur Zeit der Produktion apokrypher Texte. Viele später apokryph gewordenen Texte entstanden ja bereits zu Zeiten, in denen noch nicht von einer abgeschlossenen, allgemein anerkannten christlichen Bibel … die Rede sein konnte. Dass diese Perspektive häufig unreflektiert bei der Bezeichung eines Textes als ‚apokryph' (oder nicht) eine Rolle spielt, zeigt sich z.B. daran, dass ein Text wie die Offenbarung des Johannes, dessen Zugehörigkeit zum Kanon Jahrhunderte lang umstritten war, heute selbstverständlich nicht als apokryph bezeichnet wird." Tobias Nicklas: „Semiotik – Intertextualität – Apokryphität. Eine Annäherung an den Begriff ‚Christlicher Apokryphen'", in: Apocrypha (2006), S. 55–78, hier S. 65.

[764] „Konkret ist davon auszugehen, dass in den meisten Fällen formale und/oder inhaltliche Analogien (im Gesamttext wie in Textteilen), Parallelen oder Gemeinsamkeiten dazu führen, dass christliche Apokryphen zu ihrem Verständnis die Einspielung biblische Hypotexte verlangen. … Diese Analogien, Parallelen und Gemeinsamkeiten müssen sich nicht der Rezeption biblischer Texte verdanken. Es geht vielmehr darum, dass apokryph wie auch biblisch gewordene Texte sich (womöglich aber vor verschiedenen Hintergründen und in verschiedenen Kontexten) mit vergleichbaren Fragen auseinandersetzen, vergleichbare Erfahrungen mit Hilfe vergleichbarer Bilder und Motive beschreiben und vergleichbare Welten beschreiben, die zumindest teilweise von den gleichen Figuren bevölkert werden." Ebd., S. 72.

[765] „Jeder Kanon [ist] auch Ausdruck erkenntnistheoretischer Probleme. Wenn Athanasius in seinem 39. Osterfestbrief seine Kanonliste erläutert, wird davon etwas spürbar. Die von ihm als kanonisch bezeugten Schriften entsprechen nämlich dem, ‚was die ursprünglichen Augenzeugen und Diener des Wortes den Vätern überliefert haben.' Genau darüber sind ‚wir', d.h. die Kirche, ‚zu einer sicheren Überzeugung gelangt.' Verbunden mit dem kriteriologischen Ausweis über die Apostolizität als Inhaltich qualifizierendem und formal im Traditionsprinzip enthaltenem Kriterium erwähnt Athanasius die ‚Sicherheit', die nun darüber allgemeinkirchlich besteht. Sie bezeugt, dass diesbezüglich einiges unsicher gewesen sein muss – der Blick auf die Vielzahl damals kursierender Texte belegt dies. Und dieser Kanon ist geworden – man ist zu ihm erst ‚gelangt'. Die erkenntnistheologische Frage richtet sich an die Gewähr der Überlieferung." G. M. Hoff: Die prekäre Identität des Christlichen, S. 251f.

[766] Klaus Koch: „Der doppelte Ausgang des Alten Testaments in Judentum und Christentum", in: Ingo Baldermann (Hg.), Altes Testament und christlicher Glaube, Neukirchen-Vluyn: Neukirchener Verlag 1991, S. 215–242, hier bes. S. 236–241. Zur Diskussion der Metaphern von ‚Mutter-Tochter'-Religionen oder ‚Geschwister'-Religionen vgl. Hubert Frankemölle: Frühjudentum und Urchristentum. Vorgeschichte, Verlauf, Auswirkungen; (4. Jahrhundert v. Chr. Bis 4. Jahrhundert n. Chr.) (= Kohlhammer Studienbücher Theologie, Band 5), Stuttgart: Kohlhammer 2006, S. 32f.

[767] Lukas ist als Verfasser des Doppelwerkes in seinen theologischen Aussagen stärker von der Tradition abhängig als oft angenommen wird. Er hat es nicht immer vermocht, bestimmte theologische Diskrepanzen in seinem Werk miteinander auszugleichen, obwohl diese Spannungen unübersehbar sind. (z.B. das Nebeneinander von Sünderliebe und ethischer Forderung Jesu, von Überwindung des Pharisäismus und Anerkennung des jüdischen Gesetzes, von Schuld und Unwissenheit der Juden u.a.). Diese Differenzen sind nicht als Grundlage seiner theologischen Konzeption zu werten, so sehr sie auch eine theologische Dynamik einschließen können." Georg Strecker/Friedrich W. Horn: Theologie des Neuen Testaments (= De-Gruyter-Lehrbuch), Berlin: de Gruyter 1996, S. 437f.

Ein genealogischer Blick und historisch-kritische Methoden legen im maßgeblichen Dokument christlicher Identität somit auf vielen Ebenen Spannungen, Brüche und Widersprüche frei. Der Kanon ist eine prekäre Zusammenstellung disparater, zum Teil widersprüchlicher Schriften in unterschiedlichen Genres, die nicht nur in additiver Aneinanderreihung unterschiedliche Inhalte behandeln, sondern auf das gleiche Material aus verschiedenen, auch konfligierenden Perspektiven zugreifen und so massive Differenzen produzieren[768]. Diese Einträge von interner Inhomogenität und durchlässigen Grenzen nach außen problematisieren christliche Identität massiv. Das ist auch schon im Prozess der Kanonisierung selbst so wahrgenommen und kontrovers beurteilt worden; es gab Versuche, diese inhomogene Pluralität zu harmonisieren – wie es etwa Tatian mit seinem Diatesseron versuchte – oder radikal zu reduzieren – das Resultat von Markions „purifizierender Literarkritik".[769] Schließlich blieben der Kirche im Festschreiben ihrer Identität die Differenzen jedoch unausweichlich. Ihre Komplexität konnte nicht reduziert werden, sondern wurde im Gegenüberstellen antagonistischer Positionen aufgenommen. Gerade im Bestreben, die Einheit christlicher Identität festzulegen und in Grenzziehungen zu definieren, wurde so konfliktive, differente Pluralität kanonisiert und damit eine Grammatik der Spannung zwischen dem Anspruch auf Einheit und der Pluralität ihrer Formulierung, (theologisch: zwischen universaler Botschaft und ihren partikularen Bezeugungen) normativ gesetzt. Da der Kanon ein retrospektives und prospektives Interpretationsphänomen ist und damit die über den Kanon hinausgehenden Verhandlungen christlicher Identität in sich kristallisiert, beschränkt sich diese Spannung nicht nur auf den Kanon selbst; vielmehr wird im Kanon als Reflexion und Instrument christlicher Identitätsverhandlung diese Struktur als das Grundmoment christlicher Identität greifbar, wie auch Michael Wolter festhält: „Die intensive Suche nach einer sprachlich wie existentiell ausdifferenzierbaren und einheitsstiftenden ‚Mitte' der christlichen Identität und die Unmöglichkeit, sie eindeutig ... zu bestimmen, [war] bereits von Anfang an integraler Bestandteil der geschichtlichen Existenz der christlichen Gemeinden ... Die Spannung zwischen Einheit und Vielfalt wäre demnach nicht ein erst mit dem Kanon gegebenes Problem, sondern eine fundamentale und damit unaufhebbare Gegebenheit der geschichtlichen Existenz des Christentums überhaupt."[770] Im Kanon als dem hermeneutischen An-

[768] Helmut Zander: *Pluralität und Konflikt. Des Christentums eineiige Zwillinge*, Salzburg 2008.

[769] Vgl. Martin Hengel: *Die vier Evangelien und das eine Evangelium von Jesus Christus. Studien zu ihrer Sammlung und Entstehung* (= Wissenschaftliche Untersuchungen zum Neuen Testament, Band 224), Tübingen: Mohr Siebeck 2008, S. 59ff. — Der Versuch, die disparaten Differenzen innerhalb des Kanons zu nivellieren, ist jedoch nicht auf die Zeit vor seiner endgültigen Fixierung beschränkt. Unter dem gleichen Interesse stehen die Suche nach einer sog. ‚Mitte der Schrift' oder eines ‚Kanons im Kanon'.

[770] M. Wolter: *Die Vielfalt der Schrift und die Einheit des Kanons*, S. 52f.

gelpunkt christlicher Identität wird damit nicht explizit, aber performativ ihre Instabilität thematisiert; seine Brüche legen offen, dass die Bedeutung des Christentums nicht einfach gegeben ist, nicht unveränderlich und statisch vorliegt, sondern als konfliktives Produkt von Interpretationsprozessen immer wieder neu verhandelt wird: „Die Ausdifferenzierung des einen Bekenntnisses in unterschiedliche und miteinander konkurrierende Heilskonzepte einschließlich ihrer lebensweltlichen Implikationen [darf] nicht als Verlust einer ursprünglichen Einheit verstanden werden, sondern [ist] ein integraler Bestandteil der Plausibilität des Bekenntnisses selbst gewesen, ohne die die Rezeption der christlichen Heilsbotschaft nicht möglich gewesen wäre.“[771]

Was das Zeugnis vom Christusereignis konkret bedeutet (d.h. mit welchen Zeichen diesem Zeugnis welche Bedeutung zugeschrieben wird) steht nicht von vornherein fest, sondern wird in kontextabhängigen Bedeutungsprozessen ausverhandelt – das wird im Kanon dokumentiert. Michael Wolter zeigt anhand von drei im neutestamentlichen Kanon geschilderten Konfliktsituationen auf, wie die internen Differenzen, die der Kanon gerade nicht ausblendet, die unterschiedlichen Kontexte dieser Bedeutungsverhandlungen von christlicher Identität sichtbar machen und wie diese Kontexte die Formulierung und Festlegung christlicher Identität prägen:

Beim Konflikt in Antiochien (Gal 2,11–14) wird mit dem Problem der Tischgemeinschaft von „HeidenchristInnen“ und „JudenchristInnen“ ein Konflikt geschildert, der aus dem Zusammentreffen kulturell unterschiedlicher Interpretationen entsteht. Konkret geht es darum, „ob eine christliche Gemeinde, zu der Juden und Heiden gehören, sich an den Normen der jüdischen Halacha zu orientieren hat oder ob die Integration des christlichen Bekenntnisses in einen nichtjüdischen Kontext auch eine kulturelle Neuorientierung der Judenchristen erforderlich macht.“[772] Mit dem ‚Einbruch des Fremden‘ – einer Interpretation der christlichen Botschaft in fremden kulturellen Kategorien, die eine andere Praxis generieren – muss ihre Bedeutung und Formulierung neu verhandelt werden. Die Übersetzung zwischen unterschiedlichen Kontexten zieht Orientierungskrisen und Identitätstransformationen nach sich; die Gleichzeitigkeit unterschiedlicher kultureller Formen erzeugt einen Problemdruck, der die Bedeutung und die Praxis christlicher Identität hinterfragt. Indem die Differenzen als Problem wahrgenommen werden, indem sie einen Konflikt produzieren, werden sie nicht einfach aus christlicher Identität ausgelagert. Sie führen nicht zu ihrer Zersplitterung, sondern provozieren ihre Reformulierung. Dieser ‚Kompromiss‘ als Reformulierung christlicher Identität wird aber wiederum nicht kontextlos formuliert, sondern greift auf die kulturell-religiösen Bedeutungsstrukturen ihres Kontextes zu: „Aufschlussreich ist, dass der zur

[771] Ebd., S. 55.
[772] Ebd., S. 56.

Lösung des Konflikte eingebrachte Kompromiss des Aposteldekrets gerade auf die Tora-Vorschriften von Lev 17–18 zurückgreift. ... Auch hinter diesem Kompromiss steht damit die Überzeugung, dass als Plausibilitätsbasis für das christliche Bekenntnis allein ein solcher Kontext gelten kann, der durch kulturelle Orientierungsnormen definiert ist, die die jüdische Identität konstituieren. Das Aposteldekret ordnet die Heidenchristen nicht dem Christusbekenntnis, sondern Israel zu."[773] Dieser Kompromiss des Aposteldekrets ist nicht kontextfrei, und er ist auch nicht endgültig. Vielmehr ist er eine Festschreibung, an der sich wieder neue Interpretationen abarbeiten (vgl. die Position von Paulus Gal 2, 15–21).

Ebenso um den Verzehr von Götzenopferfleisch geht es in einem zweiten Konfliktfall. Er ist in der Gemeinde von Korinth angesiedelt (1Kor 8). Während in Antiochien ein Konflikt im jüdisch-christlichen Kontext um die Auseinandersetzung mit dem ‚Einbruch' mit einer ‚fremden' Theologie, einer nichtjüdischen Interpretation des Christusereignisses ausgetragen wurde, geht es in Korinth um die Bedeutung und Praxis christlicher Identität in paganem Kontext; hier gibt es Interpretationsdifferenzen zwischen den ‚Schwachen' und den ‚Starken' in der Gemeinde, die das Bekenntnis zu Christus angenommen haben, nun aber Aus-einandersetzungen über die Praxis ihrer christlichen Identität führen – konkret: ist ihnen der Genuss von Götzenopferfleisch erlaubt oder nicht? Wenn Kultur Praxis ist, die Bedeutung generiert, dann bedeutet eine Verschiebung der Bedeutung auch eine Neuinterpretation der Praxis – das Essen von Götzenopferfleisch wird im Bekenntnis zu Christus als dem einzigen Herrn nicht mehr mit der gleichen Bedeutung versehen wie im paganen Bedeutungsgewebe. Die Differenzen zwischen den Starken und den Schwachen in Korinth legen offen, dass sich diese Umdeutung kultureller Zeichen als gradueller und konfliktiver Prozess vollzieht: „Die religiösen Paradigmen des kulturellen Kontextes, innerhalb dessen die Hinwendung zum christlichen Bekenntnis erfolgte, bleiben auch im Rahmen der neuen Existenzorientierung der ‚Schwachen' in einer Weise präsent, der die fortdauernde Abgrenzung von ihnen erforderlich machte. ... Demgegenüber ging bei [den ‚Starken'] die Übernahme des Christusbekenntnisses mit einer Bewahrung ihrer bisherigen Gewohnheiten einher. Möglich wurde dies dadurch, dass die christliche Heilsbotschaft einen Prozess anstieß, der bei ihnen zu einer Enttabuisierung ihres religiösen Kontextes führte. ... Wir haben hier also einen Inkulturationsvorgang, der auf der einen Seite eher affektiv und auf der anderen eher kognitiv abläuft, und G. Theißen hat darum wohl Recht mit seiner Annahme, dass hinter dieser Differenz eine unterschiedliche soziale Schichtenzugehörigkeit der beiden Gruppen steht."[774]

---

[773] Ebd.

[774] Ebd., S. 56f.

Differenzen brechen nicht nur entlang unterschiedlicher Bedeutungszuschreibungen innerhalb eines Kontextes auf, sondern auch im Zusammentreffen kulturell unterschiedlicher Interpretationen christlicher Identität – so exemplarisch am Konflikt zwischen Paulus und einem Teil der Gemeinde von Korinth um die Frage nach einem christlichen Sexualethos (1Kor 5): „Das von Paulus kritisierte Verhalten [ist] ... ein im kulturellen Kontext einer hellenistischen Stadt sozial akzeptiertes Ethos, das für die betroffenen Angehörigen der Gemeinde bereits vor ihrer Christwerdung selbstverständlich war und von ihnen dann nach der Taufe einfach fortgesetzt wurde. Wenn Paulus demgegenüber diesen Sachverhalt unter Rückgriff auf Lev 18,8 beschreibt, wird daran erkennbar, dass er ihn durch die jüdische Brille betrachtet und sich in seinem Urteil von den Kategorien und Normen der jüdischen Sexualethik leiten lässt."[775]

Diese drei Konfliktsituationen zeigen exemplarisch auf, wie durch die im Kanon eingeschriebenen Brüche die diskursive Verhandlung christlicher Identität sichtbar wird, und wie die Bedeutungsstrukturen der unterschiedlichen Kontexte, in denen diese Verhandlungen stattfinden, be/schreibbar werden. Die Differenzen, die ein genealogischer Blick im Kanon offenlegt, lassen ihn als eine Kompilation von partikularen Theologien[776] erscheinen – von Theologien, die vom Christusereignis im Rückgriff auf die Bedeutungsstrukturen ihres kulturellen Kontextes Zeugnis ablegen. Die Differenzen werden nicht ausgeblendet, sondern innerhalb des Kanons zusammengestellt. In den Differenzen konstituiert sich – so wurde oben aufgezeigt – ein Raum der Interkulturalität. Indem der Kanon Differenzen sichtbar macht, schafft er einen Raum der Interkulturalität, in dem christliche Identität verhandelt wird; Als normativ gesetztes Dokument normiert er sie damit als disparates Produkt interkultureller Übersetzungs- und Transformationsvorgänge zwischen partikularen Theologien. Die im Kanon eingeschriebenen Brüche weisen auf die Konfliktivität von Interkulturalität hin und dokumentieren konfliktbeladene Übersetzungsvorgänge aus einem je gegebenen Problemdruck heraus. Trotz ihrer unterschiedlichen Interpretationen des Christusereignisses wird damit eine gemeinsame Identität lokaler Christentümer im Differenzraum der Interkulturalität performativ vollzogen. Christliche Identität geschieht hier performativ im Konflikt – gerade weil über unterschiedliche Interpretationen verhandelt wird, zerfällt christliche Identität nicht. Die im Kanon normativ gesetzte konfliktive Interkulturalität weist so einen Weg zwischen einem Verständnis von christlicher Identität, das Differenzen ausblendet, und ihrer Zersplitterung entlang der im Kanon dokumentierten Bruchlinien.

---

775 Ebd., S. 57.

776 Hier wird für die kontextuelle Verfasstheit der Theologien nicht der Begriff Kontextuelle Theologie verwendet, da Kontextuelle Theologien – anders als etwa die partikular formulierten Theologien des Kanons – ihre Kontextualität bewusst und explizit reflektieren und sie zum Konstruktionspunkt ihrer Gottesrede machen.

4.2 Kanon – theologisch

Ein theologischer Blick auf den Kanon als eine Kompilation von Differenzen nimmt nicht nur die Zusammenstellung von disparaten partikularen Theologien wahr, sondern verantwortet auch den theologischen Anspruch des Kanons, christliche Identität einheitlich und verbindlich zu repräsentieren: „Der uns überlieferte schriftliche Kanon des Neuen Testaments als historisch gewordene Größe verhält sich in ambivalenter Weise zu seiner Vorgeschichte: Im Blick auf die Vielfalt der in ihn aufgenommenen Texte will der Kanon gerade in seiner Intentionalität und in seiner ‚dem Historiker zugänglichen Vorfindlichkeit' [Käsemann] ohne Zweifel nichts anderes als die Einheit der identitätstiftenden Grundlagen der Kirche zum Ausdruck bringen."[777] In Verantwortung dieses Anspruchs steht dieser theologische Zugriff wieder unter dem Wechsel des Sprachspiels: der Kanon wird gelesen als das verbindliche Zeugnis der heilvollen Offenbarung Gottes in Jesus Christus, das so eine universale Botschaft zur Sprache bringt. Die konfliktive Interkulturalität, in der im Kanon christliche Identität verhandelt wird, problematisiert diesen Anspruch: das Evangelium Jesu Christi wird unhintergehbar in disparate kulturelle Kontexte verstrickt; das Dokument, das die Einheit der Kirche repräsentieren soll, kann sie nur brüchig darstellen; und nicht zuletzt findet die Normativsetzung des Kanons unter kontingenten Bedingungen statt.

Einem theologischen Zugriff auf die in genealogischen Rekonstruktionen offengelegten Brüche stehen in der Verantwortung des Anspruchs des Kanons zwei Möglichkeiten offen. Er sieht sich einer Diversität an theologischen Ansätzen gegenüber – „a diversity we can either ignore in pursuit of a mythical ‚original' or explore in all its richness."[778] Zum einen können die Differenzen als ein zu behebender Mangel interpretiert werden, die in ein ungebrochenes, reines Wesen des Christentums aufzuheben sind – vgl. dazu die oben erwähnten Versuche von Markion und Tatian und die (moderne) Suche nach einem ‚Kanon im Kanon' oder einer ‚Mitte der Schrift'. Zum anderen können die Brüche nicht als Mangel, sondern als Kondition christlicher Gottesrede gedeutet und konstruktiv in ihren Aufriss aufgenommen werden.

Ein theologisches Argument für letzteren Ansatz entwickelt Josef Ratzinger in seiner sehr kritischen Würdigung der historisch-kritischen Exegese, die die Brüche im Kanon offenlegt und so eine ungebrochene Rede von seiner Repräsentanz der Offenbarung Gottes im Jesus-Christus-Ereignis erschüttert. Er attestiert ihr, „die Polyphonie der Geschichte … hinter der Homophonie der tra-

[777] Ebd., S. 59.

[778] J. Lieu: *Neither Jew nor Greek?*, S. 194.

ditionellen Auslegung wieder hörbar“[779] zu machen. Dieser Offenlegung der Disparatheit der Geschichte schreibt er offenbarungstheologischen Charakter zu: „Weil der menschliche Faktor der heiligen Geschichte immer plastischer hervortrat, zeigte sich zugleich auch Gottes Handeln größer und näher.“[780] Hier wird in einer (nicht näher entfalteten) inkarnationstheologischen Argumentation die Universalität des Heilshandelns Gottes mit der pluralen Partikularität ihrer menschlichen Bezeugung verspannt, die angemessen nur im Sinne des chalzedonensischen ‚ungetrennt – unvermischt‘ gedacht werden kann. Ratzingers Kritik an der historisch-kritischen Methode zielt nun in Richtung der oben erwähnten Möglichkeit, mit den Brüchen im Kanon im Modus der Aufhebung umzugehen und damit die inkarnatorische Grammatik christlicher Gottesrede zu unterbieten: „Glaube ist kein Bestandteil der Methode und Gott kein Faktor historischen Geschehens, mit dem sie rechnet. Weil aber in der biblischen Darstellung der Geschichte alles durchtränkt ist von göttlichem Handeln, muss eine komplizierte Anatomie des biblischen Wortes beginnen: Man muss versuchen, die Fäden so auseinanderzunehmen, dass man schließlich das ‚eigentlich Historische‘, d.h. das bloß Menschliche des Geschehens, in Händen hält und andererseits erklärt, wie es zuging, dass dann überall die Idee Gott eingewoben wurde. So muss man gegen die dargestellte Geschichte ein andere, ‚wirkliche‘ konstruieren; hinter den bestehenden Quellen – den biblischen Büchern – anfänglichere Quellen finden, die dann zum Maßstab der Auslegung werden.“[781]

Die – äußerst vielschichtige, komplexe – Geschichte der historisch-kritischen Exegese wird hier als modernes Projekt gezeichnet. Ratzinger schließt sich mit seiner Lesart dem ihr gegenüber erhobenen Ideologieverdacht an, ihre Methodik im Paradigma eines evolutionären Denkens zu entwerfen, das einen durch die Brüche verstellten ‚Kern‘ christlicher Identität in den Schriften des Kanons freilegen möchte und dabei einem letztlich ungeschichtlichen Denken verhaftet bleibt. Ihre essenzialistische Erkenntnistheorie unterbietet das Problemniveau eines geschichtstheologischen Denkens und seiner inkarnatorischen Grammatik von ‚ungetrennt und unvermischt‘ und blendet den Wechsel des Sprachspiels aus: im Modus des Zeugnisses steht christliche Gottesrede in unhintergehbaren, kontextgebundenen Interpretationsprozessen,

---

779 Josef Ratzinger: „Schriftauslegung im Widerstreit. Zur Frage nach Grundlagen und Weg der Exegese heute“, in: Josef Ratzinger (Hg.), *Schriftauslegung im Widerstreit*, Freiburg: Herder 1989, S. 15–44, hier S. 15. — Die Rolle der historisch-kritischen Exegese im Gesamt der Theologie und für den christlichen Glauben wird von Benedikt XVI auch in Josef B. X. Ratzinger: *Jesus von Nazareth*, Freiburg im Breisgau u.a: Herder 2007. kritisch diskutiert.

780 J. Ratzinger: *Schriftauslegung im Widerstreit*, S. 15.

781 Ebd., S. 16.

die den Durchstieg zu einem ‚Kern' oder ‚Wesen' zu einem utopischen Unterfangen machen.[782]

Als modernes Projekt steht auch dieses Paradigma unter den Erschütterungen des Cultural Turn. Im Cultural Turn wird durch die Destruktion von Essenzialismen die Kontingenz jeder Wirklichkeitskonstruktion aufgezeigt; die Erschütterungen durch die Einbrüche des Fremden, zumal im Postkolonialismus, werden in einem komplexen Begriff von Kultur eingeholt, der kulturelle Identitäten als hybride Produkte von diskursiven Ein/Ausschließungsprozessen fasst.Hier sind Texte nicht korrigierbare, eventuell mangelhafte Abbildungen einer vorgegebenen Wirklichkeit, sondern hermeneutische Angelpunkte der Identitätsverhandlung durch diskursive Grenzziehungen. Nach dem Cultural Turn gibt es kein zurück hinter die Medialität der Texte; sie konstituieren Wirklichkeit und subvertieren ihre Konstruktion gleichzeitig durch die in sie eingeschriebenen Brüche und Leerstellen, die ihre Konstruktivität, ihre partikularen Perspektivitäten und die Interessen, aus denen heraus sie geschrieben wurden, offenlegen. Hier trifft sich die Epistemologie des Cultural Turn mit der Theologik des Zeugnisses, das den hermeneutischen Bruch christlicher Gottesrede offenhält, die die Offenbarung von Universalität im Modus der Partikularität bezeugt. Die von Ratzinger inkarnationstheologisch ins Treffen geführte Argumentation der Geschichte, die sich in ihrer Disparatheit als locus theologicus formiert, kann erst im Paradigma des Cultural Turn, das diese Disparatheit nicht in ein von Brüchen bereinigtes Abbild einer vorgegebenen Wirklichkeit aufheben möchte, theologisch fruchtbar gemacht werden.

Was im modernen Paradigma als aufzuhebendes Problem wahrgenommen wird, wird einer Theologie nach dem Cultural Turn zu einer theologischen Ressource. Hier wird in der Unausweichlichkeit von Texten bei der Verhandlung von Identität, die gerade durch die Brüche innerhalb von und zwischen Texten sichtbar gemacht wird, der Kanon in seiner überlieferten Form unhinter-

---

[782] Im *Handbuch der Fundamentaltheologie* untersucht Karl Lehmann das Verhältnis von historisch-kritischer Methode und Theologie. Ein *theologischer* Zugriff auf den Kanon kann die Interpretationsprozesse, die sich ihm in der „Ursynthese" des christlichen Glaubens eingeschrieben haben, nicht ausblenden: „Eine wichtige Voraussetzung … ist die grundsätzliche Sicht des Verhältnisses zwischen dem sogenannten irdischen Christus und dem Christus des Kerygmas. … Jesus ist der Christus, der Gekreuzigte ist der Auferstandene, darauf kommt es dem ganzen Neuen Testament an. … Es scheint mir, dass jede Christologie jene Ursynthese nachvollziehen muss, die der christliche Glaube am Ursprung leisten musste. Dabei ging es um die Identität des irdischen Jesus mit dem ‚Christus des Glaubens.' Dass der irdische Jesus der gegenwärtige Herr ist, darf nicht nur eine selbstverständliche Voraussetzung der Christologie sein, sondern ihre Aufgabe ist es, das Geheimnis dieser Identität in ihrem Ursprung in ihrer Struktur und in ihren Folgen zu bedenken." Karl Lehmann: „Die Frage nach Jesus von Nazareth", in: Walter Kern/Traktat Offenbarung./Eugen Biser (Hg.), *Traktat Offenbarung* 2000, S. 95–115, hier S. 108. — In diese „Ursysnthese" ist als Interpretation der hermeneutische Bruch des Zeugnisses eingeschrieben.

gehbar.[783] Der *Kanon als Gesamtprodukt* vollzieht die inkarnationstheologisch begründete Vermittlungsstruktur einer zeugnishaften Theo-Logie. Die Gesamtheit seiner Schriften in ihrer disparaten, von Brüchen durchzogenen Zusammenstellung reflektiert performativ den hermeneutischen Bruch ihrer Vermittlungen: „Das Prädikat ‚kanonisch‘ verleiht darum nicht den einzelnen Schriften des Kanons eine besondere Dignität, sondern es zeichnet allein den Kanon in seiner übersummativen Gesamtheit aus. Keine Schrift ist für sich allein ‚kanonisch‘, sondern immer nur zusammen mit anderen. Dem-entsprechend bedeutet ‚kanonisch‘ auch, dass keine Schrift für sich allein gelesen werden kann, sondern immer nur im Blick auch auf die anderen kanonischen Schriften und im Blick auf den Kanon in seiner Gesamtheit. Und ebenso wie der Kanon nach außen hin geschlossen ist, so ist er auch nach innen hin unteilbar.“[784]

Gerade die nicht nivellierten Differenzen lassen den theologischen Anspruch des Kanons der Sprachform des Zeugnisses angemessen einholen: sein theologischer Anspruch auf Einheit[785] wird gebrochen repräsentiert, er ist Zeugnis

[783] Dieser Ansatz, den Kanon in seiner überlieferten Gestalt als Zusammenstellung unveränderlich zu reflektieren, unterscheidet sich vom *canonical approach* darin, dass die Brüche innerhalb des Kanons und die Kontexte, die die Differenzen offenlegen, nicht ausgeblendet, sondern im Gegenteil theologisch fruchtbar gemacht werden sollen. Für den v.a. auf Brevard S. Childs zurückgehende canonical approach ist dagegen eine historische Analyse des Kanons, die seine Brüche aufdeckt, „unsatisfactory theologically“. John Barton: *Reading the Old Testament. Method in biblical study*, Louisville, Kentucky: Westminster John Knox Press 1996, S. 79. — Childs’ theologischer Zugriff auf den Kanon steht unter der Prämisse, dass „the tradents of the tradition have sought to hide their own footprints in order to focus attention on the canonical text itself and not on the process“ und blendet damit die historisch-kulturelle Partikularität und Kontingenz der einzelnen Schriften und ihrer Zusammenstellung im Kanon aus. Brevard S. Childs: „The Canonical Shape of the Prophetic Literature“, in: Interpretation 32 (1978), S. 46–55, hier S. 53. — Die gebrochene Vermittlung der Kirche und die Machtförmigkeit ihrer Tradierungsprozesse kommen so nicht in den Blick. — Vor diesem Hintergrund sind die unterschiedlichen Versuche im Rahmen Kontextueller Theologien, das AT mit den Heiligen Schriften anderer religiöser Traditionen zu ersetzen, als problematisch zu beurteilen. Sie unterlaufen die Konstruktivität von Normativität, die sich aus der Interpretativität christlicher Gottesrede ergibt und die die Texte der Tradition zu unhintergehbaren und stets neu zu interpretierenden Kristallisationspunkten christlicher Identität macht. Vgl. dazu: John S. Mbiti: *Concepts of God in Africa*, London: S.P.C.K 1971, S. 90.: „Nothing can substitute for the Bible. However much African cultural-religious background may be close to the biblical world, we have to guard against references like ‚the hitherto unwritten African Old Testament‘ or sentiments that see final revelation of God in the African religious heritage.“ — Einen Versuch der postkolonialen Dekonstruktion des Kanons bietet Pui-lan Kwok: *Postcolonial imagination and feminist theology*, Louisville, Ky: Westminster John Knox Press 2005.

[784] M. Wolter: *Die Vielfalt der Schrift und die Einheit des Kanons*, S. 65.

[785] Der theologische Anspruch des Kanons, die Grundlagen der einen christlichen Identität verbindlich zu repräsentieren, hat in seiner Rückbindung an die Offenbarung Gottes in Jesus Christus einen soteriologischen Gravitationspunkt, der im Kanon selbst zur Sprache kommt: „Ein Leib und ein Geist, wie euch durch eure Berufung auch eine gemeinsame Hoffnung gegeben ist; ein Herr, ein Glaube, eine Taufe, ein Gott und Vater aller, der über allem und durch alles und in allem ist.“ (Eph 4,4–6)

einer universalen Botschaft in partikularen Formulierungen. Im Differenzraum der Interkulturalität, der zwischen den partikularen Theologien des Kanons aufbricht, wird eine christliche Gottesrede verortet, die ihre Eingebundenheit in partikulare Interpretationsprozesse in ihrem Aufriss sichtbar macht. Im Kanon wird so *Theologie interkulturell* performativ vollzogen. Diese Theologie abstrahiert nicht von der unhintergehbaren Partikularität christlicher Gottesrede, die eine Vielzahl an partikularen Theologien produziert; sie schafft keine neue, die disparaten Kontexte übersteigende Theologie – Interkulturalität ist ein Raum der Absenz, der sich über die Differenzen partikularer Identitätsformulierungen konstituiert. Die Zusammenstellung dieser Differenzen im Kanon stellt sich aber auch gegen die Verabsolutierung von partikularen Theologien; sie legen die partikulare Kontingenz in der Bezeugung des Christusereignisses offen und bieten damit ein kritisches Instrument gegen die Universalierung eines Kontextes, die ein Zeugnis mit dem bezeugten Ereignis gleichsetzen würde, ohne seinen hermeneutischen Bruch zu reflektieren. In der Gegenüberstellung konfliktiver Interpretationen, in ihrer Auseinandersetzung, wird so der theologische Anspruch, von einer universalen Botschaft an partikularen Orten Zeugnis abzulegen, performativ eingeholt. Hier wird deutlich, dass die Interkulturalität der Gottesrede ein prekäres, machtbesetztes Unterfangen ist; das Konfliktpotential der Differenzen, die diesen locus konstituieren, wird nicht in ein verbindendes Element aufgehoben, sondern in seiner Widersprüchlichkeit wahrgenommen und ausgelotet; als Diskurs steht auch die Produktion (und die Kriteriologie) christlicher Identität in Machtgefällen, die den Differenzraum der Interkulturalität asymmetrisch gestalten.[786]

Im Kanonisierungsprozess wurde damit nicht nur der Inhalt christlicher Gottesrede verbindlich festgeschrieben, sondern auch eine spezifische theologische Form normativ gesetzt. Diese Norm christlicher Gottesrede liegt in einem fixen Text vor, der in kontingenten historischen Prozessen normativ gesetzt wurde und seitdem christliche Identität hermeneutisch orientiert. Als Maßstab ist der Kanon abgeschlossen, er liegt unveränderlich vor; jedoch normiert er christliche Gottesrede als Interpretationsphänomen, die von Offenbarung in gebrochenen Interpretationen Zeugnis ablegt und diese hermeneutische Gebrochenheit in den in sie eingeschriebenen Brüchen selbst austrägt und offenlegt.

---

786 Diese Machtasymmetrie des interkulturellen Raumes, die nicht alle partikularen Theologien gleichwertig und gleichgültig repräsentiert, produziert im Kanon (als exemplarischer interkulturell betriebener Theologie) Leerstellen: „Für eine Aufnahme in den Kanon standen von vornherein nur diejenigen Äußerungen zur Verfügung, die innerhalb der Kommunikationsprozesse des Urchristentums im Medium der Schriftlichkeit ausformuliert worden waren. Es ist mithin ein … formales Kriterium das am Anfang des frühchristlichen Kanonisierungsprozesses steht. Stimmen und Positionen, die sich lediglich mündlich artikuliert hatten, mussten zwangs-läufig unter den Tisch fallen, ohne dass dabei die von ihnen vertretenen Inhalte irgendeine Rolle spielten." Ebd., S. 52.

Damit wird eine Theologie normiert, die nicht statisch vorliegt, sondern immer nur im Vollzug, in den Differenzierungen – im Raum der Interkulturalität – zwischen partikularen Theologien ihrer Norm gerecht werden kann.

Ein Rückblick als Ausblick: Thesen zur Systematisierung von Theologie interkulturell

Der Rückblick soll nicht die Argumentationsgänge der Arbeit neu aufrollen und zusammenfassen, sondern ihren Problemzugriff bündeln. Die daraus knapp entwickelten ‚Thesen zur Systematisierung von *Theologie interkulturell*' erheben nicht den Anspruch, das Projekt interkulturell betriebener Theologie umfassend zu skizzieren, sondern möchten sich als einige Orientierungspunkte in einem noch kaum erkundeten Forschungsfeld zur Diskussion stellen.

Der Versuch, Theologie interkulturell zu betreiben, antwortet auf den Problemdruck, der die Pluralität an partikularen Theologien für die theologische – und d.h. normative – Verantwortung des christlichen Einheits- und Universalitätsanspruchs produziert. *Theologie interkulturell* ist der fundamentaltheologische Versuch, die Universalität des Jesus-Christus-Ereignisses als Integral ihrer pluralen und partikularen Bezeugungen zu denken. Es geht darum, die bezeugte Universalität des Jesus-Christus-Ereignisses theologisch zu verantworten, ohne die Partikularität der Zeugnisse auszublenden.

Es geht damit nicht um eine Fragestellung der Ökumene oder einer Theologie der Religionen, sondern um die fundamentaltheologische Verhältnisbestimmung von der Partikularität und Universalität des Evangeliums, um Einheit und Differenzen in Theologien, um Normativität und Kontingenz christlicher Gottesreden. (s. II.1.2)

Christliche Identität wird von ihren Anfängen an im interkulturellen Raum verhandelt und besteht in einer Vielzahl an Christentümern. Das legt ein dekonstruktiver Zugriff *nach dem Cultural Turn* offen, der die inneren Differenzen christlicher Identität und brüchige Grenzen nach außen be/schreibt (s. II.1). Mit postkolonialen TheoretikerInnnen, insbesondere mit Homi Bhabha, lässt sich Interkulturalität als ein *Raum der Absenz und der Differenz* beschreiben: sie liegt nicht greifbar zwischen Kulturen als fixen Entitäten, sondern entsteht performativ durch die diskriminatorischen Praktiken kultureller Identifizierungen, in denen sich im Prozess der Abgrenzung das ausgeschlossene Andere als Absenz ins Eigene einschreibt. Interkulturalität ist keine ontologische Größe, sondern ein erkenntnis-theoretischer Ort. Der Erkenntnisgewinn der Interkulturalität liegt in der Artikulation der Differenzen, die das je Ausgeschlossene, Verschwiegene, Verdrängte in Identitäten sichtbar macht. (s. II.1.1.3)

Theologiegeschichtlich lässt sich der Entdeckungszusammenhang der Interkulturalität des Christentums und seiner Theologien in den Missionswissenschaften und Kontextuellen Theologien – im zeitgeschichtlichem Kontext der Glokalisierung, insbesondere auch der Glokalisierung des Christentums – verorten (s. I).

Ihre *theologische Grundlegung* findet die fundamentaltheologische Fragestellung von *Theologie interkulturell* im Zeugnis von der Inkarnation. Es verortet christliche Gottes-Rede (im genetivus subjectivus und objectivus) in einem partikularen Ereignis, das in seiner Kontingenz keinen absoluten, losgelösten Sinn in sich birgt, sondern sich in seinen interpretativen Bedeutungszuschreibungen erst konstituiert: Die Offenbarungen Gottes bleiben unhintergehbar an das Sprachspiel des Zeugnisses gebunden und firmieren einen theo-logischen Diskurs. Im Zeugnis von der *Selbst*offenbarung Gottes in Jesus Christus drängt diese interpretative „Ereignishaftmachung" der Offenbarung zu Umstellungen in der Rede von Gott – es bezeugt eine Entsprechung von Offenbarungsereignis und Offenbarungsinhalt: In Jesus dem Christus ereignet sich Gott als Interpretation und interpretiert sich als Ereignis. In seiner Selbstoffenbarung in der Geschichte identifiziert sich Gott in und mit den interpretativen Brüchen und Entzügen, die Gottes-Rede konstituieren und konditionieren – diese Gottes-Rede unterminiert die Binarität von Transzendenz und Immanenz und ereignet sich als Sprachpraxis der Transimmanenz: in einer dekonstruktiven Überschreitung (in der „Entstellung") partikularer Orte. (s. II.2)

Ihre *theologische Performanz* findet die fundamentaltheologische Fragestellung von *Theologie interkulturell* in der Sprachform des Zeugnisses als Interpretationen, die sich „andern(w)orts" als „Entstellung" pluraler fremder Orte vollziehen (s. II.2.2.3). Im Kanon der Heiligen Schriften als dem normativen Dokument christlicher Identität wird diese Interpretativität christlicher Gottesrede und damit ihre plurale Perspektivität als Kondition von Theologie verbindlich festgeschrieben (s. II.4). Theologie liegt damit ein *formales Kriterium* zugrunde, das unhintergehbar Ambivalenzen und Pluralitäten in christlicher Gottesrede produziert und christliche Identität interkulturell vollzieht.

Um diesem Kriterium gerecht zu werden und um diese normativen „Entstellungen" zum theologischen Konstruktionspunkt zu machen (anstatt sie identitätslogisch auszublenden, s. II.3.1), wird der kulturwissenschaftlich gezeichnete Problemaufriss zum theologischen Lösungsansatz; die nach dem Cultural Turn be/schreibbare Interkulturalität des Christentums und die in ihren Dekonstruktionen aufbrechenden Brüche und Hybridisierungen erhalten (erkenntnis)theologische Qualität. Die Differenzen, die sie offenlegt, machen Interkulturalität zu einem Ort, an dem sich der (post)hermeneutische Zirkel von theologischer Erkenntnis und Offenbarung (II.2.2.2) vollzieht: indem sie die Fremdheit eigener Orte ausweist und indem sie eine Sprachform für die Entstellung dieser eigen gewordenen Orte zur Verfügung stellt, wird Interkulturalität zu einem erkenntnis-theologischen Ort, an dem Gottes-Rede als Entstellung fremder Orte in theologischer Sprache repräsentiert werden kann. Interkulturell betriebene Theologie überwindet daher nicht die Begrenztheit partikularer Theologien, indem sie die zwischen ihnen aufbrechenden Differenzen in eine gemeinsame Gottesrede ‚aufhebt'; vielmehr verweist die Nicht-Ausblendung dieser Differenzen in einer theologischen Reflexion christlicher Interkulturalität auf die unhintergehbare Partikularität jeder Gottesrede und macht so die Interpretativität in ihren Sprachen sichtbar, die von Gottes Anwesenheit im Modus seines Entzugs Zeugnis ablegen lässt: *Theologie interkulturell* funktioniert nicht in einer Logik des ‚sowohl – als auch', sondern in einer Logik des ‚weder – noch' (II.3.2). Von daher ist *Theologie interkulturell* nicht als eigenständige Disziplin im theologischen Fächerkanon zu entwerfen, die eine hermeneutische und ethische Vermittlungsinstanz zwischen den partikularen Theologien einnehmen würde. Als so konzipierte ‚Metatheologie' würde sie die unhintergehbare Partikularität jedes Theologietreibens unterlaufen. Diese Partikularität wird vielmehr in einem *erkenntnistheologisches Konzept von Interkulturalität* eingeholt, das quer über die theologischen Disziplinen die (Inter)Kulturalität jedes theologischen Sprachversuchs konstruktiv aufgreift und im Sprechen sichtbar macht, indem Differenzen nicht (durch Ausblendung oder Befriedung) eingeebnet werden. Interkulturalität wird dann nicht als in eine eigene Disziplin ausgelagerte Metaperspektive verstanden, sondern als ein Modus theologischen Sprechens – wie es in der adverbiellen Form *Theologie interkulturell* zum Ausdruck kommt.

Literaturverzeichnis

Ådna, Jostein/Kvalbein, Hans (Hg.): *The mission of the early church to Jews and Gentiles; Mission of the Early Church to Jews and Gentiles* (= Wissenschaftliche Untersuchungen zum Neuen Testament, Band 127), Tübingen: Mohr Siebeck 2000.

Agamben, Giorgio: *Homo sacer. Die souveräne Macht und das nackte Leben*, Frankfurt am Main: Suhrkamp 2007.

Ahearne, Jeremy: „The Shattering of Christianity and the Articulation of Belief", in: New Blackfriars 77 (1996), S. 493–504.

Ahrens, Theodor: *Zur Zukunft des Christentums. Abbrüche und Neuanfänge* (= Interkulturelle TheologieBeiheft, Band 11), Frankfurt am Main: Lembeck 2009.

Alvarez, Roman /. V. C.-A.: „Translating. A political Act", in: Román Álvarez/Carmen-Africa Vidal (Hg.), *Translation, power, subversion*, Clevedon, Avon: Multilingual Matters 1996, S. 1–9.

Amin, Samir/Moore, Russell: *Eurocentrism*, New York: Monthly Review Press 1989.

Anderson, Benedict R. (Hg.): *Imagined communities. Reflections on the origin and spread of nationalism*, London: Verso 2003.

Appadurai, Arjun: *Modernity at large. Cultural dimensions of globalization* (= Public worlds, Band 1), Minneapolis: Univ. of Minnesota Press 2008.

Appiah, Kwame A.: „Is the Post- in Postmodernism the Post- in Postcolonial?", in: Critical Inquiry (1990), S. 336–357.

Arévalo, Catalino G.: „Was ist kontextuelle Theologie?", in: Catalino G. Arevalo (Hg.), *Den Glauben neu verstehen. Beiträge zu einer asiatischen Theologie*, Freiburg im Breisgau: Herder 1987, S. 20–34.

Arnold, Matthew: *Culture and anarchy. An essay in political and social criticism*, London 1909.

Assmann, Aleida: *Einführung in die Kulturwissenschaft. Grundbegriffe, Themen, Fragestellungen* (= Grundlagen der Anglistik und Amerikanistik, Band 27), Berlin: Schmidt 2006.

Assmann, Aleida/Assmann, Jan: „Aspekte einer Theorie des unkommunikativen Handelns", in: Jan Assmann/Dietrich Harth (Hg.), *Kultur und Konflikt*, Frankfurt am Main: Suhrkamp 1990, S. 11–48.

Austin, John L.: *How to do things with words. The William James lectures delivered at Harvard University in 1955* (= Oxford paperbacks, Band 234), London: Oxford Univ. Pr 1971.

Bachmann-Medick, Doris: *Cultural turns. Neuorientierungen in den Kulturwissenschaften* (= Rororo Rowohlts Enzyklopädie, Band 55675), Reinbek bei Hamburg: Rowohlt-Taschenbuch-Verl. 2009.

Bade, Klaus J. (Hg.): *Imperialismus und Kolonialmission. Kaiserliches Deutschland und koloniales Imperium* (= Band 22), Wiesbaden: Steiner 1982.

Baldwin, James: *The Fire next Time*, London: Hutchinson Education.

Balibar, Etienne/Wallerstein, Immanuel M.: *Race, nation, class. Ambiguous identities*, London: Verso 2005.

Barrett, David B./Kurian, George T./Johnson, Todd M. (Hg.): *World Christian encyclopedia. A comparative survey of churches and religions in the modern world*, Oxford: Oxford Univ. Press 2001.

Barth, Karl: „Die Theologie und die Mission in der Gegenwart. Vortrag gehalten an der Brandenburgischen Missionskonferenz in Berlin am 11. April 1932", in: Karl Barth (Hg.), *Theologische Fragen und Antworten. Gesammelte Vorträge 3*, Zürich: Zollikon 1957, S. 100–126.

Barton, John: *Reading the Old Testament. Method in biblical study*, Louisville, Kentucky: Westminster John Knox Press 1996.

Bassnett, Susan: „The Translation Turn in Cultural Studies", in: Susan Bassnett/André Lefevere (Hg.), *Constructing cultures. Essays on literary translation*, Clevedon: Multilingual Matters 1998, S. 123–140.

Bauer, Christian: „Geschichte und Dogma. Genealogie der Verurteilung einer Schule der Theologie", in: Marie-Dominique Chénu (Hg.), *Le Saulchoir. Eine Schule der Theologie*, Berlin: Morus 2003, S. 9–50.

Bauerschmidt, Frederic: „The Abrahamic Voyage. Michel de Certeau and Theology", in: Modern Theology 12 (1996), S. 1–26.

Bauman, Zygmunt: „The Making and Unmaking of Strangers", in: Pnina Werbner/Tariq Modood (Hg.), *Debating cultural hybridity. Multi-cultural identities and the politics of anti-racism; [... results from a European workshop convened in december 1994, University of Manchester]*, London: Zed Books 2007, S. 46–58.

Bausenhart, Guido: *Einführung in die Theologie. Genese und Geltung theologischer Aussagen*, Freiburg im Breisgau: Herder 2010.

Beck, Ulrich: „Vorwort", in: Ulrich Beck (Hg.), *Perspektiven der Weltgesellschaft*, Frankfurt Main: Suhrkamp 1998, S. 7–10.

Becker, Dieter: „Junger Wein und neue Schläuche. Theologische Wissenschaft heute und der Fachbereich: Religionen, Mission, Ökumene", in: Dieter Becker (Hg.), *Es begann in Halle ... Missionswissenschaft von Gustav Warneck bis heute*, Erlangen: Verl. der Ev.-Luth. Mission 1997, S. 190–208.

Beinert, Wolfgang: *Vom Finden und Verkünden der Wahrheit in der Kirche. Beiträge zur theologischen Erkenntnislehre*, Freiburg: Herder 1993.

Berner, Ulrich: „Synkretismus – Begegnung der Religionen“, in: Joachim G. Piepke/Anton Quack/Wolfgang Marschall et al. (Hg.), *Kultur und Religion in der Begegnung mit dem Fremden*, Nettetal: Steyler Verl. 2007, S. 47–76.

Bevans, Stephen B.: *Models of contextual theology* (= Faith and cultures series), Maryknoll N.Y.: Orbis Books 1992.

Bevans, Stephen B./Schroeder, Roger: *Constants in context. A theology of mission for today* (= American Society of Missiology series, Band 30), Maryknoll, N.Y: Orbis Books 2004.

Beyer, Peter: *Religion and globalization* (= Theory, culture & society), London: Sage Publ. 1994.

Beyerhaus, Peter: „Das Einheimischwerden des Evangliums und die Gefahr des Synkretismus“, in: Thomas Schirrmacher (Hg.), *Kein anderer Name. Die Einzigartigkeit Jesu Christi und das Gespräch mit nichtchristlichen Religionen; Festschrift zum 70. Geburtstag von Peter Beyerhaus*, Nürnberg: VTR 1999, S. 116–135.

Bhabha, Homi K.: „The Third Space. Interview with Homi Bhabha“, in: Jonathan Rutherford (Hg.), *Identity, Community, culture, difference*, London: Lawrence & Wishart 1990, S. 207–221.

—: *The Location of Culture*, London: Routledge 1994.

—: „Die Frage der Identität“, in: Elisabeth Bronfen/Benjamin Marius/Therese Steffen (Hg.), *Hybride Kulturen. Beiträge zur anglo-amerikanischen Multikulturalismusdebatte*, Tübingen: Stauffenburg-Verl. 1997, S. 97–122.

—: *Die Verortung der Kultur* (= Stauffenburg discussion, Band 5), Tübingen: Stauffenburg-Verl. 2007.

—: „Der dritte Ort. Anerkennung und Fremdheit in paradoxen Gemeinschaften“, in: Blätter für deutsche und internationale Politik (2010), S. 83–94.

Blomjous, Joseph: „Development in Mission Thinking and Practice 1959–1980. Inculturation and Interculturation“, in: African Ecclesial Review 22 (1980), S. 393–399.

Boeve, Lieven: „Christus Postmodernus. An Attempt at Apophatic Christology“, in: Terrence Merrigan/Jacques Haers (Hg.), *The myriad Christ. Plurality and the quest for unity in contemporary christology*, Leuven: Univ. Press 2000, S. 577–593.

—: „God, Particularity and Hermeneutics. A Critical-Constructive Theological Dialogue with Richard Kearney on Continental Philosophy’s Turn (in)to Religion“, in: Ephemerides Theologicae Lovanienses 81 (2005), S. 305–333.

—: „Negative Theology and Theological Hermeneutics. The Particularity of Naming God“, in: Journal of Philosophy and Scripture 3 (2006), S. 1–13.

Boff, Clodovis: *Theologie und Praxis. Die erkenntnistheoretischen Grundlagen der Theologie der Befreiung* (= Gesellschaft und TheologieFundamentaltheologische Studien, Band 7), München: Kaiser 1986.

Boff, Leonardo: *Gott kommt früher als der Missionar. Neuevangelisierung für eine Kultur des Lebens und der Freiheit*, Düsseldorf: Patmos 1991.

Bogner, Daniel: *Gebrochene Gegenwart. Mystik und Politik bei Michel de Certeau*, Mainz, Münster (Westfalen): Matthias-Grünewald-Verl. 2002.

Bongardt, Michael: „Glaubenseinheit statt Einheitsglaube. Zu Anliegen und Problematik kontextueller Theologien", in: Klaus Müller/Gerhard Larcher (Hg.), *Fundamentaltheologie. Fluchtlinien und gegenwärtige Herausforderungen*, Regensburg: Pustet 1998, S. 243–260.

Borgolte, Michael: *Christen, Juden, Muselmanen. Die Erben der Antike und der Aufstieg des Abendlandes 300 bis 1400 n. Chr.* (= Siedler Geschichte Europas), München: Siedler 2006.

Bosch, David J.: *Transforming mission. Paradigm shifts in theology of mission* (= American society of missiology, Band 16), Maryknoll, NY: Orbis Books 2005.

Bourdieu, Pierre: *Die feinen Unterschiede. Kritik der gesellschaftlichen Urteilskraft* (= Suhrkamp-Taschenbuch Wissenschaft, Band 658), Frankfurt am Main: Suhrkamp 1991.

Boyarin, Daniel: *Border lines. The partition of Judaeo-Christianity* (= Divinations), Philadelphia, Pa.: Univ. of Pennsylvania Press 2004.

Bredeck, Michael: *Das Zweite Vatikanum als Konzil des Aggiornamento. Zur hermeneutischen Grundlegung einer theologischen Konzilsinterpretation* (= Band 48), Paderborn; Wien u.a: Schöningh 2007.

Brontë, Charlotte: *Jane Eyre*, New York: Norton 2001 (Erstveröffentlichung 1847).

Bründl, Jürgen: „Archäologie seines Wortes", in: Jürgen Bründl/Hans O. Meuffels (Hg.), *Grenzgänge der Theologie. Professor Alexandre Ganoczy zum 75. Geburtstag*, Münster: Lit 2004, S. 1–22.

Bühlmann, Walbert: *The coming of the third church. An analysis of the presence and future of the church*, Maryknoll N.Y.: Orbis Books 1976.

Bünker, Arnd/Mundanjohl, Eva/Weckel, Ludger et al. (Hg.): *Gerechtigkeit und Pfingsten. Viele Christentümer und die Aufgabe einer Missionswissenschaft*, Ostfildern: Matthias-Grünewald 2010.

Calderón, Fernando: *Imágenes desconocidas*, Buenos Aires: Clasco 1988.

Cameron, Averil: *Christianity and the rhetoric of Empire. The development of Christian discourse* (= Sather Classical Lectures, Band 55), Berkeley, Calif: Univ. of California Pr 1991.

Camps, Arnulf: „Die Ökumenische Vereinigung von Dritte-Welt-Theologen 1976–1988. Ein komplizierter Bruch", in: Giancarlo Collet (Hg.), *Theolo-*

gien der Dritten Welt. EATWOT als Herausforderung westlicher Theologie und Kirche, Immensee: Neue Zeitschr. für Missionswiss. 1990, S. 183–200.

Cartledge, Mark J./Cheetham, David (Hg.): *Intercultural theology. Approaches and themes*, London: SCM Press 2011.

Certeau, M.: *The Practice of Everyday Life*: University of California Press 2011 (franz. Original 1980).

Certeau, Michel de: „The Formality of Practices. From Religious Systems to the Ethics of the Enlightenment (the Seventeenth and Eighteenth Centuries)", in: Michel de Certeau (Hg.), *The Writing of History*, New York, NY: Columbia Univ. Press 1988, S. 147–205.

—: „Die entstellte Sprache. Die Rede der Besessenen", in: Michel de Certeau (Hg.), *Das Schreiben der Geschichte*, Frankfurt a.M, Paris: Campus Verl; Ed. de la Maison des Sciences de l'Homme 1991, S. 172–197.

—: „How is Christianity thinkable today?", in: Graham Ward (Hg.), *The postmodern god. A theological reader*, Malden, Mass: Blackwell 2007, S. 142–155.

—: „Der gründende Bruch", in: Michel de Certeau (Hg.), *GlaubensSchwachheit*, Stuttgart: Kohlhammer 2009, S. 155–187.

—: *Mystische Fabel. 16. bis 17. Jahrhundert*, Berlin: Suhrkamp 2010.

—: *Das Schreiben der Geschichte* (= Band 4), Frankfurt a.M, Paris: Campus Verl; Ed. de la Maison des Sciences de l'Homme 1991.

—: *GlaubensSchwachheit* (= Band 2), Stuttgart: Kohlhammer 2009.

Cesana, Andreas: „Kulturalität der Philosophie", in: Jan Kusber/Mechthild Dreyer (Hg.), *Historische Kulturwissenschaften. Positionen, Praktiken und Perspektiven*, Bielefeld: Transcript 2010, S. 125–142.

Chakrabarty, Dipesh: *Provincializing Europe. Postcolonial thought and historical difference* (= Princeton studies in culture/power/history), Princeton, NJ: Princeton Univ. Press 2000.

Chénu, Marie-Dominique: *Volk Gottes in der Welt*, Paderborn: Bonifacius-Dr. 1968.

—: *Le Saulchoir. Eine Schule der Theologie* (= Band 2), Berlin: Morus 2003.

Childs, Brevard S.: „The Canonical Shape of the Prophetic Literature", in: Interpretation 32 (1978), S. 46–55.

Childs, Peter/Williams, R. J. P.: *An introduction to post-colonial theory*, Harlow: Longman Pearson Education 2006.

Chitando, Ezra: „The Role of Churches in the Struggle for Liberation in Southern Africa. A thematic survey", in: Afeosemime U. Adogame/Roswith I. H. Gerloff/Klaus Hock (Hg.), *Christianity in Africa and the African diaspora. The appropriation of a scattered heritage*, London: Continuum 2008, S. 50–62.

Clifford, James: „Partial truths", in: James Clifford/George E. Marcus (Hg.), *Writing culture. The poetics and politics of ethnography; a School of American Research Advanced Seminar*, Berkeley, Calif.: Univ. of California Press 1986, S. 1–26.

—: *Routes. Travel and translation in the late twentieth century*, Cambridge, Mass.: Harvard Univ. Press 1997.

—: *The predicament of culture. Twentieth-century ethnography, literature, and art*, Cambridge, Mass.: Harvard Univ. Press 2002.

Clifford, James/Marcus, George E. (Hg.): *Writing culture. The poetics and politics of ethnography; a School of American Research Advanced Seminar*, Berkeley, Calif.: Univ. of California Press 1986.

Coe, Shoki: „In Search of Renewal in Theological Education", in: Theological Education (1973), S. 231–243.

—: „Contextualizing Theology", in: Gerald Anderson/Thomas F. Stransky (Hg.), *Mission trends 3. Third World Theologies*, New York: Paulist Press 1975, S. 19–24.

Collet, Giancarlo: „Theologische Begründungsmodelle von Inkulturation", in: Fritz Frei (Hg.), *Inkulturation zwischen Tradition und Modernität. Kontexte – Begriffe – Modelle; [Projekt der Forschungsgruppe im „RomeroHaus"]*, Freiburg, Schweiz: Univ.-Verl. 2000, S. 337–356.

—: *„... bis an die Grenzen der Erde". Grundfragen heutiger Missionswissenschaft*, Freiburg im Breisgau: Herder 2002.

Cone, James: „Schwarze Theologie und Schwarze Befreiung", in: Basil Moore/Ulrich Hühne (Hg.), *Schwarze Theologie in Afrika. Dokumente einer Bewegung*, Göttingen: Vandenhoeck & Ruprecht 1973, S. 64–73.

Crollius, A. R.: „What is so new about Inculturation?", in: A. R. Crollius/Théoneste Nkéramihigo (Hg.), *What is so new about Inculturation?*, Rom: Centre „Cultures and Religions - Pontifical Gregorian University 1984, S. 1–18.

Dalferth, Ingolf U.: „Was Gott ist, bestimme ich! Theologie im Zeitalter der „Cafeteria-Religion"", in: ThLZ (1996), S. 415–530.

Daniel, Ute: *Kompendium Kulturgeschichte. Theorien, Praxis, Schlüsselwörter* (= Suhrkamp-Taschenbuch Wissenschaft, Band 1523), Frankfurt am Main: Suhrkamp 2006.

Dauk, Elke: *Denken als Ethos und Methode* (= Band 5), Berlin: Reimer 1989.

Delgado, Mariano: „Das Christentum der (deutschsprachigen) Theologen im 20. Jahrhundert: Wesen des Christentums, Auslegung des apostolischen Glaubensbekenntnisses, Kurzformeln des Glaubens", in: Mariano Delgado (Hg.), *Das Christentum der Theologen im 20. Jahrhundert. Vom „Wesen des Christentums" zu den „Kurzformeln des Glaubens"*, Stuttgart: Kohlhammer 2000, S. 9–14.

Derrida, Jacques: „Die différance“, in: Jacques Derrida (Hg.), *Randgänge der Philosophie.*, Frankfurt M.: Ullstein 1976, S. 29–52.

—: *De la grammatologie* (= Collection „Critique“), Paris: Éd. de Minuit 2002.

Döbert, Marcus: *Posthermeneutische Theologie. Plädoyer für ein neues Paradigma* (= Band 3), Stuttgart, Erlangen-Nürnberg: Kohlhammer 2009.

D'Sa, Francis: „Interkulturelle Bildung - ein Menschenrecht“, in: *Bildung. Ein Menschenrecht; GLOBArt Academy 2006*, Wien: Springer 2007, S. 72–78.

Dupuis, Jacques: *Unterwegs zu einer christlichen Theologie des religiösen Pluralismus* (= Interkulturell, Band 5), Innsbruck: Tyrolia-Verl. 2010.

Dussel, Enrique: *Herrschaft und Befreiung. Ansatz, Stationen und Themen einer lateinamerikanischen Theologie der Befreiung*, Freiburg/Schweiz: Edition Exodus 1985.

EATWOT (Hg.): *Herausgefordert durch die Armen. Dokumente der Ökumenischen Vereinigung von Dritte-Welt-Theologen 1976 - 1986* (= Theologie der Dritten Welt, Band 13), Freiburg: Herder 1990.

Ebeling, Gerhard: *Dogmatik des christlichen Glaubens III. Der Glaube an Gott den Vollender der Welt* 1979.

Herausgefordert durch die Armen. Dokumente der Ökumenischen Vereinigung von Dritte-Welt-Theologen 1976 - 1986 (= Band 13), Freiburg im Breisgau: Herder 1990.

Eliade, Mircea: *Die Religionen und das Heilige. Elemente der Religionsgeschichte*, Salzburg: Otto-Müller-Verl. 1954.

Elizondo, Virgil: „Voraussetzungen und Kriterien für einen authentischen interkulturellen theologischen Dialog“, in: Concilium 20 (1984), S. 18–25.

Elizondo, Virgilio: *The Future is Mestizo. Life where cultures meet*, Boulder, Colo.: Univ. Press of Colorado 2000.

Elizondo, Virgilio P.: „Mestizaje als ein locus theologischer Reflexion“, in: Raúl Fornet Betancourt (Hg.), *Glaube an der Grenze. Die US-amerikanische Latino-Theologie*, Freiburg im Breisgau, Basel, Wien: Herder 2002, S. 102–127.

Ellrich, Lutz: *Verschriebene Fremdheit. Die Ethnographie kultureller Brüche bei Clifford Geertz und Stephen Greenblatt* (= Forschung, Band 784), Frankfurt/Main: Campus-Verl. 1999.

Erny, Nicola: *Theorie und System der Neuen Wissenschaft von Giambattista Vico* (= Band 144), Würzburg, Hamburg: Königshausen & Neumann 1994.

Espín, Orlando O.: „Toward the Construction of an Intercultural Theology of Tradition“, in: Journal of Hispanic/Latino Theology 9 (2002), S. 22–59.

Essen, Georg: „Interkulturelle Theologie“, in: Jürgen u. a. Straub (Hg.), *Handbuch interkulturelle Kommunikation und Kompetenz. Grundbegriffe - Theorien - Anwendungsfelder*, Stuttgart: Metzler 2007, S. 283–292.

Exeler, Adolf: „Vergleichende Theologie statt Missionswissenschaft“, in: Hans Waldenfels (Hg.), „... *denn ich bin bei Euch“. (Mt 28,20); Perspektiven im christlichen Missionsbewußtsein heute; Festgabe für Josef Glazik und Bernward Willeke zum 65. Geburtstag*, Zürich: Benziger 1978, S. 199–211.

Fabella, Virginia: *Der Weg der Frauen. Theologinnen der Dritten Welt melden sich zu Wort* (= Theologie der Dritten Welt, Band 22), Freiburg im Breisgau: Herder 1996.

Fabella, Virginia/Oduyoye, Mercy A. (Hg.): *With passion and compassion. Third World women doing theology. Reflections from the Women's Commission of the Ecumenical Association of Third World Theologians*, Maryknoll N.Y.: Orbis Books 1988.

Fanon, Frantz: *Peau noire masques blancs* (= Band 26), Paris: Ed. du Seuil 1952.

Fischer, Moritz: „Hybridität / Hybridisierung. Über den heuristischen Wert eines kulturwissenschaftlichen Konzepts für die Interkulturelle Theologie.“, in: Interkulturelle Theologie (2008), S. 282–303.

Fischer-Lichte, Erika: „Vom „Text“ zur „Performance“. Der performative turn in den Kulturwissenschaften“, in: Georg Stanitzek/Wilhelm Vosskamp (Hg.), *Schnittstelle. Medien und Kulturwissenschaften*, Köln: DuMont 2001, S. 111–115.

Fiske, John: *Die Fabrikation des Populären. Der John Fiske-Reader, hrsg. von Winter, R. und Mikos, L* (= Cultural studies, Band 1), Bielefeld: Transcript-Verl. 2001.

Fornet Betancourt, Raúl: *Zur interkulturellen Transformation der Philosophie in Lateinamerika* (= Denktraditionen im Dialog, Band 14), Frankfurt am Main, London: IKO – Verl. für Interkulturelle Kommunikation 2002.

Fornet-Betancourt, Raúl (Hg.): *Theologie im III. Millennium - quo vadis? Antworten der Theologen; Dokumentation einer Weltumfrage* (= Denktraditionen im Dialog, Band 7), Frankfurt/Main: IKO – Verl. für Interkulturelle Kommunikation 2000.

Foucault, Michel: *Dispositive der Macht. Über Sexualität, Wissen und Wahrheit*, Berlin: Merve Verl. 1978.

—: „Andere Räume“, in: Karlheinz u. a. Barck (Hg.), *Aisthesis. Wahrnehmung heute oder Perspektiven einer anderen Ästhetik*, Leipzig: Reclam 1992, S. 34–46.

—: *Was ist Kritik?* (= Internationaler Merve-Diskurs, Band 167), Berlin: Merve-Verl. 1992.

—: „Nietzsche, die Genealogie, die Historie“, in: Michel Foucault (Hg.), *Von der Subversion des Wissens*, Frankfurt am Main: Fischer-Taschenbuch-Verl. 2000, S. 69–90.

—: „Was ist ein Autor?“, in: Michel Foucault (Hg.), *Schriften in vier Bänden. Dits et écrits: Bd. 1: 1954–1969*, Frankfurt am Main: Suhrkamp 2001, S. 1003–1041.

—: *Der Wille zum Wissen* (= Suhrkamp-Taschenbuch Wissenschaft, Band 716), Frankfurt am Main: Suhrkamp-Taschenbuch-Verl. 2006.

—: *Wahnsinn und Gesellschaft. Eine Geschichte des Wahns im Zeitalter der Vernunft* (= Suhrkamp-Taschenbuch Wissenschaft, Band 39), Frankfurt am Main: Suhrkamp 2009.

Fraling, Bernhard: „Hypertrophie lehramtlicher Autorität in Dingen der Moral? Zur Frage der Zuständigkeit des Lehramtes aus moraltheologischer Sicht“, in: Peter Hünermann/Franz Böckle (Hg.), *Lehramt und Sexualmoral*, Düsseldorf: Patmos-Verl. 1990, S. 95–129.

Frankemölle, Hubert: *Frühjudentum und Urchristentum. Vorgeschichte, Verlauf, Auswirkungen; (4. Jahrhundert v. Chr. bis 4. Jahrhundert n. Chr.)* (= Kohlhammer-Studienbücher Theologie, Band 5), Stuttgart: Kohlhammer 2006.

Frei, Fritz: „Kontextuelle Theologie“, in: Giancarlo Collet (Hg.), *Theologien der Dritten Welt. EATWOT als Herausforderung westlicher Theologie und Kirche*, Immensee: Neue Zeitschrift für Missionswissenschaft 1990, S. 142–161.

Friedli, Richard: *Fremdheit als Heimat. Auf der Suche nach einem Kriterium für den Dialog zwischen den Religionen*, Zürich: Theologischer Verl. 1974.

—: „Interkulturelle Theologie“, in: Karl Müller/Theo Sundermeier (Hg.), *Lexikon missionstheologischer Grundbegriffe*, Berlin: Reimer 1987, S. 181–185.

—: „Variations on „Intercultural“. Retrospectives and Prospectives“, in: Richard Friedli (Hg.), *Intercultural perceptions and prospects of world Christianity*, Frankfurt, M: Lang 2010, S. 127–134.

—: *Intercultural perceptions and prospects of world Christianity* (= Band 150), Frankfurt, M: Lang 2010.

Friedman, Jonathan: *Cultural identity and global process* (= Theory, culture & society), London: Sage 1994.

Frohnes, Heinzgünter (Hg.): *Kirchengeschichte als Missionsgeschichte*, München: Kaiser 1974.

—: *Kirchengeschichte als Missionsgeschichte*, München: Kaiser 1978.

Gadille, Jacques/Zorn, Jean-Francois: „Missionstheologien - Anfänge des Ökumenismus“, in: Jacques Gadille/Jean-Marie Mayer/Martin Greschat (Hg.), *Liberalismus, Industrialisierung, Expansion Europas. (1830–1914)*, Freiburg im Breisgau: Herder 1997, S. 412–424.

Gandhi, Leela: *Postcolonial theory. A critical introduction*, New York: Columbia Univ. Press 1998.

Geertz, Clifford: „Deep Play. Notes on the Balinese Cockfight", in: Clifford Geertz (Hg.), *The interpretation of cultures. Selected essays*, New York: Basic Books 2006, S. 412–453.

—: „Religion as a Cultural System", in: Clifford Geertz (Hg.), *The interpretation of cultures. Selected essays*, New York: Basic Books 2006, S. 87–125.

—: „Thick description", in: Clifford Geertz (Hg.), *The interpretation of cultures. Selected essays*, New York: Basic Books 2006, S. 3–30.

Geertz, Clifford/Engelmann, Herwig: *Welt in Stücken. Kultur und Politik am Ende des 20. Jahrhunderts* (= Passagen forum, Band 1995), Wien: Passagen-Verl. 2007.

Gikandi, Simon: „Poststructuralism and Postcolonial Discourse", in: Neil Lazarus (Hg.), *The Cambridge companion to postcolonial literary studies*, Cambridge: Cambridge Univ. Press 2004, S. 97–119.

Gmainer-Pranzl, Franz: „Die Vielstimmigkeit des Logos. Überlegungen zur eigentümlichen Universalität des Christlichen", in: Claude Ozankom/Chibueze Udeani (Hg.), *Theology in intercultural Design. Interdisciplinary Challenges - Positions - Perspective*, Amsterdam: Editions Rodopi 2010, S. 227–247.

—: „Theologie interkulturell. Die diskursive Form von Katholizität", in: KBC (2010), S. 16–34.

Goldstein, Horst: *Kleines Lexikon zur Theologie der Befreiung*, Düsseldorf: Patmos Verl. 1991.

Gooren, Henri: „Pentecostal Conversion Careers in Latin America", in: Frans Wijsen (Hg.), *Global Christianity. Contested Claims*, Amsterdam: Rodopi 2007, S. 157–175.

Gramsci, Antonio: *Gefängnishefte. Kritische Gesamtausgabe*, Hamburg: Argument-Verl. 1996.

Grenham, Thomas G.: „Interculturation: Exploring changing Religious, Cultural, and Faith Identities in an African Context", in: PACIFICA (2001), S. 191–206.

—: *The unknown God. Religious and theological interculturation* (= Religions and discourse, Band 25), Oxford New York: Peter Lang 2005.

Gruber, Judith: „Kirche und Kultur. Eine spannungsvolle Identifizierung im Anschluss an Gaudium et spes", in: Franz Gmainer-Pranzl/Magdalena Holztrattner (Hg.), *Partnerin der Menschen – Zeugin der Hoffnung. Die Kirche im Licht der Pastoralkonstitution „Gaudium et spes"*, Innsbruck: Tyrolia 2010, S. 303–324.

Gründer, Horst: *Christliche Mission und deutscher Imperialismus. Eine politische Geschichte ihrer Beziehungen während der deutschen Kolonialzeit (1884 - 1914) unter besonderer Berücksichtigung Afrikas und Chinas*, Paderborn, München: Schöningh; BSB 1982.

—: *Eine Geschichte der europäischen Expansion. Von Entdeckern und Eroberern zum Kolonialismus*, Stuttgart: Theiss 2003.

Gutiérrez, Gustavo: *Theologie der Befreiung* (= Welt der Theologie), Mainz: Matthias-Grünewald-Verl. 1992.

Hahn, F.: *Theologie des Neuen Testaments: Die Einheit des Neuen Testaments. 2 Bände*: Mohr Siebeck 2003.

Hahn, Ferdinand: *Das Verständnis der Mission im Neuen Testament* (= WMANT, Band 13), Neukirchen-Vluyn: Neukirchener Verl. des Erziehungsvereins 1963.

Halbmayr, Alois/Hoff, Gregor M.: „Einleitung", in: Alois Halbmayr/Gregor M. Hoff (Hg.), *Negative Theologie heute? Zum aktuellen Stellenwert einer umstrittenen Tradition*, Freiburg im Breisgau u.a: Herder 2008, S. 9–17.

Hall, Edith: *Inventing the barbarian. Greek self-definition through tragedy* (= Oxford classical monographs), Oxford: Clarendon Pr. 1989.

Hall, Stuart: „Cultural Studies and its Theoretical Legacies", in: Lawrence Grossberg (Hg.), *Cultural studies*, New York, NY: Routledge 1992, S. 277–294.

—: „Kulturelle Identität und Diaspora", in: Stuart Hall (Hg.), *Rassismus und kulturelle Identität. Ausgewählte Schriften*, Hamburg: Argument-Verl. 1994, S. 26–43.

—: „Wann war der ‚Postkolonialismus'? Denken an der Grenze", in: Elisabeth Bronfen/Benjamin Marius/Therese Steffen (Hg.), *Hybride Kulturen. Beiträge zur anglo-amerikanischen Multikulturalismusdebatte*, Tübingen: Stauffenburg-Verl. 1997, S. 219–246.

—: „Wann war der ‚Postkolonialismus'? Denken an der Grenze", in: Elisabeth Bronfen (Hg.), *Hybride Kulturen. Beiträge zur anglo-amerikanischen Multikulturalismusdebatte*, Tübingen: Stauffenburg-Verl. 1997, S. 219–246.

—: „Cultural Studies und die Politik der Internationalisierung", in: Stuart Hall (Hg.), *Cultural studies. Ein politisches Theorieprojekt*, Hamburg: Argument-Verl. 2000, S. 137–157.

—: *Culture, media, language. Working papers in cultural studies, 1972 - 79*, London: Routledge [u.a.] 1992.

—: „Introduction", in: Stuart G. Hall (Hg.), *Jesus Christ Today. Studies of Christology in Various Contexts. Proceedings of the Académie Internationale des Sciences Religieuses, Oxford 25–29 August 2006 and Princeton 25–30 August 2007*, s.l: Walter de Gruyter GmbH Co.KG 2009, S. 1–2.

Han, Byung-Chul: *Hyperkulturalität. Kultur und Globalisierung* (= Internationaler Merve-Diskurs, Band 278), Berlin: Merve-Verl. 2005.

Hardt, Peter: *Genealogie der Gnade. Eine theologische Untersuchung zur Methode Michel Foucaults* (= Band 34), Münster, Münster (Westf.): LIT Verl. 2005.

Hárs, Endre: „Hybridität als Denk- und Auslegungsfigur“, in: Kakanien (2002), S. 1–6.

Hengel, Martin: *Die vier Evangelien und das eine Evangelium von Jesus Christus. Studien zu ihrer Sammlung und Entstehung* (= Wissenschaftliche Untersuchungen zum Neuen Testament, Band 224), Tübingen: Mohr Siebeck 2008.

Hiebert, Paul: „The Missiological Implications of an Epistemological Shift“, in: Theological Students Fellowship Bulletin (1985), S. 12–18.

Hilpert, Konrad: „Inkulturation. Anspruch und Legitimation einer theologischen Kategorie“, in: Konrad Hilpert (Hg.), *Der eine Gott in vielen Kulturen. Inkulturation und christliche Gottesvorstellung*, Zürich: Benziger 1993, S. 13–32.

Hobsbawm, Eric: „Introduction. Inventing Traditions“, in: Eric J. Hobsbawm/Terence Ranger (Hg.), *The invention of tradition*, Cambridge: Cambridge University Press 1989, S. 1–14.

Hobsbawm, Eric J./Ranger, Terence (Hg.): *The invention of tradition* (= Past and present publications), Cambridge: Cambridge University Press 1989.

Hock, Klaus: „Grenzziehung und Grenzüberschreitung. The Making of „Mission“ als Thema der Missionswissenschaft“, in: Arnd Bünker/Ludger Weckel (Hg.), „*... ihr werdet meine Zeugen sein ... ". Rückfragen aus einer störrischen theologischen Disziplin*, Freiburg im Breisgau, Basel, Wien: Herder 2005, S. 249–259.

—: „Passions-Feier. Kreuzungen der Christentümer als Kreuzwege der Christenheit“, in: Arnd Bünker/Eva Mundanjohl/Ludger Weckel et al. (Hg.), *Gerechtigkeit und Pfingsten. Viele Christentümer und die Aufgabe einer Missionswissenschaft*, Ostfildern: Matthias-Grünewald 2010, S. 17–46.

—: *Einführung in die Interkulturelle Theologie* (= Einführung), Darmstadt: WBG 2011.

Hödl, Hans: „Inkulturation: Ein Begriff im Spannungsfeld von Theologie, Religions- und Kulturwissenschaft“, in: Rupert Klieber/Martin Stowasser (Hg.), *Inkulturation. Historische Beispiele und theologische Reflexionen zur Flexibilität und Widerständigkeit des Christlichen*, Wien: Lit 2006, S. 15–38.

Hoedemaker, Bert: „Blind Alley or Through Traffic? On the Predicament of Mission History“, in: Volker Küster (Hg.), *Mission revisited. Between mission history and intercultural theology; In Honor of Pieter N. Holtrop*, Berlin, Münster: Lit 2010, S. 15–26.

Hoff, Gregor M.: „Chalkedon im Paradigma Negativer Theologie. Zur aporetischen Wahrnehmung der chalkedonensischen Christologie“, in: ThPh (1995), S. 355–372.

—: *Aporetische Theologie. Skizze eines Stils fundamentaler Theologie*, Paderborn: Schöningh 1997.

—: *Die prekäre Identität des Christlichen. Die Herausforderung postmodernen Differenzdenkens für eine theologische Hermeneutik*, Paderborn: Schöningh 2001.

—: *Offenbarungen Gottes? Eine theologische Problemgeschichte*, Regensburg: Pustet 2007.

—: „Fremdheit. Eine theologische Konstitutionsgröße", in: Gregor M. Hoff/Hans Waldenfels (Hg.), *Die ethnologische Konstruktion des Christentums. Fremdperspektiven auf eine bekannte Religion*, Stuttgart: Kohlhammer 2008, S. 212–220.

—: „Offenbarung als theologische Wissensform", in: Andreas Nehring/Joachim Valentin (Hg.), *Religious turns - turning religions. Veränderte kulturelle Diskurse - neue religiöse Wissensformen*, Stuttgart: Kohlhammer 2008, S. 135–149.

—: „Wer ist Christus? Das Symbolon von Chalkedon als Grammatik des Glaubens", in: Gregor M. Hoff (Hg.), *Stichproben: Theologische Inversionen. Salzburger Aufsätze*, Innsbruck Wien: Tyrolia 2010, S. 187–200.

Hoffmann, Cosmas: *Wege zum Heil. Die Stellung der Nichtchristen und der nichtchristlichen Religionen im Werk Thomas Ohms* (= Ottilianer Reihe, Bd. 1), St. Ottilien: EOS-Verl. 2001.

Hoffmann, Veronika: *Vermittelte Offenbarung*, Ostfildern, Münster (Westfalen): Matthias-Grünewald-Verl.

Hofmann, Peter: *Katholische Dogmatik* (= Band 3098), Paderborn: Schöningh 2008.

Hogan, Linda/Hintersteiner, Norbert (Hg.): *Von der Weltmission zum interreligiösen Zeugnis* (= Band 47) 2011.

Höhler, Matthias: *Das dogmatische Kriterium der Kirchengeschichte. Ein Beitrag zur Philosophie der Geschichte des Reiches Gottes auf Erden.*, Mainz 1983.

Hollenweger, Walter J.: *Erfahrungen der Leibhaftigkeit* (= Interkulturelle Theologie, Band 1) 1979.

—: *Umgang mit Mythen* (= Interkulturelle Theologie, / Walter J. Hollenweger; 2) 1982.

Hollenweger, Walter J.: „Kultur und Evangelium. Das Thema der interkulturellen Theologie", in: Evangelische Mission 17 (1985), S. 52–60.

Hollenweger, Walter J.: *Geist und Materie* (= Interkulturelle Theologie, / Walter J. Hollenweger; 3) 1988.

Hörisch, Jochen: *Der Sinn und die Sinne. Eine Geschichte der Medien* (= Die andere Bibliothek, Band 195), Frankfurt am Main: Eichborn 2001.

Huonder, Anton: *Europäismus im Missionsbetrieb*, Aachen: Xaverius 1921.

Irschick, Eugene F.: *Dialogue and history. Constructing South India, 1795–1895*, Berkeley: Univ. of California Press 1994.

Jameson, Fredric: *The cultural turn. Selected writings on the postmodern 1983 - 1998*, London: Verso 2000.

Jenkins, Philip: *The next Christendom. The coming of global Christianity*, Oxford: Oxford Univ. Press 2002.

—: „After the Next Christendom", in: International Bulletin of Missionary Researuch 28 (2004), S. 20–22.

—: „Christiantiy moves South", in: Frans Wijsen (Hg.), *Global Christianity. Contested Claims*, Amsterdam: Rodopi 2007, S. 15–33.

Jenkins, Richard: *Social identity* (= Key ideas), London: Routledge 1996.

Jørgensen, Jonas A.: *Jesus Imandars and Christ Bhaktas. Two case studies of interreligious hermeneutics and identity in global christianity* (= Studien zur interkulturellen Geschichte des Christentums, Band 146), Frankfurt am Main: Lang 2008.

Jüngel, Eberhard: *Gott als Geheimnis der Welt. Zur Begründung der Theologie des Gekreuzigten im Streit zwischen Theismus und Atheismus*, Tübingen: Mohr 1977.

Kasper, Walter: „Die Kirche als universales Sakrament des Heils", in: Walter Kasper (Hg.), *Theologie und Kirche. Band 1*, Mainz: Matthias-Grünewald-Verlag 1987, S. 237–255.

Keller, Catherine/Nausner, Michael/Rivera, Mayra: „Alien/Nation, Liberation and the Postcolonial Underground", in: Catherine Keller/Michael Nausner/Mayra Rivera (Hg.), *Postcolonial theologies. Divinity and empire*, St. Louis Mo.: Chalice Press 2004, S. 1–19.

Keller, Catherine/Schneider, Laurel C.: „Introduction", in: Catherine Keller/Laurel C. Schneider (Hg.), *Polydoxy. Theology of multiplicity and relation*, New York: Routledge 2011, S. 1–16.

—: *Polydoxy. Theology of multiplicity and relation*, New York: Routledge 2011.

Kessler, Hans/Siller, Hermann P.: „Vorwort", in: Bénézet Bujo (Hg.), *Afrikanische Theologie in ihrem gesellschaftlichen Kontext*, Düsseldorf: Patmos-Verlag 1986, S. 9–16.

Kim, Younhee: „Interkulturation: Der immerwährende Missionsauftrag der Kirche", in: Richard Brosse/Hermann Schalück (Hg.), *Für ein Leben in Fülle. Visionen einer missionarischen Kirche; für Hermann Schalück*, Freiburg im Breisgau: Herder 2008, S. 223–232.

Kimmerle, Heinz: *Interkulturelle Philosophie zur Einführung* (= Zur Einführung, Band 266), Hamburg: Junius 2002.

Kinder, Hermann/Hilgemann, Werner: *dtv-Atlas Weltgeschichte. Von den Anfängen bis zur Gegenwart* (= Band 3000), München: Dt. Taschenbuch-Verl. 2001.

Kipling, Rudyard: „The White Man's Burden", in: McClure's Magazine 12 (Feb. 1899) vom Feb. 1899.

Kittler, Friedrich A. (Hg.): *Austreibung des Geistes aus den Geisteswissenschaften. Programme des Poststrukturalismus* (= Uni-Taschenbücher, Band 1054), Paderborn: Schöningh 1980.

Knighton, Ben: „Christian Enculturation in the Two-Thirds World", in: Frans Wijsen (Hg.), *Global Christianity. Contested Claims*, Amsterdam: Rodopi 2007, S. 51–68.

Koch, Klaus: „Der doppelte Ausgang des Alten Testaments in Judentum und Christentum", in: Ingo Baldermann (Hg.), *Altes Testament und christlicher Glaube*, Neukirchen-Vluyn: Neukirchener Verl. 1991, S. 215–242.

Kogge, Werner: *Die Grenzen des Verstehens. Kultur - Differenz - Diskretion*, Weilerswist: Velbrück Wiss. 2002.

Kollbrunner, Fritz: „Die klassische Theorie. Akkommodation", in: Giancarlo Collet (Hg.), *Theologien der Dritten Welt. EATWOT als Herausforderung westlicher Theologie und Kirche*, Immensee: Neue Zeitschrift für Missionswissenschaft 1990, S. 133–141.

Kraemer, Hendrik: *The Christian Message in a non-Christian World*, London: Edinburgh House 1947.

—: *Religion and the Christian Faith*: Lutterworth Press 2003.

Küster, Volker: *Theologie im Kontext. Zugleich ein Versuch über die Minjung-Theologie* (= Studia Instituti Missiologici Societatis Verbi Divini, Band 62), Nettetal: Steyler Verl. 1995.

—: *Einführung in die interkulturelle Theologie*, Göttingen: Vandenhoeck & Ruprecht 2011.

—: *Mission revisited. Between mission history and intercultural theology; In Honor of Pieter N. Holtrop* (= ContactZone, Band 10), Berlin, Münster: Lit 2010.

Kwok, Pui-lan: *Postcolonial imagination and feminist theology*, Louisville, Ky: Westminster John Knox Press 2005.

Laclau, Ernesto: *On Populist Reason*, London: Verso 2005.

Le Césaire, Aimé: *Discours sur colonialisme*, Paris: Présence Africaine 1955.

Lehmann, H.: *Säkularisierung: der europäische Sonderweg in Sachen Religion*: Wallstein 2004.

Lehmann, Karl: „Die Frage nach Jesus von Nazareth", in: Walter Kern/Traktat Offenbarung./Eugen Biser (Hg.), *Traktat Offenbarung* 2000, S. 95–115.

Leo XIII: „Immortale Dei (1885)“, in: Emil Marmy (Hg.), *Mensch und Gemeinschaft in christlicher Schau. Dokumente*, Freiburg, Schweiz: Verl. d. Paulusdr. 1945, S. 571–602.

Lévi-Strauss, Claude: *Strukturale Anthropologie* (= Suhrkamp-Taschenbuch, Band 15), Frankfurt a.M.: Suhrkamp 1972.

Levitt, Theodore: „The globalization of markets. In: Jg. 61, H. 3“, in: Harvard Business Review 61 (1983), S. 92–102.

Lietzmann, Hans: *Wie wurden die Bücher des Neuen Testaments heilige Schrift?*, Tübingen: Mohr 1907.

Lieu, Judith: *Neither Jew nor Greek? Constructing early christianity* (= Studies of the New Testament and its world), London: T & T Clark 2002.

—: „The Forging of Christian Identity and the Letter to Diogentus“, in: Judith Lieu (Hg.), *Neither Jew nor Greek? Constructing early christianity*, London: T & T Clark 2002, S. 171–189.

—: *Christian identity in the Jewish and Graeco-Roman world*, Oxford: Oxford Univ. Press 2004.

Löser, Werner: „„Universale Concretum“ als Grundgesetz der Oeconomia Revelationis“, in: Walter Kern/Eugen Biser (Hg.), *Traktat Offenbarung* 2000, S. 108–119.

Lotman, Yuri L.: *Universe of the mind. A semiotic theory of culture*, Bloomington: Indiana Univ. Press 2000.

Ludwig, Frieder: „Mission und Kolonialismus“, in: Christoph Dahling-Sander/Konrad Raiser (Hg.), *Leitfaden ökumenische Missionstheologie. [Konrad Raiser zum 65. Geburtstag gewidmet]*, Gütersloh: Kaiser/Gütersloher Verl.-Haus 2003, S. 79–96.

Luzbetak, Louis J.: *The Church and cultures. New perspectives in missiological anthropology* (= American Society of Missiology series, Band 12), Maryknoll, NY: Orbis 1996.

Mall, Ram A.: *Philosophie im Vergleich der Kulturen. Interkulturelle Philosophie - eine neue Orientierung*, Darmstadt: Wiss. Buchges 1995.

Marchart, Oliver: *Cultural studies* (= UTB Kulturwissenschaft, Politikwissenschaft, Band 2883), Konstanz: UVK Verl.-Ges. 2008.

Margull, H. J.: „Überseeische Christenheit. Markierungen eines Forschungsbereiches anhand der letztjährigen Literatur“, in: VF 16 (1971), S. 2–54.

—: „Überseeische Christenheit II. Vermutungen zu einer Tertiaterranität des Christentums“, in: VF 19 (1974), S. 56–103.

Margull, Hans J.: *Zeugnis und Dialog. Ausgewählte Schriften, mit Einführungen von Theodor Ahrens, Lothar Engel, Erhard Kamphausen, Ingo Lembke, Werner Ustorf, Wolfram Weiße und Joachim Wietzke*, Ammersbek bei Hamburg 1992.

Markschies, Christoph: *Kaiserzeitliche christliche Theologie und ihre Institutionen. Prolegomena zu einer Geschichte der antiken christlichen Theologie*, Tübingen: Mohr Siebeck 2007.

Martens, Pim/Dreher, Axel/Gaston, Noel (Hg.): *Measuring Globalisation. Gauging Its Consequences* (= Springer-11643 /Dig. Serial]), New York, NY: Springer-Verlag New York 2008.

Masson, Joseph: „L'Eglise ouverte sur le monde“, in: Nouvelle Revue Theologique 84 (1962), S. 1032–1043.

Mbiti, John S.: *Concepts of God in Africa*, London: S.P.C.K 1971.

Mersch, Dieter: *Posthermeneutik* (= Band 26), Berlin: Akad.-Verl. 2010.

Metz, Johann B.: „Im Aufbruch zu einer kulturell polyzentrischen Weltkirche“, in: Franz-Xaver Kaufmann/Johann B. Metz (Hg.), *Zukunftsfähigkeit. Suchbewegungen im Christentum*, Freiburg: Herder 1987, S. 93–122.

—: „So viele Antlitze, soviele Fragen. Lateinamerika mit den Augen eines europäischen Theologen“, in: Johann B. Metz/Hans-Eckehard Bahr (Hg.), *Augen für die Anderen. Lateinamerika - eine theologische Erfahrung*, München: Kindler 1991, S. 11–61.

Michelini, Dorando J.: „Die Debatte Moderne / Postmoderne. Perspektiven eines interkulturellen Dialogs“, in: Bernhard Fraling (Hg.), *Kirche und Theologie im kulturellen Dialog. Für Peter Hünermann*, Freiburg im Breisgau: Herder 1994, S. 76–88.

Miotk, Andrzej: *Das Missionsverständnis im historischen Wandel am Beispiel der Enzyklika „Maximum illud“* (= Veröffentlichungen des Missionspriesterseminars St. Augustin bei Bonn, Nr. 51), Nettetal: Steyler Verl. 1999.

„Mission Studies as Intercultural Theology and its Relationship to Religious Studies. Declaration of 21 September 2005“, in: Mission studies 25 (2008), S. 103–108.

Modood, T.: *Multiculturalism: a civic idea*: Polity Press 2007.

Moore-Gilbert, Bart J.: *Postcolonial theory. Contexts, practices, politics*, London: Verso 2000.

Müller, Josef: *Missionarische Anpassung als theologisches Prinzip*, Münster 1973.

Müller, Karl: „Das Missionsziel des hl. Paulus“, in: ZMR (1957), S. 99–100.

Murdock, George P.: „The Cross-Cultural Survey“, in: American Sociological Review (1940), S. 361–370.

Nancy, J.L/Rand, R.A: *Corpus*: Fordham University Press 2008.

Nancy, Jean-Luc: *The Muses* (= Meridian, crossing aesthetics), Stanford, Calif: Stanford University Press 1996.

Nehring, Andreas: *Orientalismus und Mission. Die Repräsentation der tamilischen Gesellschaft und Religion durch Leipziger Missionare 1840 - 1940*

(= Studien zur außereuropäischen Christentumsgeschichte (Asien, Afrika, Lateinamerika), Band 7), Wiesbaden: Harrassowitz 2003.

—: „Religion und Kultur. Zur Beschreibung einer Differenz“, in: Andreas Nehring/Joachim Valentin (Hg.), *Religious turns - turning religions. Veränderte kulturelle Diskurse - neue religiöse Wissensformen*, Stuttgart: Kohlhammer 2008, S. 11–31.

—: „Das „Ende der Missionsgeschichte“ – Mission als kulturelles Paradigma zwischen klassischer Missionstheologie und postkolonialer Theoriebildung“, in: Berliner Theologische Zeitschrift 27 (2010).

Newlands, G. M.: *The transformative imagination. Rethinking intercultural theory*, Aldershot: Ashgate 2004.

Ngugi wa Thiong'o: *Decolonising the mind. The politics of language in African literature* (= Studies in African literature), Oxford: Currey [u.a.] 2006.

Nicklas, Tobias: „Semiotik – Intertextualität – Apokryphität. Eine Annäherung an den Begriff ‚Christlicher Apokryphen‘“, in: Apocrypha (2006), S. 55–78.

Nkrumah, Kwame: *Neo-Colonialism. The last stage of imperialism*, London: Panaf 1965.

Ohm, Thomas: „Akkommodation und Assimilation in der Heidenmission nach dem heiligen Thomas von Aquin. ZM 17 (1927). 94–113.“, in: Zeitschrift für Mission (1927), S. 94–113.

—: *Ex contemplatione loqui. Gesammelte Aufsätze*, Münster: Aschendorffsche Verlagsbuchhandlung 1961.

—: *Machet zu Jüngern alle Völker. Theorie der Mission*, Freiburg im Breisgau: Erich Wewel Verlag 1962.

Orth, Stefan: *Das verwundete Cogito und die Offenbarung. Von Paul Ricoeur und Jean Nabert zu einem Modell fundamentaler Theologie* (= Band 162), Freiburg im Breisgau, Münster (Westfalen): Herder 1999.

Osterhammel, Jürgen: *Kolonialismus. Geschichte - Formen - Folgen* (= C. H. Beck Wissen, Band 2002), München: Beck 2009.

Osterhammel, Jürgen/Petersson, Niels P.: *Geschichte der Globalisierung. Dimensionen, Prozesse, Epochen* (= Beck'sche Reihe C.-H.-Beck-Wissen, Band 2320), München: Beck 2007.

Paczensky, Gert v.: *Teurer Segen. Christliche Mission und Kolonialismus*, München: Knaus 1992.

Pakenham, Thomas: *The scramble for Africa. 1876 - 1912*, London: Weidenfeld and Nicolson 1991.

Palmer, Tom G.: „Globalization Is Grrrreat!“, in: Cascade Update 10 (2003), S. 1–6.

Palmyre-Florigny, Danielle: „Glaubenskommunikation im Kontext von Mauritius“, in: Thomas Schreijäck (Hg.), *Theologie interkulturell. Glaubens-*

kommunikation in einer gewandelten Welt, Paderborn: Schöningh 2009, S. 45–60.

—: *Kreolische Kultur und Religion in Mauritius*, Stuttgart: Matthias-Grünewald 2009.

Pathrapankal, Joseph: „Religiöse Erziehung im Kontext interkultureller Bildung“, in: Thomas Schreijäck (Hg.), *Religion im Dialog der Kulturen. Kontextuelle religiöse Bildung und interkulturelle Kompetenz*, Münster: Lit 2000, S. 65–75.

Peirce, Charles S.: *Phänomen und Logik der Zeichen* (= Suhrkamp-Taschenbuch Wissenschaft, Band 425), Frankfurt am Main: Suhrkamp 1998.

Peter Arzt-Grabner/Christina M. Kreinecker (Hg.): *Light from the East. Papyrologische Kommentare zum Neuen Testament. Akten des internationalen Symposions vom 3.-4. Dezember 2009 am Fachbereich Bibelwissenschaft und Kirchengeschichte der Universität Salzburg* (= Marburger altertumskundliche Abhandlungen, Band 39), Wiesbaden: Harrassowitz 2010.

Peter, Anton: „Modelle und Kriterien von Inkulturation“, in: Fritz Frei (Hg.), *Inkulturation zwischen Tradition und Modernität. Kontexte – Begriffe – Modelle; [Projekt der Forschungsgruppe im „RomeroHaus“]*, Freiburg, Schweiz: Univ.-Verl. 2000, S. 311–335.

Phan, Peter C.: „A new Christianity - But what kind?“, in: Mission studies 22 (2005), S. 59–83.

—: *Mission and catechesis. Alexandre de Rhodes and inculturation in seventeenth-century Vietnam* (= Faith and cultures series), Maryknoll N.Y.: Orbis Books 2005.

Pollack, Detlef: *Säkularisierung – ein moderner Mythos? Studien zum religiösen Wandel in Deutschland*, Tübingen: Mohr Siebeck 2003.

Porter, Andrew: „Missions and Cultural Imperialism“, in: Aasulv Lande (Hg.), *Mission in a pluralist world*, Frankfurt am Main: Lang 1996, S. 65–80.

Posner, Roland: „Kultursemiotik“, in: Ansgar Nünning/Vera Nünning (Hg.), *Konzepte der Kulturwissenschaften. Theoretische Grundlagen - Ansätze - Perspektiven*, Stuttgart: Metzler 2003, S. 39–72.

Pratt, Mary L.: *Imperial eyes. Travel writing and transculturation*, London: Routledge 2003.

Price, Lynne: *Theology out of place. A theological biography of Walter J. Hollenweger* (= Supplement series, Band 23), London: Sheffield Academic 2002.

Punter, David: *Postcolonial Imaginings*, Inc: Rowman & Littlefield Publishers 2000.

Quayson, Ato: *Postcolonialism. Theory, practice or process?*, Cambridge: Polity Press 2000.

Rabaka, Reiland: „'Deliberately Using the Word Colonial in a Much Broader Sense': W.E.B. Du Bois's Concept of 'Semi-Colonialism' as Critique of and Contribution to Postcolonialism. Available on-line at:“, in: Jouvert: A Journal of Postcolonial Studies 7 (2003), S. 1–32 (online ressource).

Rahner, Karl: „Chalkedon - Ende oder Anfang?“, in: Alois Grillmeier (Hg.), *Das Konzil von Chalkedon. Geschichte und Gegenwart. III. Chalkedon heute*, Würzburg: Echter 1954, S. 3–49.

—: *Über die Schriftinspiration* (= Quaestiones disputatae, Band 1), Freiburg im Breisgau: Herder 1958.

—: „Der dreifaltige Gott als transzendenter Urgrund der Heilsgeschichte“, in: Johannes Feiner (Hg.), *Mysterium Salutis. Grundriss heilsgeschichtlicher Dogmatik. Bd. 2*, Einsiedeln: Benziger 1967.

—: „Die bleibende Bedeutung des II. Vatikanischen Konzils“, in: Karl Rahner (Hg.), *Schriften zur Theologie XIV. Band XIV*, Zürich / Einsiedeln / Köln 1980, S. 303–318.

—: „Theologische Grundinterpretationen des II. Vatikanischen Konzils“, in: Karl Rahner (Hg.), *Schriften zur Theologie XIV. Band XIV*, Zürich / Einsiedeln / Köln 1980, S. 287–302.

Ratzinger, Josef: „Schriftauslegung im Widerstreit. Zur Frage nach Grundlagen und Weg der Exegese heute“, in: Josef Ratzinger (Hg.), *Schriftauslegung im Widerstreit*, Freiburg: Herder 1989, S. 15–44.

Ratzinger, Josef B. X.: *Jesus von Nazareth*, Freiburg im Breisgau u.a: Herder 2007.

Rayan, Samuel: „Decolonizing Theology“, in: Virginia Fabella/R. S. Sugirtharajah (Hg.), *Dictionary of Third World theologies*, Maryknoll, NY: Orbis Books 2000, S. 65f.

Raymond Williams: *Culture and society 1780 - 1950*, Edinburgh: Chatto u. Windus 1966.

Rhy, Jean: *Wild Sargasso Sea (1966).*, Basingstroke 2003 (Erstveröffentlichung 1966).

Ricoeur, Paul: *Der Konflikt der Interpretation* (= 1), München: Kösel 1973.

—: „A Response“, in: Biblical Research (1979–1980), S. 70–80.

—: „Die Hermeneutik des Zeugnisses“, in: Paul Ricœur (Hg.), *An den Grenzen der Hermeneutik. Philosophische Reflexionen über die Religion*, Freiburg: Alber 2008, S. 7–39.

—: „Hermeneutik der Idee der Offenbarung“, in: Paul Ricœur (Hg.), *An den Grenzen der Hermeneutik. Philosophische Reflexionen über die Religion*, Freiburg: Alber 2008, S. 41–83.

Ritzer, George: *The McDonaldization of society. An investigation into the changing character of contemporary social life*, Thousand Oaks: Pine Forge Press 1993.

Robert, Dana L. (Hg.): *Converting colonialism. Visions and realities in mission history, 1706–1914* (= Studies in the history of Christian missions), Grand Rapids, Mich: Eerdman 2008.

Robertson, Roland: „Glokalisierung: Homogenität und Heterogenität in Raum und Zeit“, in: Ulrich Beck (Hg.), *Perspektiven der Weltgesellschaft*, Frankfurt Main: Suhrkamp 1998, S. 193–217.

Rorty, Richard M.: „Introduction“, in: Richard M. Rorty (Hg.), *The linguistic turn. Essays in philosophical method; with two retrospective essays*, Chicago: Univ. of Chicago Press 2002, S. 1–40.

Rosales, Gaudencio B./Arevalo, Catalino G. S. (Hg.): *For all the peoples of Asia. Federation of Asian Bishops' Conferences. Documents form 1970–1991*, New York: Maryknoll 1992.

Rütti, Ludwig: *Zur Theologie der Mission. Kritische Analysen und neue Orientierungen* (= Gesellschaft und Theologie Systematische Beiträge, Band 9), München: Kaiser [u.a.] 1972.

Said, Edward W.: *Orientalism*, London: Penguin Books 1995.

Sander, Hans-Joachim: „Gott im Zeichen der Macht - ein Diskurs über die Moderne hinaus. Theologie nach Foucault“, in: Christian Bauer/Michael Hölzl (Hg.), *Gottes und des Menschen Tod? Die Theologie vor der Herausforderung Michel Foucaults*, Mainz: Grünewald 2003, S. 105–125.

—: *Einführung in die Gotteslehre*, Darmstadt: Wiss. Buchges. 2006.

—: „Theologischer Kommentar zur Pastoralkonstitution über die Kirche in der Welt von heute Gaudium et spes.“, in: Peter Hünermann/Guido Bausenhart (Hg.), *Herders Theologischer Kommentar zum Zweiten Vatikanischen Konzil*, Freiburg: Herder 2009, S. 581–886.

—: *Die religiöse Zweitklassigkeit des Christentums und sein theologisches Indexdefizit. Eine Christologie für das 21. Jahrhundert. Vortrag auf der Jahrestagung der österreichischen Sektion der Europäischen Gesellschaft für katholische Theologie*, St. Pölten 2010.

Sanders, Ed P.: *Jesus and Judaism*, London: SCM Pr 1985.

Sanneh, Lamin: *Translating the message. The missionary impact on culture* (= The American Society of Missiology series, Band 13), Maryknoll, NY: Orbis Books 1989.

Sassen, Saskia: *Territory, authority, rights. From medieval to global assemblages*, Princeton,NJ: Princeton Univ. Press 2006.

Saussure, Ferdinand d. de: *Grundfragen der allgemeinen Sprachwissenschaft*, Berlin: de Gruyter 1986.

Saussure, Ferdinand de: *Linguistik und Semiologie. Notizen aus dem Nachlaß; Texte, Briefe und Dokumente*, Frankfurt am Main: Suhrkamp 1997.

Schaeffler, Richard: *Religion und kritisches Bewußtsein*, Freiburg: Alber 1973.

Schirrmacher, Thomas: *Die Vielfalt biblischer Sprache. Über 100 alt- und neutestamentliche Stilarten, Ausdrucksweisen, Redeweisen und Gliederungsformen; eine Auswahl mit Beispieltexten alphabetisch geordnet* (= Biblia et Symbiotica, Band 15), Bonn: Verl. für Kultur und Wiss 1997.

Schmidlin, Joseph: „Deutsche Kolonialpolitik und katholische Heidenmission", in: Zeitschrift für Missionswissenschaft (1912), S. 25–49.

—: *Einführung in die Missionswissenschaft*, Münster: Aschendorffsche Verlagsbuchhandlung 1919.

—: *Einführung in die Missionswissenschaft*, Münster: Aschendorffsche Verlagsbuchhandlung 1923.

—: *Katholische Missionslehre im Grundriss*, Münster: Aschendorffsche Verlagsbuchhandlung 1923.

Schreijäck, Thomas: „Achtung der kontextuell-theologischen Perspektive", in: Orientierung 69 (2005), S. 202–206.

Schreiter, Robert: „Syncretism in North America and Europe. The Reenchantment of the West„", in: Chakana (2004), S. 7–24.

—: „Theologie Interkulturell in the Twenty-First Century", in: Thomas Schreijäck/Hermann P. Siller (Hg.), *Werkstatt Zukunft. Bildung und Theologie im Horizont eschatologisch bestimmter Wirklichkeit; für Hermann Pius Siller*, Freiburg im Breisgau: Herder 2004, S. 365–374.

Schreiter, Robert J.: *Constructing local theologies*, Maryknoll N.Y.: Orbis Books 1985.

—: „The changing contexts of intercultural theology. A global view", in: Studia missionalia 45 (1996), S. 359–380.

—: *Die neue Katholizität. Globalisierung und die Theologie* (= Theologie interkulturell, Band 9), Frankfurt am Main: IKO – Verl. für Interkulturelle Kommunikation 1997.

—: *The new catholicity. Theology between the global and the local* (= Faith and cultures series), Maryknoll, N.Y: Orbis Books 1997.

Schröter, Jens: „Jesus und der Kanon. Die frühe Jesusüberlieferung im Kontext der Entstehung des neutestamentlichen Kanons", in: BThZ (2005), S. 181–201.

—: „Die aktuelle Diskussion über den historischen Jesus und ihre Bedeutung für die Christologie", in: Christian Danz/Michael Murrmann-Kahl (Hg.), *Zwischen historischem Jesus und dogmatischem Christus. Zum Stand der Christologie im 21. Jahrhundert ; [Tagung an der Wiener Evangelisch-Theologischen Fakultät vom 28. Februar bis 1. März 2009 anläßlich des 70. Geburtstages von Falk Wagner am 25. Februar 2009]*, Tübingen: Mohr Siebeck 2010, S. 67–86.

Schultze, Andrea: „Neuere, interdisziplinäre Ansätze in der Missionsgeschichtsschreibung", in: Christoph Dahling-Sander/Konrad Raiser (Hg.),

Leitfaden ökumenische Missionstheologie. [Konrad Raiser zum 65. Geburtstag gewidmet], Gütersloh: Kaiser/Gütersloher Verl.-Haus 2003, S. 97–112.

Schweitzer, Albert: *Geschichte der Leben-Jesu-Forschung*, Tübingen: Mohr 1921.

Seckler, Max: „Die ekklesiologische Bedeutung des Systems der loci theologici. Erkenntnistheoretische Katholizität und strukturale Weisheit", in: Max Seckler (Hg.), *Die schiefen Wände des Lehrhauses. Katholizität als Herausforderung*, Freiburg im Breisgau: Herder 1988, S. 79–104.

Segundo, Juan L.: *Liberation of theology*, Maryknoll, N.Y: Orbis Books 1976.

Senghor, Léopold S.: *Liberté 1: Négritude et Humanism*, Paris: Seuil 1968.

Shohat, Ella: „Notes on the Postcolonial 31/32. 1992.", in: Social Text (1992), S. 99–113.

Shorter, Aylward: *Toward a theology of inculturation*, London: Chapman 1988.

Sievernich, Michael: „Konturen einer Interkulturellen Theologie", in: ZKTh 110 (1988), S. 257–283.

—: „Von der Akkomodation zur Inkulturation. Missionarische Leitideen der Gesellschaft Jesu", in: ZMR 86 (2002), S. 260–276.

—: *Die christliche Mission. Geschichte und Gegenwart*, Darmstadt: Wiss. Buchges 2009.

Silber, Stefan: „Typologie der Inkulturationsbegriffe: vier Aporien. Eine Streitschrift für einen neuen Begriff in einer notwendigen Debatte", in: Jahrbuch für Kontextuelle Theologien 5 (1997), S. 117–136.

Siller, Hermann P.: „Synkretismus. Bestandsaufnahmen und Problemanzeigen", in: Hermann P. Siller (Hg.), *Suchbewegungen. Synkretismus - kulturelle Identität und kirchliches Bekenntnis*, Darmstadt: Wissenschaftl. Buchges 1991, S. 1–17.

—: „Überlegungen zur Methode von Theologie Interkulturell", in: Maria Hungerkamp/Enrique D. Dussel/Johannes Hoffmann (Hg.), *Grenzen überschreitende Ethik. Festschrift für Prof. Dr. Johannes Hoffmann anläßlich seines 60. Geburtstags*, Frankfurt am Main: IKO – Verl. für Interkulturelle Kommunikation 1997, S. 99–114.

Simpfendörfer, Werner: „Thesen auf der Suche nach einer interkulturellen Theologie.", in: EPD-Entwicklungspolitik (1987), S. 31–38.

Slemon, Stephen: „Modernism' Last Post", in: Ian Adam/Helen Tiffin (Hg.), *Past the last post. Theorizing post-colonialism and post-modernism*, New York: Harvester Wheatsheaf 1991, S. 3–17.

Söding, Thomas: „Der Kanon des Alten und Neuen Testaments. Zur Frage nach seinem theologischen Anspruch", in: Jean-Marie Auwers (Hg.), *The biblical canons*, Leuven: Leuven Univ. Press 2003, S. XLVII–LXXXVIII.

Spivak, Gayatri C.: „Can the Subaltern speak? Speculations on Widow Sacrifice“, in: Wedge 120–130 (1984), S. 120–130.

Spivak, Gayatri C.: *Outside in the teaching machine*, New York, NY: Routledge 1993.

Spivak, Gayatri C.: „Bonding in Difference“, in: Alfred Arteaga (Hg.), *An other tongue. Nation and ethnicity in the linguistic borderlands*, Durham, N.C., London: Duke Univ. Pr 1994, S. 273–285.

Spivak, Gayatri C. (Hg.): *The Spivak reader. Selected works of Gayatri Chakravorty Spivak*, New York, NY: Routledge 1996.

Stackhouse, Max L.: *Apologia. Contextualization, globalization, and mission in theological education*, Grand Rapids Mich.: Eerdmans 1988.

Stenger, Georg: *Philosophie der Interkulturalität. Erfahrung und Welten; eine phänomenologische Studie*, Freiburg: Alber 2006.

Strecker, Christian: „Hic non est. Ein kultur- und medientheoretischer Blick auf das Christentum und den Jesusdiskurs“, in: Andreas Nehring/Joachim Valentin (Hg.), *Religious turns - turning religions. Veränderte kulturelle Diskurse - neue religiöse Wissensformen*, Stuttgart: Kohlhammer 2008, S. 150–178.

Strecker, Georg/Horn, Friedrich W.: *Theologie des Neuen Testaments* (= De-Gruyter-Lehrbuch), Berlin: de Gruyter 1996.

Suess, Paulo: „Inkulturation“, in: Ignacio Ellacuría/Jon Sobrino (Hg.), *Mysterium liberationis. Grundbegriffe der Theologie der Befreiung; Band 1–2*, Luzern: Edition Exodus 1995/96, S. 1011–1059.

Sugirtharajah, Rasiah S.: *The Bible and the Third World. Precolonial, colonial, and postcolonial encounters*, Cambridge, New York: Cambridge University Press 2001.

—: *Voices from the margin. Interpreting the Bible in the Third World*, Maryknoll, N.Y: Orbis Books 1991.

Sundermeier, Theo: „Begegnung mit dem Fremden. Plädoyer für eine verstehende Missionswissenschaft“, in: Evangelische Theologie 50 (1990), S. 390–400.

—: *Den Fremden verstehen. Eine praktische Hermeneutik*, Göttingen: Vandenhoeck und Ruprecht 1996.

Sundermeier, Theo/Ustorf, Werner: *Die Begegnung mit dem Anderen. Plädoyers für eine interkulturelle Hermeneutik* (= Studien zum Verstehen fremder Religionen, Band 2), Gütersloh: Gütersloher Verl.-Haus Mohn 1991.

Tanner, Kathryn: *Theories of culture. A new agenda for theology* (= Guides to theological inquiry), Minneapolis: Fortress Press 1997.

Taylor, Mark L.: *The theological and the political. On the weight of the world*, Minneapolis: Fortress Press 2011.

TEF staff: *Ministry in Context. The Third Mandate Programme of the Theological Education Fund (1970–77)*, Bromley 1972.

Thauren, Johannes: *Die Akkommodation im Katholischen Heidenapostolat*, Münster: Aschendorffsche Verlagsbuchhandlung 1927.

Thompson, E. P.: „Commitment in Politics", in: Universities &. left Review (1959), S. 50–55.

Timoner, Gerard: „Intercultural Theology as a way of doing theology", in: Philippiniana Sacra 41 (2006), S. 5–45.

Todorov, Tzvetan: „The Coexistence of Cultures. „Pure cultures do not exist,", in: Oxford Literary Review (1997), S. 3–17.

Turner, Victor W.: „Betwixt and Between. The Liminal Period in Rites de Passage", in: Victor W. Turner (Hg.), *The forest of symbols. Aspects of Ndembu ritual*, Ithaca, NY: Cornell Univ. Press 1970, S. 93–111.

United Nations, Department o. E. a. S. A.: *International Migration Report 2009. A Global Assessment* 2009, http://esa.un.org/migprofiles/ vom 15.08.2011.

Uphues, Stephanie: „Warum jede Theologie Missionstheologie ist", in: Arnd Bünker/Ludger Weckel (Hg.), *„... ihr werdet meine Zeugen sein ...". Rückfragen aus einer störrischen theologischen Disziplin*, Freiburg im Breisgau, Basel, Wien: Herder 2005, S. 60–69.

Ustorf, Werner: „Missionswissenschaft", in: *TRE Bd. XXIII.*, Berlin 1994, S. 88–98.

—: „Global Christianity, New Empire, and Old Europe", in: Frans Wijsen (Hg.), *Global Christianity. Contested Claims*, Amsterdam: Rodopi 2007, S. 35–49.

—: „The Cultural Origins of „Intercultural Theology"", in: Mission studies 25 (2008), S. 229–251.

—: „What's wrong with Mission History?", in: Volker Küster (Hg.), *Mission revisited. Between mission history and intercultural theology; In Honor of Pieter N. Holtrop*, Berlin, Münster: Lit 2010, S. 3–14.

Ustorf, Werner/Frederiks, Martha: „Mission and missionary historiography in intercultural perspective: Ten preliminary statements.", in: Exchange 31, S. 211–218.

Valentin, Joachim: „Singularität versus Universalität? Von falschen Alternativen in Kulturwissenschaft und Theologie", in: Andreas Nehring/Joachim Valentin (Hg.), *Religious turns - turning religions. Veränderte kulturelle Diskurse - neue religiöse Wissensformen*, Stuttgart: Kohlhammer 2008, S. 106–119.

Vassilis Tsianos: „Zur Genealogie und Praxis des Migrationsregimes", in: Bildpunkt (2010).

Vattimo, Gianni: „Postmodernidad. Una sociedad transparente?“, in: Gianni Vattimo (Hg.), *En torno a la postmodernidad*, Barcelona: Anthropos Editorial 1990, S. 9–19.

Vernooij, Joop: „Religion in the Caribbean. Creation by Creolisation“, in: Frans Wijsen (Hg.), *Global Christianity. Contested Claims*, Amsterdam: Rodopi 2007, S. 147–156.

Vicedom, Georg: *Missio dei. Einführung in eine Theologie der Mission*, München 1958.

Vouga, Francois: *Geschichte des frühen Christentums*, Tübingen: Francke 1994.

Währisch-Oblau, Claudia: *The Missionary Self-Perception of Pentecostal/Charismatic Church Leaders from the Global South in Europe: Bringing Back the Gospel*: Brill 2008.

Waldenfels, Bernhard: „Verschränkung von Heimwelt und Fremdwelt“, in: Ram A. Mall (Hg.), *Philosophische Grundlagen der Interkulturalität*, Amsterdam: Rodopi 1993, S. 52–65.

—: „Das Eigene und das Fremde.“, in: Deutsche Zeitschrift für Philosophie, 43 (1995), S. 611–620.

—: *Topographie des Fremden* (= Suhrkamp-Taschenbuch Wissenschaft, Band 1320), Frankfurt am Main: Suhrkamp 1997.

—: *Der Stachel des Fremden*, Frankfurt am Main: Suhrkamp 1998.

—: *Verfremdung der Moderne. Phänomenologische Grenzgänge* (= Essener kulturwissenschaftliche Vorträge, Band 10), Göttingen: Wallstein-Verl. 2001.

Waldenfels, Hans: „Gottes Wort in der Fremde – Inkulturation oder Kontextualität?“, in: Monika Pankoke-Schenk/Georg Evers/Ludwig Bertsch (Hg.), *Inkulturation und Kontextualität. Theologien im weltweiten Austausch; Festgabe für Ludwig Bertsch zum 65. Geburtstag*, Frankfurt am Main: Knecht 1994, S. 114–123.

—: „Theologie zwischen Universalismus und Partikularismus. Die Kontextualität als neues theologisches Paradigma“, in: Mariano Delgado/Andreas Lob-Hüdepohl (Hg.), *Markierungen. Theologie in den Zeichen der Zeit*, Berlin: Morus 1995, S. 13–35.

—: *Kontextuelle Fundamentaltheologie*, Paderborn: Schöningh 2005.

Wallerstein, Immanuel: *Capitalist agriculture and the origins of the European world-economy in the sixteenth century* (= Studies in social discontinuity, / Immanuel Wallerstein; 1), New York, NY: Academic Press 1974.

Walls, Andrew F.: „The translation principle in Christian history“, in: Philip C. Stine (Hg.), *Bible translation and the spread of the church. The last 200 years*, Leiden: Brill 1992, S. 24–39.

Ward, Graham (Hg.): *The Certeau reader*, Oxford: Blackwell 2004.

Warneck, Gustav: *Evangelische Missionslehre. Ein missionstheoretischer Versuch. 1. Abteilung. Die Gründung der Sendung*, Gotha 1892.

Welsch, Wolfgang: „Transculturality. The Puzzling Form of Cultures Today", in: Mike Featherstone (Hg.), *Spaces of culture. City, nation, world; [revised versions of papers initially presented at the second „Theory, Culture & Society" Conference on Culture and Identity: City, Nation, World, held at the Berlin Hilton in August 1995]*, London: Sage 1999, S. 194–213.

Wickeri, Philip L. (Hg.): *Plurality, Power and Mission. Intercontextual Theological Explorations on the Role of Religion in the New Millennium*, London: The Council For World Mission 2000.

Wiedenhofer, Siegfried: *Das katholische Kirchenverständnis. Ein Lehrbuch der Ekklesiologie*, Graz, Wien, Köln: Verl. Styria 1992.

—: „Theologie interkulturell und interkulturelle Kompetenz", in: Thomas Schreijäck/Hermann P. Siller (Hg.), *Werkstatt Zukunft. Bildung und Theologie im Horizont eschatologisch bestimmter Wirklichkeit; für Hermann Pius Siller*, Freiburg im Breisgau: Herder 2004, S. 351–364.

Wijsen, Frans: „Intercultural theology and the mission of the church", in: Exchange 30 (2001), S. 218–228.

Wilfred, Felix: „Towards a subaltern hermeneutics. Beyond the contemporary polarities in the interpretation of religious traditions", in: Jeevadhara 26 (1996), S. 45–62.

Willett, Cynthia (Hg.): *Theorizing multiculturalism: a guide to the current debate*: Blackwell 1998.

Wimmer, Franz M.: *Interkulturelle Philosophie. Eine Einführung* (= UTB, Band 2470), Wien: WUV 2004.

Winkler, Ulrich: „Zentrum Theologie Interkulturell und Studium der Religionen an der Universität Salzburg - theologische Konzeption", in: SaThZ 11 (2007), S. 58–73.

Wohlmuth, Josef/Alberigo, Giuseppe (Hg.): *Dekrete III: Konzilien der Neuzeit. Konzil von Trient (1545 - 1563), Erstes Vatikanisches Konzil (1869/70), Zweites Vatikanisches Konzil (1962 - 1965), Indices* (= / hrsg. vom Istituto per le Scienze Religiose Bologna. Besorgt von Giuseppe Alberigo; ...; Bd. 3), Paderborn: Schöningh 2002.

Wolf, Hubert: „Was heißt und zu welchem Ende studiert man Kirchengeschichte?", in: Kurt Nowak/Wolfram Kinzig/Volker Leppin et al. (Hg.), *Historiographie und Theologie. Kirchen- und Theologiegeschichte im Spannungsfeld von geschichtswissenschaftlicher Methode und theologischem Anspruch*, Leipzig: Evang. Verl.-Anst 2004, S. 53–65.

Wollrad, Eske: „Zur Ästhetisierung des Partikularen. Auf dem Weg zu einer transkulturellen feministischen Theologie", in: Chakana 1 (2003), S. 59–67.

Wolter, Michael: „Die Vielfalt der Schrift und die Einheit des Kanons", in: John Barton/Michael Wolter (Hg.), *Die Einheit der Schrift und die Vielfalt des Kanons. The unity of scripture and the diversity of the canon*, Berlin: de Gruyter 2003, S. 45–68.

Wright, Richard: *Native son. With an introduction „How 'Bigger' was born"*, New York: Harper & Row 1969.

Young, Robert J. C.: *Postcolonialism. An historical introduction*, Malden, MA: Blackwell 2001.

–: *Colonial desire. Hybridity in theory, culture, and race*, London: Routledge 2006.

Zander, Helmut: *Pluralität und Konflikt. Des Christentums eineiige Zwillinge*, Salzburg 2008.

Žižek, Slavoj: *Die Puppe und der Zwerg. Das Christentum zwischen Perversion und Subversion* (= Suhrkamp-Taschenbuch Wissenschaft, Band 1681), Frankfurt am Main: Suhrkamp 2003.